Susan Elizabeth Hough
Richter's Scale:
MEASURE OF AN EARTHQUAKE · MEASURE OF A MAN

里氏震级
度量地震,度量人性

[美] 苏珊·伊丽莎白·霍夫 著
马乐为 史庆轩 周铁钢 译
曲 哲 审

上海科学技术出版社

图书在版编目（CIP）数据

里氏震级：度量地震，度量人性／（美）苏珊·伊丽莎白·霍夫（Susan Elizabeth Hough）著；马乐为，史庆轩，周铁钢译. -- 上海：上海科学技术出版社，2023.10
书名原文：Richter's Scale：measure of an earthquake, measure of a man
ISBN 978-7-5478-6285-8

Ⅰ. ①里⋯ Ⅱ. ①苏⋯ ②马⋯ ③史⋯ ④周⋯ Ⅲ. ①查尔斯·里克特－传记 Ⅳ. ①K837.126.11

中国国家版本馆CIP数据核字（2023）第151567号

RICHTER'S SCALE
Copyright © 2007 by Susan Elizabeth Hough
This edition arranged with InkWell Management LLC
through Andrew Nurnberg Associates International Limited
上海市版权局著作权合同登记号　图字：09-2023-0375号

里氏震级：度量地震，度量人性
[美]苏珊·伊丽莎白·霍夫　著
马乐为　史庆轩　周铁钢　译

上海世纪出版（集团）有限公司　出版、发行
上海科学技术出版社
（上海市闵行区号景路159弄A座9F-10F）
邮政编码 201101　www.sstp.cn
上海普顺印刷包装有限公司　印刷
开本 787×1092　1/16　印张 29
字数：360千字
2023年10月第1版　2023年10月第1次印刷
ISBN 978-7-5478-6285-8/K·53
定价：120.00元

本书如有缺页、错装或坏损等严重质量问题，请向工厂联系调换

献给对我宠爱有加的母亲芭芭拉·史密斯；

献给父亲杰里·霍夫，在上高一时，他让我知道了

搜集原始资料的重要性；

还要感谢能够始终容忍父亲的继母简·克劳福德

译者序

对芸芸众生而言,地震既熟悉又陌生。熟悉的是这种自然现象,陌生的是地震也能像物理、化学那样算是一门学问吗?实际上,人们听到最多的信息便是"某地发生了里氏几级地震",由此也就拉开了本书故事的序幕。作为本书主人公,查尔斯·弗朗西斯·里克特就是这位神秘的"里氏"。

里克特,1900年4月26日出生于美国俄亥俄州的一个农民家庭,拥有德国血统,其曾祖父于1848年从德国逃亡至美国。里克特年幼时,父母离异,他只能依靠外祖父养育,并在1909年举家移居洛杉矶。里克特的童年并不幸福,年轻时更是患上了精神分裂症。1920年,里克特从斯坦福大学本科毕业;1928年,于加州理工学院获理论物理学博士学位;1985年9月30日,因充血性心力衰竭在加利福尼亚帕萨迪纳逝世,享年85岁。里克特平生最大之贡献就是提出了衡量地震大小的指标——里氏震级。

显然,这个妇孺皆知的名词即为本传记的前提,而内容却不限于其缔造者的学术生涯,更涉及他的多彩人生。如果有人问,我们的主人公是科学家还是科技工作者,我只能客观地回答:介于两者之间,既不像前者那样拥有非凡成就,又比后者贡献大很多。显然,仅凭"里氏震级"这四个字,本书的篇幅应不超过一章;然而,如果考虑到年轻时的精神分裂症、年老时的阿斯伯格综合征、无神论兼裸体主义[①]者、没有明确证据的不伦之情，那么，这位学术明星头顶的光环甚至超过所有狗仔队手中的猛料。当然，这些都是传统观念里的负面信息，即便能够凑出后面的"18"章，结果亦不过是本百分百的垃圾人物传记。更何况本书及地震学界最大的"料"恰恰就是里氏震级冠名权之争，简言之，里氏震级真的应该姓"里"吗？

作为译者，阅读原著时的心情非常复杂。评价一个人是否等同于一道算术题：因为小善加小恶等于零，大善加大恶也等于零，所以，有悖世俗伦理的大学问家等同于饮食男女。如果将耳熟能详的"高校评价教授的一票否决制"用于主人公，他的个人卷宗甚至都应出现在劳教所或精神病院里，事实却并非如此，反倒是尽人皆知的"震级"一词挂上了里克特的名字。俗话说："水至清则无鱼"，校园里，阳光过于炽热，还能否剩下不枯黄的思想。显而易见，本书作者站在里克特一边，在揭秘学者别样生活的同时，亦竭力展示其重要贡献，除充分证明震级可以姓"里"外，还向读者传达出其光辉人性。

虽然传记文学的主线是人，但人离不开环境。加州理工学院和地震学实验室是里克特最大的环境，本书不但为我们还原出20世纪上半叶美国知名高校的学术氛围，也再现了如此氛围下学者之间的各种纷争，也包括一些学术江湖场景。

身为女性作者，苏珊·伊丽莎白·霍夫为南加州地震中心的专家，也是美国地球物理联合会成员。她巧妙地将里克特的生平与地震观测和地震学发展史交织在一起，利用这位学者留给后人的丰富文献，并通过对数十位亲朋好友的采访，深入研究了里克特的复杂故事，将学者私人

[①] 译者注：又称"天然主义"。另：本书脚注均出自译者之笔。

生活、职业生涯与学科发展融入其中。传记内容可信，文字既严肃又活泼；同时，作为一名女性，作者笔触细腻，人物刻画生动。阅读本书，既有益于了解地震知识，也有助于明辨人性之丰富；或许，留给我们最深刻的读后感就是：尽量兼容并蓄，方能枝繁叶茂、百花盛开。

  本次译著的出版，要特别感谢审阅者、工程减震隔震科研团队带头人曲哲研究员。他对译稿进行认真批阅，无论名词术语或标点符号，只要存疑，他都会标出，如此辛苦必将是本书质量的保证。另外，我们也得到了西安建筑科技大学土木工程学院领导、同事及研究生的帮助，在此一并表示感谢。

马乐为

西安建筑科技大学

2023 年 5 月 28 日

前　言

如果说有什么能拿得出手，那一定就是我的特立独行。

——查尔斯·弗朗西斯·里克特①

1937 年 5 月 26 日

查尔斯·里克特对世界的贡献远不止里氏震级，也包括其多彩人生。

——旺达·塔克，《帕萨迪纳星报》

1985 年 10 月 3 日

1981 年春，我刚满 20 岁，距离查尔斯·里克特 80 大寿才过去一年。作为加利福尼亚大学（简称"加州大学"）伯克利分校的本科生，我选择地球物理学作为主修方向，并对地震学特别感兴趣。虽然当时的查尔斯已经淡出该领域，然而，在长达近半个世纪的岁月里，他却是地震学专业最耀眼的明星之一。于生命最后几年，里克特不仅惜别公众视线，而且很大程度上远离了那些曾经共事的朋友们，甚至大家难得见他

---

① 下文查尔斯、里克特均系其简称。

一面。这位学者于 1985 年 9 月 30 日去世；妻子莉莲走得更早，13 年前便令其成鳏。里克特家族人丁不旺，他不仅膝下无子，就连远房表亲也没有几个，或许即便有，他也压根儿不知道；即便耳闻，也从未见过。在漫长的教授生涯中，他与学生密切合作的经历屈指可数，因此学术传承寥寥，加之并无生物学意义上的后代，以至夫妻二人在洛杉矶帕萨迪纳的老宅也已不复存在——20 世纪 60 年代末那里便被征用，成为洛杉矶山脚高速公路①的基础。

地震学将我从加利福尼亚北端带到南端，并于 1987 年在斯克里普斯海洋研究所②取得地球科学博士学位，随后便与生物化学家的丈夫举家迁徙到纽约。那里见证了我们的博士后岁月。1992 年，一份发自帕萨迪纳的美国地质调查局录用通知又把我"拽"回加州。显然，这里的职业轨迹与里克特的人生经历高度重叠，至少在空间上如此：美国地质调查局帕萨迪纳办事处位于加州理工学院校内，就在一栋教学大楼的马路对面；而自从 1974 年以来，地震学实验室便在这栋大楼里安家落户了。

在地质调查局的岁月中，这位学者及其同事们的先驱性工作仿佛历历在目，我欣然成为他们的继承者。有时，大家会以便携式地震仪记录余震或其他活跃的地面振动现象。虽然与里克特使用过的设备大相径庭，基本原理却和当时全球首台便携式地震仪并无二致。即便发明相关仪器的功劳当属他人而非本书主人公，但在南加州大地震发生后，里克特却勇于尝鲜，成为首先使用这些观测设备之人。我有幸分析过便携式地震仪和永久性观测台网获取的地震记录，而后者的建设正是该学者及其同事的直接成果。加州理工学院很早就创建了地震学实验室，也就是我们

---

① 山脚高速公路（the Foothill Freeway），即 210 号高速公路。
② 斯克里普斯海洋研究所（Scripps Institution of Oceanography），是加州大学圣迭戈分校下属的世界顶尖机构，成立于 1903 年，主要从事海洋和地球科学探索。

常常挂在嘴边的"地震所",这里的许多老员工都曾于25年前与里克特共事过。当然,我的另一些朋友与其交往的时间还要更长。

事实证明,在开始动笔此长篇传记之前,自己做梦也想不到竟然与查尔斯如此志趣相投。比如,我们都对加州红杉国家公园的荒野情有独钟,愿意分享彼此在那里徒步前行的艰辛;均对写作孜孜不倦,不仅包括专业技术方面,更涉及面向大众的科普文章。仅就目前掌握的信息来看,我们都在非常流行的《博物学》杂志①上发表过随笔。当然,里克特选择的语言表达渠道与我不同:他喜欢诗歌,却非矫揉造作,而是对地震强烈兴趣的宣泄。

我之前的科普作品比较循规蹈矩:一本地震学读物针对非专业人群,另一本则是有关加利福尼亚断层的地质类入门读本,也涉及对脚下这颗星球过去与未来地震的思考。时至今日,尽管诸如西尔维娅·娜萨之《美丽心灵》②和西蒙·温切斯特的《教授与疯子》③等传记文学让人如痴如醉,然而,自己却不敢奢望能成为他们。

在与某位作家朋友谈论接下来的爬格子计划时,我随口说道:听起来似乎很奇怪,虽然有关查尔斯·里克特的小道消息满天飞,却为何没有一本像样的长篇正史;要知道,这位学者不仅是大名鼎鼎的地震学家,而且被视作一位具有强烈叛逆色彩的公众角色。

然而,我很快便意识到,该作品或许属于每位写手,但真正动笔之人却最好不要是我。除了本人并非传记作家这个原因外,还有个明眼人都看得出来的理由:如果打算在地震工程界保持良好声誉,那么,就不

---

① 该杂志由美国自然历史博物馆创办于1900年,最初名为《美国博物馆期刊》,2002年独立出来,每年出版10期。
② 本书介绍了诺贝尔经济学奖得主、美国人约翰·纳什的传奇人生。
③ 本书以真实经历为铺垫,讲述了《牛津英语词典》编纂过程背后一些不为人知的故事。

应撰写一本"和盘托出"的读物，更甭提主人公恰恰是位标杆性的地震学家。如今明白，当时的另一个担忧似乎次要：里克特之个人经历始终极为私密，以至任何传记作家都无法将其生活碎片拼凑还原出一幅真实肖像。虽然摆在我面前的困难排山倒海，但写作冲动却逐渐在脑海里浮现，直到我走进加州理工学院的书店，这冲动更是化成了决心。在那里，满眼都是描写爱因斯坦的，有关费曼①的有一整排，即便奥本海默②，可供读者挑选的品种也有一大把，最可怜的就只剩下查尔斯·里克特，因为这个名字在书店里找不到，即便其知名度完全不亚于过去及当代任何一位出自加州理工学院的科学家。也许会让书店老板大跌眼镜，爱因斯坦仅在加州理工学院驻留工作了三个学期。

接下来的某天，我冒险进入学院贝克曼大楼地下室，七绕八绕，当通过几道挂着"危险，激光辐射！"的警告牌后，档案馆的大门便映入眼帘，里克特把自己所有论文资料甚至私人信函都留在这里。从阅读如此珍贵文献的第一天开始，我就顿悟：一本绘声绘色的传记根本就不应仅包括和盘托出的八卦，更需要大量具有说服力的真相。事实上，这位学者才华横溢、引人注目，却备受精神疾病摧残，甚至差点一败涂地；即使从科学家视角来看，他也站在了反世俗、反传统的最前线。

下面的故事涉及很多私人话题，正如多年以来流传于地震学界的公开秘密：里克特是狂热的天然主义者。然而，此处还有不为人知的隐情：他的婚姻状况也非传统，甚至显得比较动荡，且被与异性之间的瓜葛所点缀，其中一些还相当离谱。也许有人会问，为什么非要曝光名人私事？显然，我的初衷并非增加篇幅，而是令人物肖像趋向于丰满，因为上述内容既是查尔斯的人生，也为故事的一个段落。我喜欢讲故事，愿意彩

---

① 费曼，为1965年诺贝尔物理学奖得主。
② 奥本海默，被誉为"原子弹之父"。

绘主人公，鄙视轻描淡写；动笔前须通盘考虑，讨厌人云亦云、迎合大众口味。尽管他在生活方面或许未能符合社会规范，更不契合传统宗教精神，却具备荣誉感，充满正能量，人生经历不乏对周围同事、异性之善意、同情和关爱。当然，一样的故事如果出自莉莲家族在世成员之口，"家丑不可外扬"的警钟就会时刻敲响。但我想告诉诸位：如果上帝愿意让你如此与众不同，那么，也肯定会对那些勇于打破常规之人感恩戴德。显然，查尔斯·里克特就是这样一位破壁者。

渐渐地，自己开始对如此选题产生出强烈的兴趣，甚至变成一种责任。同时也非常惊讶，如此美妙的故事竟未曾有人付诸笔墨。里克特将毕生文案留给加州理工学院档案馆，不仅包括专业资料，还涉及大量私人信息，涵盖堆积如山的诗句和另类作品。虽然，其中一些只言片语或生活经历会令读者大吃一惊，但这是他的决定，应该被保存下来并与读者见面。古稀之年的里克特曾与档案馆签署过一份协议。当时的他头脑清醒，以至我们可以得出结论：这位专家希望把自己的阅历同大家分享。不管基于何种原因，抑或没有出处，讲好故事于我已经责无旁贷。从某种意义上说，借助研究、撰写查尔斯的故事，我有幸成为第一个阅读他生命的人，通过把其画像拼凑起来，自己甚至比那些熟人更了解他。诚然，大概必须承认，上述想法或许过于自信，因为这是查尔斯·里克特的故事，是一个人一生的旅程。

苏珊·伊丽莎白·霍夫

目 录

1/ 问题的严重性　1

2/ 成长岁月　13

3/ 玛格丽特·罗丝·里克特　35

4/ 驭马前行　51

5/ 地震探索　71

6/ 克雷斯格时代　85

7/ 贝诺·古登堡　111

8/ 地震了!　137

9/ 里氏震级　151

10/ 查理　177

11/ 莉莲　205

12/ 里克特的异性朋友　243

13/ 秋天的故事　259

14/ 阿斯伯格综合征　291

15/ 它又来了　329

16/ 预测不可知　343

17/ 评估地震灾害　363

18/ 危险的核时代　373

19/ 超新星　387

附录

　　附录 A/ 迟到的告别　417

　　附录 B/ 中英文索引　421

　　附录 C/ 地震名录　433

参考文献　434

致谢　444

1

问题的严重性

1926年 | 6月20日　　查尔斯·里克特　《日记随笔》

有自知之明，能意识到自我局限性，这很好。

1811年12月15日夜，此时美国最西部边境的开拓者们大多安然入梦。密西西比河流域沉浸在冬季来临前的深秋回暖中，夜间温度徘徊于7℃左右。然而这一切都将很快被打破。短短几个小时后，定居在此的拓荒者再也无法享受沉睡时的宁静与舒适，因为那些自称美国人的居民还从未经历过如此可怕的地震洗礼。当描述周围场景时，灾难中心的目击者坦言："树木弯折后在地面上来回扫动，一些枝干再次荡起，仿佛想要重新站稳，另一些则被折成两段并重重砸落。"虽然这些描述已经让人惊讶，却并未涉及凌晨2时30分左右打破静夜的主震，这只是黎明前最大一次余震的写照。这里必须指出：即便强震，树木也很少能够被折断成两节，哪怕最狂野的飓风能将它们连根拔起，亦鲜见一分为二，或许该画面仅出现于大地猛烈晃动时。

从1811年12月16日凌晨到次年2月7日，美国大陆中部被四次巨大地震所动摇，依次包括开始的主震和最大的余震，以及随后在1812年1月23日与2月7日发生的大震，其间成千上万次小余震仅仅是点缀。大地震产生的冲击波从中部地区向外疯狂扩散，以致"地震敲响了千里之外的波士顿教堂钟声"这类小道消息满天飞，尽管报纸头条没有如此夸张，但形容地震威力的辞藻也让读者动容。密西西比河沿岸的松散沉积物消失了，令这条浩浩荡荡的河流像浴缸造浪般翻滚不止，甚至2月7日震后的一小段时间内还出现过河水倒流现象。即使在万里之外，已经衰减的震动仍有巨大力量，足以摧毁圣路易斯市的砖墙，推倒肯塔基州路易维尔的烟囱，打开辛辛那提的橱柜门，破坏远至南卡罗来纳州海岸的灰墙，就连该州查尔斯顿圣菲利普教堂的大钟都被摇响。上述19世纪一连串地震的破坏力如此巨大，波及范围如此广袤，即便20世纪末的加州大地震都未曾淡化人们对它们的记忆，大家仍然相信，众所周知的新马德里①地震才是有史以来美国本土的最大灾难。

历史的车轮又走过了一个世纪。虽然1906年旧金山地震造成的生命和财产损失更大，但与新马德里地震相比，整体影响力却略显苍白。地质学先驱格罗夫·卡尔·吉尔伯特在对1906年旧金山地震的影响程度进行调查后发现：即使距地表破裂20英里（1英里≈1.609公里）的较近位置，倾覆的烟囱也属少数；至于75英里之外的沿岸，海浪便已完全失去了破坏能力。当然，如今我们已经能够合理解释上述震害现象：鉴于旧金山地震时的断裂长达几百英里，导致破坏主要沿圣安德烈斯断层纵向延伸，而不会殃及其他地方，所以，有时虽然离震中不远，但震害反而较轻。与此相比，新马德里地震却造成河岸坍塌、河水倒流，并能跨越600英里之遥。

那么问题来了，我们又当如何评判地震大小呢？这问题看似简单，实际上却复杂得出乎意料，以至于20世纪30年代前，世界上最聪明的头脑也未曾找到答案。事实上，他们甚至都没有想过这个问题。虽然科学家很早就已构思出某些方法，以便根据地震对不同地区的影响程度进行灾害等级排序，然而，却始终未能找到一种能够衡量地震本身大小的方法。上述评价标准之间的差异具有本质性区别，其类似于人站在地球上去评价夜空中的繁星，无法仅凭表观明暗定义内在亮度，因为距离越近的星星必然更加夺目。同理，地震影响程度也不单取决于断层至某地之距离，还取决于其他大量因素。与加利福尼亚的地貌相比，在构成北美中部地壳的古老且简单岩层内，地震的传播效率要高很多，因此，对于一定级别的地震而言，如果发生在新马德里，其冲击力会远大于加州。况且，与大多数当代加州人不同，美国早期开拓者喜欢群居于河岸附近，

---

① 新马德里，为美国密苏里州的小镇。

那里的震动又会被松散潮湿的沉积物显著放大，这样一来，新马德里地震造成的人员财产损失必将更加巨大。于是，当现代学者开始比较新马德里地震和1906年旧金山大地震的相对规模时，他们的结论几近合理：后者略逊一筹。

本书第5章将就新马德里地震序列进行详细讨论，在此，我想把焦点集中在一个基本问题上：如何测量地震？当然，如今任何一本教科书都会告诉你上述答案，尽管这些初级读物大大简化了测量方法的细枝末节。许多读者可能会惊讶地发现：在地震研究的历史长河中，一些重要技术细节的瑕疵会经常露出马脚，其影响范围包括但不限于那些有限的历史地震数据。比如2004年圣诞节后第二天，发生于苏门答腊岛附近的强烈地震，全球地震监测网的初步估算震级为8.1级，但这个数字却在几小时内修正至8.5，之后不久再次蹿升改写为9.0。幸运的是，对所有人来说，9级地震为罕遇事件，可能平均每隔几十年才会发生一次。然而令人遗憾的是，我们的地球并不总会受制于平均概率：作为近现代史上最大的两次地震，1960年的智利地震和1964年的阿拉斯加地震便是例外，即便震级分别达到9.5级与9.2级，相隔时间却不到4年。苏门答腊岛初始震级估计值较低反映出以下事实：虽然近几十年来已经建立了非常复杂的全球地震监测台网，该系统却从未经历过破坏力如此巨大的灾难。把震级定得过低是灾难性的，因为这样一来，人们便会轻视可能由地震导致的海啸。显然，级别越高，所能搬动的水量就会越大。然而回过头来看，如果海啸预警系统设计得非常完善，那么，即使8级地震也足以令其发出警报。接下来的一幕令全世界人民把心提到了嗓子眼儿，苏门答腊岛地震引发了一场滔天海啸，巨浪席卷至印度尼西亚和泰国海岸，然后波及整个孟加拉湾，淹没了印度南部、斯里兰卡以及马尔代夫沿岸。

苏门答腊岛灾难发生几周后，由地震学家塞思·斯坦和埃米尔·奥卡尔牵头的研究团队开始发布他们的详细分析结果，得出了一个更高的9.3级估算值。尽管这两位学者品学兼优、受人尊敬，分析报告亦无可挑剔，并很快得到其他专业人士证实，然而，许多地震学家却表示，他们不愿意采用9.3这个数值，原因在于：两位学者的分析过程乃基于一类无法从早期大地震中获取的数据，其中不含1960年及1964年的灾害信息更是硬伤。换言之，如果能从更早的地震中拿到同等程度数据，这些地震的震级估算值也可能随之提高。多数科学家推断：既然无法进行此类计算，那么，最好的办法就是为以上三次大震提供基于相同标准的估计值，从而准确描述它们的相对规模。另一种方案则是在将苏门答腊岛震级提高到9.3级的同时，有必要把阿拉斯加的震级保持在9.2级。尽管很多学者强烈怀疑：1964年阿拉斯加地震应较1960年的智利大地震更凶猛，然而这些人却拿不出证据。

或许，公众已经对问题的严重性感到紧张。在地震学界，震级测定工作是一项探索之旅，复杂程度令人咋舌，虽然可以追溯至现代地震仪发明前的若干年，但直到20世纪30年代查尔斯·里克特一系列开创性成果摆在大家面前，学界才开始重视以上问题。事实证明，其不仅难以控制，并且极为烦琐。唯有到了19世纪末，科学家对地震成因方有一知半解。更让我们意想不到的是，1900年前，大概世界上没有几个人知道如下事实：地震从本质上讲就是地壳大范围运动的结果，基本表现为断层表面的突然错动。19世纪末的学者们甚至臆想出不少旁门左道来解释地震的基本成因，例如地下爆炸或电磁干扰。

一旦了解到地震涉及断层运动，便会明白为何断层大小至关重要。对于某次地震而言，人们通常以受影响最严重的城市为其命名，但并不意味着地震发源于此，实际上，多数震源均分布于地壳断裂带上，且断层范围越宽，强度就越大。发生于2004年苏门答腊岛的灾难，涉及的断层宽度约150公里，长度则达到惊人的1500公里。与此同时，当翻开加利福尼亚地图，便会大吃一惊，因为通过比例尺可知：该州南北总长也才区区1000多公里。换言之，苏门答腊岛地震相当于拉开了整个加州长度的一条断层，从头到尾，并且还远远不止。显而易见，那该会是一次多么巨大的地震啊。

  然而，问题又回到原点：多大才叫大？虽然，之前已经给出9.0的答案，并解释过，该值能够反映出断层大小，但"9级"到底意味着什么？在科学发展过程中，一些物理量相对容易理解，比如温度；从本质上讲，其代表物体分子的平均能量，然而，上述抽象概念恐怕只存在于科学家脑海中，通俗地说：我们心里的温度指标妇孺皆知，通过机械刻度，每个人都很容易用简单的数字加以表示，并且刻度设定或校准方式也非常直观，尤其是摄氏度——于地球海平面上，水在0℃时会结冰，100℃条件下将沸腾。换言之，对于摄氏度指标，100是一个具备物理意义的数字。

  推而广之，质量、力、速度等其他物理量亦非常具象，便于测定。只有当物体以接近光速运行时，这些量的估算方法才会变得异常复杂，当然，在如此困难的条件下，利用爱因斯坦的相对论便可以对我们所了解和热爱的大千世界做出某种匪夷所思的解释。反之，对于非极端情况，简单机械装置或天平就足以评定力、质量、温度等众多物理量，科学家将这些东西称为参数——一种能够测定出大小的明确数量。相比较而言，地震与其说是基本参数，不如说是一种过程。测量物体质量和评价震级是有差异的，类似于确定汽车速度与新泽西州收费公路交通流量的区别。车速是一个参数，但交通流量除了能够作为参数，还涉及诸多其他影响因素。

第9章将深入探讨地震的性质和科学家为评定地震大小而制定的第一个标准——里氏震级。当然，本书不单针对地震或里氏震级，也包括查尔斯·弗朗西斯·里克特本人的故事。即便在当下，如果提及地震学家，无论健在或离世的，恐怕只有"里克特"这个名字会家喻户晓，因为他变成了不朽的衡量标准、一个直接冠以其姓名的量度。接下来的故事不仅包括学者本人，也涵盖他周围的同事，更会抽丝剥茧般展示错综复杂的人际关系，甚至其中一些关系值得吐槽，因为有消息表明：里克特之声望引起许多科学家不满，他们或多或少一致认为，公众的赞誉更多源于其哗众取宠的表象，而非影响深远的科学成就。

上述这些直到今天仍在发酵的情绪是否合情合理？里氏震级是如何横空出世的？它应仅仅冠以里克特之名，抑或还应缀上其他地震学家的雅号？学者里克特本人是否完全承认同事贝诺·古登堡的贡献？在某位新贵小说家眼中，里克特甚至就是"彻头彻尾的混蛋"，因为他把古登堡从应有的名望中"榨干"了。是否果真如此，我们很难回答。如果说大家很容易误解里氏震级的命名权，那么，有关里克特与媒体交往动机的以讹传讹则会显得更加顺理成章，当然，还包括他极其复杂的生活画面。关于这个男人的文章少得可怜，随着故事进展，里克特身份神秘的原因就将变得越来越明显。首先，里克特绝非其出生用名，这将预示着他的童年故事并不普通，实际情况也确实如此。动荡的童年家庭环境、周围人诧异的眼光，如此成长经历又怎能不影响这位学者的一生？

科学家的行为举止通常都有些与众不同，并以此为荣；如果只是说查尔斯也不例外的话，那就太轻描淡写了。他是书呆子中的书呆子，特立独行、性格古怪且极度神秘，即使按照科学家的标准，"与众不同"一词都已经不够用了。这家伙会在汽车后保险杠上贴上一张红白标签，上面写道："如果看到的是蓝色，那就说明你开得太快了。"显然，这种结果源自多普勒效应中的蓝移现象。当然这只是一个夸张的玩笑罢了，因为汽车的速度实在太慢，或许坐在火箭里才会有如此体验。

观其一生，我们便会察觉，里克特的朋友与同事圈子非常狭小，甚至核心家庭成员也比大多数人更"精致"。他出生时，家庭成员仅有外祖父母、母亲和姐姐；多年以后，这种亲情范围只扩大到妻子以及她从前一段婚姻中带来的儿子。虽然这位离过婚的女性还有个妹妹，并且后者亦不乏一双儿女，但里克特本人却膝下无后，更无表亲、堂亲或侄女、侄子。就连他的继子也从未结婚，也没有自己的孩子。

这位学者的职业圈子也同家庭构成那样十分闭塞：自从 1927 年步入职场后，职业生涯便最终结束于曾经开始的加州理工学院地震所。事实上，当他迈进这家机构时，实验室还未纳入学院，在被聘为实验助理后，就成天忙碌着一份临时性工作，因为里克特没有打算成为地震学家，更甭提成为有史以来最著名的，关于这点，他甚至连白日梦都没做过。在他看来，这份差事充其量算是个短暂消遣，让其在完成原子物理学博士学位后的几年里可以有份稳定收入。不仅从一开始，甚至就算是几十年后，他都满怀希望，梦想着有朝一日能够回到自己钟爱的理论物理学领域。虽然某些传记作者声称里克特渴望重返天文学，然而据其本人所述，天文只是儿时最初的科学激情，从本科学习开始就变成业余爱好，即便伴随终生；但论正规教育，则首先侧重于化学，然后就是物理。

但他仍然是位地震学家。从实验室成立起，直至他 1970 年退休时，这个头衔就是其唯一，并仅仅停留于此。在任何领域，很少有科学家能像他那样在职业生涯中从一而终。随着故事发展，里氏单调性变得越来越清晰。就目前而言，我们可以从技术角度讲，即便在学者群体中，查尔斯也堪称空前绝后的宅男，个人生活与职业追求从未超出熟悉的南加州边界，那里是其唯一的乐园。如果里克特内心世界不算极其复杂，那么，充其量也只是略微稳定罢了。倘若承认性格决定命运，他的人生道路必将只此一条，毫无悬念。

里克特的声誉和学术遗产总是显得与众不同，甚至神秘兮兮的。为何如此杰出的科学家，整个职业生涯中却很少与学生或年轻同事合作发展？要知道，在科研领域，学者之门生就如同自家孩子，他们会把老师的想法、声誉、记忆甚至名号传承到更大的世界和更远的将来。科学家广泛认可这种家族团队模式。对此，我深有体会。记得某次于大庭广众之下，一位圈内知名的地震学家在介绍我时，亲切甚至谄媚地以"孙女"相称，使我顿时惊到脸红，不过，立刻意识到此言弦外之音——自己的博导恰恰就是这位地震学家的博士生。由于科学家往往喜欢向朋友和学生讲述导师的故事，因此，口述历史便在学界形成一种风气。每当此时，如果不涉及更远的范围，那么，讲述内容通常都会围绕科学家与专业背景展开。

学术圈本来就不大，但即便在如此狭小的范围内，查尔斯的人际关系却像真空一样，什么都没有，简直就是一个令人费解的谜。他讨厌谈论自己，也没有同龄的亲密伙伴，更甭说学生或任何形式的徒弟，并且整个职业生涯都效忠于一家研究机构。此外，周围的人也不愿意详细描绘他们熟悉的这位学者。从某种程度上讲，如此不情愿就表现出一种矛盾心理。里克特会给同事们带来很多回忆，甚至开始逐渐令人关注，如果忠实于记忆，那么就能明白，一个人越想理解他，就越表现出不情愿的心理，因为里克特古怪、隐秘、敏感，以开不起玩笑而著称，以致少数几位朝夕相处的同事不愿帮忙画出一幅如此肖像。显然，倘若一不小心、断章取义，便会让这幅画像过分强调里克特丰富的愚蠢与缺点。

科学界为数不多的花边新闻往往都会采用如下套路：大家不约而同地认为，里氏震级的缔造者查尔斯·弗朗西斯·里克特是个怪人，是一位狂热的天然主义者，竟然喜欢涉猎诗歌。他有时会系着两条领带上班，即便是一条，上面也总粘着富有创意的污渍。在自己的退休派对上，查尔斯丝毫没有被那首轻松诙谐的歌曲逗乐，而这首曲子却是同事特意为他创作的。另外，还会有人告诉你，哪里有摄像头，哪里必将出现里克特。

每个人都有弱点，科学家也会干蠢事，没有谁永远光鲜亮丽，亦无人只配带着残缺的标签。显然，衡量人的标准应当多元化、全方位，因而必将错综复杂；虽然地震难以琢磨，但相比评价对其分级的这位先驱，地震问题也会变成小菜一碟。为勾勒出尽量完整的查尔斯肖像，我们必须剖析那些羞于启齿的谎言和缺点，因为在此过程中，准确的人物轮廓便将自然呈现。这是一位具有强烈幽默感却不善于自嘲的男人，他从未感受到地震的强烈召唤，依然成为世界上最著名的地震学家；即便从小到大与女性关系复杂，却仅同一个女人保持着婚姻关系，尽管并不完全忠诚，也还是坚持到1972年妻子亡故。

里克特画像中包含的磨难远远超过普通人应有的份额：充满不稳定情绪的家族史，不像大多数孩子那样拥有可靠保障的童年；性格怪僻，预示着教科书般的典型神经紊乱症状，而身体疾病则暗示出幸福感的缺失。对意志薄弱之辈，这些磨难定会令其抓狂，然而只要清醒着，如此恶魔就会困扰在查尔斯脑海中。精神问题令他几度崩溃，甚至险些断送学术生涯，但最终里克特还是挺了过来，不情愿的地震分析工作成为其人生救赎。正是通过在该领域的成就，特别是对确定震级做出的巨大努力，查尔斯才得以驾驭自己那匹并不高大的智慧之马。尽管从未成功消除心魔，但地震观测为其发泄精力、开动大脑和运用天赋提供了有效出路，从而为年轻的地震学做出开创性贡献。在此过程中，里克特把自己的名字变成家喻户晓的符号，虽众所周知，却又几乎无人理解。

这位学者的生平简介广泛流传于网络或维基百科，大致要义往往超不出如下情节："1900年，查尔斯·弗朗西斯·里克特出生于美国俄亥俄州辛辛那提市郊外的一所农场，他在1935年提出了里氏震级。"本书便是上述字里行间的潜台词。

2

成长岁月

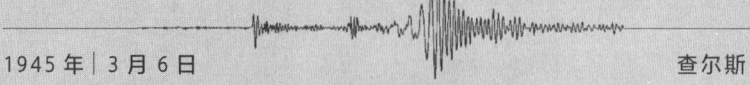

1945年 | 3月6日　　　　　　　　　　　　　　　　查尔斯·里克特

有关童年，我不愿留恋，亦不想再叙。

我见过市面上不少有关查尔斯的短篇传记，虽然粗略描述了这位科学家的职业道路与个人生活，然而，其中大部分内容即便不假，也具有误导性。他们会告诉你里克特于 1935 年发明了里氏震级，但如此表述会令人误以为震级只是一种机械装置，因为在英语中，"scale"一词还有"量表"之意。在上述字里行间，尽管能够发现细致入微的生活场景，比如，他对地震异常着迷，连自家客厅里都安装着地震仪，然而，就算作者可以描绘出这些令人信服的里克特画像，却会给人错误印象，因为它只是一种单向度侧写。

在一大堆学者传记中，关于里克特家庭和童年的记载漏洞百出，即便正确，也未能抓住该独特故事之复杂本质。1900 年 4 月 26 日，里克特出生在俄亥俄州汉密尔顿的一个农场。根据她母亲的说法：这个孩子本名叫查尔斯·弗朗西斯·金辛格，里克特是她自己婚前的姓氏。虽然，儿时的查尔斯一直使用里克特这个姓氏，但直到 1926 年，才于法律层面上正式生效。据说，在里克特父母离婚后，外祖父就把家搬到了加利福尼亚。里克特继续补充道：父母结过两次又离过两次婚，虽然每回都能持续足够长时间，却只是勉强维系，因为他们希望可以有一个自己的孩子。最初成果是 1892 年降生的玛格丽特·罗丝·里克特，这是一位凭借自身能力而卓有成就且风趣幽默的女士，关于她的故事后面还有很多。另外，有些传记作者告诉我们：父母分手后，查尔斯交给外祖父养育，起因是母亲当时情绪非常不稳定；而根据当事人的说法，他由自己的母亲和姐姐抚养长大。

如果将市面上有关这位学者的各种传说全部呈现在大家面前（即使很少有人会这么做），所看到的结果也基本上别无二致：虽然内容并非完全真实，但几乎会将方向带偏。为客观公正地讲述主人公的故事，我们不妨先把民间杜撰的内容留在后面甄别，而首先相信下面里克特本人的回忆，看看他是如何形容自己那个动荡童年的。

1900年4月26日，查尔斯·金辛格出生于俄亥俄州辛辛那提北部的欧弗佩克附近。父亲弗雷德里克·威廉·金辛格和母亲莉莲·安娜·里克特于1891年7月15日在该州的巴特勒县首婚，并于1892年查尔斯姐姐玛格丽特出生不久后离婚。在这位学者的记忆中，他小时候只见过父亲一次。"大家都说父亲相当古怪，"里克特在1949年写道，"脑海里充满着疯狂的想法。"19世纪90年代末，弗雷德里克回到妻子身边，在复婚与再次离婚期间，他们的第二个孩子查尔斯出生了。虽然我们目前尚不清楚其父母两度婚姻到底持续了几天，但所有人坚信，这对夫妻一定长久不了，因为在里克特出生证明上，父亲姓名一栏始终空白着。随后便同大家猜想的那样，母亲和她的两个孩子都恢复了莉莲婚前的娘家姓氏。

尽管公众理所应当地认为，里克特留给后人的资料必然是这本传记的绝佳佐证，但我们也要注意到，他所知道的某些信息仅仅出自母亲或其他年长家庭成员之口，缺少佐证，即便至亲骨肉，亦有洗白尴尬事实的动机。对于母亲糟糕的第二次婚姻，想必里克特只有生母一面之词，出生证上明显的空白却仿佛暗示：或许，这个孩子是私生的。仅就如此劲爆的猜测来说，如果我们冷静地看待现有证据，便不得不推导出以下结论：能够证明金辛格确为里克特生父的证据依旧停留在道听途说层面上。

本书主人公大概从不知道：那位据称父亲的人是约瑟夫·金辛格与海伦·肯纳尔五个孩子中的老二，也是家中的第一个男孩。虽然五兄弟姐妹都有后代，但里克特显然不熟悉这些堂亲，因为后者几乎从未离开过俄亥俄州。其中，弗雷德里克于1909年再婚，妻子名叫奥利弗·伯恩斯克。没有迹象表明，里克特知晓家族中还有一帮亲戚待在美国中西部的俄亥俄州，更甭提见过他们。当然，他确实掌握着父辈们某些鲜为人知的信息，比如，他们不仅属于阿米什人①，更是门诺派②教徒，已经在美国这片广袤土地上生活了大约 100 年。或许大家都在怀疑：在特别虔诚的门诺派教徒中，离过两次婚的弗雷德里克·金辛格注定就是个害群之马，其不良品行是否遗传给了儿子，于他幼小心灵上留下烙印，因为任何偏执的受约束基因都有可能产生令人不适的遗传特性，且在后代身上更加明显。不幸的是，虽然上述说法会冒犯别人，却无法否定其真实性。例如，在俄亥俄州吉格县，即便阿米什人仅有 10% 左右，却占当地学校特殊需求儿童的一半，仅就阿米什人与当地总人口相对数量而言，上述比例关系极不协调，让人无法理解。

如果身体可以像零件一样组装成型，那么，查尔斯这部机器的第一道工序就不合格。在刚出生 15 个月时，一场婴儿霍乱几乎令其夭折。整个童年时代，里克特面黄肌瘦，其本人后来回忆：13 岁的他，身高 1.72 m，体重仅 35 kg，似乎已经瘦无可瘦。然而人们更想知道，这位世界上首次测量地震大小的人，从几岁开始就不再测量自己的身高了，因为这个 1.72 m 永远停留在他 15 岁那一年。

幼年里克特在家中开始接受母亲的循循善诱，对于 20 世纪初的俄亥俄州农村家庭而言，这一点非同寻常。儿子出生前，莉莲就是教师。于加州理工学院档案馆，在一大堆令人望而生畏的里克特文章中，我们好奇地发现了一款叫作"我要啥？"③ 的德国儿童游戏，捐赠者是里克特的老友杰琳·休伊特。他确信：在教育儿子时，其母肯定用过该游戏。另

---

① 阿米什人（Amish）是基督新教重洗派门诺会的一个信徒分支，起源自 1693 年，他们拒绝汽车、电力等现代设施，崇尚简朴生活。
② 门诺派（Mennonite）是基督新教的一个派别，因创建者荷兰人门诺·西门斯（Menno Simons，1496—1561）而得名。
③ 原名"Was kann ich brauchen？"。

外，游戏盒盖上潦草的"2美元"手写价签也很能说明问题：1900年的全国家庭年平均收入仅区区3000美元，而如今则超过30000美元。显然，我们不能小瞧这个数字，因为当年2美元的游戏并不便宜。

20世纪初，孩子的外祖父查尔斯·奥托·里克特从霍文-欧文斯-伦奇勒公司退休。这是一家生产蒸汽和柴油发动机的大型制造商，位于俄亥俄州。不久后，他开始变卖房产和农场，举家搬迁至洛杉矶。在1909年的社会经济背景下，如此大动干戈非常罕见。根据里克特的描述，当听说边陲之州加利福尼亚州的美好景象后，外祖父便决定换个生活环境；当然，里克特外祖母于1907年去世，很可能是促成外祖父举家迁徙的另一个重要原因。

最初，里克特与他的外祖父、母亲及姐姐一家四口乔迁至洛杉矶市威尔希尔区的一栋小房子，靠近第八大道和金斯利路拐角。如今的此地，已经鲜有独门独院的老宅，取而代之的是街道两旁的公寓楼和商户，更响亮的名字便是"韩国城"。站在街区十字路口，偶尔会看见一些施工简易的木瓦房，很难让人再追忆起100年前的城市面貌，因为这些木制结构基本上都改作商业用途。时间回到1925年，他们第二次搬家至南布朗森大道723号，该地距离原先第一栋房子仅仅偏西1英里多。接下来的很多年里，这一大家人，特别是里克特的母亲、姐姐以及身边的各类猫咪始终在此度日，里克特本人也一直没有挪过地方，直到1936年他携妻子迁居帕萨迪纳。当里克特妻子的外甥女多萝西·克劳斯帮我们回忆南布朗森宅邸时，羡慕之情溢于言表，她回忆道：虽然那时我还只是个孩子，但看到这座豪宅也很激动，整整两层楼，非正式用餐区挂着一盏优雅的吊灯和天鹅绒窗帘；楼梯平台上放置有落地摆钟，大气且庄重；卧室也很多，不但足够一家老小，甚至还能提供正式的客房。如今，这座建于1911年庞大而亲切的两层维多利亚式建筑仍然矗立在那里，虽然以现代标准来看绝非奢侈，然而我们要知道，1940年的美国户均住房面积只有1200平方英尺（1平方英尺＝0.0929平方米）左右；就算到了1960年，该指标亦不超过1500平方英尺。在普通家庭长大的年轻女子眼中，这所房子无疑就是座豪宅。当克劳斯结识了街对面的玩伴、一位曾与秀兰·邓波儿①同台表演的女孩后，她对此地以及周围环境的印象便如同刘姥姥进了大观园。克劳斯总感觉，购买豪宅与生活方式跃升都需

图2.1　从1935年至20世纪50年代中期，里克特一家位于洛杉矶布朗森大道的宅邸（摄影：苏珊·伊丽莎白·霍夫）

---

① 秀兰·邓波儿（Shirley Temple，1928—2014），美国著名童星演员，年仅7岁就获得第7届奥斯卡特别金像奖，20世纪60年代进入政界，是美国历史上第一位礼宾司女司长。

要依赖家族收入背书，或许是出售里克特外祖父俄亥俄州的农场和住宅所得。

尽管里克特儿时的家庭生活像一件优雅的外套，内衣却显得邋遢油腻。关于此，他写道："我确信，母亲对外祖父过度且持续依赖扭曲了她的生活，某种程度上也影响到我的人生观。父母第一次结婚后，他们选择的生活道路是错误的，因为两人都试图与外祖父住在同一屋檐下，以致父亲后来会以感情疏离为由提起离婚诉讼"。除了上述只言片语，我们没有发现任何详细说明，也无丝毫细节来充分解释这种"过度且持续依赖"的性质。或许母亲莉莲与她父亲之间的关系与天下最普通的父女之情别无二致，当然，也有可能超越这种最普通情况，以致有些秘密就连最坦率的人在最坦率的时刻都无法启齿。

一些缺乏证实的关于里克特生平的文章告诉我们：在很长一段时间内，鉴于母亲莉莲情绪不稳定，他小时候基本上需要依赖外祖父照料。当然，这些信息来源是否可靠，目前尚无定论。根据里克特本人的说法：自他开始记事起，外祖父就显得齿豁头童，甚至有些老年痴呆，很可能是得了早发性阿尔茨海默病；大概某种严重的代谢紊乱困扰着外祖父一家，也包括自己的母亲。无论年轻时多么硬朗，随着时间推移和不完美基因的"蚕食"，这位老人的晚年已经变得异常羸弱，从而令童年的里克特始终围绕在两个女人身边——即便妈妈和蔼可亲，姐姐却颐指气使。

加州并未张开双臂欢迎年轻的查尔斯。当描述俄亥俄州童年经历时，他使用了"愉快"这个形容词，并继续补充道："小时候，一个人在乡下生活惯了；如今，突然来到城里，才发现这里的环境与之前大相径庭，对我内心冲击很大。"正如人们想象的那样，小城镇的社交网络不急于欢迎来自远方的单亲妈妈，自然也包括与其同行的两个幼儿，1909年的洛杉矶恰恰就是如此小镇。在这种社会大背景下，特殊的"破碎家庭"更令他们难以融入周围环境。于是，查尔斯只好就读于当地霍巴特大道公立学校。如今，该校仍可在位于威尔希尔区霍巴特街南980号找到，只是换了副新面貌。除了尴尬的家庭环境、身体虚弱和性格内向外，之前没有正式教育的经历也让小里克特最初进入学校的过程并不顺利。其四年级成绩单显示，他的算术成绩仅为F。虽然，当年的F代表"及格"（fair）而非后来的"不及格"（fail），却仍不符合人们对这位将来里氏震级缔造者数学成绩的期望。

里克特更喜欢把儿时的自己描绘成极度孤僻的形象，这样一来，大家或许就不难理解，为何只有夜空才能吸引他的注意力，为什么他会终生着迷于天文学和科幻小说。从加州理工学院档案馆收藏的里氏文件中，人们发现了一个装满经典科幻杂志的盒子，从《惊异传奇》《新奇故事》再到《异世界》，应有尽有，时间跨度自1926年至1955年。

15岁时，里克特开始利用业余时间接触正统天文学训练，并对所谓的"变星"进行定期详细观测。顾名思义，这类恒星的光输出量始终变化，其源自内部物质改变之结果，抑或由于恒星的光被另一个天体遮掩、交食。有些变星为脉冲式，在标志着恒星消亡的最后一次阵痛中，超新星这类变星就成为戏剧性爆炸的产物。站在天文学角度，即便对变星进行业余观测，成果亦价值斐然，美国变星观测者协会成立于1911年，并活跃至今。里克特曾向该协会发送过一系列观测数据，因此格外受到重视，于是，当1917年停止寄送报告后，协会代表还亲自写信给他，以表达协会对报告的期盼之意。

儿时的查尔斯，对脚下的地球毫无兴趣，甚至都不知道还有地震这回事，尽管他后来确实回忆起了1910年的那次地震。这次灾难出现于5月15日的加州河滨市南部，现在估计为5.5级，由于震中位于洛杉矶东南方向约 5 英里处，所以，里克特很可能只是在早晨 7 时 47 分听到了轻微轰隆声。在其 1958 年出版的经典教科书《初等地震学》中，有关此事的内容在"其他重要地震"一节中占据两行。如果说，这种自然现象未能引起年轻查尔斯的注意，或许是因为在 20 世纪前 20 年，整个美国南加州都很少有地震可令大众关注。此外，当其忙碌于个人发展之际，全社会正因商业利益倾向于淡化该处的地震危险性；与此同时，我们的地球也默契地配合过相当长时间，以至在那个年代人们几乎没有遭遇过什么高烈度地震。虽然 1920 年 6 月 21 日洛杉矶南部英格尔伍德发生过 4.9 级地震，并对脆弱的建筑造成中等破坏，而此时的里克特正就读于斯坦福大学。

1912 年，母亲将儿子送入位于洛杉矶市中心附近的南加州大学附属高中，这里显然要比里克特完成自己尴尬教育首秀的当地公立学校好得多。在此校的课堂作业成绩单上，我们看到了令人满意的分数：从特别擅长的几何到经济学，从语文到拉丁语，里克特在许多试卷中都留下 92～100 的百分位排名。他后来回忆道：家中有很多儿童读物，令人爱不释手，通过广泛阅读，开始热衷自然科学，书籍把自己的兴趣引入天上繁星；即便在其他领域，相关研究进展也令人满意。上述仅为一面之词，而另一面则是：大家往往不太可能主动向外人展示那些分数不高的试卷。当然，我们必须承认如下事实：当 1916 年里克特高中毕业时，只有 16 岁。同时，其在拉丁文方面的高分表明，十几岁的里克特已经在语言学家的道路上留下自己的足迹；而成年后，德语、法语、意大利语、西班牙语、葡萄牙语和俄语都成为他的有力武器，不但拓展了知识面，甚至在与这些国家的人进行交谈时，这位学者也能从容应对，毫无障碍。

里克特终生手不释卷，甚至晚年的家中四壁不见墙、全是书柜，除了那些耳熟能详的科学巨著外，还有主题广泛的各类读物，数以千计，如此家藏足以反映出里克特对浩瀚星空与科学幻想的毕生追求。1984年，在生命最后阶段，他把自己收藏的科幻读物捐给加州理工学院图书馆：包括275本精装书、1200本平装书以及1450本经典科幻杂志。其中一些平装读物被分发至学生宿舍，当后辈学子翻阅时，便会惊讶地发现：每本书扉页上都留下了这位地震学先驱的签名。

根据里克特回忆：当时已经十几岁的他，虽然社会适应能力没有提高，却找到业余观星与科普阅读乐趣。除此之外，通过参与洛尔坎俱乐部的徒步旅行活动，他还发掘出当地很多值得游玩的山区景点。这家创建于1916年、名曰"洛尔坎自然历史俱乐部"的组织仅有十几位成员，都是些背包客，喜欢山野徒步旅行，善于观察并收集本地植物标本；后来，该组织摇身一变，成为业界小有名气的洛尔坎昆虫学会。那时，植物学在里克特的课外兴趣中排名靠前，让他第一次感受到探索大自然之愉悦，攀登崇山峻岭如履平地。里克特在1945年写道："走出房门，徜徉在山间小道，漫步于荒野树林，这些美妙经历成为青春情感大爆发前的世外桃源。"

功夫不负有心人，不久之后，查尔斯便以新生身份迈进南加州大学，来年又转入斯坦福大学，并最终完成了本科教育。关于如此不寻常的举动，他后来解释说：姐姐早年就读于斯坦福大学，1918年获得学士学位，1927年拿到博士头衔，或许这就是斯坦福大学令人向往的原因。查尔斯继续写道："斯坦福是一种精神，无法用寥寥数语来概括或形容在此学习的经历。起初，选修过一门化学课程，却似乎无法令人满意，渐渐地，我便开始心仪物理世界，显然，这里更为投缘。"于1979年的一次采访中，他补充道："当年，情绪失控、精神紧张，而且不修边幅，特别是这双手，一点儿也不干净利索，化学实验的致命弱点恰恰于此。在经历过不幸之后，我开始顿悟到该专业不适合自己。"虽然人们更愿意相信，转专业的决定并非一意孤行，管理他们的辅导员也正有此意，但1919年的成绩单却表明：里克特的化学原理及应用数学成绩均为"优"，物理学只拿到了"中"，初级法语则为"良"。当然，从长远角度看，物理专业是更好的选择，事实证明的确如此：他于1920年获得物理学学士学位，随即便踏上研究生道路，依旧选择了老本行与斯坦福大学。

尽管里克特在求学道路上一帆风顺，但儿时就已表现出的情绪躁动却持续发酵，并在短时间内全面暴发。1919年，在同曾经的高中老师霍华德·莱斯利·亨特书信往来时，后者劝告这位年轻人应在《圣经》中寻找出路。然而事实证明，对于终生坚持不可知论者，信仰的力量无法起到疗伤作用。随后，里克特精神状态更加失衡，一次闲聊中，他把自己1921年的生活状态描述成"几近崩溃，充满青春期的紊乱与紧张"。进入研究生学习一年后，里克特出人意料地带着疲倦行囊回到洛杉矶家中。随即，母亲非常明智地把休学的儿子介绍给一位神经科医生，而这位名叫罗斯·摩尔的大夫以前就曾治疗过他的姐姐。

里克特情绪紊乱的状况非常严重，大家只好将其送进私人疗养院，以便配合摩尔的医嘱。在那儿的一年多时间里，他的上述症状时常发作。医生的治疗方案很奏效，逐渐帮助查尔斯恢复了正常情绪。康复后的1922年，他于洛杉矶县立博物馆找到了第一份工作，虽然只是个送信员，却能自食其力，随后又进入一家五金公司做文员，这些短工让里克特攒下一笔钱，并最终回到在帕萨迪纳新成立的加州理工学院从事学术活动。

众所周知，青春期的成长经历会影响人一辈子，对此，我们不妨撇开严格意义上的历史线索，而去大胆猜想某些由史实推导出的可能现象。16岁的里克特，也许才华横溢，也许问题多多，这些都不为奇，正如人

图 2.2 大约拍摄于 1925 年的查尔斯·里克特（照片经加州理工学院地震实验室允许发表）

们已经看到的那样，从一开始，其家庭生活就贴上了不稳定标签，动荡的童年，社会约束力缺失，很多有助于引导年轻人走向社会的成长环境于他均是稀缺资源。如果说，养育孩子需要一片乐土，那么，查尔斯的双脚就从未有机会踩在大地上。他的世界一直围绕直系亲属，围绕极度封闭、功能失调的家庭。对任何青少年来说，高中到大学的转变应是信念与勇气的飞跃，无论多么健康，多么适应环境，离开父母巢穴后，孩子们必将步履维艰，需要负重前行，年轻的里克特难上加难，大概唯一令人惊讶的是，其情绪崩溃没有更早发生。

大多数青少年求学远行后，都会因为站在成人边缘而陷入情感危机，里克特自然不能幸免。然而，由于休学回到洛杉矶家中，无疑在很大程度上恢复了这个年轻人的生活秩序。随着故事展开，主题变得清晰起来：里克特之情感舒适区从未超出其真正了解的南加州唯一乐土。然而，对于刚刚起步的年轻科学家，即使走入家乡大街小巷，用"舒适"一词来描述里克特的情绪仍牵强附会。于是，当他在外部世界重新获得脆弱立足点时，个人日记便成为心灵港湾，时间跨度从1926年6月至1928年6月23日，而那时他的身份则是一名加州理工学院的研究生。尽管日记笔迹潦草，却内容丰富、真实可信，是攻读硕士学位期间的内心独白，有助于掌握持续困扰里克特心理疾病的严重程度。

在研究生院学习过程中，这本日记的大部分内容都是流水账，但充分揭示出里克特当年的情绪状态。在厚厚日记的中途，他回顾了一段"精神濒临崩溃"的时光，后果便是斯坦福大学的学业终止。这段往事不仅可以展现查尔斯的学习生活，也有助于我们以那段动荡岁月为蓝本，按图索骥，在某种程度上得到一些启示。当讲述一次偶遇经历时，里克特笔迹越来越潦草，无法准确回忆起那位学长的名字，好像叫弗兰克·里德。"这次交往发生在自己对斯坦福大学的表现感到灰心丧气时"，他写道:"想必,是由于从高中毕业进入大学后,发现自己突然变得不那么重要了。"如此感觉会独一无二地出现在精英院校的新生中,因为他们将要惊醒:于众多才华横溢的年轻人里,自己不过一介草民。然而,想想里克特接下来说的话"在斯坦福情况更糟,感到非常不适应",我们便会从字里行间发觉,与许多适应能力强的新生不同,对于查尔斯而言,不适应社会环境的感觉一点儿也不新鲜。

到了年底,里克特独坐空房,闷闷不乐,然后就碰到了弗兰克。他同后者并不熟悉,仅仅曾听玛格丽特说起过:"里德比我们年长,一个彻头彻尾的好家伙——干净、直率,真正的斯坦福绅士。"里克特发现:在向学长弗兰克表达对斯坦福失望之情时,后者的回答只有安抚,"他鼓励我,与我亲切交谈,还说认识姐姐,这些话拉近我俩之间的距离,使自己在一定程度上摆脱了焦虑情绪,尽管还不十分彻底"。

查尔斯接着写道:"今天晚上想起此事,不禁潸然泪下。实际上,自己感到非常惊讶,不晓得什么东西深深刺痛了我,但每当回忆时,都会响起同样的哭泣声。"在那次偶遇里德多年之后,里克特如梦初醒:学长恰恰就是那种别人家的孩子,所谓的斯坦福最棒之人。来到斯坦福,希望以他们为伍,学会如此生活方式,然而令人失望的是,他们中的大多数却将背井离乡,1921年第一次世界大战的阵地便是远行目标。里克特补充道:"我被逼到了墙角"。事实上,在斯坦福大学,里克特入伍于学生陆军训练营,服役2个月零11天后就光荣退伍了。虽然他从未详细说明军事生涯过早结束的原因,但显而易见,一方是不善交际的查尔斯,另一方却是要求高度协同的美国军营,两者格格不入。

回到弗兰克·里德,里克特接着写道:"他的个性很有吸引力,特别是对周围的异性比如姐姐和母亲,如此魅力可能也会传染给我。"

"这就是当年的秘密",里克特继续写道:"此时此刻,泪水夺眶。多年以来,一直带着绅士生活的理想,一个自认为完全能够抵达彼岸的切实理想,虽然遥远,但至少基于真实人物。然而非常不幸,我始终都没有拿到'船票',所以怅然若失,厌恶一切,整个世界都与自己格格不入,莫名的自卑油然而生!"

接下来,里克特开始深思下一个摆在眼前的问题:"心中的模范形象源自何人?"看来,只有自己才能回答,或许结论就是高中二年级的化学老师。那时,查尔斯还是个15岁的小男孩,行动笨拙、身材矮小;而化学教员惠勒先生则是个大块头,相貌堂堂、个性强硬,甚至都能引起里克特母亲关注。"鉴于妈妈对此人的外表非常满意,我便信誓旦旦地在心中许愿,用不了多少年,自己必须变成这样一个大人物,"里克特写道。

当然,15岁的男孩往往会把目光投向那些无法实现的理想形象,比如职业运动员、摇滚明星或者电影明星,而非身材匀称、教导有方的化学老师。但正如里克特意识到的那样,如果连化学老师也当不成,那么,这个理想岂不令人更加沮丧,因为后者是可能实现的。伴随青少年心智成熟,到了适当年龄,他们大体上就会明白,年轻时的偶像永远不会变成未来,他们既不是男篮巨星迈克尔·乔丹,也不是女足冠军米娅·哈姆。人过了20岁便将醒悟,杰出身材的标本可遇而不可求,里克特亦不例外,他并未用体育明星来要求自己,其愿望仅仅是化学老师的形象——孩子们总有一天能够企及的目标。

理想虽不丰满,现实依旧骨感。即使查尔斯的偶像标准很接地气,也远远超出他这样身材矮小、气力平庸、手脚笨拙且性格内向的年轻人的能力。此外,后来的文字也清楚表明:所谓的理想男人,不仅需要符合某种范式,而且应给母亲留下深刻印象。这个小男孩梦想着有朝一日成为妈妈心目中的男子汉,尽管可望而不可及。

如果按照弗洛伊德"童年影响终身"的理论，那么，这位地震学家的儿时成长经历就是绕不开的话题。事实上，在查尔斯的生活中，莉莲·安娜·里克特始终都是神秘人物，没有证据表明其未尽人母之责，我们掌握的事实如下：莉莲是受过培训的教师，对子女循循善诱，为家庭尽职尽责，不但会给孩子们寻找适当教育机会，还在必要时提供心理治疗。每当里克特的外甥女回忆起外祖母时，总会用"热情"一词来形容，因为后者很乐意给来访的小朋友读一些睡前故事。然而，根据里克特的说法，母亲因过度依附于外祖父而变得心理扭曲；有迹象表明，她一生都在留恋虚无缥缈，很多不切实际的梦想给自己唯一的儿子留下了深刻烙印。

大家对莉莲的记忆非常不完整。虽然这位母亲名气不够大，无法让人大书特书，儿女们却小有名气，似乎也对她十分顺从。莉莲的轮廓如下：出生于1871年1月的纽约州，1891年在俄亥俄州巴特勒县初婚，两个孩子分别于1892年和1900年来到世界，而她本人则于1953年10月去世、享年82岁。由此看来，无论里克特先天多么有缺陷，长寿基因似乎都是为家族量身打造的。

在儿子的大量文字内容里，包括详细的日记随笔与信件草稿，莉莲的名字均不常露面。显然，如果人生大部分时间可以同母亲近距离交流，那么，两者之间的信函肯定多不了，里克特就是如此，在其生命旅途中，绝大多数时间与母亲距离不超过11英里，也就相当于帕萨迪纳到洛杉矶的距离。

当然，莉莲没有出现在里克特日记中，抑或暗示出母子间某些不可言传的问题。在查尔斯的资料中，人们可以发现写给他人的许多信件草稿，但唯一缺少莉莲这位收件人，甚至在私人文件中，我们也找不到他写给母亲的信。然而，在里克特一大堆杂乱无章的文字中，有一封信的草稿引起大家关注，虽然其被隐藏在看起来像废纸一样的诗歌中，却与其他废纸略微不同，因为这封草稿没有写给任何人，从表面上看，只是里克特于斯坦福大学读书期间致母亲的内容。开头如下："求求您，不要让我待在家中，那间混乱不堪的车库令人窒息！我必须走入人群，成为他们中的一员，请母亲大人海涵，多年以来，我一直被您的围裙束缚着，几乎变成娘娘腔，即使迈进大学，也非常依赖您，就像在家里一样，唯一例外是在学生陆军训练营期间，如果那个阶段再长一些，自己大概就会变成男子汉。"

信中继续写道："此刻，想必您已经明白，我不想从事任何文职工作，也不想参与学术活动，我需要暂时忘记一切。首先，我希望打听一下约塞米蒂国家公园①是否招工，要知道，他们如今全年开放了；如果不行，去洛杉矶附近找份工作也是个不错的选择，但必须是全年的那种。"草稿到此戛然而止，仿佛又不想寄出了，抑或只是一封长信的部分内容。

然而，这页草纸却能说明很多问题，至少令人信服地表明，里克特与生命中第一个女人的关系并不十分愉快。同时，对于那些期望早日摆脱父母约束的青少年而言，上述文字完全代表了他们的心声。虽然我们永远无法知晓母子间的矛盾是否仅仅源于青春期普遍存在的磨难，却倾向于怀疑更多东西，因为有证据显示，他们二人个性复杂、桀骜不驯，更何况儿子成长于那个时代最不寻常的单亲家庭。但令人遗憾的是，虽然莉莲·里克特是家庭主心骨，但她留给后人的文字却寥寥无几，有关她对家中唯一男丁的深远影响世人知之甚少，顶多停留在只言片语程度上。虽然大家猜想，莉莲可能在与自己的心魔做斗争，然而，于查尔斯

---

① 约塞米蒂国家公园（Yosemite National Park）位于美国加利福尼亚州，内华达山脉西麓，占地面积约 1100 平方英里（1 平方英里≈2.59 平方公里）。

的难言之隐中，家庭环境、母子亲情却似乎最为珍贵，以至莉莲的内心世界终究是个谜。

小说家可以把这位母亲的形象勾画得非常饱满，让公众想象出各种妆容：她或许存在恋父情结，但程度有多大却令人费解；或仅仅人格障碍，也未可知。虽然文学爱好者愿意看到如此肖像，但传记作家却认为此刻画并不存在，至少不完整。无论真实性如何，有一点似乎能够肯定：莉莲钟情于男人的理想化而非现实。于是，年轻的查尔斯也开始"邯郸学步"，希望变成母亲心目中"别人家的孩子"。

对于男孩来说，人们几乎无法想象，还有什么样的成长环境会比以下条件更糟糕：从小开始，生父就不在身边；进入青春期之前，外祖父如影随形；家里没有能够撑起一片天的男人，却有被不切实际幻想所吸引的女性；更遗憾的是，儿子的身体条件和内心世界与母亲的幻想相去甚远。如果里克特能够脱胎换骨，变得务实一些，或许会从上述环境中走出来，即便依旧我行我素，结果也将与大多毛头小子相同，正常进入人生下一阶段。然而，正如我们看到的那样，这家伙的神经系统出了问题，并且性格内向、害羞、不善交际。再往深里说，其情绪躁动的真正根源很可能超过了我们的认知水平。

翻阅研究生日记后，大家便不难发现：查尔斯的内心独白是病态的，即便对于健康者，如此糟糕的情绪也会令人崩溃。眼前的这位学生，虽然头脑灵活，思想却总爱抛锚，即使家庭环境优渥，也必将面对外界挑战。

如今，教育工作者和家长都十分关注那些有特殊需求的儿童，所谓情感障碍或称学习障碍，就是其中之一，整个社会既承认这种磨难，又对其贴上了标签，相关人员不但得到及时治疗，方方面面的照顾也接踵而至。当然，事实并非总是如此完美，第一种治疗注意力障碍的常见处方药利他林①直到 1980 年才问世。几十年前，在父母与老师眼里，贪玩、散漫很可能被看作孩子懒惰或愚蠢的表现；而那些不守规矩的儿童行为，即便源于注意力缺陷、多动症或躁郁症，也会被臆想为青少年犯罪的前兆；同理，如果学生无法正常融入班级小群体，与社会环境格格不入，那么，身上的标签就将多种多样，没有一个是好的：怪胎、书呆子、独行侠、失败者或者令人不愿启齿的外号，也包括具有侮辱性含义的大众术语。

只有到了后来，我们才能看清里克特的全貌，因为成年的他，皮囊下面不仅包裹着愚蠢和弱点，还有挣扎与成功。回到 21 岁，作为斯坦福的大学生，里克特除了拥有年轻人的外表，就只剩下混乱的内心世界。虽然杰出的学术水平使他获得了物理学学位，但同样出色的躁动情绪也导致其精神崩溃，甚至严重到需要住进疗养院。

在查尔斯的日记和信件中，有关神经科医生罗斯·摩尔博士的内容只言片语，顶多相当于一部百集电视剧的客串角色，然而所有迹象均表明，摩尔博士的治疗方案很有效，经其干预一年后，里克特迈出重返外部世界的第一步，先是在一处掩护水域从事有偿工作，很快便回归科研领域。摩尔博士鼓励里克特用诗歌来表达情感，如此方式也将成为他一生中最重要的情感宣泄出口。虽然直到 1949 年，里克特还对这位治疗大师的持续关怀表示感谢，但显而易见，无论摩尔博士或任何专家都不可能完全解决他的所有心病。毫无疑问，童年留下的伤痕无法抹去，正如本章题记所表明的那样，45 岁的里克特顿悟道："小时候真的没有什么好东西；有关童年，我不愿留恋，亦不想再叙。"这段话打印在一页纸上，没有写给任何人，也没有寄给任何人。而该页纸的开头则是："偶然

---

① 利他林为哌醋甲酯的商品名称，是一种中枢神经兴奋剂，被广泛应用于注意力缺陷的治疗。

再次审视自己，特别想写下一些看法与计划。尽管去年夏季的直觉和灵感早已耗尽，但其影响力依然存在，这让我相信，不需要太多努力，自己就能再次转向诗歌表达之佳境。"究竟什么因素使灵感凋零，而1944年夏天灵感的性质又是什么，虽然他没有指出，但或许我们也能从后面章节中看出一些端倪。

无论如何，如果你看过后来在1967年1月里克特所写的如下诗句，那么，其对成长岁月凄美的苦感便一目了然：

知足常乐，似乎并不可信；
世间存在危险，
如闪电、落石、天坑，
脑海中攀爬着无知的猿猴，
心灵驻留着贪婪的婴儿与无爱的男孩，
我依旧生活在等待危险到来的阴影内。
如今，心魔已随风远去，
一切又恢复理性与快乐；
但挫败感或意外却如幽灵般随时降临，
愿上帝赐予我快乐，
愿上帝之吻将污秽从藏身之地惊散。

显然，查尔斯·里克特之童年梦魇似乎从未远离内心，即便人到中年，心魔依旧。

尽管如此，人们还是倾向于不仅对摩尔博士，而且对里克特本人表示尊重。没有哪位神仙能够驱散这个年轻人的灵魂风暴，就算手中挥舞魔法棒，风暴也将不期而遇，或许，心灵灾难就是他生命中不可或缺的一部分。然而与此同时，里克特却正在将全部精力和智慧转向理解自己的失败，并进一步与之达成共识，从而也把我们带入其生命的下一个篇章：通过加州理工学院研究生院的 6 年学习，查尔斯充分掌握了现代原子物理学；更令人印象深刻的是，他至少已经控制住了内心风暴。当然，在进入这个时期之前，大家先来关注一下里克特生命中另一个关键人物：他唯一的姐姐玛格丽特。

玛格丽特·罗丝·里克特

1933年　　　　　　　　玛格丽特·罗丝·里克特　《受鞭笞者》

诗人的冲动，像一条打结的绳索，
缠在我嶙峋的肉体上，
讨要报酬，面目狰狞，
为每一行，为每个字。

3 玛格丽特·罗丝·里克特

里克特与女性的不平常关系从出生那天就开始了。尽管莉莲·安娜·里克特留给我们的最终印象很不全面，但他们母子之间的隔阂却并非捕风捉影。对于唯一的姐姐玛格丽特·罗丝·里克特，我们了解得更多，不仅是因为其有一定名望，还源于弟弟笔下的文字以及他记录下的姐姐之言。然而，里克特笔下的内容代表了一种对玛格丽特生活的看法，该形象不仅被自身的扭曲心理所破坏，并因彼此过近的距离而显得不那么客观。在有关姐姐的文字里，查尔斯的视角与任何人都不相同，只要此人拥有唯一兄弟姐妹；另外，鉴于他本人的困境，对发生在姐姐身上某些问题的理解方式也出现偏差，至于姐弟间极其复杂的关系，自然亦存在一面之词的嫌疑。虽然，里克特所写的许多内容都很容易理解，但总有大量片段导致的问题远远多于答案。

至少在某些方面，这对姐弟的早年关系与大多数家庭没有什么不同。在一处不和谐的生长环境中，姐弟分离多年，由于母亲的情感遭遇以及两人的非传统家庭生活，他们联系更为紧密。尽管根据查尔斯的描述，玛格丽特对其颐指气使，然而，仅就成长于单亲家庭的小男孩和另一位年长姐姐来说，几乎无法指望他们之间会发生什么重大事件。此外，玛格丽特内心强大、富有才华、个性复杂，毕业于洛杉矶公共图书馆下属的理工中学。在接下来的20世纪早期10多年中，又先后于斯坦福大学获得学士和博士学位。上述事实能够说明这位姐姐的过人之处。虽然，斯坦福大学很早就开始接受女生，但1899年的一项建校拨款修正案却将人数限制于500人之内，即便在1933年，该数字也只增加至1000。当玛格丽特拿到学士学位时，只有很少1%～2%的美国年轻女性受到过类似良好教育。

1928年7月19日，当姐姐回到洛杉矶时，查尔斯同莉莲·布兰德正式完婚，并与母亲住在一起，而这位妻子在婚后依旧带着自己的娘家姓氏布兰德。根据里克特的说法，"把莉莲带到母亲家里住，是我犯的一个错。当时的莉莲，狂妄自大、反复无常，不但妈妈无法理解儿媳妇的行为举止，姐姐也不断提出充满敌意的想法，于是，情况变得更糟了"。有关莉莲的早年野蛮行为，我们会在下面章节中进一步阐明，当然，其后来的言谈大概更加匪夷所思。

回到眼前，里克特的婚姻似乎打乱了自己之前的核心家庭。可能是为照顾情绪不佳的儿子，抑或想把布朗森大道的房子留给新婚夫妇，里克特母亲和女儿一道搬家，另起炉灶，因为玛格丽特在弟弟婚后不久便在阿肯色大学找到了教职。另外，种种迹象表明，玛格丽特确实有故事：我们知道，当弟弟于1921年向精神病学家罗斯·摩尔博士求医问药前，她就一直在听从后者医嘱。姐姐的研究生学位与本科之间有着整整9年间隔，这或许意味着，与弟弟之学习经历类似，玛格丽特也曾遭遇过学业中断的悲剧。

当然不可否认，姐姐天赋异禀，很会写诗，不但获过奖，还大量发表于杂志和各种诗集中。在加州理工学院档案馆的里克特文件中，人们发现了一本装订成册的手抄本，厚度超过1英寸（1英寸＝2.54厘米），里面全是玛格丽特的诗歌剪报以及关于她的文章，也包括为《诗歌世界》和《诗人》等出版物撰写的专栏。

一首1933年的早期文学格外引人注目，因为我们在其中窥探到了这位女诗人的灵魂：

受鞭笞者

诗人的冲动，像一条打结的绳索，

缠在我的嶙峋肉体上，

讨要报酬,面目狰狞,

为每一行,为每个字。

在路上,我跌跌撞撞、气喘吁吁,

窒息般寻求更多狂喜的痛苦,

再一次挥动鞭子,再一次留下烙印;

我走在疯狂鞭笞之路。

哦,美丽之鞭,火焰之鞭,

为每一下痛苦的刺痛而祝福,

蜷缩在我裸露的胸前;

伤害我;我以美丽的名义流血!

另一首诗描述了女性在严肃职业抱负与家庭生活相互排斥情况下做出的无奈选择:

阵痛

她们渴望成为配偶与母亲,

她们选择活蹦乱跳的孩子。

为了身体和血液繁衍,

她们重新承受夏娃的古老痛苦。

在孩子们身上,她们可以青春永驻,

可以暂有伴侣,

可以将自己作为痛苦的祭品,

并以微笑看待漫长岁月。

但我选择心灵之子,

知道如何用思想填补肉体,

沉重岁月被慢慢抛在身后,

孤独的日子越来越孤独。

让他们不要把我的阵痛看得太轻,

因为他们不了解我疲惫的神经。

事实上,玛格丽特永远不会结婚生子。1929年,在一篇名为《一间自己的房间》①的文章中,作者深入探讨了女性写作条件这个话题:弗吉尼亚·伍尔芙想象莎士比亚有个妹妹朱迪思②,写作能力同哥哥难分伯仲。于是,伍尔芙向读者描绘出一个令人信服的形象:在那个女性没有选择权的年代,每当这位才华横溢的女人展现自己天赋时,就会屡屡受阻;最终,在一个寒冷冬夜里,她无情地选择结束自己的生命。显然,玛格丽特·罗丝·里克特的出生时间要比伊丽莎白时代③晚几个世纪,所以她享有选择权,没有在冬夜或任何其他夜晚自杀。然而,罗丝知道:对于20世纪初的女性来说,事业和家庭生活是一项非此即彼的选择,因此,她必须在《阵痛》中雄辩地表达出该意。

尽管玛格丽特诗句优雅,但折磨她的幽灵却没有那么善良,至少比折磨弟弟的那些心魔更加难缠,大概整个社会对这些心理问题也不够宽

---

① 《一间自己的房间》(A Room of One's Own)源自伍尔芙在剑桥大学的演讲,一经出版,风靡全球,被誉为"激发女性精神觉醒的心灵之书"。作者艾德琳·弗吉尼亚·伍尔芙(Adeline Virginia Woolf,1882—1941),英国女作家、文学批评家和文学理论家,意识流文学代表人物,被誉为20世纪现代主义与女性主义的先锋。
② 朱迪思是文章《一间自己的房间》中的虚构人物。
③ 伊丽莎白时代(Elizabethan Era),是指英国伊丽莎白一世女王统治英国的一个纪元(1558—1603),历史学家常常将其描绘为英国历史的黄金时代。

容罢了。里克特写道:"说得温和些,最终,玛格丽特变得非常神经质,时常在课堂上表现出愤怒、悲伤或者某种无法形容的情绪,她只好被迫离开阿肯色州,"这段故事应该发生于1935年前后。"回来时,心中带着一种尘封的想法:自己是阴谋的受害者。事实上,此刻的姐姐正在为一个男人春心荡漾,虽然我怀疑这家伙对她根本没兴趣,而她却坚信,有人在故意破坏这段姻缘。从阿肯色州回来后,她始终对洛杉矶人不怀好意,总认为那里的居民背后搬弄是非。姐姐给自己的这些怀疑内容进行了批注,并加上了一个'神秘'的电话号码,以至于家中电话簿上多出未登记姓名的数字。"显然,诸如此类的说法均指向偏执狂,表明玛格丽特的怀疑或不信任高度夸张,甚至完全没有理由。

众所周知,作为复杂综合征的一部分,偏执狂表现为偏执性精神分裂症,这种情况具有深刻的、经常是灾难性的后果。偏执型精神分裂症患者时常会听到异响,经历奇怪梦魇或幻觉。尽管现代药物能够在一定程度上控制症状,但病人却基本上无法融入正常社会生活与人际交往,诺贝尔奖获得者、数学家约翰·纳什就患有此病。在这类群体中,纳什不仅因患病前的辉煌成就出类拔萃,还因从疾病的至暗时刻重返芸芸众生备受推崇。

然而,绝大多数偏执狂却只能偏执罢了。症状较轻者或许倾向于妄想,但往往能够继续从事有偿劳动并维持相应的社会地位,尽管大众投来的目光不总是那么友善。一些科学家认为,偏执狂的性格特征或许与生俱来,这种障碍却因外界压力而加剧。例如,有证据表明,在移民和战俘群体中,偏执狂更为普遍,当被迫进入高度紧张的崭新社会环境中,这类人有时会表现出急性偏执特征,作为性格障碍的一种形式,即便在轻松社会环境下,妄想认知亦将不断外露,并于短时间内表现得特别强烈。

无需漫无边际的想象力就能猜到，像弟弟那样，玛格丽特之情感舒适区远远小于大多数人。她同样在离家几百英里的地方获得过一个学位，与查尔斯类似，此后便回到家乡，住进精神病院。人们注意到，斯坦福大学的立校之本就是为学生提供一种受保护的、有情调的氛围，在该环境下，来自世俗的干扰几乎都被屏蔽掉，年轻人可以全身心投入学业，因为他们将会身处加州这样一个大"农村"。当玛格丽特迁徙至阿肯色州时，身上的情感包袱显而易见，然而，这种搬迁却很可能加剧她躁动的情绪。

姐姐搬回加州的时间大约在 1935 年或 1936 年，也促使查尔斯和莉莲彻底离开家族原有的老宅。在加州的几年中，那栋位于南布朗森大道的住房始终人来人往，因为玛格丽特在此开办了一所诗歌讲习班，当然，也继续开展自己的创作活动。1937 年，她写下一首可爱的短诗，却似乎正在掩盖内心的动荡：

幽灵们
这里到处都是幽灵，
曾经萦绕在我身边：
白浪滔天的幽灵，
在青色海面上出现；

冰封山脉的幽灵，
延绵到了月宫；
融化积雪的幽灵，
穿过山间草地；

大瀑布一般的幽灵，

岩石碎裂成梦；

白色杜鹃的幽灵，

花瓣于溪流游弋。

这里到处都是幽灵，

曾经萦绕身边。

徘徊着的美丽幽灵

不会让我获得自由。

20世纪30年代末，玛格丽特在纽约哥伦比亚大学获得教职，但情绪问题又很快浮出水面。在里克特的文件中，人们发现一封来自医学博士威廉·麦卡斯特林的信，落款日期为1940年3月19日，后者告诉里克特，"过去，在斯坦福和阿肯色大学，折磨你姐姐的精神问题仍然存在"。医生写道，"有件未公开的不愉快事件迫使宿舍里另一位年轻女性离开自己的房间，然而，玛格丽特依旧拒绝考虑搬到其他地方住"，用医生的话说，她觉得"宿舍保护自己不受敌人伤害"。

麦卡斯特林敦促里克特，应当鼓励姐姐搬回加州，然而在答复中，里克特提醒这位医学博士：疑神疑鬼只会激怒姐姐，从而让玛格丽特相信，自己正同医生密谋反对她。于是，里克特反而劝说这位医生和罗斯·摩尔博士联系。虽然本次交流的最终结果仍不清楚，然而，姐姐确实在40年代初回到了洛杉矶。

玛格丽特的剪贴簿显示：1941年前，她的诗歌产量始终稳定；之后，越来越薄的页面表明了其写作欲望逐渐下降。1941年6月至1946年5月间，剪贴簿里几乎没有诗歌，却充满其为《矩阵》诗歌专栏撰写的文章，而《矩阵》则是全国专业新闻联谊会ΘΣΦ旗下的出版物（没错，该机构的名字就是由三个希腊字母组成）。直到1946年，这些专栏才渐渐消失，最后一篇出现于此刊同年4—5月期号上。剪贴簿下面几页主要是些剪报，也包括数篇短文，最后则是一大堆时尚照片。时间来到1949年，里克特观察到姐姐"一直都神经兮兮的，以她当时57岁的年龄而言，明显感觉到精神问题正在恶化"。正是玛格丽特之衰老促使里克特于1949年给莫里亚蒂医生写了一封袒露心声的信，也为我们提供了在其文章中找不到的个人信息，既关键，又详细。莫里亚蒂是一位精神病和神经病学专家，显然，除了从普通医生那里得到常规救助外，里克特还向这位学富五车的专家咨询过很多问题。

里克特在信中写道，他有"动脉硬化导致精神错乱"的家族倾向；在现代人听来，此表述的内涵正是早发的阿尔茨海默病，今天我们已经知道，这种病有很大程度的遗传因素。只有不到10%的患者会于65岁之前被诊断出来，是区分"早发"和典型发病的截止年龄，事实上，阿尔茨海默病最早可以在30多岁发作。于是人们开始怀疑，在玛格丽特生命早期，其偏执倾向的背后可能就是这种疾病。

当然，或许罪魁祸首是其他原因，因为偏执狂也可以表现出精神疾病的特征，包括抑郁和痴呆。偏执会经感染导致，如脑膜炎和败血症，亦可源于严重的代谢紊乱，如低血糖和维生素B12缺乏症。虽然，上述疾病与明显的神经质行为间存在联系，但研究成果仍处于主流医学界边缘，即便许多著名专家指出，经研究这种联系真实存在。维生素B12对红细胞形成至关重要，缺乏后会导致恶性贫血，而相应的症状便包括情绪波动、偏执、易怒、混乱、痴呆、幻觉和狂躁。

对于精神类疾病而言，低血糖是一种曾经流行的缘由，也是真实情况，同样会导致类似神经或精神系统问题，包括双相情感障碍和癔症。

低血糖患者的血糖水平变化巨大，经常出现血糖过低状态。当其迅速下降时，虚弱、紧张、易怒和精神呆滞的"脑雾"情况便接踵而至。根据专家的说法，如压力导致"战斗或逃跑"应激时，就可能呈现第二类症状，即，身体开始迅速分泌肾上腺素。低血糖和高肾上腺素的结合会进一步影响情绪，带来颤抖、震颤、焦虑、易怒和偏执。此外，在这种情况下，天然内啡肽的舒缓作用将在很大程度上被否定，于是，患者便会发现，自己不仅非常焦虑，还缺乏自我调节情绪的正常生理机制。

医者确信，对于具有明显精神疾病的人而言，日常饮食对病情的影响程度要比主流医学界所承认的大很多。当然，正如近年来许多节食者所了解的那样，粗茶淡饭、控制糖分摄入量成为一种处方饮食，是低血糖症治疗方案的重要组成部分，有助于提高病人的能量水平，改善情绪及身体的整体调节系统。

回过头来看上述任何一组症状，人们显然永远无法确定是哪种神经生物学疾病导致玛格丽特出现了情绪问题，如果真的存在，显然，很有可能不止单一因素。然而，当我们考查其晚年生活后，新线索便跃然纸上。时间来到1952年年底，随着玛格丽特病情不断恶化，她被彻底宣告为无行为能力者。此后，被送进萨克拉门托的州立精神病院，在那里待了几年后的1960年，她重新获得自由。1962年，这位姐姐头脑清醒，甚至还可以给弟弟亲笔写信，讲述她早先留在仓库里的一些图书。1961年，已经69岁的玛格丽特，每月收到115美元的社会保障金，住在哈蒙德街的公寓里。这里面积虽小，却很体面，是西好莱坞和贝弗利山庄之间一处模范社区。到了生命的最后，她再次搬家，住进位于北海沃斯大街1032号的独立小院，直到1979年去世。1965年，在寄给里克特的圣诞贺卡上，玛格丽特用打字机完成了以下文字：

伴随门上花环的出现，

我又度过了一个圣诞节；

窗上也挂起了花环，

迎接着路上的行人，

无声的纸钟，

大声敲响分歧的丧钟。

每支蜡烛，每棵树，

为我点亮世界的和平；

棉花鸽子悬空飞翔，

金色眼中流露出爱的目光。

虽然如此语句的出处或许并非拜伦勋爵，但肯定不是大脑被阿尔茨海默病折磨了十多年的女人，因为这些文字显然并非疯狂的胡言乱语，当然，人们也无法轻易想象出，如此活泼的文字竟会流淌自一位疯女人的心田。

在玛格丽特被送入精神病院的那个年代，对这类疾病的治疗方案，无论真实存在，抑或坊间杜撰，都会包括一些令现代人惶恐不安的手段。由于没有特效药，病人通常必须接受电击治疗，以减轻焦虑和神经衰弱症状，甚至不少人还被切除了脑叶。虽然我们不知道玛格丽特的治疗细节，但即使方法野蛮，却没有熄灭其个性与天赋。当然，她有可能接受过一种或多种50年代首次出现的药物治疗，例如，1954年推出并迅速广泛使用的氯丙嗪。虽然，如今许多人把此药的效果比作生理上的脑白质切除术，然而当玛格丽特离开医院后，却似乎比来到这里时具有了更健全的自我认知能力。

在60年代初，这位姐姐写的诗足有一小卷，并且由她本人装订成册。所以，大家不禁要问，玛格丽特早期的情绪波动真有如此严重吗？要知道，即便代谢紊乱或失衡，也是可以治疗的。对于20世纪初的女性而言，很多身体上的慢性疾病都被医疗机构当作情绪问题，更不用说那些症状类似于心理健康的案例。

图 3.1　玛格丽特·里克特最后定居的小院子（照片由作者提供）

顺着该线索，我们大概想知道，姐姐的疾病在多大程度上源于遗传因素？当然，此处的疾病并非指精神状态不稳定，这一点很重要，因为它会直接造成查尔斯的问题。在1949年写给医生的信中，里克特发牢骚道：除非早餐特别丰盛，既有鸡蛋又有肉，否则，就会感到饥肠辘辘。医生建议，他应该摄取某种特定类型的食品；据说，查尔斯的妻子也认可这种观点。虽然里克特没有继续说明细节，但人们怀疑，医生所言是一种防止血糖剧烈波动的食材标准。在现代人看来，"包括鸡蛋或肉的早餐"用意非常明显，亦充分表明：查尔斯的饥饿感完全能够通过高蛋白且低单糖的食物加以缓解。他补充道：遵循医生建议，饥饿与疲劳感正在逐渐消退，而且脾气也变好了。由此可见，也许他们姐弟二人均存在相同的胰岛素耐受和糖尿病倾向，或者至少是糖尿病的前期表象。

在里克特另一堆文件中，我们发现了一封来自莫里亚蒂医生的信。内容显示，当时除了每 100 ml 血液中的胆固醇含量 100 mg 外，里克特的其他测试结果完全正常。然而，医生指出：胆固醇含量指标明显偏低，存在肝功能受损的可能。按照今天公认的标准，高胆固醇是比较普遍的情况，而低胆固醇却极端少见，问题也更严重。1999 年，杜克大学心理学家爱德华·苏亚雷斯发现：与正常范围的女性相比，低胆固醇表现出更高的焦虑和抑郁水平。胆固醇是血液里一种软性脂肪颗粒，在大脑功能中发挥着重要作用，包括能够产生稳定情绪的血清素。当高脂肪和高胆固醇饮食代表普遍流行的公共健康问题时，大众可能会忘记：在生理学中，胆固醇发挥着重要作用，从本质上讲，该物质是细胞膜和性激素的构建单元。

里克特的健康状况或许能折射出姐姐情绪问题的本质。但无论后者源于血糖或胆固醇水平异常、脑组织有机退化以及其他原因，大家都非常确信，玛格丽特正在遇到人生中的大麻烦，她与弟媳彼此不睦，以至于每当玛格丽特回来时，里克特和他年轻的妻子必须离开位于洛杉矶的家庭农场。这一点不足为奇，这对新婚夫妻与玛格丽特的隔阂很可能由于姐弟之情而变得更加复杂。在所有晦暗人生故事的谜团中，大概没有一个像如此不寻常的姐弟关系那样神秘。

晚年的玛格丽特一直待在洛杉矶，直到 1979 年 4 月 6 日去世。据医生的说法，在其生命最后 5 年里，玛格丽特患上了脑动脉硬化，这是一种大脑动脉增厚与角质化的疾病，经常会导致痴呆。1979 年 4 月 5 日的最后一次脑血栓，以及由血凝块引起的中风是其死亡原因。除此之外，玛格丽特还患有类风湿性关节炎。而围绕在这位女士身边的人，包括最后几年的看护者希尔德加德·皮戈什女士，也于 2005 年过世了。

弗吉尼亚·伍尔芙曾想象有史以来最著名的作家威廉·莎士比亚有个妹妹。同样，我们也可以猜想，有史以来最著名的地震学家里克特确实有一个姐姐，她的名字叫玛格丽特·罗丝。虽然其没有弟弟那样的分析才能，但语言表达天赋却远超后者。玛格丽特能够成为 20 世纪初头几十年的诗人和大学教师，就是这种才能的有力证明。然而，人们不禁要问，她所面临的"战斗"是否仅为女性歇斯底里或神经质？上述生理问题属慢性病甚至可以痊愈吗？虽然，姐姐的人生故事远远少于更出名的弟弟，但值得庆幸的是，她不仅逃脱了朱迪思·莎士比亚的命运，而且与早期的乔治·艾略特（笔名：玛丽·安·伊文思）不同，玛格丽特擅长以自己的名义为世界留下大量文学遗产。当然，人们还是希望能读到她的更多东西。

玛格丽特之死值得《洛杉矶时报》在"大事记要"栏目里写上两句简短讣告。事实证明，在其晚年，心灵寄托寥寥，甚至可怜到再无他人陪伴，孤独的日子正如几十年前预见的那样，变得更加孤独。唯一健在的亲人只有弟弟，似乎一直照顾她、爱她直到最后的人也仅有弟弟。然而时间来到 1979 年，后者的暮年生活变得越发步履维艰，导致玛格丽特只能自己照顾自己。于是，这个世界上又多了一个糊里糊涂的老女人和一次几乎悄无声息的死亡；没有人对其一生成就进行纪念，也没有人意识到这是一颗曾经发过光的星星，更何况光芒还是来自那个年代的女性弱势群体。一切恰如弗吉尼亚·伍尔芙设定的那样，"佚名"就是女人的代名词。事实上，巾帼们自身能量不足，无法在人生路标上刻下自己的名字，流芳百世难上加难。然而，玛格丽特却十分关心自己的标记，几十年来，她始终小心翼翼地发表诗作，并把印有个人成就的剪报贴了厚厚一本。她一生都有属于自己的半小时，有属于自己的房间。也许其落幕只是件小事，也许不是，但无论如何，公众希望能从中读到更多东西。

4

驭马前行

1933年 | 7月2日　　　　　　　　查尔斯·弗朗西斯·里克特

地震

我把愿望寄托在最可靠的岩石上，
谨慎选择建筑的基座；
这里没有道德泥土，没有虔诚木块，
只存在花岗岩的事实，只依赖多层严密逻辑。

我建造高塔，不用象牙，而为石块；
向阅读与务实提供宽阔空间。
虽然建筑仅以实体存在，
上面却承载无限幻想。

最终成果令我感到建筑的骄傲；
由于前人未曾想到如此之家。
正当准备登堂入室，
却传来一阵剧烈摇晃，却闻听一声惊人轰鸣。

即便设计合理，破碎的石头依旧挣脱束缚；
尽管下面的岩层站立坚挺，稳如泰山。
心中的塔楼倒塌了，变成砖石的洪流，
所有崇高梦想坠落一地。

虽然尚可加固，房子的辉煌却荡然无存，
我抱怨于有失修缮。
我疑惑于缺陷何在，
于是便带着困惑来到上帝面前。

他微笑着说："看来你不是泥瓦匠，
回来吧，让我们重新开始。
使用更好的砂浆，消除内心的恐慌。
岩石与砌块无罪，可怜建造者有错。"

20 岁的查尔斯·里克特，凭借手中的斯坦福大学文凭，本应处于年轻人准备挑战一切的巅峰时刻。然而此时的他，却因精神问题一蹶不振。虽然已经步入斯坦福大学研究生学院，但只坚持了一年，焦虑情绪就占据上风。从第一次接受正规学校教育开始，他就小心翼翼地与外面的世界不断沟通，却从未真正在社会中发挥作用；来到成年人的边缘，查尔斯更加发现自己竟然一无是处，或许永远无法长成别人家的孩子那样。即便他知道这一点，也想象不出将来的路该怎样走下去。

虽然里克特留给后人的文字不胜枚举，他自己住进疗养院的故事却只字未提，并且时间还不短，足足一年之久。当然，罗斯·摩尔博士的诊疗方案亦明显见效。在这位医生照顾下，里克特再次回到大千世界，并找到一份薪水不高但受人尊敬的差事，也帮助其在通往余生的道路上获得补给。利用工作攒下的钱，里克特于 1923 年重返学术道路。

里克特就读研究生的加州理工学院，其历史可以追溯到 1921 年。这所大学并非凭空创建，而是从史路普理工学院衍生出来的。后者之名源于富有的废奴主义者、芝加哥的政治家阿默斯·史路普，正是他在 1891 年创建了该校。20 世纪初，史路普聘请三位科学家来校任教，分别是天文学家乔治·埃勒里·黑尔、著名物理化学家亚瑟·阿莫斯·诺伊斯以及物理学家罗伯特·安德鲁斯·密立根。除了讲学，三人每年都会花上几个月时间访问史路普位于帕萨迪纳的研究所。第一次世界大战爆发后，这些科学家都去了华盛顿特区，服务于后勤保障部门，并领导科学研究工作。战争结束时，如此强大的三人组决心将科学和史路普研究所搬上地图。时间来到 1921 年，学校获得一大笔捐赠，于是便有了新的教育理念和一个新名字。

黑尔和诺伊斯说服密立根离开芝加哥大学，从而让密立根有机会担任诺曼-布里奇物理实验室主任，并最终成为整个研究所的行政主管。作为物理学家，密立根成绩斐然，于1910年完成著名的"油滴实验"，首次测量了单个电子的电荷量，这在当时是一个巨大成就，他也因此获得1923年诺贝尔物理学奖。事实上，此项工作非常通俗易懂，仅仅过了半个世纪，在简陋的高中物理实验室里，孩子们就可以轻松重复以上类似过程。掌管加州理工学院后，密立根和同事们很快将这里提升至学术研究中心的最高水平，密立根也变成公众人物，是科学和教育的积极代言人。

密立根到来的消息传到距离洛杉矶市中心帕萨迪纳一步之遥的里克特那里，对此，里克特后来补充道："我可不愿意错过听他讲课的机会，于是，自己很快就放弃了工作，开始在加州理工学院做起了研究生。"

里克特用令人惊讶的语言来描述这位学者的语言风格，"虽然组织得非常好，却偶尔有点儿拖泥带水"。有时，在密立根演讲后，保罗·爱泼斯坦教授也会接着登场，并将授课内容专注于理论物理学的前沿发展。最初，里克特发现，爱泼斯坦讲的东西很难听懂，不仅由于这位物理学家的数学态度极为严谨，还因为其浓重的德国口音。作为研究生进入加州理工学院后，里克特逐渐体会到，通过接受爱泼斯坦的课堂教学，不仅学生们的数学能力有所提高，就连老师的英语水平也日渐长进。根据里克特本人的说法，"我开始从他的教学中得到巨大收获"。在加州理工学院档案馆，人们发现了一大堆笔记本，其中，这位青年学生的课堂笔记密密麻麻、逐字逐句，几乎囊括爱泼斯坦的全部课程内容，完整程度令人吃惊，甚至包括教授的开场白和结束语。公众不禁惊叹于里克特的书写速度，也许他知道如何速记，然后再将相关文字整理成册，并全部记录在案。

里克特在加州理工学院度过的日子是令人陶醉的。后来，他对采访者安·沙伊德说："那时候，正好赶上量子力学的发展初期，整个原子物理的研究氛围都在变化，真可谓你方唱罢我登场。许多客座讲师经常光顾帕萨迪纳校园，比如埃尔温·薛定谔和亨德里克·洛伦茨。"然而，无论客座学者还是密立根本人，都没有像爱泼斯坦那样吸引这个年轻人的注意力。里克特解释道："爱泼斯坦是个非常令人着迷的老师，讲座内容总会精心策划和组织。他有一些奇怪的举止，其中既有日耳曼式的，也有他自己独创的。在我印象中，爱泼斯坦老师对工作节奏的把控有些偏执，每次上课，都对大教室讲台必经之处的松动展板视而不见，经常会'砰'的一声撞上去，我可不敢说，这仅仅是个意外。"

里克特的研究生论文题目出自密立根的建议，而非爱泼斯坦指定的。密立根给过他一篇有关自旋电子假说的稿子，其中的论点似乎可以调和以前某些相互矛盾的结果。"你能看一下吗？"密立根问他。里克特回答道："我发现这篇文章确实很有价值，至少可以从理论上部分解决困扰您的一些问题。"从两人的接触与对话中，里克特悟出了自己的题目方向——对具有自旋电子的氢原子的进一步研究。虽然密立根帮助他确定了目标，但指导老师却依旧是爱泼斯坦。我们不清楚其中的具体原因，或许是前者的社会职责使其没有时间去指导自己的门生。这样一来，里克特就自然同爱泼斯坦更为亲近，也能够充分体会到爱泼斯坦老师的良好职业操守及人格魅力。

然而根据里克特的说法，除了两人在专业方面有所互动外，自己从未深入了解过爱泼斯坦，尽管有时他也会亲切地称呼导师"爱泼"，以表明师生关系不一般。虽然里克特和导师的感情绝对超不出"朋友"二字，却与另一位男生建立起了深厚友谊。这位同学表现出众，曾于爱泼斯坦课堂上指出过一个方程的错误。此人名叫鲍里斯·波多尔斯基，后来变得小有名气，至少在物理学界如此。在博士后学习期间，他与导师爱因斯坦以及同为博士后的内森·罗森共同撰写过一篇论文。这篇发表于普林斯顿高等研究所的文章题为《量子力学对物理现实的描述是否完备》，核心观点如今被称作爱因斯坦-波多尔斯基-罗森佯谬，简称 EPR 佯谬，并很快成为量子学辩论焦点。实际上，该文对标题问题的回答是否定的，即，仅就能够调和内在悖论而言，量子力学并不完备。

在现代物理学发展过程中，鲍里斯·波多尔斯基发挥过重要作用；而对于查尔斯·里克特的生活，这位大师也无可争辩地举足轻重。正是通过鲍里斯，里克特结识了未来的妻子莉莲·布兰德。1927 年，两人在波多尔斯基家中相遇。当年，莉莲正同鲍里斯夫妇住在一起，用里克特的话说，莉莲是在"帮助他们"。而实际情况却是：此时的莉莲已经与第一任丈夫雷金纳德·桑德斯分居，尽管离婚手续还未最终完成。于是，一个家庭"互惠生"的职位很可能是莉莲能够为自己做的最好事情。起初，里克特对两人的邂逅没有过多言语，只说"莉莲认为她自己很特别，是土生土长的加利福尼亚女儿，这样的人万里挑一"。根据里克特后来的描述，莉莲的祖父从事土建行业，营造了洛杉矶东部波莫纳市的第一座房子。

里克特与莉莲的友谊正在开花结果。1928 年 7 月 19 日，在里克特外祖父去世两年后，莉莲的离婚手续终于办妥。随即，她和里克特结婚了。在前次婚姻中，莉莲育有一子，名字叫雷金纳德·弗洛耶·桑德斯，大家都习惯叫他"布奇"，出生于 1925 年。这个小男孩没有和里克特夫妇待在一起。在 1930 年人口普查中，作为两个年轻寄宿生之一的布奇，住在洛杉矶奥兰治大道 1533 号的海伦·米尼家中。因此，人们只能假设这是一种寄养安排。另外，人口普查表格显示：桑德斯的父母身份不明，而事实上，莉莲显然与儿子保持着联系。里克特后来告诉我们，他与继子关系密切，甚至在桑德斯生命的后半段，两人还偶尔结伴徒步旅行。而据莉莲妹妹埃塞尔的儿子布鲁斯·沃尔波特说，布奇并没有被寄养，

图 4.1 大约于 1925 年的莉莲·布兰德·里克特（照片由劳里·沃尔珀特提供）

而是与生父弗洛耶和继母在旧金山湾区长大。

阅读了一些有关里克特家庭生活的往事后,人们会停下来思考当时的美国家庭成员变化情况。虽然到了20世纪后期,离婚已经不足为奇,但早年却远非普遍现象。即使于1960年,在每1 000位美国已婚妇女中,离婚人数也只有9人;如果追溯至1900年,这个数字大约为4人。换句话说,在1900年,每250名已婚妇女中只有1人在某年离过婚。显然,在19世纪结束前,里克特的母亲已经成为统计学上的怪人。因为根据她的说法,自己离过两次婚;更加令人惊讶的是,里克特的妻子亦如此。而与此同时,对于20世纪上半叶而言,姐姐却是另一类少数群体,因为她竟然从未结过婚。当这位地震专家谈到"他所谓的那种女人"时,此处的"那种"显然是与普通人无法相提并论的另类。

在后来的采访中,除了一些基本事实,比如,谁、什么、哪里、什么时候等问题之外,里克特很少谈及个人情况,甚至包括自己的婚姻。然而,在1949年写给莫里亚蒂医生那封袒露心声的信中,他却告诉了我们更多情况:自己生命中有三个女人特别重要,而其中的两人,也就是姐姐和妻子,她们彼此竟然无法忍受。

里克特20岁时情绪崩溃,28岁开始接触地震学,以上时间节点表明,虽然有一段时间生活脱轨,但到了读研究生之际,多少已经回归正道,并于20年代顺利获得了博士学位。接下来,他以此为契机,在与当时最杰出的科学头脑打交道时,又偶遇一位年轻女子。尽管此人过去有些不修边幅,他却依旧同其结为连理,因为对里克特而言,莉莲就是自己最合适的另一半。即便这位学者曾苦恼于许多年轻人都会有的焦虑,但显然或者至少看起来,来到加州理工学院,如此负面情绪就已经被安全地抛于脑后。后来,《洛杉矶时报》有关里克特讣告的如下内容也证明了上述观点:"根据前同事的说法,这位学者有着非常聪明的头脑,只不过年轻时，如此头脑却似乎不那么稳定。在 20 年代的背景下，里克特竟然会寻求精神病学的帮助，这在当时十分大胆。"讣告接着说：是那位神经科医生把地震专家介绍给了未来的妻子。正如我们已经看到的那样，上述判断与里克特本人的说法相互矛盾。但里克特也确实为这种误解提供了线索，因为据他回忆："有一段时间，我发现，自己与波多尔斯基交谈甚欢，内容涉及隐私。我们甚至讨论过如何利用精神分析法，虽然有些地方已经弄清楚了，却没有取得很大成功，因此，我的精神状态依旧不稳定。"然而，讣告给人的印象非常明确：不稳定的精神因素并没有那么严重，只是困扰着里克特，而且主要是年轻时候。

这或许就是外界在 20 年代末看到的学者画像，毫无疑问，与他本人大不相同，当然，此处的时间定语是研究生及其以后的年代。人们大可不必进一步揣测：这些年，他脑子里到底在想些什么。因为自 1926 年 6 月至 1928 年 6 月 23 日，其在个人日记中写下了很多东西。潦草的笔迹能够在很大程度上说明里克特博士研究生最后几年的心境。显然，他的情绪仍然跌宕起伏、极不稳定。

日记的大部分内容都是流水账，仅仅写给自己看。在 1926 年 6 月 20 日的页面上，里克特描绘出一幅愤世嫉俗的自画像。他写道："在任何更不幸的人看来，我肯定有足够机会得到满足。自己成功地从事着一项研究，虽然不属于深奥的基础性工作，但至少是目前学科发展前沿。诚然，对于一位年轻且缺乏经验的物理学从业者来说，期望总会过多。但坦率地讲，我已经得到两位学科领军人物青睐，并被视为有前途的年轻学者。"

他接着说："然而，当每件好事正在稳步朝自己走来时，我却没有定力了，甚至开始无法从这个令人钦佩的职位中获得幸福感。"接着，里克特简要描述了一些思想困境，认为情感障碍将折磨余生，恐怕最亲密的同事也从未遇见过类似状况。他写道:"之前的所有训练以及全部天赋都朝着该方向发展,但我仍然发现,自己正在不断挣扎着远离它。虽然我知道这个方向就是科学研究,却无法下定决心,把自己交给此项崇高事业。由于对艺术表达有着与生俱来的渴望,这种迫切心情阻挡我全身心投入工作。对我来说,渴望意味着文字表达。鉴于其他艺术需要起码的手工技能,而本人发现,自己同该技能天然绝缘、格格不入。"

应该能理解,有史以来最著名的地震学家虽精通物理,却对心理问题一窍不通,尽管他的梦想是如作家那样去表达自己的精神世界。回顾过去,里克特将早年的情绪崩溃归因于过度追求科学成就。他写道:"对艺术的向往,或者按当时的说法,对世界的精神认知,让我第一次走出了抑郁症的阴影。诗歌成为自由表达的最后成就,也令本人摆脱心魔,重新回到工作中。"无论罗斯·摩尔医生采用什么治疗手段,都鼓励里克特通过把心魔写在纸上来缓解压力。一旦建立起这样一个出口之后,里克特便感到如释重负,甚至讽刺地发觉,回归以前的工作竟如此简单。接下来,这位学者惊讶地意识到,当初让自己抓狂的艺术表达方式不适于科研,甚至两者相互抵触。于是写道:"现在,每当连续从事学术工作之后,就很自然地处于比较冷静且紧张的疲惫状态,虽然艺术表达力没有完全丧失,但至少变得非常迟钝了。"

最后的转折会让一个把诗歌视为救赎的年轻人感到震惊,但里克特意识到,"之前,精神崩溃的主要因素就是未曾厘清天赋更适合于哪个科学分支。虽然现在知道自己是一名理论物理学家,但经过5年的情感动荡以及密立根博士的明智建议,我才被最终放到了地震学位置上。"

由此可见,这本日记开始向我们暗示里克特内心的挣扎程度,不仅表现在自我认知方面,也包括自我意识成分。显然,他对折磨心灵的东西有了一定感性了解,并渴望更加充分地理性探索。然而,当阅读完那些为保证日常生活秩序而奋笔疾书的文字后，人们很快就会感到，对于处在人生十字路口的年轻人来说，要评估自己应该何去何从却并非易事。

尽管里克特自称在物理学领域有很好的归宿，但其持续性情绪波动的一个关键因素显然在于：他希望调和不同的自我成分，既包括被科学吸引的感觉，也涉及渴望艺术表达的部分。然而，里克特对两者的结合不抱任何幻想，"在我看来，能够将诗歌及科学融于一身的希望，实现的可能性非常小。如此成就必需伟大的天才，而本人似乎并不具备这种条件"。

"如果是这样"，里克特继续说，"照照镜子看一下，认识到自己的局限性是件好事；但我还不确定，并且肯定不能确定该结论是否正确。要想把科学当成艺术，高不可攀的天才未必是条件；显然，只需对两者都非常敏感。而我恰好具备这种素质，仅仅缺少些幸运、环境和机会罢了。"他骄傲地补充道："另外，即使需要天才，仍然可以拥有。我还年轻，不知道自己的极限，只明白本人身体不够强壮，也没有脚踏实地的意识，但我无法说服自己不具备从事艺术的机会。事实恰恰相反，就在不久前，我已经写出了几篇上佳作品，这便是很好的佐证。"

似乎可以肯定，如果里克特没有意识到自己的不稳定情绪源于神经系统出了毛病，且不明白这些问题会干扰渴望的自我表达，那么，他一定不会感到胸中恶魔正在心灵深处翻滚，极力打消其所谓的科学与艺术同化作用。或许，有人乐于满足工作日科学研究，周末从事诗歌、拍照或绘画工作。然而，里克特却有着强烈专注力，驱使他无情地把全部精力投入某种承诺；如果无法兑现，便会努力调和那些使命召唤之间的深刻哲学矛盾。当然，如此一来，往往南辕北辙，但他情有独钟。

调和是成功的。其大部分日记内容充满深刻哲学内涵："在自己内心世界，科学与艺术之对立主张已经远远超出个人范畴。于是，我开始对两者的本质进行漫长思考,并关注生活与物质之间的冲突,喜欢琢磨自我的本质问题。"

对于任何年代的艺术而言,无论距离精确定义还有多遥远,都有相当统一的观念。但是,当确定旧科学与艺术之间的关系时,我们必须非常小心:那个时代的科学到底是什么,这一点十分重要,因为艺术恰恰就是建立在该基础之上……

事实上,在彻底的现代思想体系里,宗教领地几乎已经完全被科学、历史和应用技术所占据。对事物起源的描述是历史科学,对现象的解释就是科学本身……

仅就那些正在当下混乱中寻求立足点的人来说,我给你们捎个口信:世界就是自我。一个人对同化的渴望便是对自我人格同质化的主张,应该将上述观念作为精神生活的核心,且牢牢抓住它。

显然,上述文字同古代瑜伽修行术的宗旨别无二致。

如今看来,我已经找到令自己多愁善感的根源,那是一首始终萦绕在耳边的老歌,与约翰·济慈①的"你将永远爱下去,她也永远美丽"有着异曲同工之妙。事实上,所有这些东西都与爱有关,身体间的爱。目前,我没有这种感觉,所有冲动在自己身上都受到挫折。结果便是,每当有人提及这种美妙感觉时,我就会特别失望,甚至整个人都要被泪水淹没了。

在里克特经历过的那些不寻常苦难中,有的磨难相当普通,尽管如

---

① 英国浪漫主义诗人约翰·济慈(John Keats,1795—1821),在20岁出头时感知了自己的诗歌天职,遂弃医从文,可惜文学生涯还不到5年,便因肺结核离世。

此，上面这段话还是隐含着如下信息：于爱情方面，27岁的里克特依旧涉世不深。虽然曾提及自己21岁的初恋经历，但不清楚，这段并不早的早恋到底能够发展到怎样的程度。

里克特的反思内容读起来令人费解，大家只能依靠想象臆断其当年的写作心境。也许他正在深入思考性格的本质：内向与外向、两性之间的气质差异，在同内向或外向型女人交往时，男性应有的处世哲学。里克特进而考虑到性心理因素，并以此为基础构建出一个有关女性气质特征的详尽表格，分类标准包括强欲望外向型、强欲望内向型、弱欲望外向型、弱欲望内向型，以此类推。

他还详细考察过妇女在社会中不断变化的角色。有一篇不寻常的日记，标题为"信的寄出日期12月20日"，而除过这篇外，其他日记标题均以日期开头。虽然里克特没有指明收件人，但所写内容清楚表明，他正在打算把自己的反思寄出去。

我已经准备好等待你的答复，自己觉得，你能写出这样的信非常好。而我也不得不思考一会儿，才能明智地继续回答下去。

如果可以的话，我想继续讨论，因为我对你的发言和你没有发言的内容都非常感兴趣……

他继续写道：

根据我的理解，你认为，当社会面临如此多重要问题、如此多的明显不公时，我们对科学与艺术关系的探讨就显得有些多余。因为此类问题太过虚无缥缈，这就是为什么你是一个共产主义者，而非科学家或艺术家，我说错了吗？

里克特继续就理想社会的观点发表意见，他提到了"俄罗斯人的社会实验"，并指出："不希望看到再次重复这项实验，尽管其结果适用于全国各地，并大概率会达成实验目标。"里克特提出了自己的理想社会概念，"我对社会变革的希望主要在于艺术力量"。

最终，他谈到异性在这个世界上的角色扮演问题，并对此考虑良久。许多年后，一位记者提出了有关科学界女性人数少的如下问题：是否有女性以研究员身份参与过地震实验室的研究项目？你能告诉我关于加州理工学院最初接纳女性的争议吗？里克特对后一个问题的回答很有意思："在一次关于该机构是否应该接纳女性的激烈辩论中，我观察到，最终产生裂痕的是化学系一名新员工的到来，他坚持要带上自己原来的助手，否则就不来了；而这位助手就是一名女研究生，并且在其研究过程中不可或缺。"然而，里克特对异性问题的回答往往敷衍了事，人们并没有得到如此印象，也即，他曾经对这些问题进行过大量思考。

然而，请大家仔细聆听查尔斯·里克特半个世纪前所说的话：

即使假设迄今为止，妇女对族群的思想进步没有什么贡献，我也不认为这是对未来的任何保证。她们表面上被当作高级生物去崇拜，实际上，却被物化为低级群体来压迫。在一个所有思想形式均为男性化的世界里，那些真正有智慧的女人走向成熟。她们的成果如此之少，这又有什么值得大惊小怪的呢？无论个人有何疑问，大家都很清楚，任何感情细腻的男人都能在一个优秀女人身上认识到远超他自己的敏锐直觉。如此见地未能正确表达出来，这是大众的过错，而不是女人的错，至少我是这样认为的。

他的反思还在继续：

请不要误以为这些都是青少年对女性群体不加区分的偶像化。我也认识一些"可敬的"女人，她们在这个世界上就像鼠疫蚤一样有用；还有一些不那么体面的，这些人一个晚上所做的好事比大多数男人一整天还要多。老实说，我确实认为，真正聪明的女人比任何男人都重要，特别是比我自己更重要，只是因为在目前的状况下，她们有更多机会去做一些永远值得做的事情。

上面这些文字当然是个有趣的组合，既有居高临下的态度，比如"她们的成果如此之少，这又有什么值得大惊小怪的呢？"，又有"在一个所有思想形式均为男性化的世界里，……走向成熟"这类启蒙色彩的思考。也许最重要的是，言语间充满了反思。在此，我们不禁要提出一个尖锐的问题：这封信是写给谁的？某些段落里所指出的女士究竟是谁？当然，不可能是未来的妻子，因为此刻两人还没有邂逅。开头一段表明这不是写给母亲或姐姐的，虽然在当年，这两人是唯一同其生活有关的女性。里克特写道："类似这样的通信，如果要想更有意义，回复必然不能过于草率。另外，我也准备好等待你的答案，本人觉得，你能写信给我是件非常好的事。"按常理说，人们往往不会采用如此开头给自己的近亲写信。此外，亦无证据表明，里克特生活中的任何异性同事为共产主义者，然而，收信人显然就是如此。在其一生中，里克特非常愿意与过客通信往来，尽管这些人仅与之有一面之交，甚至彼此就根本不认识；另外，他写给陌生人的信件数量还十分巨大。由此看来，里克特那位和蔼可亲的女性共产主义者想必就是上述通信笔友之一。

不管收信人是谁，通过这封信，我们就会更加了解里克特在努力完成博士论文期间的内心想法。根据他的记忆，自己与两位重要科学家保持着良好关系，而后者均为迅猛发展的理论物理学领域的佼佼者。他工作进展顺利，即便还不到获诺贝尔奖的高度，至少成果也属研究前沿。另外，他也写道，"我仍旧无法安下心来"。于是，在接下来的几页内，里克特所使用的词汇听起来就更像圣经中的轻描淡写。

根据他的回忆，在研究生阶段最后几年，自己停止了诗歌创作，并因紧张的学习要求，情绪低落，处于一种冰冷的心力交瘁状态。人们不难想象，婚姻为其提供了情绪宣泄的出口，令他能够控制从前未被驾驭且足以自我毁灭的心魔。里克特发觉，研究生院的工作既耗费精力又消磨情感。虽然这一点几乎对任何人都是如此，然而在他看来，作为减压出口的学术工作不够宽阔，神经紧绷和情绪波动的病根也许要通过其他方式进行排泄。

写作就是绝佳途径，即使在情感耗尽状态下，里克特亦有足够精力一边研究一边创作诗歌。在1926年7月2日的《呐喊》中，我们找到了学者内心挣扎的痕迹：

在一页又一页符号中，我重演着
宇宙的数学；
一张纸写着结果，一张写着原因；
这里画原子，那里写定律。
被侮辱的自然付出报复性代价，
因为数学穿透了灵魂。
我再也找不到奢侈的东西；
秩序，也只有秩序，主宰着思想。
我看到世界的核心不可改变；
发现不断变化的幻想荡然无存。

必须不情愿地牺牲，
献出被夹持的心灵？
永恒的力量，弯下腰来怜悯我；
让我爱，让我知，让我走！

在1926年11月另一首诗《合成》的开头部分，里克特写道，他需要继续表达，以对抗科学思想及其严谨的限制性枷锁：

太多了，我必须写。
整天盯着真理的头脑，
发现严酷的、不屈不挠的光线，
夺走了生命、色调和呼吸。

在研究生院工作的那些年里，他还写过其他方面的文字内容，包括几首有关山的诗。在内心世界极其不稳定的时期，"山"为查尔斯提供了一处真正的避难所。

日记里的反思也清楚地表明，即使于紧张疲惫状态下，里克特每天的思考比许多人一生的内容还要多。仅就艺术与科学、自我、人性及社会本质等方面，查尔斯正努力开动着他那强大的智慧机器。

在生命动荡的篇章中，文字已经表明他对自己精神磨难的挣扎有所理解，同时，也热切渴望能够彻底驾驭它们。他于1928年4月20日写道："我想，现在已经达到了一个新高度，可以合理确信，自己的主要艺术功底就是文学表达力，问题不只是没有什么东西可以表达。"读到此处，作为传记作者，本人很想在这句话末尾加上一个感叹号。

我觉得自己有四种基本想法，或者说是构思，在某些方面，它们与大多数聪明人的不同，而这些构思合在一起就形成了自己的个性。如何用诗句或散文适当表达上述内容，本人目前正在考虑该问题。我想表达，想交流：

一、对系统、综合体、哲学观的需要；

二、生活的目标就是需要通过创造或孕育来做出贡献；

三、艺术包括文学、音乐的必要性和意义；

四、对现代科学观点进行正确评价的必要性。

在4月20日进行自我评价后，他在下一篇日记中简单写道："1928年6月8日，查尔斯·弗朗西斯·里克特博士。"日记到此结束。

里克特于大萧条的前几年获得博士学位。据这位学者回忆，当时的他还未婚，相当自由，并不急于在事业方面有所突破。里克特承认：在获得物理学学位之后，尚未过多考虑以后将要做些什么。他后来告诉记者："我脑海里想的是，作为学生助理，我已经为研究所做了一些工作，当然，效果并不是很好。有种直觉，自己得到了人事管理部门的好感，如果能够坚持下去，大概能遇到机会，并最终获得长期职位。因为在量子力学这个关键领域内，我表现出了极大兴趣和能力。"

虽然有句宗教哲言"呼山不来去就山"。然而，即便到了最后，大山确实来到穆罕默德身边，却不是穆罕默德一直在等待的那座。1927年，里克特被罗伯特·密立根召唤到身边，后者要说的话只有一句：刚刚诞生的地震学实验室正在物色一位有物理学背景的兼职助理，你有兴趣吗？

剩下的，正如全世界都知道的那样，就是历史了。

根据里克特后来的说法，他对选择专业领域之外的职位感到十分满意。"因为只要能够留在帕萨迪纳附近，就可以与自己的老本行保持联系,如今,在某种程度上,我的确做到了。"当然,他并不打算完全脱离物理学。"我确实想到过一些理论物理学问题,也想研究这些方向,看看能否在此有所收获,但事实证明并非可行。"真实情况如下:在1929年,里克特确实向加州理工学院物理学家哈里·贝特曼发送过一篇自己的论文,内容有关氦原子能级的复杂数学计算。后者表现出浓厚兴趣,并给予鼓励。然而,两人这种互动显然没有发展成前者所希望的合作关系。但与此同时,里克特又非常高兴,因为一份留在帕萨迪纳继续工作的合同正在等着他。"并不觉得自己会离开这里,"他写道:"我确实想同物理学保持联系,实验室工作至少为本人提供了留下来的机会,让我不必为了找到工作而四处奔波。"读完这些文字,人们倾向于怀疑:美国其他地方对里克特毫无吸引力,并且原因超出了找工作的范围。对于出生地而言,里克特只有童年的模糊记忆,而斯坦福大学的不愉快经历只能巩固他与生俱来的恋家情结。洛杉矶地区是他的家,是他的宇宙中心,这里具有特别致密的轨道外壳,他自己的生活始终围绕着轨道运行,虽然家庭成员偶尔也会偏离,但从未过久,也没有达到一去不复返的成功目标。

事实上,正如我们稍后看到的那样,里克特一生的有限转弯半径是非标准脑回路的后果。遗传基因令他没有能力处理生活中的各种变化,这些东西对别人却是小菜一碟;而让大多数人感到头疼的事,对里克特来说就是天方夜谭。于是,人们再一次发现了这位崭露头角的科学家拥有的不幸特征。在20世纪前几十年中,跨州搬家不像后来那样普遍,然而,即便学术精英并不喜欢迁徙,至少也是吉普赛人的同道中人。跟如今类似,在20世纪20年代的大背景下,像里克特这样的年轻知识分子并不会拿起家乡报纸,通过分类广告去找工作,因为上面一定不会写着"需要地震学家"的招聘文字。

然而里克特发现,自己不愿意打开南加州以外的新天地,也不想从事专业对口的工作,更甭提什么开始新生活。于是,人们非常好奇,他是否拥有能够改变生活的必要资金与技术。对任何年轻才俊来说,找到一份学术差事并不容易,等同大海捞针,需要非凡意志、自信与公信力以及人际交往和专业沟通技巧。在这些方面,里克特复杂的内心世界都极为不利。首先,毫无疑问,像他这种人,绝不会为了找工作而挖空心思,所以,相比那些盲目自信或许有点粗鲁的年轻科学家而言,其工作机会少得多;再者,里克特不符合标准的聪明人范式,身上的所有毛病无一例外地将影响学界对其天赋和潜力的看法。

然而,里克特确有真才实学。可以这么说,当里克特发现自己迈进加州理工学院的时候,地震学项目才刚刚起步。虽然学术界没有张开双臂欢迎这位年轻人,却真诚地为他留出了空位。尽管差点因自己小心建造的精神塔楼坍塌而被活埋,但他确实又露出了头,站起来,并吹响了新号角。从此之后,查尔斯·弗朗西斯·里克特在生命中第一次将注意力转向了地震学。

5

地震探索

查尔斯·里克特于国家地震信息
服务局的访谈内容

从很大程度上讲,地震学的发展得益于哈里·奥斯卡·伍德之不懈努力,他解决了南加州的许多地震问题。

人生如戏。查尔斯·里克特的故事必须在以其为主角的戏剧背景下展开。对里克特而言,主角情结就是南加州的地震探测业务。虽然,当他第一次踏上舞台时,这出戏还正在彩排,但场景已经设定好了。本章内容会把里克特从生活中抽离出来,讲述完整剧本的如下部分:研究南加州地震的最初日子。

甚至在美国诞生之前,地震就已经成为整个北美洲生活中司空见惯的一部分。1727年11月9日,马萨诸塞州纽伯里附近发生地震,造成该地区石墙和烟囱大面积倒塌。1755年11月19日,美国东北部新英格兰历史上最大一次地震发生在安角以东,北至加拿大东南部的新斯科舍省、南至切萨皮克湾,都有震感。整个1811—1812年冬天,一连串地震引人注目,包括三次明显主震和数千次余震。其中,有些余震的级别还相当大,袭击了北美大陆的中央地带,也就是今天的密苏里州东南地区。如果当下美国人误以为地震仅仅是加州的问题,那么1811—1812年所谓的"新马德里地震序列"就是对此的有力反驳。更加讽刺的是,19世纪的美国人恰恰视地震为国家灾害,实际上,也是个全球性问题;由此可见,即便是在200年前,人们对地震的认知亦具备前瞻性。新马德里地震之所以被称为序列,是由于7级以上主震就有4次,余震更多达成千上万次。时隔不久的1886年,南卡罗来纳州查尔斯顿附近又发生了现在认定为7级的大规模破坏性地震。接踵而至的灾难进一步巩固了美国人对地震危险性的认知。

然而,当19世纪即将结束时,大多数美国人特别是那些有地质学信仰的人,慢慢感觉到,国内中东部地震并不像西部特别是加州那么普遍。地质学家开始意识到,加州大震已经超过了平均份额:虽然1812年、1857年和1872年的灾难只造成不甚严重的财产损失和人员伤亡,却仅仅源于人口密度低,而非地震强度小。1868年的湾区大地震则造成相当大的社会冲击，袭击了这个新兴经济中心的要害。

时间来到1900年，人们对加州地震的认识有了长足进步，甚至一些本地人积极淡化加州为"地震之乡"这个消极观念，特别是那些对这个黄金之州的持续发展抱有幻想的既得利益者。科学家们刚刚了解到加州地震的严重性，商业机构就感到压力山大。没人会愿意生活在一个脚下不安宁的地方，更不用说到那里投资。毫无疑问，唯利是图的商人注意到了1868年10月21日的天灾。如今，学者们估计，那次震级为7级，发生在海沃德断层上。海沃德的大多数建筑物遭受严重破坏，就连附近圣莱安德罗的法院和监狱也倒塌了。另据报道，南边圣克鲁兹和北边的圣罗莎等城镇亦有所殃及，但不太严重。

在淘金热已经过去20余载的1870年，湾区总人口，包括相对偏远的索诺玛和圣克拉拉等县，已经超过25万大关，仅旧金山就高达15万。加州开始明显复苏：于1870年之后的10年内，湾区人口几乎翻倍。爆炸性增长带来天赐的商业良机，而后者又将催生出巨大的经济利益。显然，资本家非常厌恶风险，其中最主要的就是自然灾害，比如1868年的地震。当时，人们没有将这次天灾视为意外，因为在19世纪最后几十年中，其他更加柔和的大地冲击也曾震撼过湾区。如今，当科学家再次回顾上述一连串小规模灾难时，他们普遍认为，这可能就是毁灭性的1906年加州大震预兆。

1868年地震发生数十年后，在写给美国地震学会的一封信中，地震学家乔治·戴维森讨论了此次天灾的后续破坏力。然而，直到1982年，这封信才得以公布于世。当时，地球物理学家威廉·普雷斯科特发现了它，并将其放在《美国地震学会公报》的一篇报道中进行讨论。在这封信中，戴维森讲述了1868年震后成立的五个专业委员会，其中三个负责调查结构性能，一个总结学术成果，还有一个专门处理法律事务。接下来，各路媒体急切盼望相关报告能够尽早出炉，而1869年1月的新闻稿则对这项工作进展缓慢给予了严厉批评。

在戴维森及其同事们的报告中，有些内容我们已经非常熟悉：1868年地震的财产损失约150万美元，被地震破坏的建筑物大多位于"人造土地"之上，也包括那些富含松散沉积物的土壤。这里，戴维森所谓的"人造土地"是指滨海区，因为这里本不适宜作为建设开发用地，所以使用了大量人工回填土。戴维森声称："我们的报告是精心准备的，然而，委员会主席戈登却认为，如果承认地震导致大量财产损失及经济成本，那么，旧金山的商业前景恐遭不测，所以，他永远不会公布这份报告。"另一方面，据戴维森估计，1868年的地震比1906年的更为猛烈、极具破坏性，其致命程度源于地壳运动的突然性和大范围。关于这些遗失的文字，戴维森低调但明显遗憾地补充道："据本人所知，在乔治·戈登决定将报告秘而不宣之前，没人拿到过副本"。由于目前只有少量报告结论见诸报端，所以，我们今天也只能通过戴维森的信件内容了解上述结论。

甚至直到20世纪初，许多加州人还在试图为自己这个黄金之州粉饰太平，虽然他们把一张巨大的幸福面孔涂抹在不可名状的地震危险之上，但至少于某种程度而言，其努力是成功的。

1906年4月18日上午，地球终于停止了咆哮，留给旧金山人民的只有满目疮痍的一片废墟。按照当下标准，此次灾难为7.8～7.9级，与如今大多数加州人传说的8级大震只差一点点。地震在圣安德烈斯断层上留下了一道锯齿状疤痕，从圣胡安包蒂斯塔到雷伊斯角，距离长达430公里，大约相当于270英里。强烈的起伏足以使圣克鲁兹山断层偏远地带的粗壮树木断成两截，即便精心设计与建造的砖石建筑也摇摇欲坠，更不用说斯坦福大学校园的大楼了。在旧金山，地动山摇造成巨大破坏，特别是修建于"人造土地"上的房屋。1868年的重灾区如今依旧是重灾区。显然，有些教训注定需要记住并重新学习，或者说，有些教训我们学会却又忘记了。然而，比摇晃糟糕的是煤气管破裂及相应的火灾，随之而来的严重断水更加助纣为虐，令人们无法轻而易举地将大火扑灭。整个城市都在燃烧，所有房屋被夷为平地，破坏面积之大让人目瞪口呆。

即使于如此可怕的灾难之后，商业领袖们仍然积极行动起来，淡化地震风险。他们把这次危机描述成一场火灾，虽然从某种意义上讲，这是事实，因为火灾造成的损失远远超过地震活动期间的实际破坏能力；然而，如果没有地震，就不会有火灾，后者显然只是一种次生灾害。令人啼笑皆非的是，作为震后的补救措施，当地震学家提议在建筑法规中增加相关条款时，他们向政府官员推销的科研成果并非《抗震规范》，而是《风荷载规范》。

1906年大地震后，科学家们不仅绘制了断裂面或称破裂带全貌，还标记出圣安德烈斯断层的大部分区域。1906年的断层从加州中部的圣胡安包蒂斯塔延伸到波因特阿里纳附近。值得注意的是，于地震结束的几周至数月内，沿着断层痕迹，地质学家们翻山越岭，穿过加州中南部偏远地区以及崎岖不平的丘陵沟壑，一直来到最南端的圣贝纳迪诺。在这项考察工作中，科研行动的轨迹始终被地质构造线索的蛛丝马迹所引导，以致大家惊奇地发现：1857年南部圣安德烈斯大震留下的疤痕，即便到了1906年还没有完全从地貌上抹去。

由此可见，早在20世纪初，地质学家就已经知道南部的圣安德烈斯存在断层，其沿圣加布里埃尔山脉北缘延伸至大洛杉矶地区北部。然而问题仍然存在：对于南加州不断增长的人口中心来说，地震的影响程度到底有多大？在此，我们必须注意到：南部的圣安德烈斯断层并未将洛杉矶大区一分为二，断层距离市区最北端的山谷社区有40公里之遥。仅就地震灾害而言，距离是天赐良机：震中晃动最强烈，随着与断层距离的增加，震动会迅速减弱。或许某些人会因此得出如下结论：与北部湾区相比而言，南加州主要大都市的地震危险程度较低。而众所周知，湾区被显著活跃的圣安德烈斯和海沃德断层所分割。

在后来为数不多的零星童年记忆中，查尔斯·里克特对1906年大灾难的印象是清晰的。当时的他，还是个稚气未脱的小男孩，从各种角度讲，这个男孩的震后"剧本"都与当时正在加利福尼亚上演的"大戏"相去甚远，因为"后者"的导演是政客和商人。然而几十年后，在1979年一次由安·沙伊德主持的采访中，里克特却清楚知道这个故事的每一章每一节。

根据里克特的描述，1906年的灾难使美国政府相信，地震是个严重问题。在当时，处理地震的唯一政府机构是气象局，而且仅仅停留在非官方层面上：上级部门只要求气象观察员报告所有不寻常情况，内容就包括地震。即便对于美国地质调查局，其早期主要任务也是绘制矿产资源图，而非研究或减轻地质灾害。然而，地质调查局的科学家却逐渐起到带头作用，因为他们曾经发表过几篇重要的地震报告。在1811—1812年新马德里地震发生100年后，地质调查局地质学家迈伦·富勒发表了第一份关于地震序列的完整报告。1886年查尔斯顿地震后，地质学家克莱伦斯·达顿也撰写过非常全面的综述文章，后经美国地质调查局发表。虽然没有现代意义上的地震记录，更无仪器帮忙，但1886年的报告还是令人印象深刻，因为它详细记录了这次灾害的方方面面。准确地说，达顿本人并非美国地质调查局学者，而是一名军官，在调查局组建早期，他设法说服上级，把自己派驻到这家科研机构。后来，此人再次利用各种人际关系，但这回却被流放到圣安东尼奥，负责一处军需仓库的日常事务。当然，后面的故事就完全是另一出人生大戏了。

尽管早期付出过如此多努力，却不包括现代科学意义上的"调查"工作；换言之，当时并没有运行什么地震监测项目。即便到了20世纪初，也无其他政府机构参与实质性地震观测工作。正如里克特所言："1906年大地震后，劳森和里德等人感觉到，此事应当从气象局分离出来，交给更专业的人处理，这大概是个好主意。"里克特所说的"此事"就是地震监测与调查。而"更专业的人"则是指像安德鲁·劳森和哈里·菲尔丁·里德这样的科学家。两人均为学术圈走出来的地质学家，并在1906年震后调查中发挥过关键作用。

根据里克特所述，地质调查局显然对地震监测业务不感兴趣，但另一家机构却对此有着天然好感，它就是美国海岸与大地测量局（USCGS）。该机构成立于1878年，可追溯至1807年。当时的国会认为，政府应着手对海岸线进行深入调查研究，于是，美国海岸与大地测量局便诞生了。大地测量学是确定地球精确尺寸与形状的科学，通常会在固定"埋石点"上进行重复测量。按照定义，这些点被假想为能够代表固定位置的参考点，以此为基准，我们便可以测量海岸线和其他地理特征。然而，当1906年地震发生时，一些固定参考点就不再固定了。在地震过程中，圣安德烈斯断层以东的大片北加州区域，相对于断层西侧向南滑动，这样一来，某些所谓的固定参考点就将北移，而另一些又会朝南偏离。所以测量局发现，自己之前所负责的数据不再一成不变，简单收集一次就能永远归档的历史就此终结。那些重要的基本信息，比如固定点位置，或者说是在地球表面上的详细位置，业已不可信了。

实际上，勘测点位移是衡量1906年大地震的关键科学指标之一。里德用这些数据拼凑出一个过程，也即，在发生大震之前，地壳中的应变能会积累起来，然后，随着断层移动而释放。如今，地震学家已经知道，这就是所谓"弹性回跳"理论，也是地震科学的基本原理之一。弹性回跳理论自然引出地震周期的概念：当某次地震释放断层应变后，于足够应变再次建立起来之前，下次地震就不可能发生。另一方面，20世纪中叶崭露头角的板块构造学说则向我们解释了如此应变之来源。对于圣安德烈斯这样代表北美与太平洋板块主要边界的断层，地壳不可阻挡的运动提供了驱动地震循环的"引擎"。

据里克特回忆：在 20 世纪初，测量局雇用了一批非常有天赋的科学家，这些人带着对地震的兴趣站了出来。他解释道："最后，适当的政治手段走向台前，国会采取行动，将地震监测的责任从气象局正式转移到 USCGS，该举措一直延续至 1965 年。当时，很多相关工作是在测量局主持下完成的。"

美国最早的地震监测内容包括创建台网和分析数据。大地测量局出版过一系列有关地震破坏性的报告，汇编了历史上重要的地震事件。1925—1927 年间，他们出版的《地震学季报》家喻户晓，其中也包括地震动力效应的大量文章。

1906 年地震后，加州科学家希望能够在当地建立实验室，用以记录地震。随着他们的兴趣越来越大，加州第一家地震学实验室于 1910 年在加州大学伯克利分校开始运作，隶属地质系。随后不久，哈里·奥斯卡·伍德加入这所新机构。伍德拥有地质学和矿物学背景，完成了研究生课程，还曾在安德鲁·劳森指导下对 1906 年旧金山大地震进行过调查。然而，他的致命弱点是没有博士学位，在学术界的等级制度下，此乃硬伤。由于缺少适当文凭，伍德无法在伯克利分校立足，于是便开始寻找适合自己的职位，先是去了夏威夷火山观测站，但很快就心猿意马，再次谋划重返加州。

最终，伍德将落脚点选在加州理工学院地震实验室。关于哈里对学科发展的贡献以及该实验室的早期发展历程，可以从朱迪斯·古德斯坦那里找到详细答案，因为她出版过一本畅销著作《密立根的学校：加州理工学院校史》。在此，我们简要介绍下哈里·奥斯卡·伍德。

伍德能够顺利回到加州，要完全依仗他于 1916 年发表的两篇论文，其中第二篇的题目便是《美国西部的地震问题》。在文中，他为整个加州地震监测网描绘出了蓝图，并提出相应的战略建议，即，监测网络可于南加州试点。他明白，加州大学伯克利分校已经具备地震观测的网络雏形，但南加州却是空白。伍德相信，无论加州南、北部地区，地震问题研究均具有重大社会意义。他强烈意识到，圣安德烈斯山脉南部最后一次大震发生在 1857 年，而断层北部的地震降临于 1906 年。灾难周期的最基本概念表明，南加州是最有可能出现下次圣安德烈斯大地震的地方。

当一切按部就班之际，加州理工学院正忙着让自己的学科建设起步，因为他们压根儿没有地质系。如此情况直到 1926 年才出现转机，学院聘请约翰·彼得·布瓦尔达领导地质学方向的研究生项目。然而，当年的伍德却吸引到华盛顿卡内基私营研究所参与进来。该机构负责基金审批的是约翰·梅里安，来自加利福尼亚，并恰好具备地质学背景。于是，卡内基研究所决定支付《劳森地震报告》的出版费。显然，正是梅里安的个人兴趣为上述决定铺平了道路；得益于安德鲁·劳森领导有方，这本全面回顾 1906 年大地震的重要文献资料最终顺利出炉。

接下来的 1921 年，卡内基同意在南加州资助一所地震学实验室；随后，哈里·伍德便开始着手筹备。在帕萨迪纳北部山顶的威尔逊山天文台，伍德用从天文台借来的办公场所作为实验基地，并招募里克特以及曾希望成为天文学家的雨果·贝尼奥夫[①]加入新团队，而伍德自己则将注意力转移到发明地震仪上。伍德希望制造一台可以记录加州局部地震的仪器，在此过程中，他同天文学家约翰·安德森联手。而后者在第一次

[①] 维克托·雨果·贝尼奥夫（Victor Hugo Benioff，1899—1968）出生于洛杉矶，父亲是俄罗斯移民，母亲是瑞典移民。贝尼奥夫被公认为是设计地震测量仪器的天才，最早的仪器发明于 1932 年。另外，他还致力于开发电子乐器，比如电钢琴、电小提琴和电大提琴。在地震学方面，其最重要的贡献就是提出了贝尼奥夫带。

图5.1 哈里·奥斯卡·伍德（1879—1958）（照片由加州理工学院地震学实验室提供）

世界大战中功不可没，因为他曾从事敏感仪器研究工作，帮助协约国探测到了敌方潜艇的振动信号。此时，两人珠联璧合，工作很快就取得成果，这就是我们今天耳熟能详的伍德-安德森扭转地震仪。

当地震仪还只是个沉重的庞然大物时，伍德-安德森扭转地震仪就已经成为工程奇迹：可靠、紧凑亦非常便携。用安德森"不谦虚"的话说，"除了我们的地震仪，其他都不值得一提"。第一台伍德-安德森地震仪在威尔逊山天文台试运行；一年后，搬入加州理工学院校园，安放在物理学大楼的地下室内。这种仪器很快引起伯克利分校领导及同行们的注意，他们随即便订购了数台供自己使用。

与此同时，正如古德斯坦所描述的那样，帕萨迪纳地震学实验室朝气蓬勃、志在四方，希望找到自己的发展道路。当然，卡内基研究所也愿意资助一所永久性实验室，但不肯承担新设施的建造费用。于是，威尔逊山天文台负责人乔治·埃勒里·海耳便向加州理工学院提议：由学院提供场地和建筑，建成后，该机构将来的工作成果可归属于学校地质学和地球物理学研究项目的一个组成部分。谈判持续了数年，虽然加州理工学院有兴趣，卡内基方面却担心失去实验室运作的独立性。另外，哈里·伍德本人也有心理负担：作为日常运作不可或缺的角色，学术头衔非常重要，他却没有博士学位；而如果把私人经营的实验室变成学术部门的财产，他又得不偿失。1925年，各方达成一项早期协议，卡内基同意出资在帕萨迪纳西部圣拉斐尔山建造一所实验室，而学术研究项目继续由卡内基研究所独家主持。最初，该实验室仅被称为地震学实验室，但到了后来，便开始以资助建设的私人基金会命名，这便是克雷斯格实验室。

这座建筑太坚固了，具备足够厚的混凝土墙，完全能让整个实验室在世界末日来临之前幸存下来；然而事实证明，实验室与基金会之间的关系却没有那么牢不可破。当加州理工学院于1930年开始聘用贝诺·古登堡时，地震学实验室便与学院走得更近了。在此，古登堡有自己的办公室，也逐渐开始同里克特密切合作，这样一来，作为古登堡的出资人，在实验室运作过程中，校方的主导权意识变得越来越强。显然，是加州理工学院而非卡内基，支付给古登堡不菲的薪水。时值1934年，卡内基做出决定，从南加州地震项目中撤出资金。这个决定是被动的，源于加州理工学院坚持认为，既然他们为实验室支付账单，理应对项目具有某些控制权。用古德斯坦的话说，"经过旷日持久的谈判，密立根得到了他想要的东西"。1937年1月1日，加州理工学院正式接管地震实验室日常活动，里克特和贝尼奥夫也荣升助理教授。然而，正如人们所担心的

图 5.2 位于帕萨迪纳圣拉斐尔山系的克雷斯格实验室原貌,1927 年由卡内基研究所承建(照片由作者提供)

那样,这种晋升却将哈里·伍德排除在外,他只能作为卡内基工资单上的唯一雇员留在实验室。

事实证明,组织转型仅仅是伍德遭遇的最小问题。1934 年,他因脊髓感染致残,数年都无法继续工作;直到 1937 年才渐渐恢复,可以回到实验室做兼职差事,但仍然十分虚弱,并且非常容易因其他小恙而令旧疾复发,以至于那些在四五十年代了解他的人,都把伍德形容成有点儿神经质——对细菌如此敏感,甚至从未参加过实验室定期组织的午餐桥牌赛。当然,伍德也有意避免参加社交聚会,原因自然不是细菌,倒是由于其在女人面前害羞到了极点。

哈里·伍德于 1958 年去世,享年 79 岁。对于有如此严重健康问题的人来说,这算是一个十分长寿的数字。除了几位远房表亲外,他没有更近的其他亲属，于是，伍德便把自己的遗产全部留给卡内基研究所，并表示：可将这笔钱用于重点资助那些与地震学有关的地质研究活动。哈里一辈子生活简朴，给卡内基研究所留下大笔遗产，如果按照1958年的美元计价，其债券和股票价值超过40万美元。为了让后辈记住这位学者之贡献，人们以他的名字设立过一个奖项，其长期合作伙伴查尔斯成为第一届哈里·伍德纪念奖委员会成员之一。在1960年10月的首次会议上，学者们将该奖授予来自加州理工学院的克拉伦斯·艾伦和丹麦人英格·莱曼，而后者则是地震学领域最早的女性先驱。

里克特后来说过："从很大程度上讲，地震学的发展得益于哈里之不懈努力，他解决了南加州的许多地震问题。"毫无疑问，伍德几乎凭借一己之力在南加州建立了第一所地震学实验室。当然，我们也要公平地说，鉴于1906年大地震所产生的广泛社会关注度，以及震后调查令地质学家绘制出了圣安德烈斯断层的全貌，特别是其南半部，才使南加州地震监测项目顺理成章地摆上台面。事实上，所有因素都已准备就绪，哈里只是在正确时间、正确地点选择了正确之人，从而令地震工程学尽早，而不是推迟浮出水面。必须看到，无论是否哈里在努力，地震学及相关研究所都会在不久之后诞生。

然而，耐人寻味的是，伍德对另一重要任务功不可没。这是项发展规划，被证明对南加州早期地震探索事业至关重要。如果没有他的努力，此任务可能根本就不存在，也无法完成。因为正是哈里意识到，地震实验室需要招募具备物理学背景的年轻才俊；也正是他向加州理工学院院长罗伯特·密立根发出如此呼吁。而后者找到了里克特，使这位自身有大麻烦亦有大天赋的青年科研工作者成为地震学家，即便其本人还有些不情愿。所以，如果将哈里·奥斯卡·伍德排除在地震学家之外，那么，也就完全有理由把查尔斯·里克特抛到一边。

克雷斯格时代

1949年　　　　　　　　　　　　　　　查尔斯·弗朗西斯·里克特

　　实验室的日常业务涉及大量的测量、归档和制表工作,这些事情要么是必需的,要么是无聊的,我几乎无所适从。

当查尔斯·里克特于1927年加入地震实验室时，这家机构的管理和财务权都不属于加州理工学院。实验室并非建在加州理工学院中心校区，而是位于帕萨迪纳西部的平缓丘陵地带。后来，这里被称为克雷斯格实验室，是地震监测人员所在地，直到1974年，相关人员才迁至加州理工学院校园内的新楼里。从外表上看，克雷斯格实验室为一座体量不小且外墙具有西班牙风格的两层楼房，这里为早期的地震学家提供了许多有吸引力的设施。值得一提的是它的地理位置，此处远离帕萨迪纳市中心，十分安静，附近有一大堆可爱的小山包。由坚硬花岗岩制成的穹顶半露于地面之上。所谓穹顶，实际上就是人造洞穴，修造于山坡之间。实验室的主要建筑也坐落在山坡上，从而能够为敏感的地震仪营造一处特别安静的氛围。此外，他们还必须把仪器紧贴混凝土墩台，使其直接与地面相连，而非实验室大楼的地基。墩台被牢固锚定于地面上，下方则为坚实的基岩。由于整个实验室地基与结构均围绕着地震仪墩台，因此，相对来说，地震记录没有被建筑物自身的摇晃所影响。与此同时，坚硬的花岗岩基座又可以避免环境噪声，比如过往汽车对地震数据造成的干扰。

这栋新楼于1927年初就位，并完成了仪器设备的安装调试工作，而此刻，距离查尔斯以年轻助理身份入职还差几个月时间。除了同地震学有关的设施之外，这里还为员工提供了许多舒适条件：外观可爱的建筑，树木茂盛的安静环境，偶尔会有小鹿在院子里"漫步"。当卡内基研究所着手建立地震实验室时，他们想到的基本原型是地堡：一个由大量混凝土结构形成的实验空间，简朴但极具功能性，便于开展科学研究和仪器设计，灵敏的地震记录仪器能够平静地运行其中。然而，克雷斯格实验室却将位于圣拉斐尔山系间，这里已经建有大量民宅，而且是富人区。对于当地规划委员会官员来说，地堡方案不可行。这样一来，他们只好给具备斯巴达风格的克雷斯格实验室赋予了托斯卡纳式外表：特别要强

图6.1 克雷斯格实验室的建筑结构。房屋后墙与附属隧道被嵌入山坡的坚固岩石内（照片由作者提供）

图6.2 大卫·约翰逊站在一处独立墩台后。请注意,地面未与墩底连接,从而允许地震仪在不受建筑结构震动干扰下记录来自地球的信号(照片由作者提供)

调的是，如果不仔细端详，实验室就会被人误以为是一栋普通的两层住宅。然而爬上楼梯，走进前门，如此印象便立刻消失，尽管这里的前厅非常具备家庭舒适感，甚至还能看到一个壁炉。

根据里克特老战友及合作伙伴贝诺·古登堡之妻赫莎的说法，"他们都很喜欢这个老实验室"，她继续道："我认识一些在那里工作了很长时间的人，当他们走到一起时，便会不由自主地说，'此处已经不是以前的地震实验室了'。真的，这些老友亲密无间，非常留恋过去的年月，虽然新实验室的条件肯定更好。"贝蒂·肖是加州理工学院采矿地质学教授詹姆斯·A.诺贝尔的女儿，也是里克特的研究生乔治·肖的妻子，后来贝蒂还给里克特当过助手，当然是有偿服务的那种。贝蒂毫无保留地向我

图 6.3　1929 年的克雷斯格实验室（照片由詹姆斯·麦克文拍摄，出自其论文集，由圣路易斯大学档案馆提供）

们描述了四五十年代初的日常活动场景:每天早上十点和下午两点或两点半,大家总要坐在一起喝咖啡、相互交谈,但朋友们从不吃甜点,只喝咖啡。通常,每个人包括专家、学生以及工作人员都会过来。中午时分,里克特和其他人会聚到一起,在屋子中间的一张桌子上玩桥牌。上午喝咖啡的传统一直保持到60年代,而此时的实验室已经扩展到了街对面的一处私宅。电气工程师鲍勃·泰勒的第一份雇用合同是研制登月地震仪,他描述了在地下采暖房喝咖啡的情景:房间的一边是椅子,另一边是供暖和空调管道。泰勒回忆说,那里简直就是个地牢,热得要命,不过大家聚在一起喝咖啡的日子还是非常温馨的。

从实验室开始运作起,设计和建造更好的新型地震仪就成为焦点问题,消耗着大多数人的全部精力,无论科学家或者工程师,都是如此。

图6.4 米尔德里德·贝尼奥夫(左)、雨果·贝尼奥夫(中)和里克特(右)在克雷斯格实验室(照片由加州理工学院地震学实验室提供,经许可转载)

20世纪初，地震测量领域在很大程度上仍处于起步阶段：早期的地震仪庞大、沉重且昂贵，被设计用于记录世界各地的大震，而非当地附近的小震。即使在今天，学者们通常还是依靠不同类型的地震仪分别记录全球、地方或局部地脉动，尽管最新和最昂贵的现代地震仪已经完全能够实现上述不同目标。无论当下还是实验室早期年代，设计一台地震仪都不是一件容易事。显然，相关测量业务需要深思熟虑、科学直觉和工程执行力。

正如我们听到的那样，在地震实验室成立早期，哈里·伍德与约翰·安德森合作开发过一种所谓的伍德-安德森扭转地震仪，并很快成为记录局部地震的标准设备。1926年，实验室与加州理工学院工程地质部门合作，建成环南加州地震带的第一个监测网络。今天，由科学家和技术人员组成的团队可以在一天之内部署很多地震仪；然而在20世纪早期的几十年里，地震监测任务却势比登天：伍德和工作人员花费6年时间才建立起一个由6台仪器构成的监测网。随后，便开始利用这些设备来记录地震数据，并定期发布相关公告。

如今，当地震科学家从网络下载南加州地震数据时，他们会发现，地震编目起始于1932年。因为正是从那一天开始，该地区的相关信息才被例行编目，其中，包括震级在内的一系列基本参数会被加以量化，并采用统一格式保存。虽然我们当下所使用的网络、分析方法和记录格式都有了长足发展，但有关地震的目录信息却尽量保持可追溯性。上述工作并非易事：要知道，编目所依据的基本数据已经从5英寸×7英寸的"相位卡片"发展到计算机时代的复杂数字化格式，而早期的数据基本上就是一张索引卡片，上面的原始读数是用铅笔记下的。如今，我们正在努力用现代方法去重新解读地震学先驱们留下的那些古老字符。

里克特发现：在克雷斯格实验室，自己逐渐成为地震科学部分新成果的参与者。然而，对于这所致力于记录和分析地震的机构来说，他却并没有给地震仪设计项目做出贡献。就算是那些最欣赏里克特的人士也很快意识到，他不是机械装置方面的天才。人们可能还记得，在此谈论的这位地震学家，曾经由于在学生实验室发生过"不幸事件"而离开了化工领域，而事件起因恰恰源自他笨拙的双手。这样一来，里克特只好专注于分析来自新仪器的数据，期望通过显示在胶片上、时刻摆动的复杂曲线来获得某些灵感，虽然这些仪器已经为他提供了一些最早的局部地震记录。

在那个年代，整个监测事业还处于襁褓阶段，里克特与同事们正在为将来的地震学家铺平道路，因为他们已经在地震波分析和地震仪设计方面取得了重大进展。当时，能够从事地震研究的机构为数不多，其中最大的几所分别归属加州大学伯克利分校、圣何塞东部的利克天文台以及圣路易斯大学。类似于美国其他地方的很多实验室，圣路易斯大学也是一家耶稣会机构。作为以学术传统闻名的宗教团体，几个世纪以来，耶稣会在科学领域发挥着关键作用。时间追溯至1750年，当时，世界上130家天文观测站中的30个由耶稣会天文学家管理。在地震科学的早期历史中，会士们发挥了巨大作用。该宗教团体的参与对美国早期的地震学发展如此重要，以至于地震学曾经被称为"耶稣会科学"。

神父詹姆斯·麦克文是圣路易斯实验室的发起人。根据里克特的说法，"麦克文利用其与教会的关系，在各耶稣会分支机构大力推动地震学发展"。他进一步解释道："据说，地震学与教会相处得很好，因为这是一个新的科学分支，没有人看到该学科能够同教会教义产生任何冲突。无论地震学将来的发展状况如何，大概都会如此。"1868年，耶稣会会士们开始在菲律宾运营地震台；到了1916年，他们又来到古巴、西班牙的塔拉戈纳、中国、澳大利亚、玻利维亚首都拉巴斯以及美国威斯康星州最大城市密尔沃基等遥远之地，为那里修建了几十座地震台。

麦克文神父本身就是一位了不起的人物。1918年，35岁的他被任命为牧师；1923年，获得加州大学物理学博士学位。接下来，他开始对地球深层结构进行开创性研究，并于1936年出版了《地球动力学》，也就是《理论地震学导论》的第一部分。据说，这是全球首本详细介绍地震波理论之书，十分通俗易懂，便于初学者理解。1947年，他又出版了另一本入门级读物《当地球震动时》，适用于向非专业读者解释地震科学。麦克文不知疲倦地穿梭于多家学术机构之间，在美国地球物理学会等组织内，人们经常可以看到麦克文牧师的身影，因为他在这里扮演着领导角色。有趣的是，正是在其指导下，弗洛伦斯·罗伯逊于1945年成为第一位获得地球物理学博士学位的美国女性。今天，美国地球物理联盟每年都会颁发詹姆斯·麦克文奖，以表彰那些年轻科学家的杰出贡献。

在圣路易斯大学，麦克文神父建立的研究小组依旧是美国地震研究的主要支柱。然而，随着时间推移，地震研究中心一直在稳步西移。加州和整个西海岸不仅是地震活动频繁的场所，也是相关学科朝气蓬勃之乐园。这种优势可以追溯到该州北部和南部地区的许多开创性工作，直至1932年在加州南部开始的监测网络建设。从那时起，地震学成果始终持续增长，尽管不是非常稳定，起码也能维持时好时坏。

在发展初期，克雷斯格实验室蒸蒸日上，然而到1957年后，这里便开始出现扩建与分家的动议。实验室本身并不小，有整整两层楼，此外，用于放置仪器的隧道和墩台更是将地下变成有趣的迷宫。然而，随着业务增长，这里的面积似乎正在缩小。专家办公室、仪器研发与设计的空间、分析室以及不断扩大的数据收集和存储需求，都在蚕食着原有面积。甚至阁楼屋檐下又建起了木制储存间，起初以为只是临时性的，但时间证明，这些房间很可能会一直在那儿，直到最后，这里俨然成为建筑的一部分。如今，即便拆除实验室本身就需要很大功夫，然而，或许其历史地位令我们在任何时候都不会这么做。

最终，迫于使用空间的压力，加州理工学院开始考虑在原结构基础上进行扩建。然而，此扩建非彼扩建，换言之，相比在有着厚实混凝土墙的建筑物上进行真正的扩建，他们选择了一种便宜的解决方案——在二手市场上购买实验室对面的私人住宅，即后来的唐纳利实验室。当然，这次收购需要进行谈判：因为要想把之前的居住用房改成办公场所，就必须进行规划变更，这一行为立刻遭到附近居民强烈反对。根据里克特回忆：当时，有名男子一直参与竞价，希望能够重新控制那所私宅的产权，出手十分慷慨，但最后，加州理工学院还是占据上风。接下来，搬迁开始了。此后，实验室便进入"分家"时代——包括古登堡、里克特和伍德在内的科学家搬到山上"豪宅"内，而技术人员和工程师则留在老实验室。新址不仅提供更多房间，而且配备了符合地震学家心意的设施——一个地下电梯井和于坚固花岗岩层中挖出的 100 英尺（1 英尺≈30.48 厘米）长隧道。对于当时正在研发中的特殊仪器来说，这些地下设施构成了完美的额外测试场地。

在漫长的职业生涯中，实验室的地震学家雨果·贝尼奥夫对地震测量及地震学做出了开创性贡献。他利用电梯井来放置被称为应变仪的设备。此后，一段故事便开始了，尽管我们将要告诉大家的内容不是技术性离题，但也算克雷斯格时代的短篇重口味儿轶事，或称 R 级[①]小电影吧。应变仪测量的不是震时地面运动，而是由板块构造、其他外力应变或能量造成的地壳微小扭曲。即使在今天，这样的设备也很难建造，且

[①] 美国影片分级制度中的一类，属限制级（RESTRICTED），17 岁以下的青少年必须由父母或者监护人陪同才能观看。该级别影片包含成人内容，有可能涉及性、暴力、吸毒、灵异等场景及大量脏话。

图 6.5　地震实验室于 1957—1974 年运营期间的周围私人住宅（照片由作者提供）

非常昂贵、难以操作,原因很容易理解:各种类型的环境噪声会轻易淹没人们希望测量的微弱信号。事实证明,在白天,贝尼奥夫的应变仪无法使用,因为无处不在的交通噪声和实验操作声响都会完全覆盖来自地球本身的应变信号。只能等到晚上,当实验室周围环境变得无比安静时,这些仪器才有机会收集到有用数据。然而,贝尼奥夫却注意到,某种出乎意料的高噪声水平却经常出现在凌晨时段。最终,在同事们不辞辛劳的努力之下,他们捕捉到了信号来源:原来,这条通往实验室漫长且安静的道路已经成为当地情人们幽会的绝佳场所。于是,一位涉世未深的专家建议:在原有设备上增加一个传感器,专门用来"揭发情侣们的夜间行为",另外,还应打开沿路的泛光灯。虽然实验室否决了上述提案,但他们却选择了更加直截了当的做法:在车道入口处安装上一条铁链。或许,现在就不难理解,为何当初,居民要如此反对加州理工学院的实验室扩建方案了。

回到我们无比干净的 G 级①讨论。1957 年 8 月,在写给地震学实验室主任弗兰克·普雷斯的一封信中,里克特报告了这次搬迁活动。其中提及一些最初的混乱情况,并对整体监测工作的中断感到有点儿神经紧张;另外,诸如电话线路不畅、办公家具短缺等琐事也让他坐立不安。不过他也指出,"我认为,大多数人都对新家非常满意"。也许里克特不知道,实际上,普雷斯早已开始了幕后工作,从而确保里克特等科学家能在新实验室分到更多的羹。

就算在扩建过程中,实验室仍然希望维持原有小而精的人员编制。于是,无论任何时候,这里的在岗技术人员始终仅有十多位,在编的高

---

① 美国影片分级制度中的一类,属大众级(GENERAL AUDIENCES),所有年龄段均可观看,电影内容可以被父母接受,其中不含裸体和性爱画面,吸毒、暴力场景非常少,人物对话也为日常生活中常见用语。

图 6.6　雨果·贝尼奥夫和他在克雷斯格实验室设计、使用过的应变仪（照片由加州理工学院地震学实验室提供，经许可转载）

层次学者更少。签到表上剩下的空位则被诸多秘书和研究生填满。曾经参与过地震项目的人都对那个热血沸腾的年代充满回忆，后来跻身于地震实验室高级仪器专家行列的戴维·约翰逊就是其中之一，然而于1965年加入克雷斯格时，他却从未梦想过自己会成为这里的永久员工。在约翰逊的记忆里，克雷斯格岁月充满着怀念，特别是那个时代的许多杰出人物。首先是弗朗西斯·莱纳，时任实验室业务负责人，不仅属于完美主义者，也是个老派工程师。在职业生涯的最后阶段，他甚至认为，新奇怪异的晶体管没有任何用处。但另一方面，于实验室创立早期，正是莱纳帮助设计出了很多新型地震仪，包括用于月球探测的"徘徘徊者"地震仪①。1965年，莱纳为约翰逊提供了一份周末短工，以便后者改进并开发新的地震记录方式，而两人仅仅是通过一次家庭聚会相认的。

当时，地震台网由9个站点组成，冲洗胶片记录是常规业务之一，与今天的网络自动化采集程序相差甚远。由于地震仪只能将数据记录在胶片上，所以必须避光保存，或者于"安全灯"的阴暗红光下检查。直至胶片被完全冲洗后，人们才能读取到珍贵的数据。加州其他地方的地

图6.7 地震实验室的工程师弗朗西斯·莱纳（照片由加州理工学院地震学实验室提供，经许可转载）

---

① "徘徊者"（Ranger）地震仪开发于在20世纪50年代末，用于月球的硬着陆，属于动圈式速度型地震仪。

震台胶片记录会被装入一个特殊的黑色信封，每周寄来一次。鉴于早期资金缺乏，因此，寄件人大多是招募来的志愿者，他们的任务就是帮助监测台组成网络，从而使地震记录可以共享。邮寄来的胶片必须与实验室本身的仪器胶片一起冲洗，而且，克雷斯格实验室地震仪中的记录胶片也要每天更换。通常，这些仪器还应由多人看管。

在20世纪50年代中期，实验室每周都需要进行一些关键性的常规操作，工作人员中有两位女性：一位是维奥莱特·泰勒，朋友们都称呼她"维"；另一位是格特鲁德·基利恩。1957年，又来了第三位，这位被里克特描述为"最具发展潜力的绘图小姐"就是菲利丝·坎杰洛西；然而多年来，维奥莱特·泰勒才是实验室的真英雄，她不但思想敏锐、精力充沛，而且很健谈，负责对地震波进行常规处理，培养过很多批足以胜任实验室日常工作的研究生。那些喜欢观察实验操作的人，例如研究生谢尔顿·亚历山大，很快就意识到维奥莱特基本上可凭借一己之力让机构运作起来，其高超管理技巧弥补了里克特的有限管理能力。维成功地把周围年轻雇员团结在一起，让他们协同工作，同时也为这些人创造出愉快的工作氛围，甚至老板也愿意听其吩咐。有段时间，研究生的职责仅限于在周末处理常规业务；但到了60年代中期，不少学生开始对这种安排表示不满。约翰逊接受了大家希望填补岗位空缺的提议，因为如此一来，自己就能腾出更多时间打理家族企业，从而弥补正常工作的收入。多年以来，他坚持仅于周末到实验室上班，其他时间都用来维护不断扩大的地震观测网络。

约翰逊向公众描述过实验室的融洽气氛，甚至一些科学家搬到山上的房子后依旧如此。他说："我们的例行聚会很棒，有时在房子里，有时会在户外。"到了20世纪60年代中叶，这里大约能够解决十几位技术人员和工程师的就业问题。多年以来，此处的女秘书们往往都来去匆匆，

图 6.8 大约于 1955 年的维奥莱特·泰勒（左）和格特鲁德·基利恩（右）（照片由加州理工学院地震学实验室提供，经许可转载）

原因基本相同：在那个时代，仅就秘书这种职业而言，通常只有在其第一个孩子出生前才会被人雇用。然而，维奥莱特与格特鲁德却能任职多年，因为两人是同僚们联系的纽带。后者是一位吸烟成瘾的爱尔兰女性，为实验室煮咖啡，对所有专家一视同仁。用约翰逊的话说，"你绝对不会抱怨格特鲁德手里的咖啡"。他进一步暗示道：或许有人对她冲的饮品说三道四，但那一定不是咖啡的问题，而是格特鲁德的测量技术，至少在冲咖啡方面，她的调制技术充其量是草率的。贝蒂·肖回忆说，格特鲁德在打印照片方面做得很出色，约翰逊继续补充道："如果事情没有像其希望的那样顺利，周围人马上就会知道，因为她一定会马上歇斯底里，嘴里还夹杂着一大堆粗话。"

尽管格特鲁德·基利恩不是 20 世纪 60 年代的典型女性，但在某些方面，却能够代表所有女性：从内心无比厌恶蜥蜴。只要不把她想象成学校教师、护士，当然，更不用说修女了，那么，实验室的粗犷气氛就能在很多方面适合其个性；然而，如果对爬行动物不感冒，克雷斯格的周围环境就会变得很糟糕。无论过去或如今，南加州的半干旱山丘永远都是小型沙漠蜥蜴之天堂，唯一区别是现在的天堂规模略微小了些，虽然这里爬满了蜥蜴，但它们却完全无害，尽管其对格特鲁德并不是一种安慰。鉴于工作职责要求，她必须经常在克雷斯格实验室西边山坡上走来走去，这是一段长长的蜿蜒阶梯，是连接山下大本营和山上唐纳利实验楼的最短路线。每当格特鲁德走到阶梯底部发现蜥蜴正趴在地上晒太阳，就像这家伙经常做的那样，她便立刻转身，一路小跑回去，重新规划道路，当然是需要花费更长时间的公路和车道。在实验室，女厕所里偶尔传来的刺耳尖叫只意味着一件事：某只无助的蜥蜴找错位置，侵入了格特鲁德的私人领地。

与格特鲁德不同，维奥莱特只反感蛇，这对于在灌木丛生的加州山脚工作人员来说，是另一个不幸习惯。然而，她却非常喜欢当地的狐狸，每天早上都会为它们摆上一碗牛奶。撇开如此特别的女性特征不谈，两位女士更多的时间都会待在实验室，与男士们并肩工作，她们以当年女性不常见的方式为实验室日常运营做出重大贡献。或许，里克特更欣赏维的成果。1961年，他写信给弗兰克·普雷斯，建议给维奥莱特加薪。里克特暗示甚至建议，将维的头衔改为"地震学家"，因为这位女士有能力在自己缺席时主持实验大局。在信中，里克特还赞扬了秘书的成绩，并希望提高其薪资水平，但如果资金有限，就不要以牺牲维奥莱特的工资为代价了。

里克特对身边的女性员工百般呵护：从对维奥莱特贡献之大加赞赏，到其与贝蒂·肖相互尊重的工作关系，再到对年轻女秘书的鼓励，真可谓处处留情。与现今不同，仅就当时学界那些"未受过训练"的女性而论，她们的科学贡献往往会被人诋毁。而当贝蒂·佩奇在1963年因想生

图 6.9　山脚下克雷斯格实验室和上面唐纳利实验室之间的山坡（照片由作者拍摄）

孩子而离开秘书岗位时，里克特则表示非常遗憾，并特意抽出时间给媒体写信，其中不乏对这位女士的溢美之词。

尊重女同事源自里克特对人才的普遍高看。在其一生中，他对那些天赋异禀之人有着敏锐的洞察和欣赏力，不仅会花时间以书面形式鼓励有前途的学生及科学家，而且喜欢讨好记者，凡给他留下深刻印象的人，查尔斯都会过目不忘。对于任何有幸见到维·泰勒、贝蒂·肖和格特鲁德·基利恩的人来说，毫无疑问，她们的才华和能力必定让人终生难忘。贝蒂也曾笑着指出自己的另一个动机：里克特需要一个助手，而哪一位又会比身边研究生的妻子更实惠呢？显然，里克特在贝蒂身上看到了远比廉价劳动力更多的东西，因此便欣然把她纳入麾下，并将其才干发挥到了极致。

在地震实验室，女性正在以各种方式为开展业务做出努力，常规分析、洗印胶片、图形绘制甚至文秘工作，都是这些女士们的日常操作。当然，除了研究工作之外，能够负责主要项目的人还是男性。在克雷斯格时代，所有研究生都是男性，他们来这里的目的就是向该领域的杰出学者们讨教，而后者往往是相关科研机构的佼佼者，自然也有出自加州理工学院的。在里克特终身教职期内，有26名学生获得博士学位，其中一些人，比如克拉伦斯·艾伦、唐纳德·安德森和戴维·哈克里德选择留校任教，并最终成为教授。1966年，作为学生的托马斯·汉克斯来到这里，他满怀诚意地讲述了当年的好时光：在地震所，科学实践就意味着双手不会总放在电脑键盘上，不言而喻，这里的学生必须从头开始研修地震学；即使不需要参与仪器设计工作，也要每周轮流担任学者们的助手，从事某些最基本的日常操作或分析，一旦熟悉了业务流程，就能升格为维奥莱特·泰勒的左膀右臂。

如今，大量基础数据的处理工作都是由计算机完成的；而在地震实验室，有一个分析团队，专门负责解决那些必须人工介入的复杂问题，这些团队成员大多头脑灵活、精力充沛，对付计算机无能为力的疑难杂症就是其职责的一部分。然而，在托马斯·汉克斯那个年代，记录地震波的介质是纸而非胶片，维奥莱特必须监督手下学生读取P波和S波的到达时间，并关注其他一些重要测量结果，比如，确定震级所需的峰值振幅，这些工作往往会落在学生肩上，而最终计算结果则被手写在一张5英寸×7英寸的相位卡片上。该过程的详细情况可参阅如下专栏内容。至今，一大堆相位卡片仍然被保存在实验室仓库里。直到21世纪初，在首席地震学家凯特·赫顿指导下，实验室的分析员都还在持续不断地将这些卡片上的数据输入计算机。一旦读数被程序化，学者们就可以用比早年更复杂的方法来定位地震。

即使到了今天，大量分析工作依旧是从里克特熟悉的基本测量参数开始，其中最重要的就是地震波的振幅以及到达某特定台网的精确时间。当断层在被称为地震的突然摇晃中移动时，此过程释放的能量就会沿四面八方送往周围地壳。这种能量将以不同类型的地震波出现，传播速度最快的是P波，或称初波，是一种压缩波，类似于一个人把彩虹圈玩具，或称机灵鬼①拉紧、收回，让其离开原来平衡位置所产生的干扰力。而S波，或称次波，传播速度较慢；地球内的这种波就像把某些彩虹圈拉到垂直于其长度的一侧，然后松开手所产生的波纹，有点儿类似于蜿蜒曲折的蛇形。另外，为方便记忆，字母P和S也代表着每种波形的物理性质：压力（pressure）和剪切力（shear）。地震还会导致其他更加复杂的波形，包括所谓的"面波"，其沿地球表面荡漾；如果震级足够大，这种波便可以在世界各地往返许多次。如今，面波通常都能被部署于全球各地的专门仪器记录下来，即使设备距离震中十分遥远，比如几千甚至几万公里；显然，对于如此远的距离，人类的感知能力早已无法触碰。当某局地或地区发生地震时，观察者最先感觉到的是初波，然后才是次波，虽然后者移动速度较慢，震动幅度却更大。

汉克斯向我们描述了地震实验室的融洽气氛。山上唐纳利实验室的教授和学生们与山下克雷斯格的工作人员之间并无明显隔阂，与弗朗西斯·莱纳等人共事的美好往事也仿佛历历在目。而莱纳第一任妻子去世几年后，他最终又同维奥莱特·泰勒走到了一起。

有关唐纳利实验室的往事，汉克斯回忆道：当年，里克特主要负责

---

① 机灵鬼（Slinky）是一种螺旋弹簧玩具，由美国海军工程师理查德·詹姆斯（Richard James）在1943年发明，他的妻子贝蒂（Betty）将此新玩具命名为"Slinky"。由于经常被涂成彩虹的颜色，故又称为彩虹圈。

一些外围工作，做自己的事情；那时的他，已年过六旬，同从前相比，更加沉默寡言，不愿和学生互动。然而，汉克斯没有意识到，里克特正在与克雷斯格实验室的一位特殊成员"过招儿"。根据鲍勃·泰勒的描述，这位名叫比尔·吉勒的专家和里克特一样有主见，如果两人碰面，便会陷入长时间的激烈争吵，然后再退回各自办公室里私下发火；但这种"离别"从不会持续很久，几小时或几天后，他们将再次来到对方的领地，重新开始争论别的事情。泰勒笑着说："对于互相争吵，两人乐此不疲。"

在汉克斯眼里，查尔斯的形象是亲切的："一位典型的、略微古怪的科学家"。几乎可以断言，查尔斯这种类型的人在加州理工学院不但有，而且一直存在，既不多，也不会少。然而，有一个方面里克特确实与众不同：根据汉克斯回忆，就算周围大多数人都穿着短裤和T恤衫，查尔斯也总身披外套、打领带。虽然他的回忆有些夸张，但即便在今天，地震实验室和其他任何地方的科学家通常都不喜欢正装。1999年的一个星期六凌晨，南加州发生了大地震。随后，电视画面上出现了许多科学家的被采访身影，其中就包括地震实验室和美国地质调查局，学者们看起来比平时的非正式身份还要更加非正式，因为个个显得衣帽不整，如此随意气氛并未逃脱公众挑剔的眼光。一位电视观众写信给《洛杉矶时报》，询问为什么"地震总会发生在加州理工学院的教授穿着便装时"。毫无疑问，在服装搭配方面，晚年的里克特更加无所顾忌、别出心裁，但让人疑惑的是，几乎他的所有领带上都沾着带污渍的斑点，如此反差令人印象深刻，或许不修边幅才是其外表下的本色。

岁月不饶人，查尔斯的衣服越来越皱皱巴巴，人们对学者着装整洁的印象慢慢淡化了。每天下班后，他的衬衫尾巴也不再像年轻时那样规规矩矩地塞在裤子内，甚至裤子拉链都会下滑。谢尔顿·亚历山大描述了妻子朱蒂在当地公交车上看到里克特的那一幕：以前只见过学者一次，妻子从查尔斯凌乱的着装和长相上认出了他。70年代末之后，里克特变得非常邋遢，以至于仪容、装束和举止都无可挑剔的地震实验室秘书迪·佩奇发现自己一直在扼制冲动，因为她太想抚平这位老专家的衣领，拉直他的领带。

1967年，与汉克斯同一时代的另一位研究生托马斯·乔丹步入研究生阶段。此前，他曾被实验室的学者詹姆斯·布龙和克拉伦斯·艾伦选中，负责野外实验。乔丹赞同汉克斯的说法，也认为里克特这个人不容易接近，而且非常自闭。里克特经常跑到唐·安德森教授的办公室外面敲打那台王安电脑[①]，而实际上，这只是一台由安德森花了上千美元购买的商用计算器，由王安电脑公司制造，只需按一个键就能计算对数，属于计算机产品的雏形，其功能类似于后来的 HP35 计算器，即便后者在 1972 年的零售价已经很低，却也要 395 美元。如今，人们只需花费大约 20 美元，就能拥有一部 HP30S 手持计算器，并且功能远远超过里克特所敲打的王安电脑数万倍。

所有这些敲击声的目标往往不是地震学。早在 20 世纪 40 年代，里克特就把大量时间和精力投入极其烦琐的数论计算，特别专注于确定大素数，至少在他看来，这是一项有趣的消遣活动，足以填满自己的闲暇时间。在加州理工学院里克特的文件柜中，有个箱子里装满了这种无聊的素数计算纸，并且均为手工完成，不难想象，查尔斯的脑细胞会因此"伤亡"多少。与老一辈科学家不同，每当新技术出现时，里克特不但不会予以抵制，相反，却更加乐于拥抱。于是，安德森出资的王安计算器

[①] 美国王安电脑公司于 1951 由王安创建，前身是"王安实验室"，1955 年正式更名为"王安电脑公司"。王安（1920—1990）出生在上海，1940 年毕业于交通大学，1945 年赴美留学。其个人资产一度达到 20 多亿美元，曾位居全球华人首富之位。

便成了"玩具",里克特会废寝忘食地抓住机会,加快他的素数计算速度。

1965年,金森博雄作为博士后第一次来到克雷斯格实验室。那时,就连在山上购买的实验用地都很紧张,所以分配给金森博雄的办公室仅仅就是一张小桌子,"藏"在大会议室的角落里。作为完美的外交家和学者,金森博雄后来认为,这里反而让自己成为整个实验室的中心,享受着与大量教师、学生和访客交流的机会。后来,学校让他搬入新居所,而且提供了一间办公室。于是,其与周围同事的互动便有了别样场景:在住进新房的头几个月里,许多访客都会不经意地冲入这位日本学者的办公室。金森博雄最终明白了其中的缘由:为给自己的新办公室腾出空间,实验室改造了原本和雨果·贝尼奥夫办公室相连的那间浴室,大家取道去浴室而已。

当实验室的历史跨度达半个世纪时,这里已经从最初的较小规模走过了漫长道路。卡内基的学术机构变成加州理工学院的地震实验室,且更名后的规模和地位正在迅速拉升。在最初50年中,实验室运转环境仍然是帕萨迪纳西部连绵起伏的可爱山丘,也包括那古色古香的房子以及半山腰上的私宅。然而到了后来,理工学院校本部开始向他们伸出橄榄枝,为地震学者腾出了更多房子,并与地质系沟通,从而令双方的交流渐渐密切起来。当1974年地震实验室搬入主校区后,唐纳利实验室也被卖掉,那里又恢复了作为圣拉斐尔山上一处大型优雅住宅的最初功能。托马斯·乔丹向我们描述出他们夫妻一次令人沮丧的经历,这件事发生在2000年帕萨迪纳的家庭旅游途中。当时,他本人已经搬回洛杉矶地区,成为南加州大学地震中心负责人。令其惊讶的是,他们参观的房屋之一恰恰就是那所老实验室。到了那里,大家才发现,原来的房子已经变样,装上了高档社区的所有必要饰品。进入一间挂满绒布和其他水晶制品的卧室后，托马斯告诉导游，他们正站在查尔斯·里克特的旧办公室里。闻听此言，这位男导游竟然待在原地，好几秒说不出话来，显然，他需要时间来消化这些似乎听不懂的消息。的确，对于如此年轻之人，又如何知道那些过往的南加州地震学历史呢？

山丘下面的克雷斯格实验室依旧坐落在那里，继续存放着数据和各种仪器，加州理工学院的其他科学家偶尔也会来此做实验。多年以来，这里不仅配备大量内置储物架，并且许多实验设备也都妥善保留下来，使腾出的房间和走廊有了一种幽灵般的感觉。甚至当我们扳动开关时，红色"安全灯"依旧会发光，而走入安全灯后面的房子，人们就能发现，那些古老的地震仪还是躺在原地，正是它们把曾经的数据刻在了摄影胶片上。

有时，加州理工学院的教员和访客也会到此一游，大多因公，最常见的目的就是照料存放在这里的重要监测设备，因为此处正在化身为全球地震网络的一个节点。于地震学界，此台站的代码为PAS，即"帕萨迪纳地震台"，这三个耳熟能详的字母代表着荣誉，从一开始就为南加州整个地震网络提供了关键性参考。那些搁置在地穴内坚固岩石上的仪器，所产生的数据对于各类研究都至关重要。当然，有时人们也会由于其他原因而来，比如，被这里的环境魅力所吸引，或者留恋逝去的岁月。遗憾的是，这个时代在2005年结束了，当年，加州理工学院放弃了该土地的所有权，这块古朴且未过度开发之土地被卖给了房地产开发商，开发商计划将此3英亩（1英亩≈4 046.86平方米）闲人免进的院落打造成豪华住宅。经历70多年风风雨雨后，忠实运营的PAS地震台正在被拆除，取而代之的是不远处帕萨迪纳西北部山丘上一处新站点。

在这个宏大且令人疲惫的搬迁项目中，戴维·约翰逊和他的同事们负责处置旧实验室所有杂物，包括家具、设备以及有潜在价值的海量数据。数据是名副其实的无价之宝，虽然其中一些旧的记录可以被扔掉，但大量胶片还是被保存了下来，尽管胶片中或许并未包含任何地震信号。其他资料则被转运至加州理工学院校本部的地下室储存，那里既是办公室，又能够堆放物品。当然，数据并不会自己主动迁徙，都需要花费人力物力。令人印象深刻的是，在向我们讲述清理房子的故事时，戴维·约翰逊脸上始终洋溢着欣喜神情和一贯的微笑。而谁又会想到，这微笑源自当年整理一大堆胶片记录带来的回报，特别是藏在阁楼屋檐下架子里的数据，因为使用时，必须从一个长斜梯子上拖下来。显然，这项工作既繁重且危险，没有人不希望获得丰厚报酬。

也许"鬼魂"也会从克雷斯格实验室游荡出去，因为其辉煌时代的最后遗迹几乎消失殆尽。对于记得那些日子或听过这些故事的人来说，曾经激动人心的岁月，不仅牢牢地留在他们的回忆里，而且全部封存在了他们心中。

贝诺·古登堡

1979年　　　　　　　　　　　　　　查尔斯·弗朗西斯·里克特

　　我非常感激他，甚至带有一种晚辈对长辈的尊敬，他是我的挚爱。

1927年，当27岁的里克特以助手身份来到加州理工学院地震实验室时，这家机构虽已经成立，但从很大程度上讲，仍然处于起步阶段。那年，学院正在评估襁褓中的地震项目，希望更多地掌握项目进展情况，并为此计划召开一次会议，打算在实验室安排一批自己的地震学家，里克特就是会务成员之一，因为他在此已经工作两年了。会议组织者邀请来自世界各地的知名人士，包括美国地球物理学联合会的哈里·菲尔丁·里德、詹姆斯·麦克文神父、加州大学伯克利分校的佩里·拜尔利、英国的哈罗德·杰弗里斯和德国的贝诺·古登堡。虽然这些名字没有一位家喻户晓，但在地球科学界，却个个被公认为现代地震理论的奠基者。在如此狭小的科学圈子之外，如果你听到了杰弗里斯的名字，那么，往往就是因为他离经叛道，强烈反对20世纪中叶后出现的板块构造学说。

让我们再次回到正题。此刻，地震实验室的所有员工，包括里克特在内，正在为他们尊贵的访客策划一场令人印象深刻的活动。如今，典型的科学研讨会可能长达数天或整整一周；若是国际会议，鉴于参会人员有时来自遥远的世界各地，会期或许延长到两周，当然，这仅是极个别现象。然而在1929年，国际旅行并非易事，所以地震实验室必须精心策划，以使这种艰辛的学术活动物有所值。显然，当地媒体已经注意到会议时间为1929年10月3日这个吉祥数字；于是，《洛杉矶时报》的头版便刊登出横幅标题：《他们正在研究马林地下的颤抖与呻吟》，下面还配有一张参会者照片，并注明"著名专家将讨论干扰全世界的大事"。

研讨会于1929年10月2日开幕，10月16日结束。其中包括多日的科学报告和三次实地考察活动：第一次在帕萨迪纳北部及东北部的圣安德烈斯断层；第二次在圣巴巴拉；第三次在威尔逊山天文台。在第一次的游览照片中，我们发现了一些南加州地区熟悉的环境，也是如今地球科学家们最感兴趣的地点，只是断层特征没有被后来地震所遮蔽。

对于大多数来到南加州的游客而言，游览圣安德烈斯断层可能永远不会成为首选，甚至都不会出现在景点备忘录上。在洛杉矶地区以北，断层绕过圣加布里埃尔山脉北侧，毗邻棕榈谷，穿过弗雷泽公园、戈尔曼和赖特伍德等山区小镇。这里的地貌崎岖不平，常年干旱。在很大程度上，对于那些普通游客来说，除了滑雪季节，几乎没有人会找到这处枯燥无味之地。此外，断层本身就很难被察觉到，不经意的游客更会感到失望，因为这些断层并未表现出令人兴奋的样貌、新鲜的伤痕或者跨越景观的裂隙，仅仅显示了某类大型地形特征，比如山脊或山谷。实际上，我们从空中比在地面上更容易欣赏到它们的壮观，虽然在1929年人人乘坐飞机还不太现实。

荼蘼一阵香风起，引得游蜂到处飞。显然，圣安德烈斯断层的研究价值正在向地球科学家抛出橄榄枝。就在1928年前一年，在加利福尼亚北部举行过一次会议，即马林半岛第六届太平洋科学大会。其间安排了圣安德烈斯实地考察项目，特别是参观1906年旧金山大地震留下的地貌疤痕。参加这次研讨会的有当时一些最具成就的科学家，也包括贝诺·古登堡。显然，现代地球科学家倾向于实地考察而非研讨会本身，后者的诱惑力更大。

有了上述过往经历，如今，在规划研讨活动时，帕萨迪纳实验室的工作人员就完全知晓他们应该如何准备，自然也包括如何进行实地调研。当然，对于热衷于地震研究的科学家来说，几乎无法想象，将要光临之地多么具有吸引力：加州理工学院拥有全世界最先进的数据采集装置，南加州地震活动频繁，世界上最壮观的断层也横亘于此。可以说，这里是地震调查和野外实习的天堂。与此同时，加州的气候条件也不差。

里克特写道："在整个帕萨迪纳地震学团队中，大家普遍认为，我们的一位杰出外国访客很可能会被邀请到加州理工学院，无论工作性质是

图 7.1　1929 年帕萨迪纳研讨会的与会者。照片中的名人有：前排：雨果·贝尼奥夫（左三）、贝诺·古登堡（左四）、哈罗德·杰弗里斯（左五）、查尔斯·里克特（左六）、哈里·伍德（右三）、约翰·彼得·布瓦尔达（右一）；后排：佩里·拜尔利（左二）、詹姆斯·麦克文（右一）（照片由加州理工学院地震学实验室提供，经允许后转载）

临时还是永久的"。显然，查尔斯所说的访客大概率是指杰弗里斯和古登堡，两人分别来自英国和德国。然而，也许让他意想不到的是，高层做出一系列重要判断：学院已对卡内基管理的实验室产生强烈控制欲，期望早日获得所有权。与此同时，最先进的新型地震仪开始产生大量数据，这些信息可以且应当用于解决实际问题，其中就包括具有根本性的、重要的地震和地球物理学。另一方面，为了充分发挥潜力，实验室需要注入新鲜血液。于是，在上述多重背景下，罗伯特·密立根将注意力转向欧洲，因为那里有这个年轻领域内最耀眼的明星。接下来，他与同僚们协商，考虑向拜尔利和杰弗里斯发出邀请，但于研讨会召开前夕，又将目光投向了另一位大人物——贝诺·古登堡。

显然，与会期间古登堡也给密立根留下了深刻印象。散会时，密立根对古登堡说："希望很快能再见到阁下。"古登堡反问道："哦，您要来德国吗？"密立根没有回答。贝诺和妻子赫莎后来得出结论："箭在弦上，不得不发"。天才总会被人抢，有传言说，哈佛大学也有意从德国招揽古登堡，而事实上，这所学校早在两年前就向贝诺发出过邀请。于是，密立根立刻行动起来，马上给古登堡发了份电报："如果我们能做出令人满意的安排，先生能否考虑到这里担任地震学职务？"电报送达古登堡家时，他正在大学里上课，赫莎只好打电话给丈夫，询问他是否可以按照电报上预留的答复回电；而该预留文字则为"非常感谢您，但我无法成行"。接听电话后，古登堡立马把这事告诉了研究所所长，后者只说了一

图7.2　1928年马林半岛第六届太平洋科学大会。与会者包括詹姆斯·麦克文（右三）和贝诺·古登堡（右二）（照片来自圣路易斯大学档案馆的麦克文论文集，经许可使用）

句话:"你最好在赫莎做傻事前马上回家。"当然,事实上,赫莎只是在开玩笑。古登堡后来回电说:"如果安排令人满意,我会考虑任职。"

1930年1月,一份正式任命书寄给古登堡,加州理工学院为他提供了地球物理学和气象学正教授职位。虽然贝诺欣然接受,但并未马上履职,因为一个半心半意的要约姗姗来迟,其为古登堡在德国境内找到了合适职位。随后,这位学者继续同加州理工学院沟通,这种对话持续了数月,显然在当年的国际联系要慢得多。其间古登堡提出,最初学院提供的5 000美元工资太低了;在后面的谈判中,密立根向其描述了加州的低生活成本,并开始比较美国与德国的家政开销。密立根谈到自己居住的房子,其位于镇上最好的街区之一,占地86英尺×275英尺,有四间卧室,一个阳台,还包括女佣的宿舍。当年,这所宅邸的市场售价为2.3万美元。如果拿到今天出售,恐怕要上涨100多倍。

然而,古登堡坚持自己开出的条件。时间来到1930年5月下旬,密立根将最初工资报价提高了40%,达到了7 000美元,这个水平处于学院中的精英地位,大大高于里克特的。1930年6月,古登堡愉快地接受了上述提案;3个月后,他们夫妇与两个孩子亚瑟和斯蒂芬妮抵达帕萨迪纳。里克特告诉我们,虽然古登堡并非实验室成员,但在克雷斯格却有专门一间办公室,并于此待了很长时间。

就算进行过工资谈判,但要把古登堡从家乡德国吸引过来并不困难。因为到了1930年,虽然古登堡是世界上最受尊敬的地震学家之一,却已经41岁了。即使他在法兰克福的职位令人艳羡,是一个特聘教授的巨大头衔,然而津贴却少得可怜,如果没有经营肥皂厂的家族背景,贝诺甚至都无法养活妻儿。根据查尔斯的描述,从很大程度上讲,古登堡的职位带有荣誉性,尽管他还能够从审稿和写作中获得额外收入,并出版过几本专业图书。

图 7.3　贝诺·古登堡（1889—1960）（照片由加州理工学院地震学实验室提供，经允许转载）

碰巧的是，除了钱之外，古登堡另有其他原因需要搬到地球的另一端。对此，里克特解释道："毕竟，他是犹太人，而且已经有了麻烦的迹象。在贝诺来到美国后，又费尽周折，帮助其他人在暴风骤雨来临前逃离了德国。"古登堡是一位身材矮小但声望很高的科学家，本来可以接替哥廷根地震实验室的先驱学者埃米尔·维切特或填补波茨坦的空缺职位，虽然两个机会摆在眼前，却终归无法成为现实。另外，地球物理学家莱昂·诺波夫的纪念文章记载道："这些希望都未实现，古登堡仍然无法找到一个长期的、待遇合理的职位，尽管其在地球物理界有着奥林匹克般的声誉；有迹象表明，他的犹太背景在上述不公平待遇中发挥了作用。"

赫莎则对丈夫的移民决定提出过不同看法。她认为：贝诺确实已经预见到德国的麻烦，却不是来自纳粹，因为这还为时过早。相反，古登堡担心另一场世界大战即将来临。他们夫妇有两个孩子，贝诺不希望孩子们在战争中长大。除了上述原因，赫莎还分析了德国当时低迷的财政状况，不仅令科学家们难以维系日常花销，汹涌的通货膨胀更侵蚀了马克的购买力，并造成食物稀缺。赫莎说："我应该告诉你，饥饿是多么可怕。硬通货在眼前消失，为了换取生活必需品，人们开始以物易物：肥皂换鞋，肉换肥皂。"

1930年，古登堡夫妇带着亚瑟和斯蒂芬妮以及贝诺的母亲来到加州。没过多久，贝诺母亲便踏上了返回德国的艰辛道路，因为老太太不相信她们一家应当永久性移民到美国。然而回国后不久，她便对德国失去了信心，又想再次回到加州与儿子住在一起。古登堡为接回母亲，一家人于1932年又回到德国。这时的德国，大街小巷都充满了疯狂行为，丑陋的煽动性标语写在墙上。在一次前往萨尔茨堡莫扎特音乐节途中，古登堡夫妇发现那里到处都是纳粹。"我们都对此感到非常难过"，赫莎道："我丈夫说，现在你该醒悟了吧"。在达姆施塔特，他们亲眼目睹了大量流浪街头的孩子，有些年龄不超过八九岁，有的甚至就地挖个洞过夜。

当古登堡再次举家回到美国时，他们首先选择来到圣贝纳迪诺，这里位于帕萨迪纳以东40英里。一家人坐在火车上，孩子们兴奋地说："我们终于来到了加利福尼亚！"他们一边喊着，一边数着铁路两边的棕榈树。在我的童年，从东海岸到加州旅行过程中，我也发现了同样的棕榈树，或许是贝诺看到的那些树的后代，我也曾像他们的孩子那样，发出过相同喊声。对于乳臭未干的小朋友来说，他们从未目睹过如此奇异的物种，仅仅一棵高耸的棕榈树往往就会留下深刻印象。

古登堡来到加州理工学院时，另一位享誉全球的德国犹太科学家还未起程。直到1931年，阿尔伯特·爱因斯坦才携第二任妻子艾尔莎来到加州理工学院做客；两年后，这位科学巨匠便愉快接受了普林斯顿高等研究院的长期职位。古登堡和爱因斯坦都是德国血统的杰出学者，这种天然纽带将他们联系在一起。里克特曾说："别忘了，我同爱因斯坦的关系也不错。"按照他的说法，两人彼此默契，爱因斯坦比其他任何人都更友好，当然，查尔斯所透露的上述信息并无佐证。我们不能以语言障碍来解释亲近感缺失，尽管里克特主要家庭用语为英语，但其德语也很流利，因为从某种程度上讲，他毕竟受过德语环境的熏陶。

如果说大家都想靠近爱因斯坦，那么，古登堡一家显然更为便利。赫莎的回忆能够清楚表明这种温暖关系，不仅两位科学家之间，两对夫妇之间亦如此。爱因斯坦夫妇经常被"请客吃饭"，赫莎解释道："爱因斯坦喜欢的食材都很普通。我经常在周六早上去接艾尔莎，我们一起购物，她喜欢羊排或一些大众化的东西。艾尔莎会在我家将食物煮好后带到雅典娜神庙俱乐部。通常，爱因斯坦夫妇会在招待所自己的房间用餐，他们不喜欢吃食堂。"在加州理工学院，校园四周的招待所都被戏称为

"雅典娜神庙俱乐部"；无论过去或现在，这些楼宇始终都是加州理工学院的教师俱乐部。在访学期间，阿尔伯特与艾尔莎就住在此处。虽然招待所房间布置得很好，却没有配备烹饪设施。来访的学者一般都会到食堂就餐，当然，这里的饭菜绝对是一流的。然而令人遗憾的是，招待所的菜单并不倾向于主菜，比如简单的烤羊排，这也正是艾尔莎愿意自备伙食的原因。

里克特转述了一件同事们的轶事：在某次物理学研讨会后，古登堡和爱因斯坦一同穿过校园往回走，两人谈兴正浓，聊的主要内容就是地震。此刻，一位教授走到他们身边问道："那么，你们对这次地震有什么看法？"爱因斯坦反问道："什么地震？"得到答案后，他笑着说，自己没注意到这件事。被这位学者忽视的事儿发生在 1933 年 3 月 10 日星期五晚上 6 点之前：6.4 级的长滩地震袭击了距离帕萨迪纳 30 多英里的地方，造成的破坏非常严重，人员伤亡也不在少数。里克特指出，对于这次灾害，帕萨迪纳的感受并不强烈；如果此刻恰好正在外面行走，便会感觉到地面晃动，只是程度不那么明显罢了。不过，如此程度也足以导致树枝和电线飞舞起来。假设一个人对周围环境比较敏感，必将会注意到上述情况。显然，在古登堡和爱因斯坦看来，地震只是一件小事，因此，当古登堡走进实验室转述这件小事时，他甚至都觉得"非常有趣"。如此有趣的故事还不止这些，在第二天早上的一次购物途中，科学家的妻子们也分享了她们自己的乐趣："你对我们的两个哑铃有什么看法？"艾尔莎问赫莎。

"哑铃"一词用在贝诺·古登堡身上十分灵动，对于爱因斯坦也同样恰当。因为照片显示，古登堡的身材非常矮小，只有 5 英尺高，顶多再加上 2 英寸，而且成年后，大部分时间都光头；当然，照片上的贝诺还会散发出明显的紧张感和智慧。每当想起这位学者时，后辈同事往往都会认为，古登堡才是20世纪最重要的地震观测学家。如果其与里克特的名字同时成为震级一词的前缀，今天的他自然就会家喻户晓，况且贝诺的确为里氏震级的"原创成员"之一。但事实并非如此，而且，直到现在依然并非如此，这使得一些人对古登堡遭受的不公待遇产生出某种程度的怨恨，显然，学者的公众美誉度与成就不相称。或许，我们由此能够得出明确推论：在社会舞台上，里克特的名声也与科学贡献不相称，显然，他们二人的不相称坐在了跷跷板两端。只不过上述推论没有被大多数人说出来。

在地震学界，古登堡被尊称为"百事通"，具备无与伦比的智慧，不仅发表过数百篇学术论文，还出版了7本书。他精确测定过地核深度，为人类指明了地球深处的许多特性，显然，其贡献远远超出那个微不足道的震级标准。当然，我们在这里不可厚此薄彼，有责任告诉大家地震学的另一位奠基人理查德·奥尔德姆。早在1906年，通过捕捉并测定地震中的P波，这位地质学家就已经探测到地核深度为2 550公里，古登堡之贡献是正确将此估算值提高了大约15%。在以上研究中，古登堡开创了许多新技术，直到如今，地震学家们仍然采用如此手段来探索地球深处。就像计算机轴向断层扫描技术那样，我们能够通过观察穿透表面的电磁波模式对身体成像，同理，地震波也可以被用来对脚下的星球进行成像。特别是当这些波遇到地球内部边界层，例如液态的外核与固态地幔之间的边界时，地震波便会被反射或折射，亦称回跳或弯曲。借助波动理论，科学家完全能够预测其传播方式。接下来，采用巧妙的量化技术，波形便会被记录在二维表面上，进而地震学家就可以推断出关键性地层信息，如此海量数据反过来又将告诉大家地球结构的奥秘。古登堡的研究对象通常集中在地震学家所谓的远震数据上：这些信息来自穿越整个地球的大震波浪，一旦它们抵达遥远的彼岸，振幅就低得让人感觉不到，然而，对于某些类型的地震仪来说，该波浪却震耳欲聋。

除了独立研究，古登堡更擅长与地震所的其他科学家合作共事，特别是与里克特联系最为密切，旨在研究一些地方或全球性的重要地震事件。正如学界众所周知的那样，在更广泛的公众视野里，贝诺对最初的震级标准做出不可磨灭之贡献，对于后续完善工作亦劳苦功高，然而令人遗憾的是，此震级尺度却仅仅刻上里克特一个人的名字，并没有被赋予"里克特-古登堡震级"，而这恰恰是理所应当的。显然，如此匪夷所思的冠名权之争必定值得大书特书，单独设立一章也不为过。

在科学界，古登堡与里克特的名字会经常交织在一起，如果我们不受公众视线的干扰，便会发觉：除了震级这个单词之外，他们两人还共同做出过另一项开创性贡献，涉及地震发生的总体性统计规律，这就是所谓的古登堡-里克特分布，有时亦简称 G‑R 分布，该理论针对某特定区域的发震规模，揭示了其总体可预测性模式或分布情况。简而言之，G‑R 分布告诉人们：在地球任何地区，4级地震的发生次数为5级地震的10倍，5级地震的发生次数又是6级的10倍，以此类推。只有当地震上升到不可能发生的级别时，上述简单规则才会被打破，而这种不可能性源自很少或没有足够大断层能够导致如此大级别。

当下有些喜欢钻牛角尖儿的地震学家则认为，古登堡和里克特于1944年发表的开创性文章貌似没有那么了不起。正如我们将要看到的，查尔斯本人早在1935年的论文中就已经描绘出了该结果的基本版本；1939年，日本地震学家石本、饭田研究小组也发表过相关监测数据。当然，大家可能会猜想：在这几年间，世界恰好发生了重大政治事件，在西方学术圈子里，石本与饭田的结果之所以没有得到承认，或许与政治有关。但是，我们不得不承认：在科学界，这种发现和再发现毕竟很常见，各学科领域都集体前行，下一个亮点往往会在同一时间开始闪耀，或者砸牛顿的苹果落到多人头上。在此应当声明，传媒的真实性要求传记作者必须指出：作为当事人的查尔斯·里克特，当年确实已经注意到日本学者的文献，即便没有看过整篇论文，至少也阅读过摘要，因为在通常情况下，摘要是有英文版本的。显然，大家不是查尔斯本人，无从考证其是否存在抄袭嫌疑。事实上，对于大多数现代西方地震学家而言，如果他们需要进行相关研究，通常都会参考古登堡和里克特发表于1944年的论文，然而在此之前，也必定会浏览石本和饭田于1939年完成的类似文章。虽"先入"却不一定"为主"，"G-R分布"这个术语一旦载入史册，便无人可改，至少在西方圈子里如此。

让我们回到地震学这个话题。即便到了今天，震级分布规律仍然是现代地震研究的重要内容。为什么会出现如此简单的G-R分布模式？它总是成立的吗？其如何与震害调查相互印证？像圣安德烈斯这样的断层似乎只会产生大级别地震，例如，每百年一次的8级灾难，却为何很少出现相应数量的7级、6级地震？最后这个问题的答案或许取决于如下事实：地震整体分布的计算规律从来不会针对单一断层，而涉及包含断层组合的区域。鉴于地球和地震过程的超凡复杂性，"G-R分布"却如此简单、如此普遍，怎能不令人惊讶！

以上分布规则亦可用来快速估计某一震级的发生频率。鉴于全球每2~3年就会发生一次8级以上的大震，因此人们预计，每几十年就会出现一次9级以上的更大灾害，每几个月就会发生一次大于7级的震动。对于南加州而言，每2~3年就会发生一次6级或更大的地震，以此推算，每几十年就会有一次7级以上的天灾，而每年都将看到若干次5级或更大的地震。虽然灾难不会像钟表那样准时发生，但上述计算可以成功预测不同级别的地震次数。显然，从普遍意义上讲，这些地震必将袭击某一特定地区。因此，在考虑到一些公认的复杂性之后，G-R分布仍是现代地震灾害评估的核心理论,对预测特定地区在特定时间段内的震级水平或危险性非常重要。但令人颇感意外的是,在1944年的《美国地震学会公报》中,古登堡和里克特那篇开创性文章"加利福尼亚的地震频率"却只占了4页内容。

同事们将古登堡描述成一位有些拘谨、热情、完全致力于科学探索之人。而根据地震学唯一女性创始人英格·莱曼回忆,在她1926年造访古登堡期间,两人虽然并肩工作过,却没有进行过任何个人交流。今天,莱曼已经成为学界一颗耀眼的明星,因为她向我们揭示了地核的内部构造:一个小小的固体铁球内核孤零零地躺在液体外核的中央位置。在这位女性眼里,古登堡是出色的老师、无私的合作者,自己许多地震学成就都有古登堡的功劳。在宾夕法尼亚州立大学,谢尔顿·亚历山大长期从事研究工作,他将贝诺描述为一个"完美绅士",在其熟知的众多学者中,贝诺当属凤毛麟角。

尽管古登堡的注意力非常集中,几乎无暇顾及地震之外的日常乐趣,但同事们对他却都是溢美之词:高尚、善良、温和、热情。正如在长滩地震事件中所表明的那样,贝诺不乏热情,有时还颇具幽默感。曾经的地震所学生约翰·利特回忆,有一次,在古登堡的生日宴会上,大家给他赠送的隆重礼物竟为一把发梳,真不知那些不存在的头发情何以堪。然而,这位学者却非常高兴,并自豪地把梳子放在办公室置物架上展示。

在一篇纪念文章中,同事罗伯特·夏普写道:古登堡热情洋溢,对所有人都很慷慨。他眼睛里总会闪烁着光芒,亲切的笑容始终存在。夏普继续道:"贝诺不仅受到所有人钦佩、喜欢和尊重,那些密切合作者也非常崇拜这个德国人。"世上不存在绝对完美,曾经的老友也向我们提供了一些回忆,或许,这些往事可以将贝诺·古登堡从圣人行列中拯救出来。据他们描述,在领导实验室期间,古登堡有时会比较专制,当然,这大概只是一种德国人留给大家的刻板印象。乔治·肖那里也保存着贝诺的负面故事：对于古登堡建议的学位论文题目，这位曾经的准研究生当面表示反对，并拿出一个自认为更有价值的题目。古登堡的反应颇为平淡，他马上关掉助听器，将注意力全部转移到了自己的工作中。被晾在一边的肖只好转投其他论文指导老师，最终，他听取了查尔斯的建议。另外，在学生们眼里，古登堡是位情感疏离的讲师，他总把自己的注意力集中在写黑板而非课堂互动上。

尽管有很多可以原谅的缺点，但古登堡却给年轻的加州理工学院地球科学系和地震所带来了巨大魅力与智慧，并立即为这家机构注入活力。地球物理学家莱昂·诺波夫告诉我们：在1931年美国地震学会年会上，提交的所有14篇论文中有6篇来自加州理工学院，其中3篇由古登堡本人独立撰写或与他人合作完成。而就在2年前，与会的5篇地震学论文里找不到加州理工学院的身影。贝诺、雨果·贝尼奥夫、查尔斯·里克特三人并肩作战，共同主持地震学研究项目，使学院在该领域的成就和声望迅速攀升，很快便成为世界上最重要的地震研究中心之一。

从德国搬到美国加州后，古登堡从一个很少感觉到地震的国家来到地震成为日常生活的地区。然而，他的研究兴趣却继续停留在全球问题上，这让实验室负责人哈里·伍德感到惊愕，后者认为，研究焦点应该放在局域而非全球问题上。或许应了那句话"听人劝吃饱饭"，随即，古登堡确实把自己的部分精力转向了地方震。而在此道路上，贝诺大概找不出比年轻的查尔斯更好的合作者了，因为后者本身就是一位有才华的观测科学家，并将职业生涯中全部热情投入加利福尼亚地震方面。

古登堡和里克特合作撰写过4篇论文，莱昂·诺波夫称之为"不朽的成就"，其中详细描述了地震波的性质。另外，这些内容也有助于全面掌握地震波的各种类型：除了初等地震学教科书中耳熟能详的P波和S

波之外，此处还包括其他内容，名称不仅反映出波的类型，亦代表穿过地球的路线。例如，作为 S 波的一种，ScS 向下进入地球，当碰到地核时会被反射，然后再次作为 S 波回到地面。由于地震的复杂性，这种命名方法变得十分有趣。比方说，S 波不能穿过液态的地球外核，却能够通过撞击地核转化为 P 波，随后以 P 波形式继续穿越地核，并从另一侧重新出现，再转化成 S 波。到了地表，这种波被定性为 SKS。此外，地震波能够在地球不同层次间经历多次反射，导致类似于 ScSSKP 那样非常奇怪的名称。显然，古登堡和里克特需要付出巨大努力，才能完成对所有上述地震波的编目工作。

正如我们已经讨论过的那样，除了研究地震的普遍规律，两人还对区域地震做出开创性贡献，其中最主要的是确定了震级与地震分布规律。如果以产品衡量生产，那么，他们的伙伴关系则是个惊人的成功典范。当然，毫无疑问，也是一种复杂关系。在 1983 年的采访中，弗兰克·普雷斯将两人描述为"爱恨交织的关系"：虽然他们不喜欢对方，却尊重彼此；既存在合作，也包含竞争。两人都个性强烈，都愿意努力做好工作，并希望得到认可。另外，他们的研究领域高度重叠，比如震级问题。所以，虽然偶尔会爆发激烈争吵，但在科研战场，为了能够让双方都存活下去，他们必须休战，哪怕各自睡觉时都会忐忑不安。

普雷斯一贯认为，查尔斯的大部分文章是与古登堡合作的产物。他说："这是一桩便利的'婚姻'，圈内每个人都这么看。"可喜可贺的是，这段联姻并没有被持续争吵所破坏。"他们是两位科学巨匠，偶尔意见相左，比如，当讨论实验室运作风格或如何解释某一数据时。再者，两人来自完全不同的文化背景。在许多地方，如果周围有一群人，业务能力强，而且无比自信，那么，你所处的环境气氛就会变得狂热、紧张和不愉快，但地震所的情况并非如此。"当然，普雷斯也承认，查尔斯与古登堡的合作气氛也不完全令人愉快，也会存在竞争、缺乏友善。

人们注意到，在一位密切接触者看来，如果两位学者不仅同处一个屋檐下多年，而且都是那个时代最有才华的地震学家，那么，彼此关系将会是多么微妙啊。然而，就像里克特生活中许多其他事情那样，外表可能会骗人。仅从查尔斯的论文来分析，乍一看，其与古登堡的关系确实显得相当正常。在加州理工学院档案馆的里克特文件中，有一个与古登堡通信的文件夹，其中大部分材料涉及1960年古登堡去世这件事，包括在此期间里克特收发的信件，以及他和美国地质学会联名撰写的纪念文章。静下心来，你会发现：两位学者之间的私人信件异常少。当然，这或许不足为奇，因为关系亲密的同事不常有机会通信。如今，科学家们发明了电子邮件，这样一来，他们便可以经常互相发送"短消息"，但人们不禁要问，未来的传记作者是否能够真正找到其中任何有价值的东西？回到我们的正题，文件夹中确实包含古登堡在旅行时寄出的部分信函，但所有内容几乎都聚焦于学术矛盾。即便在1948年，他的信件也都是以"亲爱的里克特博士"开头；只有1955年后，这些内容才用"亲爱的查尔斯"起笔，并仅冠以"贝诺"的签名。

在一封日期为1955年10月31日的两页信件中，里克特称呼他的同事为"贝诺"，讨论的内容是与震级相关的意见分歧。信的开头道："下面的内容写得非常谨慎，而且有些惶恐，但我希望它能提供一个沟通平台，以消除我们在震级问题上的剩余分歧。请相信，我想与您达成一致，但并非出于顽固或惰性而坚持不同意见，只是遵循从您那里学到的戒律：一个人对同事和自己都负有责任，在其完全被说服之前，他是不会放弃自己立场的；当然，如果屈从了，就应该马上全心全意地站在新的立场。"里克特继续说："诚然，在同您的辩论中，我经常会站在问题的另一边，这仅仅只是为了讨论方便；但得知你有不同理念时，继续坚持自己的立场对我来说就变得很难。不管信不信，这既违背了我对您的尊重，也违背了我厌恶相互争吵的信条。"

接下来，信的内容进入实质性讨论，其中大部分笔墨涉及与改进早期震级标准有关的技术问题。特别值得一提的是，当年，古登堡和里克特正在努力发展一种"统一震级标准"，其包含了最初设想的"里氏震级"和后来的改良版，可用于确定量级迥异的地震，不但适用于远震，也涵盖近震。今天，大多数地震学家都倾向于将上述进步归功于古登堡而非里克特；然而，根据谢尔顿·亚历山大的说法，至少里克特也是后来成果的"全面合作伙伴"。从很大程度上讲，两位学者的辩论围绕着学术命名展开：考虑到已经使用过的其他定义和术语，这种新的震级应当被称作什么。值得注意的是，查尔斯写道："'统一震级'才是它的正式名称，至少在我们合作撰写的文章里，我都会如此使用；如果在其他场合，我打算把该标准称为'古登堡统一震级'，或简称'古登堡震级'"。里克特后来指出，"里氏震级"只应适用于小于5级或6级的地震。然而，无论"统一震级"还是"古登堡震级"，这两个名字都没有坚持下来。此外，档案馆里的这封信不是油印复本，因此，只能证明信是写出来的，而不能证明它曾经被寄出过。但是，其内容确实为我们提供了一定程度的启示，显示出里克特本人对"震级"一词的态度，也体现了周围同行对震级命名问题的感受。的确，查尔斯对自己做出的最初贡献有一种归属感，因为有关"震级"一词的论文经其独立完成。然而，他也强烈意识到，进一步发展这些概念时，应当给予那些做出贡献之人应有的荣誉。贝蒂·肖回忆说，查尔斯对"里氏震级"这个虚名从无非分之想。有关这个话题，我们将在以后章节里继续讨论。

后来，弗兰克·普雷斯被吉米·卡特聘请为总统科学顾问，他始终都在观察里克特与古登堡之间的互动。显然，人们不愿怀疑弗兰克的观察力，换言之，他一定知道两位学者在外人眼中的定位。另一方面，赫莎对丈夫和同事间的关系有自己的看法。1980年，在科技史学家玛丽·特拉尔的采访中，作为学者夫人的角色，赫莎扮演得很好；然而，在那些熟悉赫莎本人的眼里，她有时说话却十分尖酸刻薄。因此，就算是在接受采访的场合，当这位女士描述已故丈夫时，声音中也明显带着刺，字里行间仿佛有无数丈夫与里克特合作的故事。她说："我丈夫去世后，里克特出版过一本有关地震学的教科书，我认为内容乏善可陈，因为查尔斯并未做过太多研究工作。"另据一位长期合作的同事说，贝诺去世后，在一次赫莎私人谈话中，她直截了当地表达出自己的观点，甚至包括：她觉得丈夫对震级的贡献没有得到公众认可和应有的赞赏；另外，赫莎还认为，或许丈夫对那个相当幼稚的同事过于耐心了。

赫莎接着告诉我们：里克特对重新修订学术著作毫无兴趣，而此书正是其与古登堡在1941年首次出版的。与之相对的是，尽管古登堡健康状况不佳，却非常愿意亲自动手修编内容，然而，他却再也没有机会去完成该任务了。讲到此处，赫莎甚至流下泪水。由于身患严重流感，古登堡于1960年1月24日星期日被送入医院，医生告诉他，不应该继续工作了。第二天早上6点，这位德裔学者转入亨廷顿医院，然而一切都太晚了，他的肺部已经充满液体。白天，赫莎始终陪护在丈夫身边；离开时，贝诺与妻子吻别；当晚11时30分，古登堡离开了这个世界。在从电话中得到噩耗时，赫莎简直要崩溃了，显然，这是可以理解的，因为贝诺就是她的全部。

古登堡去世时，里克特正于日本访学，无法返回。然而在前者去世后的一个月，赫莎便接到里克特的慰问信，字里行间不仅流露出惜别情绪，也呈现出一种科学界"无法弥补的损失"之感。虽然夫人对其善意表示感谢，但随后的评论中却透露出明确无误的难言之隐。在赫莎看来，里克特是个怪人，而且相当傲慢、很不成熟，搭上丈夫的顺风车就是其最大成就。也许更加令人讨厌的是：站在公众视角，查尔斯·里克特而非她深爱的、成就卓著的亡夫，业已成为最著名的地震学家。

在弗兰克·普雷斯眼里，古登堡是一位功劳显著、富有成效的同事，而里克特则有着强烈的竞争心理。另一位好友克拉伦斯·艾伦也帮我们回忆起两人多次有关震源位置的激烈争论。"几乎每次无一例外，"艾伦说："60分钟后，他们都会重新坐在一起，正式向对方道歉"。里克特自己也认为，贝诺不是咄咄逼人的学者，与别人争辩时，总会保持头脑清醒。显然，于外人眼里，里克特对古登堡除了最深切的尊敬和钦佩之外，什么都没有，但在里克特内心深处，他们之间或许还存在着一层貌合神离的情绪。尽管像普雷斯和赫莎这些人看不到，但里克特自己却时常挣扎在"友谊的小船"上，甚至影响其一生的为人处世哲学。在1949年写给医生的信中，里克特描述了自己正在与病痛做斗争的感觉，并承认，严重的拖延症干扰了他的职业责任感。

里克特这样描述在实验室的处境："每天都要涉及大量测定、归档和制表工作，虽然这些都是必需的，但也令人讨厌，我几乎无所适从。与他人通信往来、科研活动、指导学生、接待访客，我每天都要同上述压力做斗争，这还不包含那些浪费时间的人际沟通环节。我在这里已经工作了20年，形成了一种近乎顽固的坚持，不推迟，不拖延；也许正是这一点令自己于其他地方变得迟钝？如果真的如此，我不明白为什么。"

里克特接着描述了十几篇已经开始但仍未完成的论文，这些内容因其他工作而被推迟了。他写道："我所寄出的许多论文是与古登堡博士合作完成的，虽然他对待工作兢兢业业，简直就像个奴才，但遇到那些梦寐以求的课题时，几乎又变成了主子。当然，这时的我，就成了仆人。"里克特继续说："通常，自己写的论文都很短，其中的素材可以在几周内收集起来，虽然论文的数据量大，解释性评论却异常简短，或许这类文章不够精深，但发表效率高。"

正如弗兰克·里德在几十年前所做的那样，古登堡肯定激起了里克特的焦虑和不安。即便里德是大个子，古登堡明显身材矮小，却形象高大。诺波夫形容他"非常有个性，而且很活泼，很有条理，每天都按精确的时间表工作。虽然对自己的学术要求严格，但在人际交往过程中，古登堡却显得温文尔雅、待人和善，对任何提问者都很有帮助，于批评者也够宽容。无论学生或同事，古登堡的人文素养都足以为师，善良、耐心、惊人的勤奋和令人愉快的幽默感都是资本，如能接受这位师长的科学方法论再教育，无疑将会是一件轻松愉快之事。他是一个有文化的人，博览群书，兴趣广泛，绝对是学者中的明星。"

如果将古登堡与查尔斯做对比，那么结果一定会令后者倍感痛苦。前者有个性且活泼可爱，后者却十分笨拙；古登堡组织性强，里克特则完全没有。虽然里克特肯定有着广泛兴趣，却几乎没有像这位长期合作者那样的外向型世界观。克拉伦斯·艾伦如此总结道："古登堡和查尔斯完全不同，因为后者是非常另类之人。"

里克特也没有与同事分享音乐的天赋。古登堡会弹钢琴和风琴，早年于德国时，还在犹太教堂唱诗班领衔。古登堡的音乐兴趣是其与爱因斯坦亲密关系的纽带，在后者于帕萨迪纳的几年里，古登堡家中时常会飘出爱因斯坦的小提琴声。

这种痛苦的对比也会延伸到他们的家庭。虽然在莉莲·里克特用来描述赫莎的形容词中，没有一处是"与众不同"的，但她本人却是这个单词的最佳候选人。或许在外人看来，莉莲和查尔斯这对夫妇相敬如宾，但外表可能会骗人，他们两人不为人知的故事将展现于后面章节。仅就先前观察而言，赫莎言辞显然十分尖锐，甚至有些得理不饶人。在另一方面，其与贝诺却相濡以沫，直到后者在 1960 年去世。1980 年拍摄的一张照片显示，赫莎的美丽、直率与智慧几乎没有被 83 岁的年龄削弱。里克特夫妇没有子嗣，古登堡则有两个孩子，据说还都比较有出息，做人稳重、事业有成。两人在第二次世界大战中服役美国，后来，儿子亚瑟获得斯坦福大学博士学位；女儿斯蒂芬妮进入加州大学伯克利分校，后来又去了斯坦福医学院。

古登堡夫妇能够高攀爱因斯坦，并建立起了亲密的友谊关系，里克特却没有那么幸运，即便他是一位渴望从事现代物理研究之人。里克特本人也承认，在爱因斯坦于加州理工学院的几年里，他与大师的互动非常有限。里克特说："总觉得自己没有利用好可能拥有的机会。当年的加州理工学院，墙上的日程表里总会写着一个定期项目即物理学研讨会，虽然其中的主题和发言人待定，但演讲者不言而喻是爱因斯坦，这一点大家心知肚明。那些安排日程的人不喜欢把大师名字放在日历上，因为这往往会吸引一些偏执狂和好奇心强的人。"显然，尽管里克特知道自己有机会与爱因斯坦亲密接触，却没有参加过其中的大部分讲座。虽然给出的理由是专注于地震项目和外勤工作，然而人们不禁要问，是否源于更痛苦的个人原因而羞于启齿，并最终选择了退缩。

显然，里克特和古登堡的长期伙伴关系反映出人性的复杂，特别是对前者而言。至于对后者的感情，在 1979 年安·沙伊德的采访中，当事人里克特如此描述："自己对贝诺亏欠很多，我非常喜欢这位老朋友，甚至在用一种晚辈对长辈的行为方式去处理两人关系。"那些观察里克特与同事互动的人只看到了表面，正如通常情况那样，大家从来没有机会听到里克特的内心想法。对他来说，两人之间并不存在任何形式的铁哥们儿关系，而是另一类完全不同的默契。在身材矮小的贝诺·古登堡身上，里克特找到了生命中的父亲形象：不是那种儿时渴望成为的魁梧大汉，而是在其他方面体现出来的男子汉形象，也是自己长期以来未曾实现的理想。聪明、有成就、有个性，让自己舒服，让妻儿感觉快乐，古登堡就是如此父亲形象，拥有在其研究领域获得卓越地位的所有恰当才能，不仅智力超群，还有着好奇心、激情、动力和强大组织力，这些恰恰就是婚姻关系中的男人形象。如今，鲜有地震学家不认可古登堡是两人中成就更广泛、更杰出的科学家。

古登堡的专业知识和组织能力为里克特提供了能量，使其能够驾驭自己的学术战车。正如两人所希望的那样，只有将每个人的私心远远抛开，方可在科学沙场上勇往直前。然而与此同时，里克特也给他们的团队带来自己的厚礼：坚韧不拔、不知疲倦、深刻的洞察力，这些品质都是学术研究和日常工作的制胜法宝。另外，其长期同事罗伯特·夏普还补充道：里克特善于发掘复杂的数据，能够迅速领悟数据背后的潜在价值。再者，地震观测仍然需要独特的人才集合，需要有能力消化令人绝望的复杂数据，并从一大堆乱七八糟的曲线中提取有用信息。在里克特的时代，上述科研过程的乏味程度也是惊人的，工作人员必须在没有计算器或电脑的情况下分析大量数据。虽然里克特的智力天赋还未达到能够设计出早期地震仪的高度，更没有像贝诺·古登堡那样有效推动该领域以非常稳健的步伐向前发展，然而，他确实拥有一套最独特的才能和癖好，使其成为地震仪和地震学之间的关键桥梁。查尔斯是一位真正的观察家，是仪器与前沿学科的纽带，为机械世界和理论世界的联系。里克特具备敏锐的科学洞察力，地震理论的扎实程度远远强于周围大多数同事。在他的课堂上，很多学生有时会惊讶地发现，这位老师对地震数据的专注力惊人，善于通过蛛丝马迹去解释晦涩难懂的理论。

里克特把自己对局域地震的满腔热情带到与古登堡的合作中。在来到帕萨迪纳之前，古登堡的研究目标几乎完全集中在地球深层构造方面；

但抵达后，在大量高质量局部地震记录刺激下，在里克特研究兴趣的感染下，古登堡把注意力转向不同规模的地震问题。虽然局域性地震可能过于狭隘，不具备普遍性科学意义，然而，这类灾害却涉及相关过程的基本问题。当然，地震学界对此存在一定程度的偏见，许多人断言：地球深层探索比浅层也包括局部地震研究，更有意义，更具挑战性。两人的某些成果，比如古登堡-里克特震级分布规律的确定，对该学科和灾害评估具有开创性意义，而且几十年后仍然如此。

衡量学术贡献持久性的标准是所谓的引文指数，也即，一篇论文于随后研究成果中被引用的次数。在作为第一作者或唯一作者的文章中，古登堡被引用次数最多的是其1944年同里克特合作完成的那篇。尽管前者撰写的论文比后者多得多，但就引用次数而言，很少有哪篇能够超过那篇两人共同撰写的。另外，古登堡自己的论文也没有一篇像里克特1935年的文章那样被高度引用，而该文恰恰就是对震级的最初表述。更重要的是，没有一篇由任何一个人或两人合作撰写的论文接近里克特里程碑式的教科书《初等地震学》所达到的被引用数量。

古登堡和里克特合作编写了另一本经典著作《全球地震活动性》，该书于1949年出版，后来被引用的次数也非常多。即使在今天，这本书仍然是那些调查全球地震的相关学者最重视的参考资料。尽管自1949年以来，该领域已经出现翻天覆地的变化，但本书内容却很少有过时之处，甚至在某些情况下，比几十年后的常规论点更准确、更具前瞻性。例如，1978年，地震所的研究生塞思·斯坦和埃米尔·奥卡尔对印度洋上的"东经90°海岭"产生出兴趣。当时，地质学家将其视为"无震海岭"，即不会产生地震的水下山脉。斯坦和奥卡尔意识到，该山脊仅仅看起来不会发生大的地震，当然，他们也还不会使用"无震海岭"这个术语，因为当时的地图只显示1963年以来发生过的那些地震。接下来，两人惊讶地发现，古登堡和里克特在《全球地震活动性》一书中已经讨论过沿海脊的大地震带，尽管海底海脊在1949年前仍未被发现。实际上，在对有限的早期数据进行敏锐且详尽分析后，这两位学者在海脊被发现之前就已经在著作中暗示了它的存在。后来，另一位研究生道格拉斯·威恩斯与斯坦、奥卡尔合作，最终使这个神秘地貌特征变得富有实用价值，而这些学生的参考读物恰恰是被大多数科学文献标记为过时的教科书。"古登堡和里克特具有令人难以置信的洞察力"，斯坦评论道："早在板块构造学被提出之前，他们的书就写好了，通过提供更长的地震历史，两位前辈帮助我们解决了棘手的构造问题。"这里应注意，《全球地震活动性》的第一作者为古登堡而非里克特。然而，在这本百科全书式的经典著作中，里克特之大量手笔痕迹非常明显，对此，斯坦深信不疑，或许正因为如此，如今此旧书依旧价值连城。

在地震学界，古登堡的光环可能更加耀眼，但毫无疑问，里克特亦无比灿烂。后者为两人的伙伴关系贡献了应有才能，包括灵感和汗水。在贝诺的光环下，里克特不仅找到了对手，而且找到自己无法唤醒的动力。但正如其本人所言，古登堡带给他的不仅有光明，还有其他东西。赫莎可能永远不知道，她将丈夫的年轻、古怪门徒视为幼稚之人，是多么恰如其分。

8

地震了！

1958年 | 第49页　　　　　查尔斯·里克特　《初等地震学》

　　这场灾难产生出一些正面效果，结束了信息不全或被误导的弊端，利益集团否认或掩盖洛杉矶大都会地区存在严重地震风险的努力付诸东流。

查尔斯·里克特感受到的首次地震给儿时的他留下深刻印象，但此番记忆却仿佛玩具那般喜新厌旧。如果1910年5月15日的5.5级灾难能够激发其对地震学之终生兴趣，当然会是一个很好的故事，但事实并非如此。正如我们看到的那样，对里克特来说，地震学仅是自己成年的激情而非童年梦想。27岁的他，懵懵懂懂地进入该领域，时逢南加州早期大地震两年后，这次地动山摇出现于1925年6月29日早上6时44分，地点位于圣巴巴拉市附近，大小为6.3级。尽管当地的许多烟囱被毁，但木结构房屋则相对较好地抵御住了摇晃洗礼，地震对圣巴巴拉市中心地区的商业建筑造成重大损失，摧毁了大量砖石结构，微弱的震感远至北方的沃森维尔和东边的圣贝纳迪诺。

即便商业领袖们试图将1906年旧金山的主要灾难描述成火灾而非地震，但1925年却无法做到这一点。圣巴巴拉地震没有伴生火灾，800万美元财产损失和13人死亡只能归咎于地震本身的"愤怒"，后果便是保险公司因巨额理赔而被迫倒闭，活下来的旋即提高了未来保单的费率，有的公司则完全停止提供地震担保服务。

除了那些报纸上的内容或在加州理工学院走廊里人们的窃窃私语，当时的里克特很可能只对上述情况一知半解。然而，在其入职地震实验室后，有关地震背后的商业秘密便跃然纸上。在加州理工学院档案室的文件夹里，我们发现了这位学者收藏的有关该地震的大量信息，厚厚地塞满一抽屉，其中包括许多震害照片。圣巴巴拉地震是加州建筑法规诞生的契机，也是工程抗震的早期篇章，这成为里克特职业生涯的主要焦点。值得一提的是，地震损失以戏剧性方式突显出当时建筑实践的缺陷：人们对砖石材料过度依赖，但这种结构却非常不争气，即便承重墙，也无配筋，更甭提侧向支撑，又何谈抗震性能。另外，地震还暴露了一个不太起眼的风险：鉴于每栋建筑都对地面摇晃做出独立反应，所以，相互自由的毗邻建筑有可能"打架",从而导致两败俱伤。

里克特大概在事后才意识到了 1925 年的灾难,但当 1933 年 3 月 10 日下午 5 时 54 分长滩地震发生时,相关信息已经能够出现在雷达屏幕上。地震发生之际,他和妻子住在洛杉矶,由于里克特计划当晚参加帕萨迪纳的国际象棋俱乐部活动,所以在实验室待到很晚,同事雨果·贝尼奥夫和另一个助手也在那里。当时,大多数地震记录仍然停留在胶片上,检查这些地震波之前需要经历艰苦的冲洗过程。鉴于无法于发生地震后立刻就记者质询做出反应,里克特及其同事便制作了一台墨水笔地震仪,其虽不如胶片记录精确,却能马上再现晃动时程。对此,里克特写道:"这是个相对粗糙的系统,但足以应付紧急情况。"

1933 年 3 月 10 日,在一个异常温暖的夜晚,地球给实验室带来了该死的紧急情况。里克特注意到,地震仪上的墨水笔正在抖动,与此同时,脚下的大楼也开始摇晃,显然,远处的地震波浪已经袭来。任何多次感受地震冲击之人,无论是否称得上地震学家,都很容易体验到不同震级或震中距的晃动差异。附近的 3 级地震大概会产生强烈但短暂的颠簸感,而来自远处的 6 级颤动却能带来令人震惊的破坏力,仿佛长途跋涉并未削弱地球的咆哮。专家们往往利用数学和物理知识厘清近震与远震差异。对此,他们形象地进行如下比喻:正如大型乐器导致低音调那样,大地震也会产生更长周期的强力波,而这里的长周期恰恰类似于低音调。对于地震波记录而言,细节并不重要,仅从长滩到达帕萨迪纳的初波性质来看,里克特就敢断言,他们这次遇到的是强震,并且,震中就在不远处。

他后来写道:"对于实验室的地震记录流程,我颇有微辞,但都是暗示性的,并没有大放厥词。因为运气实在太差,当走向地震仪时,它却因抖动偏移量过大很快就没有墨水了,虽然经过一些麻烦后恢复了工作,但记录下来的数据简直不忍直视。"大家试图破译这些宝贵信息,然而,里克特和贝尼奥夫很快便发现,波形太乱,无法提供更多线索,刚刚经历的大事件竟然被他们错过了。显然,如此强大的近震会使记录设备偏离量程,从而无法进一步确定震中距离。在当时,唯一实用的地震定位方法依赖于确定P波和S波的到达时刻,再根据时间差推算出震源距离,类似于闪电和雷声之间的延迟能够反映出闪电距离一样。早期仪器十分笨拙,一旦出现偏差,后到的S波就不能被区分出来;当然,接下来的余震还是依旧能够记录下来的。我们知道余震将聚集于主震序列后,通过分析这些较小的余震波形,里克特和同事便可以对独立的P波和S波进行抽丝剥茧,进一步估算出震源至帕萨迪纳的距离。

如今,当南加州发生地震时,来自地震台网的数据将会通过微波线路、电话线路和互联网发送至地震实验室,那里的计算机可以在几分钟内给出初始震级和震源位置的答案。利用复杂算法,研究人员能够仅从P波到达时间来确定地震位置。然而,即使到了20世纪60年代中期,分析工作却仍然由科学家和研究生手工完成。1970年,当一场中度地震袭击南加州大部分地区时,托马斯·汉克斯和其他年轻科学家发现,大家被多条杂乱无章的地震波弄得晕头转向。虽然里克特并不在场,却抱怨道:"为何不利用余震的S波与P波时间差来做文章?"此刻,他所指的时间差意味着一次技术改良,而原版正是自己和贝尼奥夫于40年前的创举。俗话说,需要是发明之母。毫无疑问,里克特时代的地震学家赋有创造力,他们的观测工作是先驱性的,为此诞生的技术手段堪称对当年简陋设备的必要补充。

里克特的聪明才智正在以始料未及的方式得以延续。1975年,利用里克特提出的方法和早期波形数据,汉克斯对1927年加州隆波克附近一次中等规模地震进行了源头定位,结论与另一位科学家有所不同。虽然这位科学家分析过全球多地的相关记录，但汉克斯的答案却更可靠，他给出的结果是"隆波克遭遇了远震洗礼"，震源大致位于霍斯格里断层。这是一个值得注意的观点，因为大家正在考虑将霍斯格里附近的魔鬼谷作为 1985 年拟建核电站厂址。然而于当年，来自全球地震台网的数据却是出了名的不精确，以此为基础的震源位置亦不可靠。最终，局地数据与汉克斯取得了胜利，而这恰恰是里克特报怨之结果。幸运的是，汉克斯听从了前辈建议。

1933 年，基础数据分析带来的麻烦甚至比 1970 年还要多，这是由于当时的地震仪为独立设备，除了自身内部的胶片记录介质外，无法与其他任何仪器进行数据分享。同时，为了精确估计震源位置，通常必须掌握至少三个观测点的波形记录。虽然用一台仪器也可以估计震源距，但为确保位置信息精确，复杂的数据分析在所难免，显然，如此技术在当时还遥遥无期。

在此期间，地震学家经常借助其他证据来确定灾难位置。某些大震会延伸到地球表面，形成一处明显疤痕，从而毫无悬念地留下了震源线索。1933 年的大地震没有显示出如此痕迹，却告诉了人们明确无误的死亡和破坏模式，除了一些例外，这些模式都集中体现在震源所在地附近。事实上，在早期，他们只有一台地震仪可以直接使用，因此无法确定精确位置，地震所的专家会询问来电者他们地区的破坏程度，从而获得地震位置的初步信息。由此可见，在当年的技术条件下，大家似乎应该给这些专家打上一个引号。

与 8 年前圣巴巴拉的经历相呼应，许多未加固的砖石建筑在 3 月的那个晚上发生了灾难性倒塌，包括长滩市内和周边的许多公立学校建筑。一想到地震很可能在 3~4 小时前就已经发生过，家长们看到这破坏场景时都会感到心痛。更可悲的是 2005 年 10 月 8 日的克什米尔 7.6 级地

图 8.1　1933 年加利福尼亚州长滩地震导致一所公立学校的建筑受损（图片由美国国家地球物理数据中心提供）

震，使巴基斯坦北部的家长们心如刀割，他们无法想象当地的恐怖景象：此刻大家正在上课，许多简陋的学校建筑轰然倒塌，数千名儿童直接死亡。显然，1933 年的南加州孩子们相比之下就幸运很多，他们在很大程度上能够免于灾难；不过仍有 120 人在地震中死亡，包括 5 名正在体育馆内玩耍的小朋友。如果以大萧条时期的美元计算，这次地震造成的财产损失估计高达 5 000 万美元以上。

当晚在实验室，里克特参加国际象棋俱乐部会议的希望被地震毁灭了。他忙到很晚才回到家，随即便听到莉莲的"汇报"：我们的猫都比你们这些专家好使，因为它竟然对地震做出了正确预判，这家伙许多行为举止都很反常，竟然躺在地上吐口水。事实上，震后不久，哈里·伍德就赶回实验室，手里还握着一张即将作废的当晚话剧《简的遭遇》的门票。虽然古登堡也很快连夜上岗工作，但故事听起来就没那么敬业：地震发生时，他正和爱因斯坦一起漫步于加州理工学院校园，两人谈兴甚欢，仿佛在有意漠视脚下出现的震动。然而，古登堡确实感觉到了一些余震，这甚至让他有些兴奋，因为在故乡德国，他很少有机会能够亲身感受到地震洗礼。

灾难后不久，里克特进入实地调查，他用在不同地区的便携式地震仪记录余震，以测量摇晃程度。今天，这种研究方法仍然有效，例如，以此为手段，学者们能够掌握大震期间的地动模式，而不同震动形态又和特定地点的地质构造息息相关。即便现在的便携式地震仪比里克特时代的仪器雏形先进得多，但追踪余震亦费时费工。可以想象，1933年当里克特离开实验室进行野外考察时，其所面临的困难是多么巨大。

里克特把坐办公室的机会让给了哈里·伍德，在实验室，后者与官员、媒体和公众频繁互动。显然，在任何破坏性地震发生后，人们的焦虑情绪都会高涨。里克特写道："像往常一样，强震过后，许多人包括官员在内，可怜巴巴地盼望得到专家承诺，保证摇晃将会很快停止。然而，如此背书是不可能的，正如能够预料到的那样，偶尔可以察觉到的余震还会持续数月。"

就地震而言，余震的表现非常"友好"。它们的发生模式遵循简单经验法则，即使在里克特时代，这些法则在大多数情况下也是成熟的。例如，平均而言，任何已知6级地震的最大余震将是5级；而余震序列还将包括10次4级地震、100次3级地震，以此类推，这便是我们前面已介绍过的古登堡-里克特分布关系，其描述了特定地区震级在一段时间内的分布规律。当然，这些数字代表着一种简化，例如，我们不仅可以得到3级和4级的地震发生次数，还可以得到3.1级、3.7级等的发生次数。虽然震级数字是离散的，但其背后却有迹可循。此外，地震的平均

图 8.2　1933 年加利福尼亚州长滩地震导致的公立学校受损情况（图片由美国国家地球物理数据中心提供）

发生率遵循着一条简单曲线，随时间的推移而减少。10 天后的比率将是 1 天后的 1/10；100 天后的比率将是第一天的 1/100。

关于余震的一个常见误解至今仍然存在，让地震学家们感到万分惊愕：余震的总比率随着时间的推移而减少，但余震震级的分布却没有变化。也就是说，即使在一个序列的后期，仍然会出现每 10 次 3 级地震就可能够夹带一个 4 级地震。因此，随着时间推移，较大的地震变得越来越少，但当人们普遍无感于摇晃之后，余震序列可以持续几个月甚至几年。只要该序列继续下去，仍然可能出现大级别余震。事实上，1933 年 10 月 2 日的一次强余震就造成了进一步破坏，特别是对那些已被主震摧残而尚未完全修复的建筑物。

同时，里克特还向人们描绘出一种令人遗憾的趋势：从某种程度上讲，新闻媒体正在通过广播等途径向人们暗示，另一场大地震很快就会发生。在某次会议上，哈里·伍德发表了关于未来可能发生另一次大震的言论，这无意加剧了上述恐慌气氛。虽然他是在说整个南加州地区，但一些媒体却认为，其矛头直指长滩和洛杉矶。事实上，大洛杉矶地区在1933年后的近40年间保持着相对平静，从未发生过5级以上的灾害，直到1971年圣费尔南多6.7级地震粗暴地打破了这种平静。

在1933年地震之后，恐惧的氛围挥之不去，当地电台也大肆渲染，警告有巨浪正在接近海岸。2004年，苏门答腊岛毁灭性地震不久，海啸的潜在破坏性现象便成为全球热议话题。如此灾难级海浪源自某些类型的近海地震，有时产生于海底滑坡而非1933年那样的震动。而当年的地震发生在纽波特-英格尔伍德断层上，这是一处主要位于陆地上的走滑断层或侧向断层。海啸是大量海水突然垂直移动的结果，有时由山体滑坡造成，但更常见的则是近海俯冲地震后海底突然摇晃、隆起或下降的伴生现象。另外，虽然南加州面临着无数自然灾害，海啸也是其中之一，但大多数专家却不会将海啸的危险性看得过重。

1933年和今天一样，南加州破坏性地震产生的余震远远超过当地仪器的记录能力。正如里克特在《初等地震学》一书中所述及的，长滩地震强化了人们对1925年灾难的回忆，而且远不止这些。在典型的里氏论调中，他断言："大家如此绝望，谁可曾想到，南加州会存在破坏性地震的严重风险，至少万万没有料到洛杉矶就是震中。1933年长滩大震令学界无须再次争论此问题。"另外，当年的灾难进一步戏剧性说明：那些旧的未加固建筑潜存巨大危险，设计良好的新结构则表现相对较好。

校舍遭受巨大破坏给人留下难以磨灭的印象，大家旋即提出了建筑标准问题：为何一些相对较新、造价昂贵的校舍建筑会比其他现代结构遭受更严重破坏？诚然，各种各样的风险无可避免，作为日常社会生活的一部分，人类必将接受某些风险，即使微不足道，比如交通事故。这里有一个令人吃惊的数字，在一次车祸中，大约有 1/100 的美国人会遇到这些汽车零部件的制造商；但另一方面，孩子可能在学校意外死亡却是人们无法接受的风险。加州议员查尔斯·菲尔德牵头制定了一项被称为《菲尔德法案》的动议，该条文于 1933 年 4 月 10 日生效，恰逢长滩地震发生后的一个月。根据《菲尔德法案》，州政府有权在施工前审查和批准所有公立学校的建设计划，并于施工期间进行非常严格的后续监督。如今，此条例仍然是全球最严格的建筑抗震规定之一。

《菲尔德法案》的效果立竿见影。从 1933 年 4 月至今，加州的公立学校建筑无一例外，全都经受住了地震洗礼。对于该法案不涉及的建筑而言，一些加利福尼亚人包括地震学家和公众却有着含糊不清的抗震标准，这些建筑涵盖私立学校、1933 年之前的公立中小学和公立大学。20 世纪末，伯克利市发生过一件匪夷所思的事情：当年，一所接纳聋哑儿童的公立学校被迫关闭，因为根据《菲尔德法案》，该建筑被认定不安全，但仍然可以在没有加固的情况下用于安置大学生。

《菲尔德法案》规定，如果老旧学校建筑经过检查被认为不安全，继续使用这些建筑的后果就由地方当局承担。正如里克特所言，这一规定并未实现目标：当发现学校不安全时，社区就会号召债券选举[①]以筹集必要的资金。当债券提案被否决后，学校董事会便可被免除承担后续责任，而相关建筑却能照旧使用。如此制度游戏一直持续到 1965 年，因为州检察长裁定，被否决的债券提案并不能免除地方官员责任。让人始料未及的是，许多建筑后来都得到加固或改造，然而费用也水涨船高了。换言

[①] 学校债券选举（school bond election）是指公立学区发行的债券，通常用于资助相关的建筑改造或其他资本项目。这些措施由地区学校董事会进行投票，由投票公众批准或否决。

之，如果能够在早些年完成上述工作，所花的钱要少得多。

虽然《菲尔德法案》并非完美，但加州孩子在公立学校的安全程度是任何人在任何建筑中都无法比拟的。如果不是1933年地震将死亡和破坏的鲜明形象刻进了公众集体意识，如果侥幸逃生时恐怖与精神崩溃的形象已从记忆中荡然无存，那么像《菲尔德法案》这样严格且昂贵的法律几乎肯定不会被通过。这次灾难也对地震学家产生深远影响，里克特就是其中之一，它使学者们确信南加州地震问题的紧迫性及脆弱建筑所带来的危险。

叫人哭笑不得的是，如前所述的长滩地震竟然被证明是大洛杉矶地区更糟糕事件的预兆。在见证了洛杉矶周边地区爆炸性经济增长的近40年中，再未发生过任何有影响力的地震。对南加州的许多居民，尤其是自其他地区迁徙来的大部分人而言，地震开始悄悄地从集体意识中抹去。

然而，即便于1933年后的几十年中，洛杉矶地区没有大震，但南加州其他地方肯定发生过。1940年，一场大地震袭击了帝谷，给埃尔森特罗和布劳利等社区以及墨西哥的墨西卡利带来了灾难。这次摇动确实留下一个戏剧性疤痕，因为它直接撕裂了所谓的国界。

在查尔斯的职业生涯中，诸如1940年的地震以及南加州人口稀少的沙漠地区发生的其他中等程度地震，会不时占据其注意力。即便直到1971年，这些事件都没有对南加州地区产生巨大影响，然而1933年的长滩地震却给里克特和该地市民留下深刻记忆。在那年3月的一个夜晚，在大洛杉矶地区，没有人能够逃避灾难，大家如梦初醒，立刻意识到：像此处的其他地区一样，南加州也是地震之乡。

对于32岁的查尔斯·里克特来说，大自然上的这一课令其终身难忘，地震带来的教训极为宝贵，涉及发震周期问题、如何就地震事件对媒体发声，以及建筑抗震的关键路线。第一点留待后面有关地震预测的章节展开讨论；第二点则源自言语不周导致的危险；最后一点可以通过关注大震发生时最有可能倒下的建筑物来解决。在南加州这片土地上，建筑不抗震会造成伤亡，而如何减轻地震风险便成为里克特之终生奋斗目标。虽然查尔斯并没有直接参与建筑抗震工作，也未曾制定出确保建筑安全的新法规，但他却是一位最有效的地震减灾发言人，不断向公众和政府官员传达着地震发出的声音。

当长滩地震发生时，里克特仅仅是一个年轻的地震学家，从未感觉到自己所从事的领域有任何特殊使命召唤，无论于纯科学还是社会层面上。长滩地震撼动了南加州地区，令社区生活陷入困境，也巩固了查尔斯·里克特的职业选择。虽然他从未发自内心地热爱这个专业，但这个专业却选择了他，令其依恋并开始深深关注，即便关注度同加州市民并无二致。

> # 9

里氏震级

1926年 | 11月13日　　　　　　　　　　　　　　　　　　查尔斯·里克特

我怀着如此希望,如果有朝一日自己的解决方法相当令人满意,或许我的科学贡献就会具备永恒价值。

"1900年,里克特出生于俄亥俄州汉密尔顿的一个农场。1935年,他提出了里氏震级",这便是有关查尔斯·里克特之最简短生平。如果说本书前面几章已经填补了上述内容中的巨大空白,那么现在,我们终于可以开始讨论其最具科学价值的贡献了,想必这也是大多数人关心他并愿意翻阅本书的原因。撇开其大量无关紧要的成就,里克特在人们心目中的地位显然完全归功于地震的衡量标准。尽管许多人仍然会误解其本质,尽管早在几年前地震学界就已经拓展过这个定义,甚至可以说这个震级标准已经被取代了,然而,里氏震级却依旧是一个家喻户晓的术语。

如果查阅互联网上有关这位学者的生平介绍,你会发现里氏震级诞生于1935年,但事实上,里克特早在1932年就用此标准来确定南加州地震的大小,而1933年长滩地震则是他最早研究的大震之一。此外,该震级也并非是在1935年提出的,更准确地说,描述里氏震级的文章是在这一年发表的。在1935年1月版《美国地震学会公报》中,一篇名为《一类重要的地震等级》[①]的论文占据了前31页。题目给人的最初印象是在讨论某种机械装置,因为英文中"scale"一词除有"级别"之意外,也可以理解为"机械量表"或"机械标尺",然而人们很快就会看到,这里的标尺却是专门用来衡量地震的。

考虑到里克特成年时期的精神异常和进入地震领域的曲折道路,人们就能理解,他的科学贡献不仅巨大,而且来之不易。在20多岁时,查尔斯的身体出现了状况,不得不终日与心中的恶魔做斗争,虽然斗争规模时大时小,但对象都源于神经系统之顽疾;"战争"一直持续到他30岁,心魔方才缴械投诚。根据其本人的说法,他从未将对艺术表达的深刻需求与科学爱好及研究能力相协调,仅仅只是缓和了上述矛盾,从而

---

① 原标题为"An instrumental earthquake magnitude scale"。

达成一种表面上的平静。这种调和的本质不是平衡的，甚至有些对立。通过将无限精力全部投入学术问题，他终于找到某种意义上的心理平衡。而立之年的里克特步入婚姻殿堂，事业蒸蒸日上，并开始获得一定程度的专业尊重，虽然该领域并非其个人选择，而是专业选择了他。当然，从许多方面来讲，他仍然是一个行走的矛盾与个人冲突集合体。

阅读里氏震级这个故事前，人们必须牢记，于20世纪30年代早期，距离我们今天司空见惯的计算机的发明还有几十年时间。"计算机"这个词是语汇的一部分，但以碳基而非硅基形式出现，因为在英文中，带后缀"er"的计算机显然是指一个会计算的人。或许，基本算术运算非常乏味，即便准确画出一个简单图形也需要付诸辛勤努力；而正是依靠对南加州地震数据的大量分析，里克特才构思出他的震级标准。今天，任何一位普通研究生都可以在一两个下午完成类似的分析工作，然而回到20世纪30年代，除了灵感之外，还需要持久耐心和惊人毅力。实际上，处理地震数据需要复杂且庞大的数学运算，这恰恰是里克特所擅长的。吃苦耐劳、锲而不舍，废寝忘食的科研工作为其提供了一处情绪宣泄出口。显然，如果某些负面情绪不加控制或者缺少了如此出口，其精神健康问题恐怕又将回到30岁前的状态。

在理性看待里氏震级前，我们必须首先退后一步，解决更普遍的问题或疑问。首先，如何确定地震大小？要解决此困惑，就必须考虑一个基本问题：什么是地震？也许令人惊讶，即使在今天，不同地震学家仍会给出不同答案。从字面上看，这个词是描述性的，即"地球"加上"震动"，人们会把该复合词定义为地球在晃动或震颤。另外，有的地震学家包括作者本人在内，更愿意用"地震"一词来表示发生在我们这颗星球上导致地面震动的物理过程。词源学家会指出：第一种定义是正确的，并且作为有生命的物种，人们早就熟悉了地球的震动。然而只有到了 20 世纪初，科学家才理解产生震动的过程。换言之，在大家明白什么是断层之前，"地震"这个词就已经存在。虽然，有时沿着断层会出现突发性"阵痛"，但那仍然是一种无法察觉的震动现象。

从词源脉络上看，最早的地震定量几乎不可避免地基于震后特定地点的摇晃程度。读者大概已经注意到：这里的顺序发生了颠倒，我们在用一种震后现象来定义该现象的动因。众所周知，上述摇晃程度的学术用语就是"烈度"一词，尽管其表示方法与里氏震级有些联系，但"烈度"本身就是个有价值的故事，而且有助于为后来的震级概念奠定基础。

19 世纪末，在科学舞台上出现了烈度表，意大利地震学家米凯拉·德·罗西和瑞士科学家弗朗索瓦·福勒分别于 1874 年和 1881 年独立发表过类似的表格，即所谓的罗西-福勒烈度表，共包括 10 个强度等级，从几乎感觉不到的微震至造成灾难性破坏的大震。按照惯例，烈度值以罗马数字表示。

烈度值并非根据科学仪器的读数来确定，而是基于摇晃对人和建筑物的影响程度，以至于烈度评定给现代科学家留下了"不科学"的印象，然而冷静思考表明，上述印象过于负面。在最低烈度水平上，几乎感觉不到的晃动可以通过考虑人类敏感度加以量化。对于中等烈度而言，例如，小物件从架子上跌落但未造成建筑物破坏的摇晃程度，可以根据物件的稳定性来量化。在高烈度条件下，人们同样能够按照速度或加速度指标加以评判，从而定量不同建筑结构的摇晃程度。实际上，烈度测量是基于仪器数据，而仪器就是人、瓷器、烟囱、房屋等。显而易见，这些仪器显然都相当粗糙，因为不是每根烟囱都会对某种程度的大地晃动做出精确反应。另一方面，每个人和建筑结构都代表着震后潜在的烈度测量标准，地震仪的数据却总是少得多。然而在当下，利用台网，地震学家就可以从数以万计的测点收集大震或中震数据。

描述地面晃动严重程度的想法是一个非常自然的概念。当罗西-福勒烈度表在科学界获得广泛接受之前，它已经反复出现了至少一个世纪。意大利科学家斯基安塔雷利使用一种简单方案去描述1783年卡拉布里亚地震的摇晃特征。在1828年出版的科学读物中，荷兰人彼得·尼古拉斯·卡斯帕尔·埃根也提出过测定地震烈度的标准。事实上，烈度的概念是如此自然，以至于其在更早时便被科学界以外的人士所发明。当新马德里一连串地震于1811年12月至1812年2月袭击北美大陆中部时，两位纸上谈兵的地震学家便开始独立行动了：在肯塔基州的路易斯维尔，工程师贾里德·布鲁克斯为后人保留下每次地震的各种信息，并设计出一个6级烈度表用以对地震严重程度进行排序；一段时间后，他甚至发明出一套钟摆系统，能够对人类感觉不到的轻微振动做出反应，布鲁克斯还记录过这些钟摆运动的频率。在辛辛那提，丹尼尔·德雷克医生也留下类似记录，且同样制定出相近的地震烈度评判准则。仅就烈度等级的数量而言，以上两位"外行"的烈度表与后来更为科学的评判标准之间的相似性更加显著。尽管两人都经历过他们认为的非常强烈的震动，实际上却均距离震中有几百英里之遥。如果按照后来的10度或12度表格进行评定，这些地方的严重程度不会高于6~7度。我们大胆猜想，他们很可能发明了一种6级烈度表，因为两人只经历过6级的摇晃。

但"6级震动"是什么意思？人们可能有理由认为，级别的定义纯粹是任意性的。毕竟，如果说有人因为只经历过50℃的温度而制定了一个50℃温标，那将是相当无稽之谈。但是，烈度级别没有那么武断，也许，从一挡到另一挡的过程具备某种自然属性。可感知的地震摇晃跨越众所周知的范围，从几乎感觉不到的水平到与重力加速度一样强的程度，而后者的惯性力足以将没有安全保障的物体抛上天。在任何地震记录中，最高的晃动程度都徘徊在一个重力加速度左右；仅有小部分记录会高出此值，但顶多也只是 2 倍的重力加速度。地震产生的最大晃动似乎超不过重力，这一点对所有人来说都很幸运，究其原因，科学家们莫衷一是。

下面继续从加速度角度来考虑晃动水平。为此，可将地震表示成重力的某个分位数。当以重力尺度衡量"几乎感觉不到"的晃动，并用该值定义烈度的低端，且将随后的更高规模表示成前一级重力水平的 2 倍时，便会发现，从"几乎感觉不到"至地球能够产生的最强晃动，需要大约经历 10 级台阶。因此，烈度阶梯是在摇晃程度相差 2 倍基础上自然出现的，并且人类似乎本能地可以分辨出这种烈度标准。在辛辛那提和路易斯维尔，丹尼尔·德雷克和贾里德·布鲁克斯分别经历过一系列地震，其震害程度跨越 6 个分位值中的 2 个，而非地球震颤所能产生的全部 10 个级别，也因此创造了一张 6 度表格。

在科学界，意大利地震学家朱塞佩·麦卡利进一步发展了强度等级，他将罗西-福勒烈度表扩大到 12 度。麦德维捷夫（M）、施蓬霍伊尔（S）和卡尔尼克（K）组成的科学家小组再次修改过该标准，用以专门考虑不同的建筑类型：他们的 MSK 烈度表至今仍在欧洲广泛使用，而修正后的麦卡利烈度表（MMI）也在美国家喻户晓。

震级是对地震固有规模的衡量。在该学科中，这种评估指标的重要性比烈度更具普遍意义。如今，不采用震级概念的成果非常罕见；分析或采用烈度指标的研究则相对较少，也很难。当然，即便现代地震测量和地震学方法已经出现，烈度评估也从未变得过时，并且可能永远不会淘汰，主要原因如前所述，因为烈度指标代表了如此丰富的潜在数据来源，几乎是地震学家调查 19 世纪末地震仪发明前重要地震的唯一出处。两种类型的测量方法并存，当人们不能区分摇晃严重程度和地震大小时，就不可避免地会产生混淆。1994 年加州北岭地震发生后，出现了许多传言，其中包括"北岭地震确为 10 级，而不是 6.7 级，只是保险公司秘而不宣罢了"。虽然我们没有能力判断上述内容出自何人之口,但往往会在这类都市流言的尽头发现真相的影子。在如此情况下,地震学家开始对该传闻的性质产生强烈质疑,于是,他们绘制出北岭市内及周边的烈度图,并标出烈度为X度的具体位置。这里应注意:虽然均为"十"这个数字,但震级以阿拉伯数字10表示,而烈度却应以罗马字母X表示。显然,"北岭10级地震"的说法令人混淆了烈度和震级这两个不同概念,因为任何地震的震级都是其本身之固有特征,而烈度分布却将跨越多个数值。

回到查尔斯·里克特。他在地震实验室的最初职责包括提取地震波图表中的数据,以便对其进行准确定位。为了做到这一点,专家必须依靠精细测算P波和S波到达不同台站的时间,然后再大体通过三角测量来判断发震位置,这与确定闪电方位有些类似,在后一种情况下,人们所依据的正是不同地点雷声与闪电之间的时间差。而里克特的工作则是基于伍德-安德森地震仪记录到的波形数据,显然,该设备的共同设计人之一就是实验室负责人哈里·伍德。

工作职责令里克特必须穿梭于不同地震台站,从而让他联想到,可以利用这些地震仪记录到的震动水平或振幅来比较灾难大小。此处必须指出:按照最初的定义,里氏震级是以某一类型地震仪所记录的峰值振幅或扭动幅度为基础。还有一点值得强调:用来计算震级的测量值并不代表地面的实际运动或速度,地震仪会以某种相当复杂的方式剧烈放大实际运动,显然,这是可以理解的,因为仪器记录到的信号往往非常微弱。如此一来,地震波的振幅大小便显得有些随意了。里氏震级的意义不在于从物理学角度确定了地震释放能量的实际值,在1930年的时代背景下,上述发展还需要几十年的努力。里氏震级的关键是要在一种标准地震仪上记录所有地震,并以合理方式反映它们的相对大小。另外,震级不像烈度那样按照 1~10 的比例进行分配；相反，它们是根据伍德-安德森地震仪上最大振幅计算出的数值。

当然，任何地震波信号的幅值大小取决于震源距离测量设备的远近，所以，震级标定方案必须涉及震中距校正。查尔斯从一大堆日本文献中找到启发，因为和达清夫①教授在 1931 年的一篇论文中提出了如何进行距离校正。如今，为寻求政治正确，一些研究人员甚至提出"和达-里克特震级"这一概念。然而，和达清夫并没有采取最后的步骤——使用距离校正来制定更加实用的震级标准。

下一个绊脚石自然是非常大的震级范围。里克特意识到，实用震级定挡方案必须具备易于表示的数值大小，然而最大和最小震级之间的范围却似乎大得难以管理，对此，里克特必须感谢他的同事古登堡，因为后者建议他采用对数方式定义地震波幅值。虽然被一代又一代的不喜欢数学科目的高中生恶意诋毁，但对数仍然是一种高效工具，可以将范围非常大的数字压缩到较小区域。在数学的神奇世界里，"对数"是数学名词，也是一种方法，对于任意给定数字而言，最简单的对数形式就是 10 的因数：10 的对数是 1，100 的对数是 2，1 000 的对数是 3，依此类推。在当年，精确计算 500 的对数有点麻烦，但其正确答案显然应该在 2 和 3 之间，然而如果放在现代，10 美元的计算器便能轻松搞定。

在漫长职业生涯中，里克特一直在抨击人们心目中的对数印象，因为就大众而言，对数是无法理解的。在 1970 年写给《密尔沃基日报》记者的一封信中，里克特提道："冒着吹毛求疵的风险，我必须指出，从数

---

① 和达清夫（K. Wadachi，1902—1995）是日本地震学家，他创立了测定发震时刻及震源位置的和达法。1928 年，他证实了深源地震的存在；1935 年，他阐述了日本深源地震的分布空间，以此为基础，人们将震源倾斜面称为和达-贝尼奥夫带；1980 年，美国地震学会为其颁发了第五届学会奖章。另外，和达清夫教授还曾于 1983 年来中国进行过学术交流。

学角度讲，震级的基本表述一点儿也不复杂，只不过是对数的一种简单应用罢了。正如你所知道的那样，美国新闻界就'对数'一词感到害怕，尽管他们谈笑风生地印刷过技术上更复杂的很多术语，其中涉及宇航学、原子物理学或其他公开领域。"里克特从不吝啬言辞，也不明白并非每个人都像他那样容易理解数学，进而讽刺道："我担心，这并不真正归咎于新闻业，而是归咎于我们大多数高中的小学数学教学水平低得离谱。"

被人诟病的对数将一个大范围的数字折叠成小得多的范围。正如许多读者所知，4级地震释放能量是3级规模的30倍，5级地震则为后者的1000倍。这里应注意，相邻震级之间的能量差为30而非10倍，这源于地震过程的特殊性质，有些晦涩难懂。简而言之，从一个震级单位到下一个震级单位，虽然峰值振幅增加了10倍，但持续时间和其他震动特性也随着震级的增大而变化，所以每上升一个台阶，能量就会增加10倍以上。里克特一针见血地指出：震级很重要，因为一次地震可能会比另一次地震大得吓人。这位学者后来写道："即使从一开始就认识到了这一点，但当1932年尤里卡地震以6级规模轰然而至时，我还是大吃一惊。"加州北部发生的这次相对不明显的地震让里克特第一次意识到，地狱般的景象会有多惨烈。

今天，高中生可以通过按按钮确定任何数字的对数，无论他或她是否真正理解什么是对数。而在20世纪30年代，对数计算的难题则要通过"对数表"来解决。鉴于其数学符号"log"与英文单词"木屋"的前缀相同，有些无知的美国人甚至将两者混为一谈。对数表由多排数字构成，在现代计算机出现之前，科学家和工程师依靠该表计算对数值。所以，古登堡这个听起来普普通通的建议暗示着一项任务，里克特将会为此投入大量时间与精力。在加州理工学院档案馆的里克特文件资料中，我们找到一页又一页的计算书和手工表格，足以说明前计算机时代科研工作之复杂性、艰巨性。在有关里克特的一大堆资料中，人们还发现了一个装在结实皮箱中的计算尺，这是日本知名的"Sun Hemmi"牌滑尺，也是里克特可以求助的最佳工具，尽管用起来很有局限性，而且沉甸甸的，但设计简约、漂亮且优雅。显然，像里克特这样的计算尺一定会被其拥有者珍视，并得到精心呵护。

就这样，里克特坚持不懈，他将毅力集中于眼前令人生畏的艰巨问题上，在此过程中，他心无杂念，除了滑动手中那把计算尺外，所有目光都投入物理学方向，这样一来，长期困扰自己的精神问题反而有了好转迹象。查尔斯新婚蜜月期的激情已经明显减退，即便还没有完全冷却；而后来的卿卿我我以及晚年那些重要的兴趣爱好，此刻亦未见端倪。里克特后来的同事认为，地震学是其人生中最重要的兴趣，如果此话当真，并需要加上一个时间定语，那必然就是在为提出里氏震级而需要全力以赴的这几年。

里克特很好地采纳了古登堡的建议并继续开展自己的研究工作，对数确实将他无法处理的数字范围压缩到一个可对付区间内，让里克特能够就震级问题发起总攻。缩小数字范围是制定震级标准的关键步骤，但还需其他细节支撑。特别值得一提的是：每次地震都会有来自不同震中距的台网数据，为了定量震级，就必须找到关键的距离修正方法。今天，人们可以翻开各种地震学文献，发现成堆的资料，也包括作者本人的博士论文，从而解决描述震动如何伴随距离增加而降低的所谓"衰减修正问题"，然而在20世纪30年代，除了和达清夫之前发表过的唯一论文，里克特对同样问题的努力却是没有先例的。

通过考察不同规模地震的成套图件，里克特绘制出振幅随距离变化的曲线，并意识到，尽管对于单次灾难而言，上述曲线形状随地震大小的不同而起伏波动，但它们的形状却是类似的。通过将这些曲线移到彼此重叠的位置，他对所有被测地震定义了一条单一平滑曲线，足以描述当人们远离震中时灾难是如何减弱的。利用物理学的笨拙说法，这表明，地球是一个线性系统，震动减弱速度并不取决于最初的地震水平。如果以汽车为比喻，我们便可以说，刹车速度或减速快慢不完全由初始速度控制。因此，如果在近距离范围内，能感受到某地震大小是另一次的 2 倍，那么在所有的距离上，这两次地震的震级都将严格保持 2 倍。直到最近几年，学者们才意识到，以上线性关系并不适用于最强烈的摇晃，当然，这又将涉及一些更加精深隐晦的相关研究内容。

如此一来，里克特的叠加变换曲线就提供了所需要的东西：一种用于纠正振幅测量值的简单方法，而其必要性则源于震中至不同地震仪之间的不同距离。另外，这位学者所定义的标准参考距离为 100 公里，当地震仪到震中距离有别于此标准时，仪器记录到的振幅值都将被校正。同时，鉴于里克特已经进行了各种常规且烦琐的地震定位分析，所以，有关距离这个重要参数已经被其偏于安全地考虑到了。

有了上述方便处理的数字范围和距离校正，剩下的问题就是如何构建合理的震级标度。里克特注意到，许多人误以为他提出的标准是基于 10 级的，换言之，一个以 10 为最大震级的数值范围，而事实上，里氏震级没有上限，至于 10 级似乎代表着地震规模的上限，则完全出于偶然因素。然而，我们必须以某种方式来校准该震级标准，毕竟，谁又能说清楚什么规模的地震对应于怎样大小的震级呢？在此，校准的关键考量因素并非来自震级的高端，而是来自低处。于是，里克特对震级的定义进行了微调，他让 0 级成为可以被地震仪探测到的最小程度。另外，鉴于其标准与对数有关，所以从理论上讲，负数震级也是有可能的，因为如果一个数小于 1，那么其对数便为负。然而，里克特明智地意识到：必须谈论负值或与之打交道是不可取的。自 20 世纪 30 年代以来，尽管地震仪设计已经取得长足进展，但负震级的灾害依旧罕见，也从一个侧面说明里克特作为观察科学家的敏锐性。通常，这种"微震"只在特殊环境中才会被记录下来，比如，借助极其敏感的地震仪，并将其安放于地球嘈杂表面下的钻孔内，便会得到一个负数震级的地动信号。

人们能够普遍接受里氏震级得出的数值：2.5～3级代表轻微感觉的地震，6级则会造成轻、中度破坏，这取决于该地区建筑结构的脆弱性。从里克特1935年的论文中，我们找到了1932年袭击内华达州的灾难数据，也是其分析过的最大地震，对此，他的估算值为7.5级。另外，他还根据各种证据推测：1906年旧金山大地震至少为7级，也有可能超过8.0级。里克特大概明白，像1906年这样的灾难是特别大且相对罕遇的事件，因此他没有明确震级上限，而仅仅做出调整，以便产生出一个易于解释的震级数字。仅就地球上最大地震的合理估计而言，虽然10这个数值或许只是巧合，但里克特对其震级标准信心满满，自认为最大地震不可能超过10级。如此一来，里氏震级从0～10的标度就显得非常科学且自然，并便于大众接受。迄今为止，有仪器记录到的最严重地震是1960年的智利大地震，震级高达9.5。在人类历史上，1505年印度大地震或许才是最严重自然灾害的候选者，然而由于没有相关的波形数据，所有19世纪末以前的灾害级别对我们都相当于永恒的秘密。

在今天看来，上面讨论的震级数值具有众所周知的含义：6级是一个温和但有潜在破坏性的冲击；8级是加州标志性的、令人恐惧的大地震；我们担心10级地震为最终的末日事件。最后值得强调的是，这些数字所具有的含义是查尔斯·里克特赋予的，也正是他，把"震级"这个词引入地震学。有人说，科学的终极贡献就是每个人都会在随后的研究中直接使用这些成果，而没有人仅仅将其作为参考文献。如此重大贡献业已成为科学大厦的结构组成部分，以至后来的学者甚至忘记了当初提出该理论的那个人。里克特在 1935 年发表了一篇描述震级的文章，作为参考文献，这篇论文已经被学界反复引用，但如果"震级"一词也必须标明在所有相关论文的参考文献中，那么引用次数必将无法估量。

假设提及非常大的规模，就不可避免地会触碰里氏震级的适用上限。然而，在抛开这部分故事之前，还有一个关键问题：在成功利用他提出的震级概念对南加州灾难大小进行分类后，应当如何给这个令人满意的标度进行命名？对此，哈里·伍德指出：该名称必须同烈度表有所区分。在 1935 年的论文中，里克特认为，正是伍德提出了"震级"这个术语，但选择采用此术语的则是里克特本人。长期以来，查尔斯非常着迷于天文学，因此，我们可以大胆猜测，以上选择是很容易想到的。有天文学背景的读者会认识到：在英文中，"星等①（magnitude）"与"震级"是同一个词，而前者常常被用来划分恒星亮度。当然，里克特在引入这个词时转了个弯儿：最亮的恒星被赋予最小的星等值，但这位学者却无法忍受地震规模亦应该有同样待遇。于是，他颠覆了天文学的星等概念，在将该词变为震级的同时，也把大小顺序进行了倒置。里克特于 1935 年写道：他一直在为使用震级一词向天文学家们道歉，虽然震级与天文学中的星等概念排序相反，却实属无奈，因为没有更好的术语或符号能够代表震级大小。当然，对于其道歉内容，我们如今已经无法回溯 20 世纪 30 年代早期天文学家的置评了。

即使在今天，对大多数人来说，通用的"震级表"也不像"里氏震级"那样得到广泛认可。当然，这里面还有另一个故事，在最初表述中，里氏震级是对南加州地震相对大小的一种分类方式，而这片广袤土地恰

---

① 星等是衡量天体光度的量。星等值越小，星星就越亮；星等的数值越大，它的光就越暗。星等数每相差 1 等，亮度大约相差 2.512 倍。1 等星的亮度恰好是 6 等星的 100 倍。

恰是里克特专业兴趣的主要落脚点。用弗兰克·普雷斯的话说：在整个职业生涯中，里克特始终都以加利福尼亚为导向；而作为欧洲人，古登堡的世界观也许很自然，后者必将对完善里氏震级做出更多贡献，因为古登堡扩展了最初的定义，使其可以对全世界范围的地震进行分类。仅就这一点讲，这种标准大概更应当称作里克特-古登堡震级。然而，里氏震级的术语注定要离开科学话语的庇护范围，成为流行语的一部分。就后者而言，里克特-古登堡震级根本不可能。即使里克特试图在与南加州媒体打交道时愿意使用以上说法，如此不朗朗上口的名字可否让大众认可也非常值得怀疑。

当然，下一个问题是，在面对媒体时，里克特真能非常公正地表达出古登堡的贡献，从而让两个人的名字同时借助媒体向外界传播，还是有意过滤掉了这位好同事。弗兰克·普雷斯没有直接回答此问题，但确实给出过暗示。他说："人与人之间的关系极其复杂"。在接受哈里·斯帕尔采访时，里克特亲口表明，他对同事的贡献表示由衷感谢，无论贡献大小，自己的感激之情都将溢于言表。然而，正如后面章节将要讨论的那样，如果能够被媒体和公众视为南加州首屈一指的地震专家，那么对里克特来说似乎也更为重要。所以，人们可能会倾向于怀疑，至少查尔斯没有努力劝阻普通公众将这个震级标准视为里氏震级。从很大程度上讲，《洛杉矶时报》有关里克特的讣告强化了上述怀疑，因为讣告内容引用了一位学者之言，而此人不仅来自加州理工学院，而且长期与里克特和古登堡共事。这位学者说："毫无疑问，该标准应当称作古登堡-里克特震级；多年以来，查尔斯很少强调贝诺的作用，如果你认为，一切都是里克特的功劳，他本人自然求之不得。"讣告接着说：对此，古登堡的家庭成员公开表示不满，他们认为，里克特不应把震级标准作为一个人独占的公共形象。

在彼得·埃尔农出版于 1999 年的小说《8.4》①中，作者对此事件的看法得到了强化。这部小说的历史准确性足以让里克特客串出场，除了描述克雷斯格实验室和唐纳利宅邸外，作者还提及里克特的天然主义嗜好，并把他形容成"一个真正的混蛋"，"把受人尊敬的贝诺·古登堡搞得一团糟"。小说中的人物甚至照搬《洛杉矶时报》的讣告内容，意在让读者感受小说作者对里克特的研究程度。"如果你想把这个标准叫作里氏震级，那么对他而言，必然喜上眉梢"。考虑到里克特的生命比报纸讣告提供的简介更长，有一个事实就会变得异常清晰：查尔斯·里克特有很多故事，但"一个真正的混蛋"并不是其中之一。

里氏震级这个词最初是怎么诞生的？在 1979 年接受安·沙伊德采访时，里克特谈到了这个问题。他告诉采访者，自己最初使用的是"震级表"，而且多年来，并未把本人名字附在前面。里克特指出，加州大学伯克利分校的地震学家拜尔利首次在公开场合提及"里氏震级"这个词。佩里·拜尔利于 1966 年写给里克特的一封信也提供了确凿证据。"这让我想起 20 世纪 30 年代初，我告诉新闻协会，震级表是你的，应该这样称呼，这很有效，于是它变成了'里氏震级'。"拜尔利在信中继续说："现在我们有了后续发展。在美国地质学会的近期会议上，此标准被称为'里氏震级'，甚至可以在英文表述中省略震级一词。或许，学会的声明如下，'这次灾害为里氏 5 级'，我非常喜欢如此方式。"事实证明，里克特没有将自己的谦虚态度坚持到底，于是里氏震级便诞生了。

在 1979 年的采访中，里克特继续承认，"里氏震级一词有点儿低估了古登堡为此所做的进一步贡献"。明眼人都会注意到"有点儿"这个修饰语，并且里克特还特意强调，古登堡对最初震级标准的进一步贡献，

---

① 这是一部以 1811—1812 年新马德里大地震为背景的虚构小说，书名表示里氏 8.4 级地震。

9 里氏震级

图 9.1 加州大学伯克利分校佩里·拜尔利的信，1966 年（加州理工学院技术档案，经许可转载）

而非后者在诞生震级标准中的作用这一事实。当然，我们也必须看到，几乎所有科学家都会从同事的建议中受益：采纳对数的建议就如同伍德建议使用"震级"一词，这只是一个偶然机遇罢了。而且从各方面来看，于里克特不朽的贡献中，其为独立完成人是一个基本事实。

另外，人们更倾向于相信那位不愿透露姓名的长期同事，毕竟他与两人都共事过几十年，或许他也的确知道是出于什么原因，才令旁观者看来，里克特给人留下一种印象，最初的震级标准仅仅源自他一个人的功劳。

话说回来，即便这就是他里克特之独立贡献，也无法掩盖古登堡的辉煌，因为几乎所有实验室人员或其他地方的科学家都普遍认为，古登堡才是那个时代真正伟大的地震学家。在加州理工学院的最后几年里，里克特一直与同事克拉伦斯·艾伦密切合作，艾伦告诉我们："显然，贝尼奥夫和古登堡对地震学和板块构造学的贡献远比里克特深刻、根本。"作为一个有天赋的观察家，没有人比里克特本人更了解这种看法。然而，他并不是一个混蛋，从各方面来看，只要有机会表扬别人，查尔斯就绝不吝啬。如果对自己的震级标准有一种独特的所有权感，也许就应当送去鲜花并给予他应有的回报。尽管内心隐晦的动机很容易被发现，但我们没有证据表明这种所有权意识是非正当的。

里氏震级这个名字为查尔斯·里克特赢得了一种持久的不朽地位。今天，很少有人不认识他的名字，抑或更少的人会叫出任何其他地震学家的名字，无论健在或者离世的。"冠名权这件轶闻会给科学家带来某种程度的困扰"，艾伦后来继续道："我无意贬低里克特，然而毫无疑问，由于他的名字与震级有关，以致公众认为，查尔斯才是有史以来最伟大的地震学家，这根本不是真的，也不符合事实。"

但事实是什么？在这里，我们将探讨一个弥漫在科学研究中的悖论：

那些在自己相关领域内最杰出的科学家或当今最伟大的学者，却并不一定是做出最深刻和最持久贡献之人。换言之，他们的功劳未必能够吸引公众关注，也许那些贡献不具备最大的社会影响力。在遗传学家芭芭拉·麦克林托克的职业生涯里，格雷戈尔·孟德尔的老式传统遗传学实验占据了大部分时间，她面临着一场如何让科研成果被大众接受的艰苦斗争。然而，当遗传学领域转向复杂的分子生物学研究后很久，麦克林托克完成了一系列经典实验，涉及用于追踪核糖核酸的玉米植物培育，并以"跳动基因"理论获得了1983年诺贝尔生理学及医学奖，而当时的她，已届81岁高龄。在地球科学领域，阿尔弗雷德·魏格纳也面临着类似斗争，他多么希望公众能够接受自己早期的大陆漂移学说，然而不幸的是，魏格纳去世太早，以至于他没有看到，板块构造原理的诞生为其学说提供了最终证明。

如果说只有两种类型的优秀学者并不公平，那么，杰出的内向型思想家和杰出的外向型思想家或许就更能够代表此类群体。类似贝诺·古登堡这样的科学家，可以通过纯粹智慧推动一个领域全速前进，并解决摆在眼前的一个又一个明显问题，甚至可以把重要的博士论文题目列为优先事项，并随着优秀研究生的出现而依次分包出去。与此同时，魏格纳、麦克林托克、里克特等学者，虽然无法像他们那些更有组织能力和专注力的同事那样、迅速且不懈地引领某研究方向，但有时其贡献却会经久不衰。

在任何研究领域，这样的小例子比比皆是，部分源于科学发现中除了创造力之外，偶然性也起着如此巨大的作用，但机缘巧合又是可遇而不可求的。当然，科学家必须有足够能力来驾驭偶然时刻。在科学界，不可避免地会有一些大学者没有意识到摆在眼前的价值或看似不起眼的成果。从以上现象的本质来讲，当时，那些最伟大的科学家并未垄断偶然发现，因此，也就没有占有那个年代最伟大的科学理论或具备持久重要性的贡献。即使里氏震级本身并不被认为是当时最伟大的成就，却仍然是早期地震探索时代的基本贡献之一。

此外，如果1935年的论文仅仅被认为是一个小人物的歪打正着，那么，这位也一定不是凡夫俗子。首先，任何平凡者都无法利用手头的初级工具完成巨大的计算工作，更甭提开发震级标准；也没有任何普通人具备完成此项目的敏锐洞察力。显然，1935年的论文已经远远超出了里氏震级本身呈现给人们的价值，因为其中包含一张不同震级地震的频率表，而这正是后来被称为"古登堡-里克特震级分布关系式"的基础。注意到大震发生频率比小震低得多，但也大得多，故而，里克特在论文中得到如下结论："从能量角度来看，虽然小震发生频率高，但对能量的贡献却仅占非常少的一小部分，以至于小震不会明显减轻大地震释放的应变，当然，我们必须视前者为应变积累过程中的小事件和大震征兆。"在这段结论中，里克特向人们展示出近乎巫术的预知能力，虽然整个地震学领域距离严格证明该结论还有几十年，但里克特在他有权知道答案之前就已经心知肚明了。

令大家意想不到的是，尽管里氏震级的最初表述在20世纪末几乎已经过时，但里克特这个名字却依旧是家喻户晓。如此悖论会把我们带入里氏震级最初定义的局限性，而进一步的讨论必将冒险进入地震学角落，对于绝大多数非地震学家的芸芸众生而言，这里的环境仍然十分黑暗与模糊。

我们再次回顾一下确定震级的第一步：利用一种特定类型的设备，在指定位置测量某地震记录的最大振幅。尽管伍德-安德森地震仪在那个年代是个奇迹，但读者不免惊讶地发现：如今的人们已经意识到其设计局限性，并且这种仪器早就被几代更先进的所取代，而后者能够忠实记录地面的全部运动。为了厘清地震仪这个问题，我们不妨再次退回到有点儿神秘的"震动"概念上，因为它们可以通过类比方式帮助理解问题。以音乐作品为例，将地震波比拟成包括各种音调的曲子：高音节对应于高频震动，类似于餐具的碰撞声会令人神经紧张；低音调对应于低频震动，与10层公寓轰然倒下的振动相得益彰。早期地震仪就像人的耳朵，只能感知一定范围的音调，而且是相当狭窄的范围。与现代设备相比，这种仪器简直就是个音盲。

事实上，现存的伍德-安德森地震仪非常罕见，仍在服役的更是凤毛麟角。如果能够使用现代计算机，那么，地震仪本身并不会成为计算里氏震级的关键限制：如今，专家们可以把其他类型仪器的波形计算还原至伍德-安德森地震仪上。以上过程能够再次以音乐为类比：这种还原校正就像录制一首由中音萨克斯演奏的乐曲，并借助计算机及扬声器在合成的相同乐器上重放该录音。

然而更棘手的问题是，大震就像大型乐器，所产生的主要内容是低频音调。所以从本质上讲，当地震规模过大时，这种仪器发出的声音就不再能听到了。当然，以上比喻的艺术门槛比人们想象的要少，因为归根结底，P波仅传播于地球内部。在开始大量震级计算后不久，学者们就认识到，如果伍德-安德森地震仪是一把乐器，其发出的声音基本上是比较难听的，于是，研发新一代设备的提案便跃然纸上。

事实证明，创造一台能够听到低音调的小型地震仪并非易如反掌，其困难程度不亚于设计具有良好低音效果的扬声器。然而，经过几代人的共同努力，地震仪的"听力"越来越好，以至震级标准的后续发展依据出现了变化，专家学者更加信赖低音调的摇晃程度，相应的震级标度也以此为准。当然，所有这类计量方式依旧向里克特看齐，会通过某种数学计算反演成里氏震级，并最终顺利对接小至中度的里克特标度。所以，可以近似地讲，3级就是3级，无论人们用哪种震级标尺来确定该数值，都是3级。尺度可能会改变，但数字的含义仍然基于里氏的原始定义。

最终，相关专家成功研制出一台能够记录地震最低音调的设备。让我们再次回到音乐世界，因为那里能够看到所需要的一切：只有捕捉到乐器所产生的全部音调时，录音设备才能区分出高、中、低音萨克斯风的不同，最好的震级标准也必将基于非常低的音调范围。现在看来以上比拟显而易见，但必须记住，直到20世纪下半叶，学者们才开始充分了解地震所产生的音调性质。

事实证明，其中一些音调确实很低：基于理论上的考虑，到了20世纪50年代，地震学家意识到，非常大的地震可能会像钟声那样敲响地球，并以极低音调产生持久性振动。人们能够察觉到的典型地震波周期，也就是从波谷、波峰再到波谷的时间长度，通常仅为0.1～10秒。当地球以专家所称的"简正模态"整体振动时，周期可长达整整1小时。这些稀奇古怪的波形正在挑战人类的想象力：在某次非常大的地震后，即便其振幅相当大，但公众仍然无法知晓，因为地震波经过的速度异常缓慢。针对2005年12月26日的苏门答腊9级摇晃，地震学家索恩·莱计算出如下结果：鉴于某些长周期波形，斯里兰卡上下移动了9厘米，也就是惊人的3.5英寸。这些地震波行进速度不快，1小时才从波峰到波谷再返回波峰，从而使其变得十分温和且难以感觉。显然，对于该岛国来说，9厘米无疑是一个令人印象深刻的上下移动距离。

1979年，托马斯·汉克斯和金森博雄提出了如今广泛使用的另一个震级标准，或许只有科学家才会喜欢它的名字，其被称作"矩震级"，我们可以理解，这个名字为何无法在人群中流行起来。术语"矩"是现代学者真正用来确定地震大小的参数，准确地说，力矩测量的是地震发生时断层产生运动的角杠杆作用；通俗地讲，地震矩能够反映整体能量的释放。安芸敬一是第一个测量地震矩的相关专家，后来，汉克斯与金森博雄又进一步根据此参数制定出了矩震级标准。

这些年来，宏观层面上的震级标准出现混淆且被彻底淡化了，与其说是科学家对话间的标准不清，不如说是当他们与公众对话时。一个挥之不去的混淆来自不同组织相继使用不同的震级尺度。多年来，负责报告全世界大震的美国国家地震信息中心发布了一个被称作"面波震级"的东西，而该标准的始作俑者正是以贝诺·古登堡为代表的科学家，也是从"里氏震级"发展到"矩震级"的过程产物。通常情况下，对于那些不是特别深源的地震来说，面波震级会偏高，比如加州圣安德烈斯断层上的大地震，或者1999年土耳其伊兹米特市的毁灭性灾害。此次地震后，美国国家地震信息中心迅速发布了7.9级的面波震级，这个数值给公众留下深刻印象，因为它与传遍全球、令人惊愕的破坏场景完全相符。

然而问题来了，这并不是一次7.9级的地震，地震学家首选估计值很快定格在7.4级上，即便仍然是一个非常大的数字，但还没有达到传说中的8级程度。由于任何震级都服从对数性质，所以7.4级与7.9级的差异并非不大。如前所述，一个震级单位的跳跃相当于震动水平的10倍差异，对整体能量释放而言，则是惊人的30倍。媒体和公众对该地震如此大幅度"降级"感到困惑，这是可以理解的，但如何解释却非常困难。读者可以想象，当面对记者采访而进行简短且清晰作答时，地震学家应当怎样把语言浓缩成几句话的答案而非一本书的章节。显然，7.4级与7.9级的区别不是三五页文字就能解释清楚的。

记者们对谈论10倍这个系数或震级定义感到沮丧，当然，更不会理睬数字10源于中学的对数知识，他们往往会要求专家把里氏震级作为标准。然而，该答案有时毫无意义：例如，1994年北岭灾难的里氏震级大约为 5.7，比真正的矩震级 6.7 级估算值差很多。在准确性和清晰度的竞标僵局中，学者和记者经常选择跳过形容词，简单地诉诸"震级"二字。

震级标准混乱的另一个现象来自对过去重要地震的讨论：例如，1906 年旧金山大地震、1923 年日本关东大地震以及 1964 年的阿拉斯加或称"耶稣受难日"地震。在那个年代，诸如此类灾难往往都是爆炸性媒体事件，将给社会留下持久性记忆。如果人们阅读关于旧金山大地震的全部文献，就会发现最初估算值为 8.25 级，其中 0.25 体现出古登堡"震级无法详细确定"的观点，换言之，上报的数字不应小于 1/4 个震级单位。大概这位学者所言不虚，到 1958 年里克特的《初等地震学》出版时，这个 8.25 便被四舍五入成了 8.3。几十年后，地球物理学家韦恩·撒切尔和后来的戴维·沃尔德才将注意力转向现有的地震波记录和其他数据，从而确定出今天普遍接受的旧金山地震为 7.8～7.9 级。

如果说 7.8 与 8.25 的差异看起来没有那么糟糕，那么再考虑下 1811—1812 年新马德里的命运演变。对于如此古老的地震，最可靠的震级估算是利用近期数据进行校准，进而再从烈度分布图中得出答案。考虑到同此校准有关的不确定性以及整体震级尺度问题，科学家对新马德里地震序列中最大一次震级的判断反复变更，从 7.3 至 8.75 再到 8.1，最后回到 7.4 级，相关研究报告分别发表于 1973 年、1978 年、1996 年和 2000 年。一些消息来源始终声称，1812 年 2 月 7 日的新马德里地震是有史以来袭击美国毗连地区的最大灾难。大多数专家包括作者本人在内，对这种说法不以为然。然而当最佳震级估计值像皮球一样跳来跳去时，人们却并未被今天 7.3、明天 8.75 的结论所感动，因为这些乏味的数字不容易激发科学信心。即使相关学者最终达成共识，旧的判断结果也会像核冬天里的蟑螂一样继续存在，维持生命的不是外面的骨骼，而是旧书以及如今拒绝死亡的那些网站。

或许我们不应责怪里克特带来的震级困惑，可以说，这些困惑不是他的错。如果用自己的名字为发明创造命名，或者鼓励别人以自己的名字为产品贴标签，那么，上述自我行为都将会被公众认可，并视作一种有效、实用且持久的自我行为。现在回想起来，人们不禁要问，如果地震学家仅以"修正的里氏震级"来表示他们后来更好的指标，是否就可以避免几十年的混乱。这个名字并非不恰当，因为尽管震级表示越来越复杂，但今天使用的每一种尺度均可直接追溯至查尔斯·里克特的标准。另外，当下的所有震级也都被设计成能够与里氏震级顺利对接，且适用于更大的灾害规模。显然，如果不受当年仪器条件限制，原始的里氏震级也同样会得出准确数值，也同样会适应大震条件。

随着"里氏震级"逐渐退出人们视野，地震大小往往被简单地报告为"震级"。虽然查尔斯·里克特之不朽衡量标准最终会褪色，然而至少在现在，他的遗产仍然具备社会价值。即便其对许多人来说是混乱之源，对另一些人来说是沮丧之泉，但最终也是对一位故人的恰当致敬，正是他为我们这个世界提供了一种震级标准。这样做还有一个好处：起码在一段时间内，成功的喜悦能让查尔斯年轻时的心魔安静下来。在前30年内，里克特生活上受到了一系列内部和外部风暴打击：于40岁刚刚结束时，自己的情绪再次变得动荡不安，特别是与女性的关系。由此可见：在中间的短短10年，也许还不到10年，查尔斯·里克特终于找到了一个相当令人满意的人生答案，并切实做出了具有永久价值的贡献。

10

查理

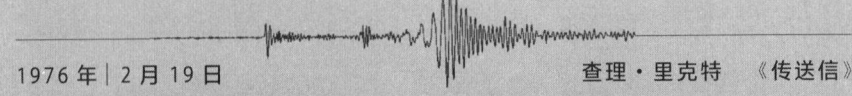

1976年 | 2月19日　　　　　　　查理·里克特　《传送信》

我比较敏感,甚至有些令人捉摸不透。

30年代中期，里克特的职业生涯渐入佳境，即便成为地震学家并非自己的理想，相关成就却显而易见。他与同事贝诺·古登堡建立起长期合作关系，而且卓有成效；他提出里氏震级的概念，也因此让自己变成南加州的明星，并令该术语在全世界家喻户晓。另外，这一时期的里克特还成功摆脱了早年困扰自己的心魔，至少在外人看来如此。然而，站在震级背后的那个人究竟是谁？在经历童年和青春期的狂躁不安后，此人到底有多大改变？要想回答上述问题，并更多了解其生活点滴，我们就必须翻阅里克特留给档案馆的文件。当然，那些在地震所与其有交集之人亦非常重要，他们同里克特共事过数十载，自然会对后者的形象刻画入木三分。

查理是谁？于1977年，在为纪念地震学实验室成立50周年暨并入加州理工学院而举行的研讨会上，当开始介绍会议主席时，主持人说道："不仅在我们这里，而且在全世界范围内，里克特都非常有名，他的名字根本就不需要介绍。"于是，这位站在讲台上的大会主席被学院同事们昵称为"查理"。此刻，距离里克特77岁的生日还有数周，其职业地位也因大会主席身份而显得抢眼。当然，如果能够亲自目睹那天的视频，许多人就会对这位走上前台的学者留下深刻印象。

同某些身材并不高大的人一样，里克特自诩的准确身高等于五英尺八英寸半。然而，浏览其在地震所不同年代的照片后，同事们开始怀疑，这个数字是否有些乐观。显然，岁月催人老，时间和不良姿势共同摧残了他曾经的五英尺八英寸半身材。不管怎么说，这位学者肯定不属于身强力壮者，也几乎从不那么潇洒，尽管从一张老照片中能够看出他年轻时的激情和希望，而非后来的怪癖。与查理相比，即便古登堡同样身材矮小，却有着无可挑剔的体态；然而在人生长河中，虽然查理的外貌发生过某些变化，却从未失去本质上的笨拙感。

这位学者的五官包括笑容，有着明显的偏斜特征；后来，伴随体重增加，下巴终于同脖颈连在了一起。里克特喜欢把头发修剪得很短，并带着一种顽固倾向，总是将两边的头发往上翘，虽然外表看起来温和，但不幸流露出了某些滑稽气质。从很大程度上讲，时间善待了里克特：于晚年的照片中，我们找不到其蓬头垢面的痕迹，凌乱的笑容也显得没有那么笨拙，反倒有些和蔼可亲。在20世纪60年代，查理看起来就像一位可爱、笨拙的老伯伯，在《生活多美好》①等电影中，如此形象很讨巧。到了生命的最后阶段，他的身体已经不再鼓鼓囊囊；晚年的里克特，已经变成了一个身材低矮的小老头。

这位地震专家的谈吐则是另一个故事。在1977年研讨会的磁带中，他的声音听起来并不像人们期望的那样，丝毫没有杰出科学家铿锵有力的权威感；相反，几乎每时每刻都在颤抖，表现出犹豫不决和呼吸困难的特点，高亢而非深沉、嘹亮。回过头来听另一盘录音，内容是20世纪50年代哥伦比亚广播公司对里克特和古登堡的新闻采访，我们也因此有机会感受到古登堡的气场：带着不太重的德国口音，表达清晰、准确，显得掷地有声，但也暴露出在向非专业听众解释科学问题时的经验缺乏。有一次，古登堡长篇大论地谈论诸如地球内部温度、硬度和速度等玄妙问题，以至记者一度插话道："嗯，嗨"，显然，这是一种不耐烦的回应。

哥伦比亚广播公司的采访呈现出里克特与媒体互动时的游刃有余。虽然，有些同事可能对他光辉的公众形象不屑一顾，但毫无疑问，在通过大众媒体进行教学方面，这位"笨拙老师"有着巨大天赋。谈话过程中，查理的回答从未陷入技术性困境，古登堡却总会让自己无法自拔，那些专业术语往往令记者和听众完全迷失方向、一头雾水。古登堡似乎

---

① 《生活多美好》（It's a Wonderful Life）于1946年在美国上映。2006年，美国电影学会将其评选为百年来最伟大的励志电影。

图 10.1 年轻时的查尔斯·里克特（图片由加州理工大学地震实验室提供，经许可转载）

就是这样一种绝非稀有的科学家，他们要么对同大众交流不感兴趣，要么就是无法放弃高高在上的专业架子，从而用一种接地气、通俗易懂的语言去解开公众内心的科学之谜。

即使年过半百，里克特的声音却仍然像年轻时那样，至少比 20 年后少了些许犹豫，尤其是在专门探讨地震问题时。与古登堡相比，其讲话水平当然更适合于在公众面前侃侃而谈。但显而易见，他的声音依旧有些缺乏权威性，无法引起共鸣，不符合人们对这位最著名地震学家之期待。如何形容里克特的声音？在前面的段落中，我们把这位学者英雄类比《生活多美好》的比利叔叔角色。现在可以换个场景，想象在一部电视悬疑片里，看起来人畜无害的图书管理员竟然是斧头帮的杀人犯。虽然平日里总显得那么和蔼可亲、行为笨拙且一丝不苟，虽然有点儿喘不过气来的声音并不阴险，却能够暗示出平静水面下的动荡不安。

如果回到1977年的研讨会，那么我们就必须注意到：就算组织者非常期望这位公众眼中最聪明的地震学名人继续担任下午会议的主席，却只在活动过程中给了他一个突出但非常有限的角色。这大概说明，主持人对里克特高谈阔论的能力缺乏信心；当然，也许学者本人就不愿意如此。似乎后一种情况更有可能，因为在其整个职业生涯中，里克特总是尽可能地回避学术会议，虽然经常计划出席并发表演讲，但往往在最后一刻又取消了。

到了76岁，许多人都已不复当年之勇，拿起话筒的里克特却还能透露出标志性的机智与尴尬的笨拙。他的开场白是："我不能不提到如此日期，并祝愿你们在这个季节得到恭维"，当天是4月1日愚人节。他滔滔不绝地引用英国诗人托马斯·艾略特的话："正如他们所言，四月是最残酷的月份，从死寂的土地上孕育出丁香花。"然后，他开始介绍第一位发言人亚历山大·戈茨博士，并谈到遥感技术在地质调查中的应用场景。或许，里克特已经忘记，大约15年前，在戈茨作为地震实验室研究生的关键口试过程中，自己的大部分时间都在睡觉；然而对戈茨来说，里克特当时的鼾声却成为一个持久的记忆。与考试委员会的其他加州理工学院考官相比，里克特给人留下了深刻印象，当提问转向其明显感兴趣的话题时，他便会醒过来，接着再抛出一些非常专业的问题，并似乎对回

图 10.2 年老时的查尔斯·里克特（图片由加州理工大学地震实验室提供，经许可转载）

答感到满意，然后就再次睡着了。

后来，戈茨长期效力于喷气推进实验室和科罗拉多大学。在完成博士学位后，他开始负责处理阿波罗8号和12号任务所收集到的图像。虽然，戈茨将在1977年的研讨会上展示那套令人眼花缭乱的图片，然而摆在我这位传记作者面前的却只有录音，没有漂亮的照片内容。于是，我只能带着一丝不耐烦，除过耳闻，就是快进，等待下一次聆听里克特故事的机会。在里克特再次拿起麦克风时，仅简短介绍了下一个讲座主题："火星上的酷暑和寒冬"。虽然这位地震专家以漫不经心的方式调侃道：该标题意味着下面的谈话将是一篇载人火星探险队的报告，但事实情况恰好相反，因为其内容反而是有关未来探险遭遇的讨论。于是，人们开始怀疑：作为主持人，里克特想把话说得幽默些，但即便果真如此，却因无望的笨拙表达，错过了诙谐的目标。

大家不禁要问，当里克特坐在那里听讲时，脑子里在想些什么。难道没有领悟出讲座重点是那颗红色星球以及前一年登陆火星的维京1号、2号的结果？毕竟，星空是里克特与生俱来的爱好。虽然没有在本科或研究生阶段从事过专业天文学研究，但鉴于童年的迷恋，十几岁的他，便已经步入正规的业余观星者行列。在太空探索早期，如此迷恋经久不衰，并开花结果。在20世纪50年代，电视机已成为大多数美国家庭的固定设备，然而里克特却直到1969年才拥有了自己的电视机。至于说后来为什么有了，按照他对亲友所说那样："如果人类要登陆月球，我想，自己应一睹为快"。在这位专家去世后，当加州理工学院的教员安·弗里曼和保罗·罗伯茨清理其办公室时，屋内天文学图书和期刊数量之多令两人倍感惊讶。

里克特把对星空之迷恋延伸到对科幻小说的长期热情上。在地震学界，人们知道他是《星际迷航》的粉丝，即使无人知晓该说法在多大程度上可信。事实上，这个众所周知的小道消息仅为传说中的冰山一角。里克特不仅忠实于《星际迷航》，还是经典科幻杂志的拥趸。在学院档案馆的资料库里，大家发现了一长排档案盒，里面装满了他收集的各类相关杂志。从《惊异传奇》《异世界》到《新奇故事》，应有尽有，时间跨度近30年之久。

最早的《星际迷航》系列于1966年秋季在电视上首播，并开始和《我的三个儿子》这类美国标准家庭节目同台竞争。起初，人们并不太喜欢外太空这类电视观众非常陌生的场景，于是，在短短的几个月内，美国全国广播公司高层便暗示：《星际迷航》系列可能会因收视率低而被迫下架。然而，该剧确有粉丝，广播公司的办公室很快就被数以千计的信件所淹没。就算这些《星际迷航》的支持者仅仅代表少数派、狂妄自大者和"星际粉儿"，但他们的文字足以令此故事能够继续播出。然而，即便最初的剧情让公司获得了万众瞩目，却只播出过三季，直到1969年，才终于播完全部79集内容。

毫无疑问，查理·里克特是位世界级的星际粉儿。就算已经年过古稀，他还坚持写日记，每天记录《星际迷航》的事件日志，并按标题列出，甚至有时还会注明电视频道。相关文字一直写到1980年，包括数百条剧情流水账。以至于人们开始怀疑：在里克特惊人的观看习惯和非凡记忆力之间，一定存在着对全部79集对白了如指掌的秘籍。

里克特留给后人的资料显示，除了天文学和科幻小说之外，他还有别的正经爱好。比如，相当认真地下棋，喜欢听音乐，还曾经列出过一份挚爱曲目的清单，其中包括勃拉姆斯的《第一交响曲》和莫扎特最后一首交响曲《朱庇特》。另外，他和妻子莉莲对戏剧也有着共同追求。

接下来，自然是其终生爱好的写作，而且射猎范围足够大，完全值得用交响曲的一章加以赞美。从加州理工学院档案馆的文件来看，里克特曾经写过两部小说、一篇哲学论文，还有堆积如山的诗歌。他写了又写，完成过诗歌，却很难凑出严丝合缝的小说或纪实文学手稿。

其中的一些文字于户外完成。加州山区是学者之避难所，因为此处远离城市的喧嚣生活，更重要的是，远离令其终生烦恼的社会交往。在周末，他经常游走于当地林野，这里距帕萨迪纳不到一小时车程，类似目标还包括奇劳野营地、巴克霍恩平滩、水晶湖等处。蒂哈查皮距离帕萨迪纳大约 60 英里，当克恩县 7.5 级地震于 1952 年 7 月 21 日凌晨 4 时 52 分在那里发生时，已经减弱但仍然强大的地震动摇了帕萨迪纳，足以将里克特从睡梦中唤醒。根据其后来描述：在接下来的半分钟里，他气急败坏，一直在爆粗，因为他正在计划当天离开帕萨迪纳去徒步旅行；然而，当意识到这是一场大震后，他便知道，自己的度假计划就在刚才泡汤了。

根据贝蒂·肖的描述：对里克特而言，1952 年夏天绝非一个不愉快的季节，因为便携式地震仪和永久性台网的大量新数据令其兴奋不已，仿佛在过 7 月的圣诞节。来自新闻界和公众的质询声音也让地震所员工产生出一种被需要的自豪感，肖还回忆起里克特是如何耐心回答帕萨迪纳居民疑惑的故事。问题出自一位老太太的家庭雇员，当这位先生第三次打电话询问学者："对于此次地震，您乐观吗？"里克特竟然热情地答道："哦，是的，我非常乐观，因为还会有很多次余震！"肖补充道："这是那个人的最后一个电话。"因为在余震中那人不幸遇难了。

虽然里克特未能享受 1952 年的度假生活，但在其他夏天，他总会花上几个星期徜徉于内华达山脉，不是徒步就是露营。多年以来，红杉国家公园一直是人们最喜爱的度假目的地，对此，今天的南加州人非常容易理解。自洛杉矶驱车大约五六个小时，从中央山谷东缘往东再向上驱车不到一个小时，眼前的红杉公园或附近的国王峡谷便会让人身处世外桃源。这是由高耸入云的松树与红木、闲庭漫步的梅花鹿、晴朗天空和涓涓细流构成的世界，只有最温柔的自然声音才能打破此刻的和平与安静。借助用了数十年的二手"追踪者"背包，带着轻便行囊，里克特能在此度过几周。据他说：这个背包最多只有30磅（1磅≈0.45千克），除了啃一些偶然发现的浆果外，自己的野外生存之道不在于脚下的土地；他这位背包客是个独行侠，旅行时根本不做饭。事实上，里克特压根儿就没有携带火柴。干货、罐头食品加上平均每天七八英里的旅行锻炼，通常能让其减掉前一年增加的8~10磅赘肉。

在日记中，里克特详细记录下每次行程：交通、路线、食物、天气状况和沿途遇到的人。他把这些内容以及偶尔想起来的诗歌写在黄色的小笔记本上，笔迹很轻，甚至让人完全不知所云，但不必担心，因为回家后，里克特就会立刻将淡淡的文字用打字机呈现出来。

仅仅是这位学者的爱好，就足以填满多数人的一生。然而，从1927年入职到1968年退休，其在地震实验室还有份全职工作；接下来就是一些返聘的差事。他先是受雇进行大量且必要的常规分析，用以确定地震准确位置，后来又从事震级评估。于整个职业生涯，上述差事一直为其日常工作的核心内容。在20世纪50年代哥伦比亚广播公司的采访中，当被问及如何计划当天的剩余时间时，里克特列举了三项独立任务：常规分析、包括修订震级在内的研究、编写教科书。

里克特的《初等地震学》一书于1958年出版。虽然如今看来，图书内容在某些方面已经严重过时，却仍然是许多地震学家书架上的必备之物，偶尔也会被作为参考文献列出。《初等地震学》拥有持久价值，即使与读者见面的时间早于板块构造理论，也没有等到20世纪末许多重要学科分支的发展进步，却是一部宝贵的地震百科全书。在其出版半个世纪后，依旧有用武之地。该书1958年的售价为12美元；而如今，就算是二手的，也无论是否为初版，价格都要在50美元以上。书中包括大量鲜活的基础表格和图例，参考价值极高，尽管其中某些信息已被后来的研究成果所完善。前同事凯伦·麦克纳利惊叹于如下事实：虽然，里克特及其同事的早期工作无法媲美优质数据和计算机的最新成果，但那些结论仍经得起推敲。如此持久性表明：学者在早期研究中采取了非同寻常的谨慎态度，所有计算过程完全依靠手工完成，并为此付出过大量汗水。曾经的学生谢尔顿·亚历山大回忆道：虽然古登堡的做法是从不放弃任何数据，但始终用其中最可靠的去解释问题，因此，他能够通过散乱的数据点画出曲线。令后继研究人员感到惊讶的是，这些曲线竟然可以匹配他们所谓更好的结果。里克特和同事们对古登堡这种数据处理的方式深表赞赏。

里克特藏书丰富，其中涉及对世界主要地震活动带及过往重要大震的讨论，这些灾难不仅发生在美国加州，也包括其他地区，比如新西兰和印度。其中的大量内容仍与今天息息相关，具备较高的实用价值。大家非常好奇：到底有多少50年前的教科书，其现价能够翻上四五倍？或许这个答案由需求驱动，不仅源于收藏家，更来自新一代地震学家，因为他们渴望拥有一套自己的参考文献。

作为公众人物，仅凭地震台网的数据分析和研究工作还远远不够，就算写过教科书也无法满足社会期望。在那个时代，里克特必须满足额外要求：他善于利用信件往来进行人际沟通。在其档案资料中，人们发现了多如雪片的各类信函，完全符合大众对像他这样一位明星科学家的期望。其中既有学术交流的内容，比如与布鲁斯·博尔特博士的通信往来，而这位博士是里克特在北加州地震台的多年同行；当然，更多信件属于"粉丝邮件"甚至漫无边际的"垃圾邮件"。

地震，尤其是地震的不可预测性会让一些人相信，自己已经发现了他人预测失败的原因。于是，有外行决心用宗教术语来解释地震，而另一些人则说服自己能"读懂茶叶"①。他们写信给里克特这位很可能是地震学家之人，然后大家便成群结队地知道了"查尔斯"的名字。有人写过动物能够感知即将发生地震的观点，也有人完成了更多内容或理论：潮汐、占星术、梦境、他们的苦与痛，等等。里克特对地震预测主题的感受非常魔幻，相关故事留待后面章节细说。关于最离谱的所谓"垃圾邮件"，里克特曾对学生约翰·加德纳说，他特别注意要善待这些笔友，理由是"人们永远不知道他们可能会有多接近真理的边缘"。

年轻人给里克特写过各种各样的信，最常见的内容是要求里克特提供信息。有一位刚刚出道的作家布朗温·弗莱尔，此人似乎给这位学者留下过深刻印象。在信中，弗莱尔思路清晰、表达明确，请求里克特提供一些南加州的断层信息。于是，里克特在一封语言流畅的打字信纸顶部潦草地写道："我们需要关注这个孩子！"然后便随手把信放入档案袋中。后来的事实告诉我们，里克特是否应该意识到，这位作家的想法有一半是正确的，因为弗莱尔女士在《哈佛商业评论》编辑岗位上取得过辉煌成就。

然而，当某人某事激起心头怒火时，里克特亦不吝言辞，无论对方是否年轻。1969年，一位不愿透露姓名的小伙子写信给学者，索求地震信息。然而，相关资料并非举手之劳，需要花费大量时间去整理汇编。在信中，这位高中生告诉世界上最著名的地震学家："根据收集到的数据，我正试图预测加州各断层下一次发生大震的具体时间"，并最后补充说："由于完成项目的时间有限，请您务必迅速回复我的上述请求。"在

---

① "read the tea leaves" 意指"根据蛛丝马迹来预测未来"。在西方，有人会用茶叶进行占卜，他们会泡上茶，把茶水喝了或者倒掉，然后依据杯底所剩叶片的形状来预测将来。

回信中，里克特写道："亲爱的年轻人，你的无知只能被你的轻率和自信所超越。"接着，他就地震预测工作的艰巨性向小伙子说明了情况："难道你没有意识到，地震研究已经持续了100多年，如果有任何可以识别的规律竟然被一个天才少年在几天之内就发现了，那么，如此规律早就会被他人识破。"在回信结尾，里克特纠正了这位鲁莽笔友所暴露出的无知，因为后者要求提供里氏震级的小比例模型或照片。显然，年轻人把"震级"一词理解成了某种机械装置。如前所述，在英文中，表示震级的"scale"也有天平的意思。

在如今互联网通信的全新时代，科学家有时会感到正在被一群学生和其他好事者围攻。他们可以在眨眼间追踪到科学家的电子邮件地址，并以迅雷不及掩耳的速度提出各种要求。同里克特那个时代相仿，这些电子信件的内容五花八门，字里行间或彬彬有礼、逻辑通顺，或居高临下、令人生厌。对于如何答复问题，大概每位科学家都想成为里克特，以同样奋笔疾书的方式完成类似于里克特于1969年写给高中生的那封回信。然而，他们往往总是屈服于谨慎，因为学者们愿意相信，谨慎是勇气中最好的一部分。

也有人成群结队地给里克特发送粉丝邮件，有些还是专业性的。例如，要求将这位学者列入著名科学家传记汇编中。其中大部分来自民间，他们写信索要签名，或咨询有关地震的话题，甚至借此表达女性热情奔放的钦佩之情。"我亲爱的里克特博士"，一封这样的信往往会以花哨的超大字母开头，"您太了不起了，把自己的生命全部献给科学发展和人类进步"，然后便落入俗套，开始求取签名，最后还不忘加上一句："最热情的崇拜者莎莉·R非常钦佩您"。人们不得不怀疑，里克特是否真的欣赏这种讽刺：出乎所有人意料，在晚年，他不顾一切地愿意相信；在接受女性热情关注方面，自己乐此不疲。然而在学者的字里行间，我们却只发现了查尔斯对那些女性花言巧语的困惑,甚至相互间素未谋面。

在更学术的层面上,里克特的专业知识不仅被加州理工学院赏识,也得到全球同行广泛认可。科学家们写信征求里克特对地震技术观点的意见,甚至包括一些人事问题,比如,某位专家是否符合任命或晋升条件。1965年,他为一位名叫安芸敬一(Keiiti Aki)的年轻地震学家写了一封热情洋溢的推荐信,并用典型的博学方式指出:在日语中,"Kei"有"尊重"或"荣誉"之意,而"iti"则表示"第一"。地震学界很快就会知道,里克特不但是学者,还是伯乐。因为在履职洛杉矶南加州地震中心的第一任科学总监之前,安芸敬一就在麻省理工学院教授岗位上取得过辉煌成就,后来又于南加州大学一直工作到1995年退休。

里克特的家乡同僚很重视并乐于寻求其在专业方面的帮助。在1952年一份标有"绝密"的文件中,里克特回应了时任部门主席的鲍勃·夏普的请求。后者力推他对地震所的研究项目进行一次评估,并希望将着眼点放在"立项论据"上。于是,在随后一份单倍行距的5页文件中,里克特直言不讳地对雨果·贝尼奥夫有关地震仪设计的创新大加赞赏,尽管就某些棘手的细节问题表示遗憾。他写道:"有时我仍然觉得,雨果已经下定了决心,全能的上帝却还在犹豫。"这封信还大篇幅勾勒出古登堡那些相当深奥的成就,建议用"X射线透视地球"或"颠倒的天文学"等夸张术语来形容这些丰功伟绩。

当谈到加州地震时,他告诫:"坐稳,爱好骑行就要从这一点开始"。然后,他写到了自己的挫折及成就:"几乎每次用仪器探测到的地震都会被证明是在一个与最初设想不同的断层上"。显而易见,在现代地震学界看来,这句话在某种程度上是真实的。里克特提供了一些关于地震预测的想法,并列出多条具体结果。"原来的希望是小震动会沿活跃断层聚集,也许会增加频率,作为地壳愤怒到来的标志。但太糟糕了,它们并未如期而至。"他补充说："粗略地讲，小断层上的小震遍布地图，任何时候都有；大震却只发生于大断层。"正如此话表明的那样，里克特意识到，在加州，小震到处都有，而其时间、地点却无助于告诉人们发生在大断层上的大震情况。读完诸如此类信息后，人们就会明白，为何罗伯特·夏普相当重视里克特之意见，因为这些话独具匠心，并以敏锐且坦率的混合方式表达出来。

档案显示，在整个职业生涯中，里克特回复过大量令人眼花缭乱的信件内容。针对那些高调且令人愤怒的文章或事件，他的回复则往往振聋发聩。例如，对一篇报纸的简短批语如下："这个记者应该被开除，并被判处终生苦役，因为其言论太明确了，不可能是误解造成的。"与上述讽刺挖苦不同，在其慷慨回复的大量信件中，柔声细语、幽默风趣还是占据大多数，并且有些内容十分详尽，甚至会考验大多数科研工作者的耐心。

当有记者给他留下好印象时，里克特也会花时间回信。20 世纪 60 年代，他给一位名叫戴维·帕尔曼的记者写过一封长信，称赞其在最近一次应急准备局会议上的发言。或许，地球科学家和旧金山湾区居民熟悉帕尔曼的名字。为纪念帕尔曼长期而杰出的职业生涯，并最终成为《旧金山纪事报》科学编辑，1999 年美国地球物理联盟设立了戴维·帕尔曼奖，以表彰优秀的科技新闻作者。此前，该联盟曾于 1997 年授予帕尔曼"科学新闻持续成就奖"。在这里，里克特再次向我们展示出其对记者和学术人才的敏锐眼光和欣赏力。

据贝蒂·肖回忆，在 1952 年克恩县地震发生后，另一位记者赢得里克特钦佩，也肯定得到了他的赞赏。此人写过一篇很好的报道，在去实验室参观过程中，又提出了几个聪明的问题，并注意尽量不使自己成为那种令人讨厌之人。有一天，这位记者走进来，停了一会儿，然后宣布：

"地震前一天晚上，印第安人就已经知道睡在外面地上了！"显然，这是在暗示，印第安人能够感觉到即将发生的地震，此言一出，所有人瞪大了眼睛；于是，这位记者朋友停顿片刻，待大家聚集起来后，继续说道："每年，在炎热夏季天气开始到来时，当地的印第安人总会搬到外面就寝，从6月中旬开始，他们就一直在室外睡觉。"肖补充道："里克特对记者讲述的故事感到欣慰。"

如果欣赏某人、某事，里克特就毫不含糊地说出来；如果不欣赏，也不会闪烁其词。当然，他的这种心直口快是有技巧的，尽管从外表上看，显得反复无常、难以预测。在个人层面上，这位地震专家可能表现为一个能行走、可呼吸的矛盾体。克拉伦斯·艾伦是里克特的长期朋友及同事，并在其去世后写过一篇感人至深的悼念文章。用艾伦的话说：里克特或许外向，也可能害羞；有时温和、热情，亦会突然冷淡；他是一个真正拥有非凡记忆力的学者，但同时也是位有名的心不在焉之人。这种心不在焉给其多年得力助手维·泰勒带来了绝对挑战。周围同事们倾向于认为，两人保持着如此融洽和富有成效的工作关系，更多的是对泰勒人格的肯定，而非对一个心不在焉主管的默许。

艾伦讲述了自己与里克特互动的两件往事，听起来特别温暖。第一件事是把《初等地震学》校样大声读给里克特听，这样一来，后者就可以听音查错，而不需要再次阅读手稿。显然，对里克特来说，这是个痛苦决定。任何写过书的人都会同情里克特的做法，因为他太重视自己的教科书了。如此举动也让艾伦意识到，在这本极其详尽的巨著中，里克特一定会给读者埋下许多伏笔或小幽默，而朗读更易于暴露这些"梗"。第二件事是两人在1956年初到下加利福尼亚进行的一次实地考察。在某次严重灾难发生后，他们需要在一处偏远地区记录余震。"里克特可能在很多方面都是天才"，艾伦写道："但他却不是个机械好手，当试图把各

图 10.3 克拉伦斯·艾伦（图片由加州理工大学地震实验室提供，经许可转载）

种电线连接起来时，竟然出现了耀眼的蓝色火花，于是，我赶紧劝他先去做晚饭吧。"然而，里克特在使用锅灶方面又能有多大天才呢？虽然艾伦没有说，但在我反复追问下，他还是愿意澄清如下问题：里克特使用煤气野营炉的危险性真的比便携式发电机小吗？对此，艾伦的外交辞令为："也许应该说，我说服了他去帮忙准备晚餐"。或许，人们开始在一定程度上能够理解，在后来的单人背包旅行日子中，为什么里克特只能吃到未煮熟的食物。

这次行程中令人难忘的部分随后发生。当一个贫穷的当地农民走过来与他们攀谈时，没想到里克特竟然会西班牙语，两人交谈甚欢，艾伦只好傻傻地站在一边听。显然，艾伦还不知晓，眼前的这位学者不仅懂西班牙语，事实上，他有6种语言的阅读和口语表达能力。

艾伦也谈到了里克特的缺点，包括不可预测的脾气。并写道：判断什么样的事情会让他感兴趣，什么样的事情会令其发火，这并不是件容易事。金森博雄是加州理工学院1966—1967年的博士后，后来在1972年被聘为教授，他也回忆道：里克特脾气很古怪，在任何特定时间或与任何特定之人交谈时，这位学者当时的心情都是一个重要因素；但无论情绪如何低落，只要在单位里埋头工作时，他总会自言自语。用地震实验室曾经的学生纳菲·托克瑟兹的话说，里克特可以"非常高兴地独自对话"。另一位学生邓大量回忆道，里克特与学生约翰·加德纳走得很近，这种看似友好的师生关系给邓留下了深刻印象。当邓经过测量室时，

图10.4　金森博雄（中）（图片由加州理工大学地震实验室提供，经许可转载）

经常可以看到里克特正在与加德纳交谈，而后者则以礼貌的点头和喃喃自语作为回应。邓后来终于意识到，加德纳的横膈膜有问题，导致其不由自主地发出声音，而里克特看似明显的对答也并不是针对约翰或其他任何人，或许仅仅是自言自语。他的这一习惯会让人感到不安：里克特是在和自己说话，还是与别人交流，即便周围朋友，亦不太清楚。对一位同事的小女儿来说，里克特则不仅令人不安，更是让人害怕。

地震所的工作人员和年轻孩子们往往在里克特身边蹑手蹑脚，生怕说错什么会引起学者愤怒。对一些人而言，他就像只脾气暴躁的老秃鹰；其他人却认为，学者只是让人捉摸不透。金森博雄告诉我们，有一次，实验室几位专家讨论了里克特1958年书中的一个附录，大家一致认为，其中的震级被估计得过高，而且相当明显。据金森博雄回忆，除了罗伯特·盖勒之外，在场没有人敢对里克特提出如此问题。然而令人意想不到的是，这位学者既平静又诚实地接受了同事们的意见：表中的震级确实有误。里面的缘由如下：里克特从古登堡那里得到一份表单，并据此将"体波震级"转换为另一种类型，大概他没有意识到，后者已经完成了上述转换过程，因此才导致了该错误。对里克特来说，承认这样一个菜鸟级错误是件令人尴尬之事，但他却不骄不躁，坦率回应了大家的质疑。显然，查尔斯的缺点有一大箩筐，但承认自己的错误似乎并非其中之一。

在克拉伦斯·艾伦看来，里克特生性敏感，凡与个人有关的事情，只要不涉及专业问题，都一概免谈；而且特别不喜欢开玩笑，似乎总误以为别人正在取笑自己。事实证明，艾伦的上述看法并非偏颇，从里克特下面这首写于1967年2月19日的诗中可见端倪。题目告诉我们，似乎里克特想把这些文字交给语文老师或朋友，以期得到指点。因此，实际上寄出的文稿不止如下一首，而是一本诗集：

传送信

此刻,我把充满希望的草图呈上。
请用批准或拒绝来回答。
请标明它们为何会从完美跌落,
然后把其送还我做第二稿。

无论画的是天使还是树,
我的线条总是准备好接受修正。
这不会使我陷入深深沮丧。
为自己的冷静感到自豪。

对于本人而言,我比较敏感。
我是件相当可疑的艺术作品。
但我无法下定决心去生活,
平静地守着一个独立的地方。

无论我同意给予什么礼物,
都会撕开内心深处小小的伤疤。

作为精明的观察家,里克特很清楚自己天生多疑。无论敏感还是水银泻地般多变的个性,实际上都可能为神经紊乱的表现,然而在艾伦眼中,这些并非重要细节。在采访最后,他引用里克特一位长期同事的话:"你知道,大家有点爱上里克特这家伙了。"显然,虽然查尔斯从来没有机会给艾伦写个人推荐信,但毫无疑问,尊重却是相互的。里克特认为,他这位年轻同事是实验室早期研究生中的佼佼者。

在里克特职业生涯的最后几年,金森博雄来到加州理工学院,他对里克特的印象是有时感到钦佩,时常觉得困惑。金森博雄第一次见到里克特并非在学院校园里,而是里克特在 1959—1960 年访问日本过程中,在此期间,里克特多次出席研讨会,于是他们便有了见面机会。查尔斯日语水平一般,事实上,还花过时间专门学习日语,但效果远远不及对日本地震的熟悉程度。如今,金森博雄以其对地震学的卓越贡献而闻名,他的研究生涯始于开发和部署测量重力的精密仪器。让人始料未及的是,金森博雄认为,里克特是第一位在家乡日本科普地震之人。

在许多亲密同事眼中,里克特带有一定程度的偶像光环,大家会不由自主地流露出钦佩之意,尽管经常带着矛盾情绪。除此之外,那些最了解他的人还将感到学者的些许温情,纳菲·托克瑟兹便是其中之一,当回忆起从前的这位导师时,托克瑟兹充满了热情,毫不吝惜溢美之词。紧张的学术环境最能考验年轻学生的毅力,而里克特的巨大支持往往就是力量源泉,在托克瑟兹面临大考障碍时,里克特发出过难能可贵的鼓励之声,以至托克瑟兹后来能够顺利步入麻省理工学院从事地震研究工作。里克特最后一个博士生是约翰·加德纳,在其记忆中,这位学业导师不仅是朋友,更是全能顾问。1958 年,当加德纳来到地震所时,计算机时代刚刚开始。加德纳是实验室最早的程序员,那时,一台普通计算机也有冰箱那么大,以 IBM C 型打字机作为交互界面。至于具有革命性球状元素的 IBM Selectric 打字机①,则还需要几年时间才能问世。科学计算是加德纳职业生涯中的迂回路线:获得学位后,他很快就被莱昂·诺波夫抢走,因为后者刚刚为加州大学洛杉矶分校的地球科学系购买了第一台计算机。

---

① 这是一种电动打字机,可将速度从此前的每分钟 50 个字提高到 90 个字,25 年间共销售了 1300 万台,并以其高尔夫球形的打印头而闻名。

在20世纪70年代里克特职业生涯即将结束时，托马斯·希顿作为研究生来到地震所，他如此描述同这位学科奠基人的首次相遇：我对里克特的第一印象是自己仿佛遇到了霍比特人①，他身材矮小、臃肿，眉毛浓密。好在晚年的里克特没有大腹便便，只是显得相当圆润，总是带着略微调皮的幽默感。以上描述不禁让人在脑海中浮现出托尔金式的联想。接下来，希顿向我们介绍了和里克特共同参加脱口秀节目的情景：一位女听众打电话来，气喘吁吁地恳求道："哦，里克特博士，我很害怕地震，我应该怎么做？"用希顿之言，"里克特毫不犹豫地回答，你为什么不离开这个州呢？"

联邦通信委员会不会对查尔斯自认为的幽默回答而感到高兴，想必这位"不幸"的来电女性也不会。然而，如此回复却是里克特之老调重弹。他在1964年发表于加州理工学院《工程与科学》②杂志上的文章《我们的地震风险——事实与非事实》中的文字也是如此。在这篇呆板文章的开头，人们发现了如下小段内容："正如有些人对猫有一种天然的神经质恐惧，其他人对地震也有过度和不合理的恐惧，他们不应该尝试在加利福尼亚生活。更为普遍的是，那些不准备在一般性灾难中理智行事，而只考虑自己安全和利益之人不是好公民，加利福尼亚不需要他们。"正如克拉伦斯·艾伦所言：查尔斯没有假扮成外交家或政治家，在科学方面，他直截了当地说出自己的想法，无论面对地震预测、高层建筑安全，还是某家特定报纸记者的精神承受能力！

有很多事情让里克特感到沮丧和愤怒：不称职的记者、不称职的公

---

① 霍比特人（Hobbits）是托尔金（Tolkien）奇幻小说中一个体型很小的种族，主要生活在中土大陆的夏尔地区，属于人类的分支，但霍比特人坚信他们是一个独立的民族。
② 《工程与科学》（Engineering & Science）现已更名为《加州理工学院》（Caltech Magazine），是一本介绍学院的人文期刊。

民，以及不必要的地震风险，都在其中。面对这些问题，他直接说出了心里话，有时还非常不中听。由于他的家被拆除，为210号高速公路让路，里克特有时很坦率地告诉人们，他不愿鼓励任何人搬到或留在加州，因为这里显然人太多了。

对于不经意的观察者来说，查尔斯对那个无助女听众的回答显得同样直率，甚至不中听。然而，熟悉学者的托马斯·希顿却发现，这样的答复并没有恶意，而是坦率，并且带着里克特固有的魔鬼般幽默感。长期担任实验室技术员及后来的高级仪器专家戴维·约翰逊讲述了里克特的幽默感以及他许多反复无常之处。里克特对旅游的热爱众所周知，但他也喜欢步行。日记显示，即使到了70多岁，他仍然坚持步行，至少偶尔如此，从实验室到位于阿尔塔迪纳的家，距离大约5英里。约翰逊曾经看见他沿通往地震所的道路慢步，右脚踩于路边，左脚踩在水沟里，如此这般，以非常倾斜的姿态埋头前行，简直同传奇的霍比特人比尔博·巴金斯如出一辙，既显得安逸、乐观，又具备勇气与冒险精神，当然，更多地表现出一种个人娱乐方式。

在1952年由同事艾伯特·恩格尔保存的备忘录中，里克特的幽默感得到了进一步体现。

致：员工　主题：效率

来源：一位睡眼惺忪的同事，刚刚完成了一篇388页、被委婉地称为博士论文的强悍之作，但我仍然不清楚，作者是想成为科学家还是三流作家托马斯·沃尔夫。

我建议，凡是提交超过200页论文的申请人都会被自动不及格，而且没有任何上诉权；那些接收该论文的教职人员都必须把它们丢掉垃圾堆里。

《罗伯特议事规则》修订版指出，除非超过2/3的投票机构对提案感到愤怒；否则，它将自动通过。另外，禁止缤乐美钢笔和圣瑞吉斯纸业的股票所有者投票。

对于这份备忘录，虽然不知道里克特当年的想法，但我们能够猜到，一份遭到其如此反对的备忘录，最终必定会被扔进废纸篓，而不是放在他的文件袋中保存下来。

里克特还保留了一封亲笔撰写的、关于同事雨果·贝尼奥夫的长信，字里行间明显透露出对后者的极大热情和尊重。"同事们并不认为贝尼奥夫这个姓氏有什么拗口"，里克特写道，"但从邮件来看，其他人却这样认为"，信中继续说："有一次，电话里一个甜美的声音问道，这是班尼医生的办公室吗？显然，因为在英语中，'贝尼奥夫'与'班尼的办公室'发音类似。而另一个不太容易被原谅的错误则是'巨大的贝尼奥夫'。"（身高 5 英尺 $10\frac{3}{8}$ 英寸、体重 174 磅、眼睛灰绿色；主要过敏原：小麦、猫毛、狗毛，当然不是那种会咬人的狗）

和其他朋友不同，戴维·约翰逊与里克特的交往主要集中于技术问题上，并且比较融洽。他回忆道：里克特是一个非黑即白的人，要么非常喜欢你，要么根本不搭理你；有些人，包括许多学生，似乎让他很不爽，而他也懒得跟这些人打交道。众所周知，虽然一些科学家只生活在圈儿内，根本不屑于同其他任何人来往，然而，里克特与人的互动逻辑却不能如此解释。于是，人们开始好奇，里克特是否真的懒得和人打交道；或者说，当面对陌生人时，这位学者是否会更加不知所措。

在许多方面，里克特都不太知道应该如何看待这个世界，而世界也往往不知道如何回应他。对于那些朝夕相处的地震所技术员而言，里克特可能很讨人喜欢，但在日常交流中却让大伙捉摸不透。而当其公开露面或通过电波与访客交流时，公众眼里的他，既有权威性，又似乎不那么敬业，甚至更糟。在漫长的职业生涯中，经常同里克特打交道的记者不在少数，他们笔下的学者或许特别亲切，也可能十分刻薄。而对于周围的普通人，里克特顶多只是有些反复无常罢了。当然，如此印象有时也会留在亲密同事的心中。

一些朋友欣赏里克特之魅力，另一些人则不太喜欢。大家不是通过直接证据，而是依赖间接推断得出了后一种结论。例如，有人曾暗示，里克特的名气比其应得的大，因为他低估了古登堡对震级的贡献，也包括媒体对这位学者的大肆渲染。在里克特职业生涯和生命的最后阶段，怨恨的因素似乎越来越多。由于名气令他演变成不折不扣的偶像级人物，不仅在美国加州，而且在世界上各个角落，里克特俨然就是个地震符号，于是，树大招风也就不足为奇了；当然，其他因素也可能导致这股风越来越大。在退休时，里克特最早的同事贝诺·古登堡、哈里·伍德、雨果·贝尼奥夫等人已经离开了公众视野，取而代之的是那些对里克特不太了解的学者们，他们只听说过一些其与古登堡长期且富有成效的合作故事，却都是二手内容。赫莎比丈夫和查尔斯活得更长，丈夫死后，这位女士一如既往地支持贝诺，希望能够给古登堡讨回更多的名誉，也因此必将为贬低里克特做出了更多"贡献"。

有些传说可能出于善意。在1985年里克特的追悼会上，几位发言者注意到赫莎的存在，并特意强调了里克特和古登堡在多年合作中的共同贡献。唐·安德森甚至认为，这个享誉全球标准应当被称作古登堡-里克特震级。

"毫无疑问，它应该被称为古登堡-里克特震级"，在《洛杉矶时报》的讣告中，在里克特死后说这番话的同事仍未透露姓名，但有一点是明确的：当20世纪30年代，里克特首次开发该震级标准时，这位同事不可能在地震实验室。因为到了1985年，那个时代的其他人都已去世。里克特最初被聘为助理，在20年代末地震所开始运作时，他是这里最年轻的科学家。里克特后来撰文表达过对实验室早年战友的追思，其中就包括古登堡、贝尼奥夫、伍德；显然，他们却从来没有机会对里克特做同样的事。关于当年的传说，我们将在后面章节中提及。事实上，在1958年，在为里克特的富布赖特基金申请所写的推荐信中，古登堡有言："申请人的专业水平非常突出，并把冠以其名的震级一词引入地震学。"

1989年罗伯特·考夫曼写给《纽约时报》的一封信中，简明扼要地概括了关于震级发展的另一派观点。考夫曼自称为里克特在帕萨迪纳的拥趸，他鹦鹉学舌地说："其实，这应被称作古登堡-里克特震级。古登堡因听力不好而羞于同媒体交谈，所以才派里克特前往，后者当然求之不得，非常享受聚光灯下的感觉。"信的结尾提及古登堡与爱因斯坦关系密切，说他们两个才是真正的科学巨匠；而里克特只虔诚于无神论，除非算上天然主义团体，论文中没有任何内容表明自己曾经属于某一教派。以上事实不禁让人怀疑，考夫曼到底认识谁，到底是什么动机导致其拿起了手中的笔。

不管这些传说来自哪里，也不管是谁促成的，它显然在里克特去世前就已深入人心，也许没有什么地方比地震所本身的走廊更有说服力。一位于20世纪70年代退休后第一次见到里克特的实验室员工说："与大多数人不同，我喜欢他。"

同事们可能对里克特有不同看法，但往往会在一件事上达成共识：大家眼中的这位学者，地震是其生命中的唯一激情。艾伦写道："里克特绝对忠实于自己的学科，几乎排除了其他一切。"另外，据托克瑟兹回忆：里克特在实验室的工作时间很长，清晨和深夜亦能看到他的身影，无论周末或工作日都是如此。这里还有另一个众所周知的故事：不仅加州理工学院有地震仪，里克特甚至还在自家客厅里安装过一台。当然，虽然同事们看到了上述事实，但对其私人生活、兴趣爱好却几乎一无所知，甚至很少有人知道学者还有过继子，而知晓他有一个姐姐的人就更加寥寥无几。

希望了解里克特的同事开始欣赏他那奇特、带刺外表下的温暖、敏感下的幽默以及忘我下的同情心。那些熟悉查尔斯·弗朗西斯·里克特的人都叫他"查理"，而不是查尔斯，当然也不是里克特博士。这个名字本身就传达出明确无误的温暖光环。在地震实验室，与他关系最密切的人确实对他们这位神秘同事和朋友产生了一种潜在的持久情感和尊重。然而，即使里克特最亲密的同事，也可能对其在公共领域的名望程度怀有矛盾情绪；当然，同事还知道他个性善变、脾气暴躁。虽说希望认识查理就是在爱他，但爱他却不一定能够理解他。

11

莉莲

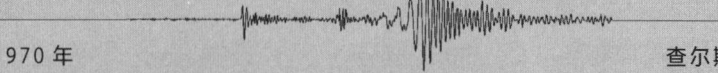

1970年　　　　　　　　　　　　　　　　查尔斯·里克特

我们不觉得彼此过于依赖对方,要知道,莉莲是一个非常独立的人。

即便对于那些朝夕相处的朋友而言，里克特的日常生活轨迹仍然难以捉摸。显然，如果只是最亲密的专业同行，那么，对其了解程度就一定会比他们想象的还要少。事实上，在个人生活方面，这位兢兢业业的科学家有着周围同事浑然不知的章节，内容起始于几位女性，而他的平素琐事也将围绕她们展开。根据查尔斯·里克特生活的官方记录，有三位女性在其生命中扮演过重要角色：母亲莉莲、姐姐玛格丽特以及同样叫莉莲的妻子。事实证明，官方之如此记录是不完整的，尽管有如此复杂情况，但毫无疑问，这三人构成里克特一生的固定星座。母亲与姐姐的情况前面已有过叙述，本章将重点介绍莉莲·布兰德·里克特。

如前所述，里克特在1927年遇到生命中第二个莉莲。次年，两人便走到了一起。当查尔斯同莉莲结婚时，姐姐已经回到洛杉矶，正同母亲住在一起。根据里克特的说法，带莉莲回家是个错误，因为那时的新婚妻子个性奔放，用学者本人的话形容就是"有点儿野"。然而，关于莉莲年轻时放浪形骸的本质，我们信息有限。就算有里克特赠予加州理工学院档案馆的一大堆个人资料，其中有关他妻子的故事亦寥寥无几。虽然也涉及一些普通生活场景，但更多内容还是有关她的写作爱好和社交兴趣。妻子莉莲确有一个妹妹叫艾瑟尔，出生于1901年10月，较莉莲小两岁，去世于1976年4月。艾瑟尔的婚名为沃尔波特，育有两个孩子：女儿多萝西生于1927年，也就是后来的多萝西·克劳斯；儿子布鲁斯在1932年出生。姐弟二人在范奈斯长大，因为他们的母亲艾瑟尔受雇于当地一家军事医院，担任营养师。小时候，布鲁斯和多萝西经常去里克特家，于是，他们的回忆便有助于填补大姨妈莉莲的许多空白。弟弟布鲁斯·沃尔波特回忆说：她是一个引人注目的高个子女人，可能有5英尺9英寸，虽不属绝代佳人，但有着高高的颧骨和可爱的紫红色头发。大姨妈非常有存在感，是那种走进拥挤房间后，默不作声就能让周围谈话

图 11.1 大约于 1906 年的莉莲（右）和妹妹艾瑟尔（左）（照片由劳里·沃尔波特提供）

停止的女人。姐姐克劳斯倒是认为，母亲艾瑟尔和姨妈莉莲都很美，难分伯仲。1970年的里克特退休聚会照片显示，莉莲比丈夫还要高，身材虽不完全匀称，却有着满头黑白相间的卷发。对于如此场合，她的面容显得更加严厉而不是引人注目。里克特的同事鲍勃·泰勒记起：那天，莉莲精神状态很好，她早就希望丈夫能够赶快退休，但后者却非常不情愿，甚至拒绝。里克特曾经收到学院的一封信，内容自然是建议他退休。然而这位七旬老人却怒吼道："他们不能这么做"，随即便愤愤地将信撕得粉碎。

在莉莲和艾瑟尔两姐妹还很年幼时，母亲便撒手人寰，父亲与一个名叫艾玛·吉什的女人再婚，据说后者是女演员莉莲·吉什①的远房亲戚。艾玛将严格的拿撒勒②教派清规戒律及生活方式带入布兰德一家，并给两个继女心灵留下深深烙印。虽然，莉莲后来会与一些年轻晚辈分享甚至嘲笑她"邪恶"继母的故事，但曾侄女凯西·沃尔波特·哈格俏皮地观察到，那些于20世纪初看似正常的严格养育方式，如今却可能被视作虐待儿童。这样一来，我们就对莉莲的野蛮行径有了一定了解：当从循规蹈矩的继母影响中挣脱出来时，或许她会真的释放出天性。在1920年人口普查中，莉莲被列为6名居无定所的租住客之一，他们共同居住在洛杉矶奥兰治街1553号。其中，4名男子的职业填写的是"商业旅行者"，这显然就是指推销员。除了莉莲之外，同一屋檐下还住着另一位18岁的年轻女性玛格丽特·巴索特，两人的职业一栏都是"无"。因此不清楚，她们当时如何养活自己。然而此刻，莉莲已经开始在加州大学

---

① 莉莲·吉什（Lillian Gish，1893—1993），出生于美国斯普林菲尔德，被称为"银幕第一女士"，堪称美国电影历史的见证人。1999年，被美国电影学会评为"百年来最伟大的女演员"第17名。
② 拿撒勒（Nazarenes）是基督教福音派下的一个派系，出现于北美19世纪的圣洁运动。

图 11.2　莉莲·布兰德与朋友们,大约于 1920 年,莉莲站在后排(照片由劳里·沃尔波特提供)

南部分校学习,这里正是后来加州大学洛杉矶分校的前身。后来,她转入加州大学伯克利分校,并于 1921 年获得英语学士学位。

巴索特则终生未婚,在菲律宾待过一段时间后回到加州,在兰开斯特沙漠社区做了多年的图书管理员。根据多萝西·克劳斯的回忆,巴索特同莉莲一生为伴,亲如姐妹。另外,巴索特也是里克特的红颜知己。在里克特 60 年代的记事簿中,我们也发现了巴索特的住址。那是一座整洁、优雅的小公寓楼,位于帕萨迪纳奥克兰大道,距离加州理工学院校园约 1 英里。

莉莲"狂野方式"的某些特点逐步清晰起来。邂逅里克特时,她已经结过婚、有个孩子,并与第一任丈夫分居,而孩子的父亲则是莉莲在加州大学伯克利分校的学长。毫无疑问,在里克特留给后人的一大堆资

图 11.3 莉莲·布兰德和雷金纳德·桑德斯的结婚照,大约于 1922 年
(照片由劳里·沃尔波特提供)

料中,"莉莲在第一段婚姻中育有一子"是最令人惊讶的信息。虽然,关于这个小男孩雷金纳德·弗洛耶·桑德斯的描写仅有只言片语,但在 1949 年,里克特却告诉大家:他和继子"布奇"也就是桑德斯关系密

切，彼此非常亲近，而且这个年轻人当年已经成为伯克利分校的高年级学生。另外，里克特晚年的度假日记也显示，他偶尔会同布奇一道徒步旅行。而在布鲁斯·沃尔波特眼中，自己的表弟布奇简直就是这位地震学者的家中常客，里克特舍得花很多时间与布奇对弈。在1956年11月写给朋友的信中，里克特说，布奇正在加州大学洛杉矶分校攻读化学硕士学位；然而，学校记录却显示，到了1957年年初，这个年轻人没有完成学业就选择了退学。

虽然能够解开桑德斯的下落之谜，但结果并不愉快，因为我们访问过里克特夫妇位于阿尔塔迪纳的墓地。就在标志着查尔斯和莉莲共同安息之处的墓碑左侧，大家还发现了另一块，上面铭刻着："爱人之子：（小）雷金纳德·弗洛耶·桑德斯（1925—1957）"。墓地记录显示，桑德斯被安葬于去世后的第二年五月，而在里克特的文章包括记事簿中，我们却没有发现关于该事件的任何蛛丝马迹。在旁人看来，他们夫妇的墓碑与紧邻的那块并无任何联系，甚至里克特最亲密的同事亦不知这个继子的存在。

然而，学者的前同事弗兰克·普雷斯却明确知晓：那个年轻人的死因为自杀。布鲁斯·沃尔波特也证实了这件事。虽然，报纸装饰性地将死因描述成心脏病发作，但这个年轻人几个月来却一直在为一段浪漫关系的破裂而绝望。据她的外甥女说，在失去唯一的孩子后，莉莲就像换了个人，虽然能够逐渐从眼前的悲痛中恢复过来，却再也没有像早年那样充满活力。这次自杀事件对查尔斯也是一个巨大打击，正如15年后莉莲去世时他所做的那样，面对个人情感的巨大损失，里克特的反应是淡出人们视线。于是，我们便会发现：在其文件资料中，于两次死亡后的几个月内，查尔斯同外界的业务信函明显减少了很多。

里克特和莉莲都不是对方的初恋，但里克特之前的男女关系显然比

图11.4 莉莲（左）和妹妹艾瑟尔（右）与艾瑟尔的女儿多萝西（前排左）和莉莲的儿子布奇（前排右），约于1930年（照片由劳里·沃尔波特提供）

后者有限得多。学者非常简短地告诉大家，自己的初恋发生于21岁。无论其是否属于现代意义上的恋情，我们都应绝对相信，当邂逅未来的妻子之际，即便他已经有过些许恋爱经验，也几乎可以肯定，这位27岁的年轻人依旧非常不善于同异性交往。

在布朗森大街的家中，莉莲和查尔斯度过了他们早期的婚姻蜜月期。姐姐玛格丽特从阿肯色州回来后，这对新婚夫妇不得不搬家，重新寻觅地方搭建自己的爱巢。他们在一间公寓里住了大约10个月，然后便开始四处借钱，并用微薄的资金建造了一所新宅。1936年8月，他们搬进了这座位于帕萨迪纳肯尼斯路1820号的房子。尽管当时他们还有些囊中羞涩，但这所房子占地面积却很大，由著名建筑师理查德·约瑟夫·诺伊特拉[①]设计。这位大师被认为是20世纪最有影响力的现代建筑师之一，在20世纪20年代搬家至洛杉矶，1970年当他于此地去世时，在这片最初让其不甚满意的文化景观中留下了自己浓墨重彩的印记，优雅的现代主义设计反映出大师对标准建筑惯例的偏离。在1937年的一期《建筑论坛》中，我们找到了里克特两口子的这所新宅，照片显示出一个规模不大的结构，有两间小卧室和一间书房，为优雅的斯巴达式设计风格；大部分家具都是内置的，这一特点还被吹捧为"将家务事减少到最低限度，并有助于通过简化的建筑并与自然环境密切协调来创造一种休憩氛围"。照片表明，虽然他们的房子可能是用来起居的，但看起来并不特别舒适。

根据里克特的说法，莉莲对该建筑很感兴趣。他在1979年有言："在如何给自己盖房子这件事上，一向悉听尊便、逆来顺受，因为对于我来说，并不像对于她那样那么重要；毕竟，这也是她的房子。"不喜欢遵循社会习俗的莉莲必将被诺伊特拉的前卫风格所吸引，这是可以理解的，极简主义风格适合她的审美情趣。莉莲外甥布鲁斯·沃尔波特的女儿劳里·沃尔波特回忆说，这座房子从里到外都显得优雅整洁；莉莲姨妈总

[①] 理查德·约瑟夫·诺依特拉（Richard Joseph Neutra，1892—1970）是美国著名建筑师，其作品主要集中于小型住宅，特别适合美国中产阶级的生活要求和加州南部地区特点。诺依特拉生前曾获得过多种荣誉奖和荣誉博士学位，1977年，美国建筑师协会追授其金奖。

图 11.5　理查德·约瑟夫·诺伊特拉为里克特夫妇设计的住宅（摘自《建筑论坛》，1937 年）

喜欢把"物有所归，各尽其用"这句话挂在嘴边，她不喜欢杂乱无章，也不喜欢女人通常喜欢的装饰性小玩意。"我和诺伊特拉并不熟悉，我们是通过朋友介绍才认识的"，里克特进一步描述道："看来，他们的安排还不错，我们与这位建筑师的沟通相当亲切并富有成效。"虽然他把此宅邸描述成莉莲的房子，但根据长期合作伙伴克拉伦斯·艾伦回忆，里克特更喜欢此地。

因此，当洛杉矶 210 号山脚高速公路必须穿过这所温馨、富有内涵且深受喜爱的"爱巢"时，巨大的打击和考验令里克特目瞪口呆。1969 年，加利福尼亚通过征用土地令对该房屋提出了拆迁要求，而里克特的诉求在于：他认为，州政府对自己房屋的建筑意义及价值认识不足。毫无疑问，接下来双方只能厉兵秣马、对簿公堂。1969 年 8 月 15 日，里克特日记中多出如下一条简短要闻："一个坏消息，陪审团接受了州政府的主张"。第二天的日记内容同样简略但能说明问题："在打完官司回家的路上，我和莉莲都很难过"。用艾伦的话说，这是查理生活中一个不愉快的插曲。1969年10月24日的日记提到："很不幸，今天是在肯尼斯路1820号举行的最后一次读书小组活动"。在此之前，查尔斯和莉莲都是这个小型阅读协会的长期成员，而该组织的大多数朋友均为来自周围社区的作家、教师以及各类读者。

今天，在里克特位于帕萨迪纳肯尼斯路的旧址，仍然能看到一栋房子，却已旧貌换新颜，这是一栋整洁但建筑上并无特色的单层加州牧场风格住宅，外墙被漆成明亮的砖红与土黄混合色调。肯尼斯路也不再是一条直通街道，当接近高速公路时，会有一处180°大转弯。1820号房子位于转弯最末端，宅前宅后的地块被一堵不完全有效的隔音墙斜切成两半，紧邻高速公路。

1969年，里克特和莉莲搬到阿尔塔迪纳的萨尼塔乡间庄园地区，他们一直住在那里，直到1972年莉莲去世，里克特才离开。那是片乡村绿洲：一条短短的截至2005年仍未铺完的私人道路，两旁是简陋的单层房屋和许多叫不上名字的树木。即便1969年小路周围的部分地区仍未开发，但新房提供的几个便利条件却让里克特心生好感：这里靠近当地的两条步行线路；厨房里的浅色抽屉正好可以放置地震仪记录纸。事实上，当夫妻两人正在决心购买此处房产时，另外两个买家的报价已经摆到房地产经纪人的桌面上，于是，莉莲立即提出新的全款报价，而当时的里克特正在山间徒步，无法接通妻子的电话。经纪人伊莱恩·西蒙斯担心查尔斯可能会反对妻子莉莲的单方面决定，然而，莉莲却轻描淡写地回答："哦，我知道他喜欢什么"，根据西蒙斯后来的说法：在得知妻子替自己做主高价购房后，里克特确实很高兴，因为他发现，屋里的设施便于储存地震图，他再也不必将图纸卷起来；其次，新家旁边就是一条曲径通幽的小道，每天清晨都能散步其间，而不必像从前那样在城市街道

图 11.6　里克特住宅的内部陈设（摘自《建筑论坛》，1937 年）

上闲逛了。

如今，位于 594 号的里克特前住所仍然矗立在那里，这是一栋简陋的木制结构，前庭有一面墙的大窗户。在搬到萨尼塔乡间庄园后，里克特便开始尽可能地接近他深爱的山区美景。甚至在挑选新家地址时，他还对能够靠近塞拉马德雷断层非常感兴趣，因为这里环绕圣加布里埃尔山脉的南部侧翼，这样一来，如果发生大地震，他就可以直接进山考察。显然，以上并非戏言，或许里克特就是如此打算的。

1936 年，肯尼斯路被塞入帕萨迪纳的一个相当偏远且不太富裕的角落，就在玫瑰碗①球场所在的阿罗约塞科东侧。而里克特位于肯尼斯路的这座房子距离加州理工学院校园仅有 5 英里，在今天看来这已经是非常短的通勤距离了，但在 1936 年公众眼中却并不近。然而，房子毕竟距离

---

① 玫瑰碗（Rose Bowl）是指美国大学年度橄榄球比赛，通常于元旦在加州洛杉矶帕萨迪纳的玫瑰碗球场举行。

图 11.7　位于阿尔塔迪纳的扎尼塔别墅,查尔斯和莉莲·里克特于 1969 年搬到这里,里克特在这里一直住到 1985 年去世前不久(照片由作者提供)

克雷斯格实验室不到 1 英里,因此,里克特很长一段时间都在那里居家生活,时常步行往返于肯尼斯路和实验室,他喜欢徒步,即使在搬到阿尔塔迪纳后,也继续步行前往实验室,至少偶尔如此。

在大萧条时期,查尔斯和莉莲建造了他们的第一个家,并且根据里克特的说法,地震所和理工学院的绝大多数员工都能从大萧条中挺过来,引用同事的话:"我们削减了 10% 的工资,但生活费用却下降了 20%"。然而很明显,在那个经济接近崩溃的岁月里,查尔斯并未从卡内基研究所领取过多少钱,甚至当 1936 年实验室并入学院后,他的工资便多年没有增加过。事实上,从 1929 年前后至 1946 年,实验室的工资一直都固定不变。1943 年,里克特年薪 3 800 美元,而当时美国人的平均工资却还不到该数字的一半，可见，3 800美元并不是个小数目，尽管只占到古登堡1930年为自己所争取金额的1/2。

虽然30年代里克特的经济条件仍然一般，莉莲却急于扩大两人的交际圈，即便这需要花钱，即便是以丈夫年轻时从未想过的方式。于是在1935年，他们夫妇成为艾丽西亚联谊会成员。这是一家崇尚将身体暴露于阳光下的组织，总部设在拉图纳峡谷9804号，最初由霍巴特和卢拉·格拉西以及商业伙伴皮特·麦康维尔经营。在20世纪20年代，提倡身心自由的团体从德国来到美国，最初，艾丽西亚联谊会位于埃尔西诺湖附近的山上，是全美第三家有组织的天然主义营地。在这里，我们看到了学界普遍心知肚明的少数个人花絮。专家们有时会咧嘴一笑，并窃窃私语道："你知道吗？他特别爱好日光浴"，显然，此处的"日光浴"另有所指。甚至当人们拿起里克特照片端详时，脸上都不免会流露出神秘微笑，虽然，从年轻时的笨拙与瘦弱，到中年时的笨拙但不那么瘦弱，这位学者的身体变化是可以想象到的，但其天然主义癖好却让人大惊失色。然而，该组织会告诉你，身心自由并非关乎性或露阴癖，而仅仅是身体与自然亲近的一种方式。无论如何，在20世纪中期加州理工学院的走廊里，大多数人会对地震学家所谓的"身心自由"另眼相看，甚至极其厌恶。

在里克特看来，天然主义非常强调人性间的亲近，并且在大多数情况下不涉及与性有关的问题。他写道：莉莲是一个比自己更狂热的身心自由者。用丈夫的话说，妻子具有外向的躯体紧张型人格，非常热衷于新鲜空气、阳光和健康运动。借助于谷歌搜索，我们意识到，莉莲就是传说中那种体力与精神均异常旺盛之人，这类人群十分活跃、勇敢、富有竞争力。在占星学界，如此性格特征被界定于火星和木星类型之间。然而，对里克特本人来说，莉莲的吸引力体现在其他方面。他继续写道：

可以说，我从来不知道什么是真正的友谊，也从未有过亲密伙伴，直到加入艾丽西亚联谊会。虽然里克特没有告诉后人，自己和莉莲是如何结识该团体的，但大家臆断，他们很可能参加过霍巴特·格拉西举办的讲座，地址肯定是洛杉矶市中心一家名曰"克里夫顿咖啡馆"的餐饮店。或者莉莲观看过短片《艾丽西亚》，该片由福伊制片公司的布莱恩·福伊于 1933 年制作，旨在宣传如何让身体更加亲近大自然。格拉西还在洛杉矶论坛的主持下发表过演讲，在那个年代，该论坛为洛杉矶市文化和教育活动的主要赞助商；而当《艾丽西亚》首映时，格拉西的大声疾呼再次响彻好莱坞地标性的潘太及斯剧院。在电影中，一名记者来到这家有悖传统道德的营地，采访了由格拉西本人扮演的营地创始人。影片显示：格拉西体态轻盈、身形瘦小、情绪紧张、口齿伶俐。借助采访，他详细阐述了在自家营地举办社交活动的好处：简直就是治疗一切疑难杂症的灵丹妙药，从神经衰弱到佝偻病，无所不能；不仅有助于情感健康，也将带来生理上的巨大好处。正如我们不久将会了解到的那样，对于思想开放的年轻女性，如果其一生中的大部分时间都将遭受严重健康问题，那么，格拉西的大声疾呼显然具有吸引力。

在发表于早期相关思潮的杂志《裸体主义者》里，人们找到了几篇格拉西撰写的文章，涉及该社交营地的创建过程：最初的营盘位于一片租赁土地上，1934 年他与合伙人在埃尔西诺镇附近购买了一块 250 英亩的偏远土地。到 1935 年 1 月时，这里的设施已经涵盖 8 栋小木屋，以及食堂、厨房和宿舍，康乐设施包括 2 个排球场。格拉西还勾勒出蓬勃发展的组织画面：1935 年初，该社团有 196 名成员，另有 140 位候选者，虽然基于这样或那样的原因，一些候选人的动机令人怀疑，但其中也有 50 人被认为值得信赖，完全可以收编为正式会员。可以想象，如果那 2/50 便是世界上最著名的地震学家和他妻子，那么，此新闻之爆炸性还会小于一次强震吗？

然而令人惋惜的是，原来的团体和友情没有持续下去。1935年，格拉西夫妇将他们原有艾丽西亚联谊会权益出售给麦康威尔，随后搬家至罗斯科，也就是现在的太阳谷，并在那里开设了一家新俱乐部，被非正式地称为"牧场"。有迹象表明，格拉西和麦康威尔之间的摩擦导致这两个男人分道扬镳，但格拉西妻子卢拉的怀孕也起到一定作用，促使这对年轻夫妇搬家到离现代医院设施更近的地方。由于距离洛杉矶不远，加上霍巴特·格拉西不知疲倦的劳作，新团体和这对夫妇健壮成长。然而好景不长，格拉西不幸于1938年4月在位于罗斯科的家中身亡，死于一场事故，并摔断了自己的脖子。根据里克特的说法，上述意外给整个组织带来巨大冲击。卢拉·格拉西继续经营着这个团体：在40年代，里克特与一些人的通信中提到过牧场，那里俨然成为许多人心目中最亲近之地。在给里克特的信中，前成员弗吉尼亚·尤根斯写道：即使在她参军并搬到旧金山后，牧场永远比任何其他地方都更像自己的家。

然而据里克特回忆：卢拉·格拉西发现，自己多年来正在面临着很多剪不断、理还乱的法律迫害，最后竟被判入狱，且在向美国最高法院的上诉中败诉。弗洛·尼尔森是南加州天然主义休养所"神秘橡树"的拥有者及业余历史学家，而该组织更可追溯到麦康威尔的早期天然主义营地。根据尼尔森的说法：在一名成员自杀后，当局便将目标锁定于艾丽西亚联谊会。这次不幸发生在1936年，百老汇女演员阿黛尔·布拉德·霍普的女儿道恩·霍普·诺尔用一支点二二步枪自杀。对于20世纪初许多思想并不十分开放的人来说，自杀原因很容易得出：这个年轻女子的放荡行为导致其悲惨死亡。于是，在诺尔去世一周后，《洛杉矶先驱快报》便对天然主义组织进行了大幅曝光。

而里克特提到的案件则是1947年的格拉西诉州政府案。其事实如下：艾丽西亚联谊会的营地入口位于一处三面无人居住的山丘，当便衣警察来到这里后，他们首先支付了惯常的参观费，并签署了登记表，意在承认天然主义是道德与健康之源泉。接下来，当亲眼目睹一些裸体男女和儿童正在进行羽毛球、游泳和日光浴活动后，警察们逮捕了作为营地管理人员的一男一女，指控他们违反了关于禁止三位或三位以上非同性裸体者出现于公共设施的条例；换言之，似乎两位非同性裸体羽毛球运动员是可以接受的。其后，事件发展顺理成章：市法院认定两人有罪，法官对麦康威尔和格拉西分别判处90天和180天刑期；虽然他们进行过上诉，但最高法院裁定，上诉人无法证明该条例不恰当地限制了个人自由，所以原判决仍然有效。

此案立刻成为天然主义团体的热点。1948年，在一位仅署名"艾丽西亚"的妇女带领下，于早年《裸体主义者》的后续版本《阳光与健康》杂志上，卢拉的支持者们发表了一则公告，其中包括艾丽西亚写给卢拉的亲笔信，同时，恳请天然主义社区继续支持他们的法律斗争。公告指出：应当让天然主义者认识到，我们中的一个人正在沿着所有可能涉及的法律角度，在同意与美国日光浴协会和美国公民自由联盟合作的情况下，迫使自己可以被当局无限期地送回城市监狱，这该需要多么大的勇气！而且是在一位母亲的私生活中！

在查尔斯眼里，这段插曲代表其所知道的少数族裔群体未能确保宪法公民权利的小故事，只是有些肮脏罢了。或许，里克特并非天生的天然主义者，但似乎更倾向于公民自由主义，如果不是娘胎里带来的，那就肯定为后天成长环境所使然。例如，在1976年，他给心脏基金和红十字会寄去25美元，以便其用于土耳其地震救援；给斯坦福校友基金会寄过50美元，美国公民自由联盟也得到其慷慨解囊的100美元。特别是在1976年，查尔斯顺理成章地有了比格拉西诉州政府案更多的东西来激发自由主义倾向，因为正是在当年，他遭受了失去宝贵家庭住宅的痛苦经历，而讽刺的是，这恰恰是由国家支持、所谓进步的蒸汽压路机之结果。

卢拉·格拉西的麻烦官司影响到里克特的天然主义生涯，却几乎没有结束。他和莉莲继续联络其他地区的相关团体，尽管又在那里很高兴地碰到一些老朋友，但发现，这些新成立的天然主义者组织失去了某种应有品质。用里克特的话说：新联谊会由相当普通且身心健康之人构成，类似于家庭团体，大家都具有体面的最低教育程度，然而那些曾经的格拉西小组成员，似乎却是另一回事。虽然里克特没有进一步详细说明，但人们推断，格拉西联谊会成员均受过更加良好的教育，并很可能具有偶像崇拜性质。格拉西本人是一名心理治疗师，曾在纽约雪城大学研习心理学，尽管未能获得一些作家后来赋予他的博士学位。电影《艾丽西亚》和其在《裸体主义者》杂志上发表的文章显示，他在口语和书面交流方面有着令人印象深刻的表达能力。在后来由艾伦·斯图尔特导演的电影《无耻的浪漫》中，格拉西的搭档彼得·麦康威尔扮演过营地看门人角色。发表于 2000 年的一篇评论称，仅就探索天然主义题材而言，这部电影独一无二，有助于宣扬非淫荡的裸体社交优点，且所有该主题内容都应属于剥削电影①。评论继续道：通奸、种族主义和自杀等问题都使此剧堪称剥削电影的一个典型案例，如此主题也令其脱颖而出，成为唯一一部天然主义排球史诗，并且表达手段更加现实，非常人性化；而令人惊讶的则是，即便如此贴近生活，电影中的天然主义仍然表现得很纯粹，富有生命力；另外，该片还具有如下教育意义，人们了解到，至少在崎岖的户外环境中，天然主义者确实穿鞋。尽管具有上述"纯洁和肯定生命"的正面评价，但这部影片却依旧具有出人意料的黑暗面，因为

---

① 剥削电影可能以性挑逗、暴力、裸体、荒诞和毁灭为特色，首度出现于 20 世纪 20 年代，普及于六七十年代欧美放松电影内容审查尺度后。

在故事结束时，年轻的女主人公被迫站于山顶，与其说是在思考生命的意义，倒不如更确切地说，她是在思考自己，至少观影者如此推断。

《无耻的浪漫》是里克特夫妇加入该团体几年后拍摄的。看着影片中出现的许多临时演员，人们并没有发现任何明显熟悉的面孔，然而大家不禁要问，在众多临时演员中，是否有一两位正在被剧组从远处或后方拍摄。虽然考虑到公众形象问题，即便影片中出现过里克特或莉莲，也必定无法识别，但如果让两人的后脑勺或背部等其他部位展示在裸体排球史诗中，那就完全符合这位学者狡黠的幽默感了。

在当时，天然主义杂志允许出现大尺度的裸体男性，但正面裸露仍然不被接受，即便是一部剥削电影，然而，这些规定却不妨碍格拉西的搭档彼得·麦康威尔出现在影片中。麦康威尔来自爱尔兰都柏林，最早作为加利福尼亚天然主义者之前，曾在世界多地追求各种冒险经历，包括参加布尔战争①和在纽约经营一家杂货店。影片《无耻的浪漫》显示：麦康威尔身材矮小，头发花白，甚至在某种程度上显得有些苍老，人们怀疑这或许是裸体日光浴对身体造成的影响；但另一方面，他依旧足够灵活，可以跳上自行车，轻松穿梭于泥泞道路上；其英语带有淡淡的爱尔兰口音。霍巴特·格拉西去世后，麦康威尔继续打理天然主义营地，1954年，他把营地更名为奥林匹克赛场，并转手出售给沃利和弗洛·尼尔森。

在大家心目中，似乎不难想象还有哪些家伙会成为里克特生活中最亲密无间的朋友，毫无疑问，天才的反传统或完全无法融入社会的个人主义者都是选项。俗话说，人以群分、物以类聚，对于拥有非凡智慧和同样明显各种"与众不同"个性的里克特而言，又有多少人能和他一样？

---

① 指1899年10月11日至1902年5月31日，为了争夺南非领土和资源，英国同荷兰移民后裔布尔人建立的德兰士瓦共和国和奥兰治自由邦进行的一场战争。

几十年来，在与查尔斯通信往来的同类人群中，最引人注目的是如今已经再婚并改姓布罗宁的卢拉。有趣的是，虽然里克特最亲密的同事知道其有个看似亲切的绰号"查理"，但大量信件显示，在那些令这位学者真正倍感温暖的人眼中，他永远都是查尔斯。并且，信中的谈话对象大概率是某位天然主义团体的前成员，有时，这些人还会借机发出社交聚会邀请。在后来的岁月里，他们的友谊关系似乎仍以非正式方式持续，唯一不同是缺少了一个具备组织小众团体经验的主持人。当然，后来的聚会是否不穿衣服，我们已经不得而知，因为在上述邀请函中并未找到答案。

到里克特家拜访的同事有时会发现他只穿一条牛仔裤，其他什么都没有。大家不禁要问：在里克特家中，当客人不在时，衣服是否仅为一种选项，可穿可不穿。无论如何，萨尼塔宅院的前邻居们都知道里克特夫妇是天然主义者，由于搬进前面有一扇大窗户的房子，裸体就似乎不是一个特别容易隐藏的癖好了。在家族圈子里，莉莲的天然主义方式也并非什么秘密，布鲁斯·沃尔波特回忆童年时说，某次参加聚会时，莉莲姨妈比较裸露地走进满是人的厨房，当被明确告知要穿上衣服后才退下。显然，来到宅院背后的荒野，这对夫妇更会变成天然主义践行者。根据《裸体与自然》① 的一篇短文记载：1994 年北岭地震后，布鲁斯·沃尔波特的格拉纳达山庄被大火烧毁，但 3 000 英尺长的胶片却被保留下来，它完整记录了里克特夫妇裸体徒步旅行的画面。

或许，里克特将格拉西联谊会描述成第一次真正体验到的亲密无间，但比这更早的经历显然是与莉莲谈恋爱时的耳鬓厮磨，并且越是崇拜，莉莲对查尔斯的恋情就会越浓。然而此处隐藏着另一个故事，如果深入

---

① 这是一本天然主义生活季刊，简称《N 杂志》，除了时事新闻，该杂志还刊登有关天然主义的历史、文化和法律问题的学术文章。

到表面之下，就会变得异常复杂。在1985年撰写里克特讣告的过程中，《洛杉矶时报》编辑采访过这位学者的一些前同事和熟人，其中许多朋友追述了里克特两人的婚姻状况，但他们均拒绝透露姓名。讣告引用一位熟悉里克特夫妇的女士之言："他们都从这段姻缘中得到了自己想要的东西，莉莲得到安全与归属感，有了可以仰望之人，而查理得到了崇拜自己的人。我必须告诉你，后者不仅因莉莲而自豪，也为妻子的写作水平倍感骄傲。"

事实上，莉莲·布兰德·里克特除了身为作家，还是当地一些高中和大学成人教育班的语文老师，她不仅在帕萨迪纳约翰-穆尔高中及其他地区的高中成人教育班授课，也在好莱坞的马伦-埃尔伍德写作学校教书。多年来，其生活的主要焦点围绕着格伦代尔社区学院的夜校课程，内容便是讲授如何进行文学创意。据该校学生瓦伦·伯姆回忆：对于那些有兴趣发表自己文章的学生来说，莉莲给予了极大帮助和鼓励；另外，这位女老师好胜心极强，像她丈夫一样，从不吝惜言辞，直率却并非不友善。伯姆继续道：莉莲不仅教学生如何写作，而且对如何发表作品非常在行，她曾说过："人际交往是我的爱好，教学则是我一生的工作。"

伊莱恩·西蒙斯第一次遇见莉莲是在后者的课堂上。于是，她开始向我们品味这位老师之幽默感及处理问题时的气定神闲，当然，前提条件是这件事情不值得费心去做。西蒙斯回忆说：记得有一回，莉莲向自己求助，希望在拆迁过程中能够找到一位可靠的房地产律师帮忙；然而，在接下来的日子里，他们夫妇不仅为自家寻求到了法律咨询，还在住宅旁边的肯尼斯路上举办过街区派对，按照莉莲的解释，因为她很想确保邻居们都能了解自己的权利。西蒙斯自己也是位能干的女性，在1985年给《帕萨迪纳星报》的信中，她写道："当遇见拆迁或土地征用纠纷时，如果期望有人出来挑头儿，莉莲一定会当仁不让，并且将全力以赴。"

在许多杂志上都能找到莉莲的名字，甚至包括以男性笔名发表于男性期刊《真实》①中的一些文章。莉莲曾经和朋友打赌，她可以就后者建议的任何主题写一篇文章，而且一定会有不错的销路。朋友左思右想，结果给出的题目是"盐"。随后，莉莲果真写完相关作品，并在一家儿童杂志发表，尽管她后来开玩笑说，自己在赌注上赚的钱比稿费多得多。根据其外甥女后来之描述：虽然莉莲渴望以作家身份成名，收到的退稿信却多如牛毛，甚至可以说，收集这些退稿信就是姨妈的职业。

写作是莉莲和查尔斯的共同爱好，尽管他们因相同志趣而相互吸引，尽管后者对前者有着所谓的崇拜，但两人的结合却仍然不同寻常。布鲁斯·沃尔波特和妹妹多萝西·克劳斯回忆道：这对夫妇经常分道扬镳，甚至会在圣诞节期间各奔东西，查尔斯抽空独自在山间徒步旅行，妻子则选择飞往异国他乡。1965 年夏，莉莲安排过一次廷巴克图之行，原因很简单，只是因为其对西非的马里共和国的那座城市名字非常着迷，据沃尔波特说，莉莲是第一个在没有陪伴的条件下前往廷巴克图的白人女性。这次旅行过程中，她和查尔斯几乎每天都有信件往来，而在去非洲之前，其又于巴黎待了一周。在那里，她跑遍当地展览馆和艺术工作室，却对大多数古玩字画没有兴趣，莉莲在一封信中有言："你知道我多么讨厌古董"，她甚至将这些古董店里的商品描述成纯粹的垃圾。

时至 6 月，莉莲已经穿越了塞内加尔共和国的达喀尔和马里首都巴马科，并于 6 月 4 日抵达在其眼中和几千年前一模一样的廷巴克图。她在信中呈现出一系列异国情调和冒险氛围，还告诉丈夫，所有这些都被自己的热情吞噬：迷人的塞内加尔妇女，雪白的布衣披在黑色皮肤上；达喀尔的自然美景，第一次看到了廷巴克图上空的南十字星座，其辉煌

---

① True 是一本美国男性杂志，由福塞特出版社发行于 1937—1974 年，是 20 世纪 60 年代全美最畅销的同类期刊，1975 年后停刊。

没有被地球上任何夜间光芒所破坏。在写给里克特的另一封信中，莉莲说自己的法语在非洲比在巴黎时更好；而里克特之回复则充满浓情蜜意，说什么"老婆的法语太值钱了，简直就是'莉莲主义'风格的一种体现"，而且他自己也能完全理解她游历异国他乡时的心情。

无论多么浓情蜜意，里克特也未跟从妻子的全球冒险，而莉莲亦没有加入丈夫的登山活动，显然，两人之间的关系有一定距离。这个故事比外人看到的要多，我们将在后面娓娓道来。

查尔斯和莉莲似乎在他们的尴尬中十分匹配。加州理工学院的一位前同事说，他参加过几次在里克特家中举办的晚餐聚会，每次的氛围却都显得不那么和谐。当然，或许两人在其他方面很志趣相投，至少在多萝西·克劳斯的回忆里如此，因为一旦说起姨妈和姨夫时，这位外甥女都认为后者非常依恋前者。

莉莲本身十分有主见，远远超过传统意义上伟大科学家背后的女人。她从未参与过里克特的职业生活，即使这位学者最亲密的同事也只能顺便结识她，而对她的兴趣和生活几乎没有印象，他们经常用"古怪"一词来形容莉莲，赫莎·古登堡称莉莲"一切正常，除了有点儿奇特之外"，因为赫莎知道后者正在为一本低俗的浪漫主义杂志撰写稿件。而另一些朋友则暗示，莉莲既并非模范妻子，也不是贤内助。如果里克特只能自己走路去实验室，或者莉莲整日只顾自己开着家中唯一的轿车到处转悠，而让她这位科学家丈夫下车，那么，这些朋友们的结论就自然水到渠成；显然，以上"如果"最终都变成了现实。

既为同事又是里克特研究生妻子的贝蒂·肖，则提供了一个不同的视角。在20世纪中期，教员妻子有明确的角色定位，特别是像加州理工学院这样的名校，学术生活的基调往往非常正式。除了理所当然地为丈夫的事业提供支持外，大家还希望妻子们能够积极参加各种妇女团体，从而可能涉及大量社交活动。用肖的话说，莉莲对此却毫无兴趣，她有着自己的爱好、自己的职业和自己的朋友。

1979年，里克特向记者追述了职业生涯的早期场景。当时，很多事情都显得非常正式，比如共进晚宴，对此，地震所的规矩是男人必须穿着整齐，以便配合女士们展示心仪的晚礼服。"这一点非常令人不快，而且与我的个性相悖，所以，当如此要求逐渐放开后，我终于松了一口气。"采访人继续追问道："也许你的妻子倒是很喜欢？"里克特回答说："也不是特别中意"。由此可见，虽然多萝西·克劳斯眼中的姨妈衣着光鲜，但加州理工学院的正式聚会场景却并非这位学者夫人的"菜"。

肖还回忆起某晚自己和乔治到父母家吃饭时父亲讲述的故事：那天中午，在地质学教师会议午餐上，里克特拿出个鸡蛋，在长桌上重重地敲了敲，准备剥皮，结果滑稽的一幕出现了：生鸡蛋从桌面上流淌下来，黏稠蛋黄沾满不苟言笑的系主任约翰·布瓦尔达的裤脚。于是，里克特自我解嘲地嘀咕道："从冰箱里拿出来的时候，我还以为是煮熟的"。虽说该细节抓住里克特善意却往往无能为力的笨拙特征，但也暗示出别的东西。肖补充道："其中的内涵不言自明，这位学者需要自己打包午餐，当时在座的人肯定觉得非常不可思议，完全不符合那个年代高级知识分子应有的家庭地位。"

现在我们可以站在肖的视角，重新梳理一下赫莎·古登堡的评述。作为完美科学家的完美教员妻子，赫莎无疑属于社交圈中的贵族，而莉莲对这个圈子却毫无兴趣。作为观察者，当赫莎告诉后人，莉莲经常给《真情浪漫》①等低层次期刊撰稿时，她甚至忽略了后者的长期教学生涯，也可能不知道女性情感杂志和男性杂志《真实》之间的区别，而莉

---

① 一本美国爱情故事杂志，创刊于1923年，20世纪80年代后停刊。

莲只是在用笔名为《真实》写作。虽然《真实》的文章有时偏向离奇，但也涵盖关于科学、自然和时事评论等严肃主题。

或许赫莎从未阅读过莉莲于1949年以自己名字在《娱乐》杂志上发表的那篇令人愉快的文章《写作是一种乐趣》。文章本身掩盖了其标题的轻松性，并以如下段落开头：

不管你写的东西有没有卖出去，创作短篇小说都是件很有趣的事情。在现实生活中，我们无法对人们的行为产生很大影响，也或许对一位姓"本"的叔叔或隔壁女人无能为力，但在纸上，你可以随心所欲地对待角色，事实上，如果本叔叔不只是一个人畜无害的怪人，你就可以让他因卑劣的脾气、对金钱的吝啬或有一个诽谤的舌头而被谋杀。

现在，谁会谋杀本叔叔？又是为什么？让你的凶手有强烈动机，并有个聪明的大脑来掩盖他的踪迹，然后你就可以继续自己的故事了。

这篇短小精悍的文字继续指出，任何现实生活中的专业知识都能被转化为可发表的文章。然后莉莲详细描述了寻找合适出版时机和发送询问信的过程。文章最后写道："当努力把本叔叔写到纸上的时候，你会忙于担心未付的账单，或者对生活感到厌烦。如果编辑和出版商根本就不欣赏你的内容呢？即便如此，为了使自己开心，你还会继续下去，难道不是吗？"在20世纪中叶，莉莲可能一直试图将自己打造成严肃作家，但很显然，她同时也是一位女性、一个作者，有许多令人高兴的事情要讲，即便这些文字没有那么一本正经。

为了将莉莲作家生涯的蓝图拼凑起来，人们的思绪又回到弗吉尼亚·伍尔夫身上。作为文学家，就算在最好情况下，追求事业、扬名立万的挑战也会令人生畏，而对于莉莲那个时代的女性来说，这种挑战就更加被放大。对于一些出版物,其根本不能使用自己的真名。此外,她的姓名经过多年演变,从布兰德到桑德斯再到布兰德,最后变成里克特。虽然在与丈夫结婚期间继续使用自己的婚前姓氏,但也有可能在最早出版的一些作品中署名过第一个婚前姓氏。一位名叫莉莲·桑德斯的作家于 1925—1926 年在文学杂志《诗人宝库》① 中发表了一系列诗歌,而当年的莉莲·布兰德恰恰应该就是莉莲·桑德斯。1925 年发表的 6 首诗均涉及类似浪漫主题,始终围绕着相近的意象:大海、长长的灰波、拍岸急流的白浪、幽灵般的船只。其中一首如下:

海上珠宝

高贵的宝蓝,明亮且忧郁,

如同太阳照耀下的绿松石。

碧绿的翡翠,好似海水卷起的波浪,

一个闪闪发光的洞穴,就在它们破碎之前。

白色水花带着珍珠泡沫,高高飞起,

抢走了天空中的蓝宝石雨。

在所有闪耀的钻石火花中

灿烂的光芒从头顶的太阳中洒下。

1925 年发表的诗作是莉莲·布兰德居住在旧金山湾区阿拉米达镇时写的。那时的她,刚刚新婚,而且怀有身孕,或许孩子即将出生也未可知。无论如何,此刻的作者心境一定会在字里行间清晰可见:"那些散落的光

---

① 由两位进步的莎士比亚学者夏洛特·波特(Charlotte Porter)和海伦·克拉克(Helen Clarke)创刊于 1889 年 1 月,是美国最早的诗歌杂志,如今依旧正常发行,详见 https://www.poetlore.com。

束,正是海浪的魔法;为我们开辟一条道路,通往梦想的港口。"

然而,1926 年 9 月发表的一首凄美之词却表明,这条道路走错了:

七点钟

一声喧闹的尖叫撕开沉睡的空气……

怪物醒了!

他张开血盆大口,

等待每日祭品的到来,

年轻人和少女的故事,每天清晨,

被扔进他贪婪的嘴里。

他整天以他们为食,

榨取生命之血,挥霍青春之力,

吸取他们的精神,啃食他们的灵魂。

直到傍晚时分,才把他们喷射出来,

苍白的外壳,干燥的碎片,

只适合扔在生命废墟上,在那里枯萎、腐烂。

读到这里,我们似乎又发现了某种细微情感,体现出人们对 1926 年莉莲·布兰德的期望。这是个年轻女性,婚姻和随之而来的生活环境肯定已经分崩离析。遭到遗弃的她,被迫回到家乡洛杉矶,并在那里相当不光彩地有了着落:必须与波多尔斯基一家人共同生活,当然,也可以自我解嘲地说是在帮助这一家老小。但是,莉莲·桑德斯与莉莲·布兰德为同一人吗?虽然名字的不同拼法会立刻引起大家注意,然而年轻女性尤其那些有抱负的作家,往往喜欢尝试通过名字拼写等奇伎淫巧来哗众取宠。当然,除了诗歌味道发生变化外,还有证据表明,莉莲·桑德斯实际上的确就是莉莲·布兰德，因为《诗人宝库》页面上已无"莉莲·桑德斯"这个名字的踪迹，且显然是从地球上永远消失了，而恰在此刻，其婚前姓氏"莉莲·布兰德"却跃然纸上。

关于不同署名是否实为同一人这个问题，《诗人宝库》的记录不能为我们提供任何帮助，虽然该出版物仍然存在，但经营权却于20世纪反复易手，并且20年代的相关档案业已不复存在。显然，如果莉莲·桑德斯继续以该名从事写作，大家便有迹可循；相反，如果仅仅知道"莉莲"这个名字，那么，此线索就被切断了。而其作为文学家的蓬勃发展事业，即使没有搁浅，也肯定无法顺利航行。

无论如何，莉莲·布兰德都是一位有身份的女人，即使没有公认的重要地位，也拥有自己的权利。据亲戚们回忆，莉莲因成为著名科学家妻子而倍感骄傲，如果她认为，名分可以提高某家餐厅的服务质量，就不惜公开如此身份，然而于课堂上，她却完全能够独当一面。以前的学生瓦伦·伯姆追忆道：莉莲甚至没有提到过丈夫的名字，直到本学年中期，而在那之前，全班同学都不知道他们正在被一位杰出科学家的妻子所教导。与此同时，里克特的同事们显然亦不了解莉莲本人就是极富内涵的女性。事实上，她很早就把自己归入精英行列：当年从伯克利毕业时，只有不到20%的美国青少年可以高中毕业，且仅剩2%的年轻女性能够大学毕业。而男性获得大学学位的比例则要高不少，尽管人数上仍然远远低于今天；据统计，在1920年，区区4%的23岁美国男子获得过大学本科学位。

每当回忆起莉莲时，布鲁斯·沃尔波特的长女劳里·沃尔波特都表示非常钦佩：她是真正独立的女人，爱好广泛，在许多方面远远领先于同时代女性。此言不虚，因为莉莲承担了这一家人的文化指导角色，经常带领沃尔波特和其年幼兄弟姐妹去附近的诺顿-西蒙艺术博物馆参观，甚至全家郊游也有其身影。劳里总是夸张地形容莉莲"比生命还重要",为自己的家庭生活增添过无限色彩。对于上述说法,侄孙女凯西·哈格也表示赞同,并补充道:有时,莉莲会带着自己的年轻亲属去购物,每次都会淘回一大堆漂亮衣服,但这些人却并不省心,偶尔会因滑稽行为令查尔斯叔叔分心。比如,他们喜欢上蹿下跳,从而使客厅里的地震仪错位。即使成年后,凯西依旧不明白,为何里克特一点儿也不喜欢小孩。劳里的母亲玛丽·怀特与查尔斯夫妇特别亲近,很欣赏莉莲无所不在的兴趣和独立人格。虽然,里克特的许多亲密作家朋友都是女性,唯独莉莲特别喜欢跳舞,并与男性舞伴一起跳了好多年,以至于人们无法想象查尔斯在舞池中的窘境。要知道,在当年那个非常正统的岁月里,这种事情几乎根本不可能发生,难怪怀特会惊叹于以上友谊社交被这位学者接受得如此舒服,竟然没有丝毫嫉妒。

通过实现自我价值,莉莲拒绝了以夫为贵,她并不希望用丈夫的理想和成就来代替自己的生活。与当时大多数教职员工妻子不同,莉莲之理想是自己的,也正因为这一点,她避开了20世纪中叶美国大学教员妻子应当归属的社会圈子,并被扣上不愿成为贤内助的帽子,甚至更糟。而里克特自己对传统观念的粗暴态度也延伸至莉莲身上,且对缓解这些看法没有什么作用。

查尔斯写于20世纪60年代末的一首诗,进一步暗示出妻子莉莲有着自己的生活和兴趣爱好,并且非常陶醉。这首诗为一个女人所写,但不是莉莲,其开头如下:

我需要一个爱称,你签署的那种,
很好的名字,听起来不错,我给过你全部,
如果丢掉芳名,我便失去了爱。

> 我们需要一个前所未有的昵称。
> 接下来如何？像诗人般的莱斯比亚①——不，
> 不是萨福②，也不再有那苦涩的恋情！
> 亲爱的，我不想让你如此；
> 我想要一个对男人有兴趣的女人。

正如我们将看到的那样，花甲之年的里克特，其情感世界已经变得异常复杂，然而与目前讨论相关的，却是个似乎不可避免的结论，即，里克特生命中的一位女性更偏爱同性而非学者本人。也许有人会以为，这仅仅是一种去世后的诽谤或猜测，因为莉莲已作古，又如何辩解呢？但假设不是她，公众不得不怀疑，那又会是谁呢？

如果里克特的诗确实在隐喻莉莲，那么无数谜团都将落地：夫妻二人各自的假期，查尔斯的户外兴趣，两人都容易接受对方与异性的亲密友谊，他们之间忠贞不渝、勇于奉献却非浪漫的结合过程。人们往往喜欢善意猜测，正如众所周知的那样：近些年来，不敢说出自己名字的爱情已经开始流行，甚至变成一种到处炫耀的资本。但于20世纪60年代，有些浪漫方式不仅不被理解，而且无法想象。在周末，莉莲经常离家同女友一道前往位于兰开斯特的百慕大旅馆，要知道，那可是当年最受欢迎的休闲目的地，但如此行程并不会引起人们注意，毕竟这只是两个老朋友周末互相温存的一种途径罢了，鉴于其与玛格丽特·巴索特一辈子都亲如姐妹，而后者恰恰就住在兰开斯特。然而，这句话或许单单被当作表面现象，友谊、伴侣关系、两位受人尊敬女士间的姐妹情义，除此

---

① 莱斯比亚，罗马诗人卡图卢斯（Catullus）在自己作品中臆想出来的人名，并且这位诗人恰恰陷入了对莱斯比亚（Lesbia）的热恋中。
② 萨福（Sappho，前630—前560），古希腊著名的女诗人，也是第一位描述个人爱情与失恋的诗人。

之外，还能是什么呢？现在回想起来，人们不禁要问，大概如此同性友谊也可以解释很多事情。

图11.8　一张百慕大旅馆的老明信片，背面写着"兰开斯特最新最棒的汽车旅馆"

也许进一步的线索可以从两个年轻旅行者的笔记本中找到，因为索尼娅·罗森伯格和格拉迪斯·布罗德森与里克特夫妇有过一次偶遇。1937年10月，前两位一起参加了大峡谷骡子之旅，导游是"麦克"；随后，另一对夫妇也报名参加，这两人是来自帕萨迪纳的查尔斯及莉莲。在整个行程中，索尼娅和格拉迪斯都始终被查尔斯所吸引，因为这位学者看起来如此怪诞，以至于晚餐时，几位女性骡友都害怕因为过分嘲笑他而令自己难以下咽。格拉迪斯对这次旅行做过详细记录，她写道："在我们的一次谈话中，莉莲承认自己不喜欢非常阳刚的男性，当索尼娅刚想说她不能忍受任何其他类型时，莉莲就马上宣布她喜欢阴柔一点儿的，言下之意就是查尔斯更像个女人。"索尼娅和格拉迪斯后来认定：与里克特的结合，更像是莉莲的一次高尚实验，或者其下一本畅销书的主题。人们进而注意到，如果可以将里克特视为红颜知己，那么莉莲的第一任丈夫似乎也当如此。

撇开性取向等细节不谈，这对夫妇婚姻中另一个耐人寻味而又不那么费解的见解隐藏在查尔斯的文字及书信中，特别是他的旅行随笔，也就是每年到内华达山脉徒步观景时写下的详尽日记。其中有言：自己同莉莲在1950年的一次出游并不顺利，经过几天徒步跋涉，莉莲发现自己变得非常虚弱，站立不稳，甚至都快哭倒，最后只能被人抬进当地一家医院，依靠医生给的盐片和安眠药维持。

后来的日记就变成描述了一个人的背包旅行。里克特会把莉莲留在家里，经常与莉莲为伴的是她外甥女的女儿南希·简以及家里的小猫，1958年的那只猫叫"地震"，1964年又变成了"禅定"。在如此旅行过程中，莉莲和查尔斯不但频繁电话诉衷肠，后者还将红杉营地变成通信基站，妻子的许多肺腑之言都发往这里，明信片上流水账内容简短而轻快："馅饼和汉堡店有三种美味的新鲜水果馅饼，我吃了几块。今天我听了亨德尔的清唱剧《弥赛亚》，非常棒！禅定正在寻找自己的晚餐。爱你的，莉莲。"

人们毕竟不能在明信片上长篇大论，也没人喜欢在其中透露更多私人话题，于是，一张少见的折叠便签卡便向我们揭示出更多内容，便签夹寄在信封中，日期是1964年7月24日。"我十分迷恋这里的风景"，莉莲写道："事实上，我认为自己的身体比以前好了一些，走路的步伐都快了，我一定能够徒步穿越熊掌保护区。只是如今与结肠炎的斗争比过往更加紧迫，我不确定自己能否应对自如。结肠炎使我的所有旅行变得异常艰难，而且非常昂贵，该死的结肠炎！"她感叹自己没有能力以健康的生活方式继续旅行，即便旅行本身就有助于健康，莉莲继续说："我需要减少对药物的依赖，这些药让我心神不宁。"

在此，大家突然拿到了能够改变一切的信息片断。结肠炎是一种大肠黏膜的急性或慢性炎症，如今，医生们已经掌握了结肠炎的不同类型，包括由细菌或其他病原体引起的感染，以及两种主要形式的慢性结肠炎——克罗恩病和溃疡性结肠炎。后两者在某些方面相似，但并非全部：溃疡性结肠炎只会在结肠及某些直肠内引起炎症，而克罗恩病还将导致小肠癌变，甚至偶尔延伸至胃、口腔和食管。慢性结肠炎能对身体造成严重伤害，这种情况与结肠癌的风险明显增加有关。

莉莲的回信表明，自己的病情为慢性而非短时的，症状将会持续许多年：腹痛、腹泻或便秘、痛苦的痉挛、缺乏食欲、发烧和疲劳等情况均有可能出现。随着时间推移，该病症将引起肠道内逐渐加深和扩大的溃疡，有时甚至会造成肠壁穿孔。虽然溃疡性结肠炎和克罗恩病的原因尚不清楚，但或许真凶便是免疫系统紊乱。必须指出，在没有任何外部入侵者，如有害细菌或病毒的情况下，免疫系统也可能被激活，这基本上是通过慢性炎症使身体自我亢奋实现的。炎症是身体自然防御创伤的一个关键因素，例如，可使受伤关节自然固定的肿胀。

结肠炎会因饮食而加重，也在一定程度上能够通过避免摄取特定违禁食物得到控制。然而即使在今天，有效治疗手段也是少之又少。通过直接接触，某些化合物可以局部作用于炎症处，比如，有助于减少炎症的口服类固醇或抗生素。然而，这些方法没有一种可靠有效，而且长期使用的安全性亦令人担忧，特别是长期使用类固醇，仅能预见的副作用就非常明显。

简单地说，结肠炎是很痛苦的。除了身体上的不适，持续腹泻还会给社交场合造成巨大障碍；而且容易想象，在野外，炎症带来的不便也是几乎无法克服的困难。根据外甥女的描述，一些结肠炎患者，包括莉莲在内都经历过严重便秘,不灌肠就无法排便。这些病友很容易出现脱水、疲劳或虚弱症状,这与长期营养吸收不良有关。正如里克特于1949年所写的那样,或许人们已经能够理解,为何莉莲"体重不断下降,身体变得越来越没有吸引力"。一组来自大峡谷的照片表明:大概在1937年左右或更早之前,照片上的莉莲便已经显得非常憔悴。根据格拉迪斯·布罗德森的日记内容,在里克特夫妇离开团队后,他们的导游麦克就观察到,"当第一次瞧见莉莲时,我就知道她有些不对劲,因为她的鼻子太短了。"正如格拉迪斯所注意的那样,虽然并不清楚一个人鼻子长度与什么有关,但也许这位向导发现了其他线索,暗示出学者妻子由于身体状况欠佳而表现出幸福感缺失。

通常出于礼貌,人们不可能在相当亲密的社交圈子里讨论像结肠炎这类疾病。如果莉莲没有写下少量特别真实的信件,如果查尔斯没有保留这些信件,大家就必然会站在完全不同的角度来解释莉莲夏季徒步旅行的缺席。显然,实际情况告诉我们一个截然相反的答案:莉莲未必是在躲避丈夫,而是在躲避一项非常喜欢但身体无法承受的活动。

慢性结肠炎的发病情况因人而异,差别巨大。在儿童早期,这种疾病会困扰一小部分不幸患者,并在最坏情况下可能威胁到生命。该病在女性比男性中更常见,出现的最常见年龄为15～25岁,而且几乎总是于40岁之前。因此,大概可以肯定,在1950年同查尔斯徒步旅行期间,结肠炎造成莉莲那段糟糕的日子,而此时的她,却浑然不知自己已经被这种疾病折磨了很多年。于60年代中叶的信件显示,在生命晚期,莉莲继续遭受着痛苦,她写道,在法国和非洲旅行期间,鉴于需要"处理复杂的浴室安排问题"而让病情变得异常糟糕。1965年的信则揭示出另一件悲伤之事:莉莲将自己不幸的基因遗传给了儿子。她写道:"如果我的儿子能够继承一些健康基因,他如今就必定会和我们在一起。没有人会

图 11.9　查尔斯和莉莲·里克特于 1937 年在大峡谷的骡子旅游，另有两个游客和他们的导游（照片来自格拉迪斯·布罗德森汇编的剪贴簿）

自杀，儿子自我感觉良好，充满了活力、朝气和生命力，只要不是身体出了问题，无论发生什么事情，他都不可能选择自杀这条路！"

莉莲很可能在年轻时就落下过病根，甚至在成年之前就已经生病了，这可以帮助我们解释早先的一个谜团：20 世纪初，如果一位年轻妇女患有严重慢性疾病，她就无法抚养第一段婚姻所生之子，所以，也就不那么令人难以想象，为何那个可怜的小男孩雷金纳德·桑德斯会自杀，因为他从小到大获得母爱太少。结肠炎患者可能会经历数月或几年缓解期，所以莉莲早年情况或许比后来还要糟糕。

根据外甥女的描述，莉莲还伴有其他严重健康问题，包括严重到足以妨碍其与里克特生育的妇科问题。根据克劳斯的说法，姨妈和里克特本想要个孩子，却无法做到。

另外，莉莲患有一种不太致命但令人讨厌的病症：对毒橡木严重过敏。这种令人不愉快的树种在加利福尼亚山上比比皆是，甚至包括里克特夫妇1969年搬到的阿尔塔迪纳偏远地区，起因便是他们家的猫。在伊莱恩·西蒙斯眼中，这只白色波斯猫体型巨大，还有个神秘的名字"禅定"。白天，这家伙会到户外跟踪附近山谷中的小动物，渴了饿了才回家，然后就舒服地坐在女主人腿上，接下来，莉莲便发现自己从指尖到手肘都出现了极为瘙痒的皮疹。

虽然毒橡树令人厌烦，带给人们的不便却是暂时性的，而莉莲的慢性病则会改变她的一生。她患有结肠炎以及其他更典型的女性健康问题，这个简单事实在很大程度上能够解释一段复杂关系，然而在某些问题上，他们夫妇之间的关系也许并不像看起来那样持续紧张。比如，在1965年旅行期间，里克特写给莉莲的信中进一步阐明了各自出游的动因，为此，他写道：自己越来越厌恶航空旅行，已经无力应对旅行中的各种不确定性。

不过，学者于1949年写给莫里亚蒂医生的信中确实揭示出他们夫妻之间的实质性紧张关系，也引出里克特生活的另一篇章，为极其复杂生活故事中更加复杂的一节，完全有别于他与莉莲的神秘关系。因此，从现在开始，查尔斯·里克特生命中的爱情故事就将转向，一个千丝万缕的生活画面马上呈现在我们眼前，其间，里克特的人物肖像也会变得清晰起来。

12

里克特的异性朋友

1966年　　　　　　　　　　　查尔斯·里克特　《致朱莉娅》

只有少数人爱过我，但她们更喜欢作为学者而非男性的我。

在 1949 年里克特写给莫里亚蒂医生的信中,我们发现了另一台打字机的痕迹,这是信的最后一页内容,显然是在手忙脚乱中加上去的,涉及与性有关的问题。里克特写道:"我的部分性行为正在受恐惧支配,非常害怕面对一种可能存在的情况,虽然我不相信这件事会真实发生或者已经十分严重。我越发觉得,自己与莉莲的结合没有源于感情。我大概并不关心她,只是因为渴望异性罢了;虽然她需要我,但自己从未真正爱过她。最终,在结婚十年后,我真正爱上了玛格丽特,即使后者并没有把本人放在心里。"

现在,让大家摁下暂停键,回顾一下这位神秘女士。

玛格丽特,在前面提到的书信中,只出现过一个叫该名之人,而且这个玛格丽特同我们已经见过面了。如果里克特对自己的姐姐只存在一种强烈的浪漫爱意,那么,如此感觉也与兄弟友谊大相径庭,因为后者更多地表现为关心、责任或偶尔的恼怒。当然,另一个玛格丽特确实在里克特的文字中出现过,此人便是格拉西联谊会成员玛格丽特·墨菲。但在早些时候写给医生的信中,他曾提到过玛格丽特,且明确指出,她就是自己的姐姐,这似乎没有留下什么值得怀疑的余地。人们普遍认为:如果后来的信里出现过第二个同名者,换言之,如果第二位玛格丽特仅仅是与姐姐同名,想必查尔斯·里克特一定会小心翼翼地指出这一点。

所以,我们面临的问题是:他可能爱上自己的姐姐吗?众所周知,这种现象是存在的。正如格伦达·哈德森在《简·奥斯汀小说中的兄妹情与不伦之恋》[①] 中所说的那样:"共同的儿时经历和朝夕相处,不仅创造出强大的同理心,也创造出潜在的共情之爱,这是一种兄弟般感情同

[①] 原名 Sibling Love and Incest in Jane Austen's Fiction。该书以 18 世纪末和 19 世纪初的社会变革为背景,审视了奥斯汀笔下的不伦之情,分析了这一时期众多作品中的非正常爱情主题,并认为,对该类主题的处理手法代表着小说发展史的一个阶段。作者现为加州州立大学教授,主攻维多利亚文学与英国小说。

欲望的混合体。虽然重点在前者，但必须承认，其依旧属于非正常的情感需求。"显然，里克特和玛格丽特共同的童年比大多数人更紧密、封闭，也更奇特。在1927年的日记中，他称后者为"我的那种女人"。也许比较有说服力的是，即使对于一个很少与同事分享个人生活的学者而言，里克特在姐姐的问题上更是完全保持沉默。1979年，玛格丽特去世后，里克特请一位商业伙伴帮忙，将她的物品从公寓中清理出来，令人不解的是，这位伙伴之前并不知道玛格丽特之存在。而在布鲁斯·沃尔波特于里克特家度过的所有时间里，他回忆起，曾见过玛格丽特一两次，但也坦言，几乎没有从查尔斯嘴里听到过任何有关他姐姐的事情。

布鲁斯还记得，里克特大概是跟随玛格丽特来到斯坦福的。除了查尔斯留下来的文字，人们发现，难以用什么其他方式来诠释这位学者所说的每一句话。这也从侧面暗示，其情感世界确实很复杂。里克特于1949年的信件表明，同莉莲结婚10年后，即1937年左右，当玛格丽特从阿肯色州搬回家后不久，自己就与其产生了不一般的感情。在1949年的信中，里克特继续说："有时候，我非常希望能和莉莲而不是玛格丽特相爱。"看来，如此依恋并非一时之迷惑。

然而，到底是哪个玛格丽特？这种感情对等吗？我们也许会从玛格丽特·里克特的文字中寻找可能线索，但仅仅是线索，而非答案。1937年的一首诗表明，她爱上了某人：

柏树

今晚，爱情像海风那样袭来，
把深蓝的海水打成了白沫，
掀起巨大的绿色浪花，
席卷着整个海岸，

驱赶走堤岸上的浓雾；

将柏树扭曲成参差不齐的奇异怪兽，
在古老的战争中被带到人间，
高贵地挣扎着，激烈挥舞那被撕裂的肢体，
威胁要复仇——
风，
将雾气吹过破碎的森林，
掩盖住疯狂的破坏，
带来了枯萎的树枝，
在晦暗月光下看到了美丽的衣裳。

难道这是在表达爱上了某人，但又会是谁呢？我们不了解，大概永远不可能知道。人们或许诧异，是否真的有必要掌握此类信息。然而，通过另一首时间更晚的作品，我们找到了其字里行间的可能线索：

亮如星辰
让我迷惑你一个季节，
让你对虚幻倍感快乐；
果实、盛宴和狂欢，
同那永远的松果；
像树枝上的浆果一样明亮，
像喀耳刻①额头上的珠宝那般灿烂，

---

① 喀耳刻（Circe）是希腊神话中的巫术女神、魔女之神，为隐居在埃埃亚岛上的著名女巫。

像他们的主星那般夺目，
成为日历上的最后一天；
生命是一张镀金面具，
是某次酒神的任务，
在我们脚下的舞台上——
翻过这一幕！

这首诗被打在一张小白卡上，没有注明日期或其他信息。显然，从里克特同一时间的归档文件来看，上述文字写于20世纪60年代中期。翻开诗页，一处手写字样"致查尔斯，来自玛格丽特"便会映入眼帘。虽然，人们可以争论这首诗的含义，但其中的语气却并未给读者留下仅仅是姐弟之情的印象。在查尔斯·里克特复杂而神秘的人生故事中，没有什么比他和姐姐之间的情感关系更加神秘的了：一方面是不可想象，另一方面也许不是。如果人们敢于考虑其可能性，就会得出其他似是而非的解释，即，当里克特写到"那份痛苦之爱"时，他是在暗示谁？虽然在这位学者留给后人的文件中，大家没有发现姐姐玛格丽特的私人信件，但有一点是明确的：姐姐从未结过婚。

这位学者的情感道路崎岖不平。在他真正爱上一个同名的玛格丽特女士后不久，姐姐便离开洛杉矶前往哥伦比亚大学，这位神秘女人的出现时机是否恰恰就是姐姐离开的动机？里克特于1949年告诉莫里亚蒂医生，玛格丽特并没有把自己放在心上。正如我们将会看到的那样，有令人信服的证据表明，里克特同其他女性的感情联络也非常密切，甚至包括40年代早期的一段严肃关系。然而，当年致医生的信中并未提及任何其他异性的名字，于是，读者不禁好奇，或许还要委婉地问上一句：为什么一个男人会承认不伦的情，却要刻意隐瞒仅仅是一类不忠的婚外恋。

况且信中的措辞确实表明，医生可能已经知道了其与玛格丽特的上述特殊关系。

在信中，里克特继续拆穿自己对妻子不忠的挡箭牌，或者至少是做了如此尝试。"这些观点不完全正确"，他在忏悔后补充道："可能，并且很可能在一段时期内，我并不十分关心莉莲，我俩之间出现了隔阂。之所以后来能够继续同她待在一起，主要是出于婚姻关系的世俗力量，况且，自己也不愿意主动摆脱这种关系。的确，当妻子体重开始下降，身材不那么有吸引力，无法令人愉悦甚至情感苍白时，我对莉莲的兴趣也就不大了。当然，我们还并未劳燕分飞，众所周知，如果在这种情况下抛弃她，我一定会受到社会舆论的谴责。"很明显，以上内容是一份诚实的内心独白，即使不那么令人钦佩。然而，他接着说："通过这些年与莉莲的朝夕相处，自己竟然无法自拔。如今的我，十分依恋妻子。莉莲性格中许多深层次、有价值的因素，以前我只能猜测，现在已经浮出水面或接近真相，她的肖像比过往更加丰满了。"人们不禁纳闷，莉莲是否变得更真实，或者查尔斯是否已经长大成人且老成持重，可以看出并欣赏妻子一直以来的样子。

信的结尾有这么一段话："确实，当和莉莲在一起时，我的想象力经常会游移到其他女人身上，特别是玛格丽特；但情况并非总是如此，特别当莉莲自我陶醉时，她对我的一举一动都会做出真实回应。"读到此，大家不妨停下来思考一下，"游移到其他女人身上"又是何意？

虽然爱情很复杂，但兄弟姐妹之间的浪漫已经远远超出了传统范围。仅就不伦关系的猜想就会令人坐卧不安，甚至会令人作呕。一个人怎么会想到这种事？又怎么能说出口呢？他的信和她的诗能否有另一种不那么肮脏的解释？当然可以。然而，在里克特关于异性朋友的所有文字中，致莫里亚蒂医生的内容显得十分特别，这是一篇涉及玛格丽特的故事，描述方式格外含糊不清。当然，那位女性自己的诗歌似乎也提供了某种程度佐证。如此推论可能会让我们感到无地自容，或许事实上漏洞百出，但证据又好像别无他处，均朝着唯一方向。

然而在阅读里克特的文件时，人们不得不怀疑：所有上述荒唐情感的证据是否都是学者对子孙后代开的小玩笑？这位地震专家保留下自己的日记、信件和诗歌，而且决定将其全部文件资料赠给档案馆，在那里，这些个人隐私会被永远封存。然而，如此档案内容却令人们一次又一次误入歧途、想入非非、陷入迷茫。因为当显而易见的解释有悖事实时，人们就会猜测，也许其所谓的个人隐私只是在逗我们玩儿罢了。

大量证据指向其他更典型的肮脏方向。在里克特留给后人的文件中，虽然找不到与姐姐或玛格丽特·墨菲的通信内容，却能看到一叠与其他异性的往来信件。一封于1941年写给"亲爱的金"的信，揭示了里克特生活中的另一种严肃关系。他写道："鉴于这是一封可以用来长期威胁你的信，我甚至怀疑，在寄给你之前，我应当再改写一遍，从而让以下内容不那么露骨……或许都不用我多说，希望你阅读后一定要记得销毁，因为一旦落入他人手中，如此内容就将变成我们两人的毒药。"他接着建议，万一收信人想保留其中部分内容，那么，最好的办法就是将信中所言纳入一部虚构的文学作品中。这样一来，查尔斯便留给我们如下信息："金"女士也是一位作家中的同道中人。

里克特继续说："爱你是头等大事，我将永远爱着你。要知道，这种爱与肌肤之亲完全不同；就我所能判断的感觉而言，如今最重要的并非身体上的爱。"他告诉金女士，自己已经从最糟糕的情况中走了出来，必须接受后者因文字工作使两人分开的事实。然而，他们之间的感情仍然存在。他随后谈到一种恐惧，即，如果彼此看到对方，或许两人将会重新规划整件事情。里克特观察到，自己与金的情感往来令另一个男人比尔非常纠结，而金显然依旧爱着比尔。

"你知道"，他进而以惊人甚至残酷的坦率语气写道："虽然我也设法与爱过的其他女人见面，甚至走到了一起，但这主要是由于我们后来一直都在关注他人，却漠视了彼此的存在。"读到这里，大家脑海中可能会浮现出如下问题：其他人有几个？对此，查尔斯补充道："生活中没有人能够取代你的位置，我找你找得很久，你不是她人的替代品，也不是在任何街角都能随随便便找到的。"

信中继续有言：

你应该意识到，在大多数正常生活中都有这样的插曲。它们在一段时间内打开了常规限制以外的可能性，为大家提供了固定方式之外的其他选择。当这段插曲被记起时，人们似乎是在做一场梦，如此反常，却又如此美妙……

当然，你知道，我曾非常想提出放弃一切而与你结婚，我现在很高兴没有走到这一步，更多是为了你而不是我自己。如果这种想法毁了我，好吧，那也没有什么损失。但现在很清楚，我们将不会有任何收获，战争会把我们分开，每个人都要做出牺牲，而不是为了眼前的目的。

查尔斯继续说，自己之所以未能对她做出承诺，是因为这位女性从未明确说过与现任分手并来到自己身边；他表示，如果后者这样做了，那么"为了实现让你生活更好的愿望，为了实现好好照顾你的目标，迄今为止，我所缺乏的一切动力都将被你召回，我将坚持工作并认真完成所有任务"。这封信没有注明日期，但里克特提到自己是42岁，而她只有23岁。显然，上述内容是在其广为人知的开创性科学贡献几年后写下的。然而，下面的话却令人生疑，他写道："我对人类关系的描绘从未局限于那些仅涉及两个人的场合，自己看到过太多例外，请原谅我提起这些，事情已经过去了，但不想让你误以为我是如此愚蠢，以至于没有看透其中的含义。"当下恍如隔世，读者只能怀疑：这是在暗示什么？其所言的是一种什么样的关系？

或许，人们只对信尾的只言片语感到好奇，因为这些文字是随后用另一台打字机加上去的。其中，里克特思考了与这位女士未来如何相处，后者大概能从两人关系中得到什么，以及他自己又能从中得到哪些情感寄托。在该段落的最后，令读者疑惑的内容又来了。查尔斯写道："你教育了我，也许在某一天，会有人取代我同莉莲的关系，你做到了……然而这似乎又不大可能。"由此，人们倾向于怀疑金与莉莲的关系本身就很特别，尽管我们对此细节仅仅停留于猜测层面上。

该信第三页用一种始料未及的口吻结束，其中还包括写了没有几行的如下情诗：

然而它需要决心和冷静的力量，
在这里，在我们骑行的温暖夜晚，
要超越所有理解，最终，
谦逊地把爱作为我们唯一的向导。

可以肯定，这是一首尴尬之诗，最后也许只是想表达出某种温情蜜意。在1941年8月29日的手写日期之后，查尔斯又加上了结尾几段：

花了几个小时才把它写出来，我对内容不满意，甚至不确定自己是否愿意如此表达一些含糊不清的东西。

非常难过，直到今天早上才遇到你，这不会是最后一次吧？希望再次见面的光阴不会太长，但无论如何，离别后重逢的日子都将显得遥遥无期。

如果想继续联系，我目前的周末安排如下：

周六上午，在实验室；

下午，先回家，然后去牧场；

晚上及整个星期天，在牧场；

（莉莲将在周六和周日出城）

周六和周日晚上，我将会留在牧场，但下周一可能要去帕萨迪纳接莉莲……

非常爱你。

显然，在结尾时，这封引人注目的信并没有像其开头那样激情四射。当然，即便是以"亲爱的金"作为开场白，即便能够反映出一段曾经电光火石般的男女关系，如今也都已经安全地成为过去。人们不禁要好奇，金是谁？

在接下来的若干年里，这位女士和查尔斯继续定期通信。前者于信中提到过比尔，并称自己最初与比尔虽有感情，但没有进一步发展。其间还描述了她后来是如何下定决心，抛开自由奔放的青春，选择同比尔定居下来，并于1942年6月结婚。同年8月，她问里克特最近是否去过"牧场"。并写道，她认为，那里是自己生命中已经结束的篇章，回忆将永远留在心中。"我把牧场和一年前的故事联系在一起，如今，我开始讨厌那时的自己……从某种程度上讲，你帮过大忙，拯救了我和比尔的生活，愿意倾听我的胡言乱语，让我平静下来。如果说多愁善感已令自己饥不择食，那么，你的一封封回信就是营养丰富的精神大餐！"

金继续写道，对比尔的依恋变得越来越深，十分赞赏这位善良且乐于助人的丈夫。然而渐渐地，她开始拉开夫妻二人的距离。金和比尔于

1945年4月搬家至巴尔的摩,她从那里寄信给里克特。但不幸的是,比尔本人打开了里克特回寄过来的包裹,正如金写给里克特的那样,"比尔想知道你是谁?为什么会突然想起我的生日?你所谓'我可以吗'到底是什么意思?显然,丈夫的疑惑还有一箩筐"。她忠告里克特,如果两人不再联系,便会更高兴,于是从那一刻起,似乎这一篇章永远结束了。

在所有这些信件中,我们对金知之甚少,其姓氏从未出现在他俩的文字里。大家仅仅知道这位女士出生于1917年或1918年,并在1942年同一个叫比尔的男人结婚,1945年搬到巴尔的摩;她本人也是一位作家,似乎擅长写小说,尽管也许不仅如此;另外,在第二次世界大战期间,由于比尔或她自己的承诺,被迫离开了帕萨迪纳;她亦曾为格拉西联谊会成员,大概只是暂时性的。除此以外,我们一无所知,但能够肯定,金是里克特毕生挚爱之一。

随着与金的通信逐渐减少,其他交流接踵而来,填补了里克特情感生活的空白。1944—1945年,他给一位叫"梅维斯"的女士写过很多信,后者也是格拉西联谊会成员。梅维斯给里克特留下了深刻的印象,这位地震专家认为其具有敏锐的数学天赋,甚至于他在信中既会讨论一些数学问题,也有对梅维斯继续研究之鼓励。当然,他们还就哲学以及更为亲密的私人问题交流过看法。在1944年9月14日的一封长信中,里克特分享了自己的人生阅历。他写道:"中年是一个人开始利用自己知识储备之际,此前,虽然已经积累下很多经验,但真正感兴趣却要等到中年以后。中年人的知识运用具备前瞻性,过往的背景资料被重新拾起,从而能够丰富现在的生活,并准备好再次作为将来的背景。"在结尾,他继续说:"如今,身上的匆忙和急躁比以往少,所有来到身边的事物都可能为自己积累经验,以至于让我没有机会不耐烦,更没有机会吹毛求疵。当下的生活太充实了,我不可能去自私地追求他物,但也不会因为过去的经历而退缩。"如此结尾没有那么多内省,里克特仅仅是在阐述观点,仿佛炫耀自己并非普通人,而是将一个显而易见的事实抛出来罢了。

这封信的开头揭示出一种,但显然也只有一种梅维斯非同寻常之处,里克特承认,他发现后者有着令人分心的吸引力。虽然,往来信件中没有任何内容明确指出两人发生过身体上的亲密关系,但人们不得不怀疑,她是否就是那个年轻美丽的金色长发女子,因为里克特把其性感照片放在洛杉矶穆里洛工作室的一个黑色文件夹里,当然,她也可能是金。但无论如何,即使没有身体上的亲密关系,里克特的信件也证实了自己同梅维斯在情感上的亲密无间。

1938年9月的一篇日记表明,中年查尔斯·里克特的不检点行为可能并不被其本人或莉莲认可。他写道:"现在,当面对批评时,我必须与莉莲共同维护已经建立起来的婚姻关系,并以我们的方式继续下去,而不是以别人的方式。"但他没有详细说明所谓"我们的方式"为何意。显然,可能性是多方面的,但其中一个却十分明显。"也许,某天会有人取代我同莉莲的关系,你做到了……然而,这似乎不太可能。"从某种程度上讲,难道金是催化剂?能够将不幸福的传统婚姻转变为更愉快的非常规婚姻。里克特之言表明,他同莉莲在1937年左右达成妥协,尽管两人均未详细说明其中的"魔法"细节。

在里克特晚年,也就是20世纪60年代中前期,他为一个女人写过一系列诗句,在其口中,称后者为"尼莉莎";这位学者老当益壮,同时还对另一位叫朱莉娅的女人也表达过相当令人吃惊的粗俗感情,这些我们将在下一章详谈。与目前话题有关的推论如下:里克特曾与一位被其称为尼莉莎的女性有染,并渴望同朱莉娅摩擦出火花,尽管可能从未得逞。在莉莲生前和去世后,这位地震专家仿佛还和第三位女性有过交集。跟玛格丽特的关系似乎也断断续续几十年,不过问题又来了,到底是哪个玛格丽特？

关于里克特生活中其他女性的身份，我们几乎没有什么真正的线索，有的只是几个名字。其中，大部分很常见，而且正如大家将看到的，所有这些名字可能并非当事者的真实姓名。此外，目前尚不清楚还有其他多少异性介入过这位学者的感情生活。

里克特档案中的一封信让本传记作者怀疑他是否正在无望地调情，或者仅仅是漫无目的。在一封注明1969年8月15日的信中，他感谢收信人博耶小姐寄来一份《洛杉矶》杂志和后者撰写的关于地震实验室的故事。在信中，里克特承认，自己并不喜欢后者所起的这个标题，感觉"欢乐屋"一词是对实验室的戏谑。查尔斯·里克特以迂腐方式继续解释说："在我的记忆中，欢乐屋是一家机构，就像过去在海滩度假村码头上发现的那样。"无望调情的部分继而出现于这封信最后："我很喜欢和你聊天，更不用说，要是有机会亲眼看见您。"此刻，人们必须牢记，那可是在1969年——一个非常单纯、政治上更不正确的时代。长期担任美国地震学会执行董事的苏珊·纽曼回忆起1976年里克特接受学会奖章的场景："哦，现在仍然记忆犹新，查尔斯对我和我的年轻女助手都有些想入非非。"纽曼强调，当时的情况有多么令人难以置信：尽管自己专业地位很高，但在几乎全是男性成员的协会派对上，她被捏屁股的情况却并不罕见。作为一名受人尊敬的高级知识分子，里克特信件结尾的轻浮文字及其过往的调情举动，尽管略显笨拙，却可能人畜无害。

相当多证据表明，撇开学者复杂的情感世界不谈，当他以专业身份与女性肩并肩工作时，里克特的能力远远领先于他的时代，而且没有一丝不妥。维·泰勒、格特鲁德·基利恩、贝蒂·肖、凯伦·麦克纳利，这些女性都是最好的见证。据里克特说："刚刚接手地震实验室工作时，泰勒害怕得要命，但事实证明她非常能干，实验室从来没有经营得像她这么好。这是由于泰勒具备很大优势，知道如何让身边的年轻男人围着自己团团转，小伙子们无法逃脱任何责任。"在60年代造访日本期间，里克特与维交换过有关地震实验室如何运作的信函。无论维致里克特或里克特写给这位女士的信，都显示出一种友好、同事般的相互尊重关系。维告诉查尔斯·里克特一些实验室的消息，包括那些女秘书们的进进出出，好像她们都拥有如何生儿育女的诀窍，维还会特意向里克特和莉莲问好。在一个很少有女性以任何技术身份参与地震学的时代，必须为查尔斯在专业环境中与女性建立富有成效、相互尊重的工作关系点赞。在职业生涯尾声，他同凯伦·麦克纳利密切合作，而后者则是加州理工学院地震实验室的第一位女性博士后。当麦克纳利转入加州大学圣克鲁兹分校任职并成为该系主任时，她以其导师里克特的尊号命名了学校的地震学实验室。

在自己的专业领域内，里克特欣赏人才，并乐于提拔他们，无论是男性还是女性；同时，也十分体恤个人生活中出现的"红颜知己"。在任何情况下，里克特都有条不紊地扮演着双重角色，而不仅仅是通常意义上的不雅生活，既是科学家又是半个作家。另外，所有迹象均表明，除妻子之外的某些女人也是其另类生活的花絮：她们或为作家，或为诗人，也许在某个时间段又会变成文学创意的教师，却至少不乏一个天然主义者的伴侣。

但究竟还有多少人是其别样生活的另一部分，以及她们是谁，我们可能永远不会知道，而且永远不应该知道。里克特写道，自己的两性概念并不限于那些只涉及夫妻二人的关系。然而与此同时，他虽然没有费尽心思隐瞒生活中其他爱情的存在，但也确实花了一些时间来保护相关人员的真实姓名和隐私。人们倾向于跟随他的步伐，理解他的爱情观。有人可能会说，对于那些与里克特有亲密关系的女性而言，她们的身份其实并不重要；有人甚至会进一步争辩道，她们的存在也不重要。因为这些故事只能代表非常不世俗的东西，对里克特作为一个科学家的形象没有直接影响。然而，它们显然与查尔斯·弗朗西斯·里克特的故事有关。

这位地震专家的爱情生活在某些方面相当复杂。他岁数不大就结婚了，以年龄来说，肯定没有经验。于是，查尔斯便开始怀疑自己是否真正爱上过妻子，并且他还时常出轨，至少有一次十分严重；然而随后，他们夫妻两人还是保持住了终身的伙伴关系，尽管有不完美之处，但查尔斯依旧非常珍惜。西蒙·温彻斯特轻描淡写地将里克特称为一个"性欲旺盛"之人。事实上，对于妻子似乎也有自己性取向的男人而言，没有证据表明，里克特之情感偏好有什么非常出格之处。然而，就其与玛格丽特的可能关系表明，这位学者的内心动荡远远超出了席卷人类心灵的各种常见风暴。

显然，即便其生活确实在很大程度上脱离了社会习俗，这种生活方式仍然是体面、值得尊重和完整的。在里克特所有与异性往来或有关女性的信件中，虽然文字内容丰富多彩，却明显没有任何怨恨或不友好的暗示，也没有推卸责任之意。在夫妻二人的艰难岁月里，决绝的打算就是离开莉莲，但最终他还是和她在一起，并以家庭而非其他方式维系下去。在生命中，里克特同女性之间一定发生过很多故事，虽然我们永远无法知道全部，却可以理解梗概。如果个性复杂之人通常就应当有着复杂的关系，那么里克特之复杂也便不足为奇了。

13

秋天的故事

1927年 | 12月　　　　　　　　查尔斯·里克特　《日记随笔》

　　问题是,像我这样一个强调科学精神之人,如何才能找到艺术的表达方式?

有关青年里克特的内心独白，我们所掌握的线索主要来自其个人文字。在他寄出或收到的信件里，女主角的名字往往都不带姓氏。即便已经年过花甲，这位学者之感情生活依旧，或者说，比年轻时更加复杂，因为他会在自己生命的秋天同女人鸿雁传书，虽然沟通方式并非信件而为诗句。显然，对于地震学家而言，写诗唱曲儿都不过分，在查尔斯·里克特去世后的几年里，其生前个人花絮始终流传于地震学界，虽然很少，但众所周知，这位学者善于诗歌。从道听途说的情况来看，大家普遍认为：吟诗答对只是一种闲暇乐趣，每当徒步旅行于心仪的南加州山区，或者安静享受正午阳光时，他才会潦草地写上几行。

事实证明，里克特对诗歌的涉猎就像斯蒂芬·埃德温·金[①]浅尝于推理小说那样，虽不那么成功，却从未放弃过。加州理工学院档案馆的资料显示，里克特一生都不辍笔耕，不仅包括诗歌、散文，也有言情故事、科幻小说甚至涉及哲学话题。其诗歌内容异彩纷呈，从短句到能够与英国人约翰·弥尔顿[②]媲美的叙事诗，即便质量尚不尽如人意。实际上，在他一生的严肃职业生涯中，查尔斯花甲之年的爱情诗歌达到业余文学家的顶峰。在大家眼中，这位科学家给旁观者的深刻印象是地震高于一切；然而去世后，同事们才看到他生命中的另一面：查尔斯的世界里充满着写作，其文字中充满着热情。

从一些书面文字和他自己的叙述来判断，里克特之写作生涯始于1921年情绪崩溃之后。当时，精神病学家罗斯·摩尔博士建议他尝试用诗句进行自我表达。鉴于姐姐玛格丽特已经是一位崭露头角的诗人，上述忠告便成为查尔斯顺理成章的自然选择方向。同时，他也承认，虽然

[①] 美国作家斯蒂芬·埃德温·金出生于1947年，不但编写过剧本、专栏评论，还曾担任电影导演、制片人以及演员，代表作品有《闪灵》《肖申克的救赎》等。

[②] 约翰·弥尔顿（1608—1674），被称为英国文学史上最伟大的诗人之一，代表作有长诗《失乐园》《复乐园》和《力士参孙》。

自己对所有艺术及其在社会生活中的作用深感兴趣，但除了文学表达外，并不具备其他艺术形式所需的协调或精细运动控制能力。即便如此，这里也要补充一点，里克特的双手还没有笨拙到不会打字的程度。

于是，从1924年春天开始，他不仅在脑海中构思，还把许多诗句用打字机打出来，从而慢慢让自己情绪稳定起来，恢复到曾经正常的状态，并重新投入科研工作。尽管诗歌产量似乎在1926年年初便大大减缓，然而到1929年12月前，查尔斯作品不断，一首接着一首。

里克特的早年诗歌就像研究生日记那般漫无边际，想到哪儿写到哪儿，总是在用几近狂热的情感来处理一些略微沉重的主题，字里行间流露出对自然、上帝或友情的眷恋。据他本人回忆，那些死板严苛的科研计划令人精神疲惫，迫使其时刻保持冷静且紧张的精神状态，以致自己的艺术表达能力即使没有完全丧失，也变得非常迟钝。显然，伴随诗歌创作力的耗尽，查尔斯的兴趣转向日记随笔这种更加自由的表达方式。另外，人们还注意到，在1927年邂逅妻子莉莲时，这位27岁的小伙子可能，并且是非常可能从未经历过男女之事。毫无疑问，他意识到，在之前的几年中，自己有一种强烈的性挫折感。而且我们很快就会看到，据里克特自述，虽然科研工作迫使其放弃了作家梦想，把主要精力聚集于前者，但感情生活的变化无常同样对他的研究与写作产生过巨大影响。

1928年7月，在与莉莲婚后不久的几个星期内，他便写出了如下文字：

平和时光

没有想到会有一天，

我应如当下这样平静。

这么多石头被清理掉，

我感到有些迷茫。

是否得到短暂的休息？
当命运准备好了一击，
如今必须面对无法预知的战斗？
我大概希望如此。

这种平静的状态，
危险不亚于陌生。
和平对我来说并不自然；
思想为变化而生。

担心力量逐渐丧失，
最终令我措手不及。
如果继续走此道路，
我便无需全部力量。

这是明显的诱惑，
任何圣人都曾经历。
绝不能够安于现状；
要完成的工作还有很多。

如果说查尔斯最终找到了内心的宁静港湾，那么，至少有一部分成效应归功于夫妻间的和睦。然而，港湾里更多的则是一如既往的波涛汹涌。在记忆中，他的整个人生几乎都在被形形色色的心魔所控制。

虽然已经有了家庭，但精神死结却没那么容易松开，即便这些心魔离开码头休假了，他却依旧神情恍惚、无所适从。里克特似乎明白，折磨本我的精神顽疾与推动自己取得成就的信念，不可分割地将永远交织在一起。

尽管如此，在1927年之后的几年内，这位学者的写作生涯似乎确实出现过短暂停顿。有证据显示，在这段时间里，其诗歌、散文或随笔文字均很少，内容亦没有那么漫无边际，倒是极富内涵。1932年，他在一本名为《加利福尼亚诗人》的文集中发表了5首短诗，并收到过16美元的报酬。说来也巧，他的姐姐玛格丽特也曾向该文集投过稿。

从一首动笔于1936年8月的诗中，人们能够大概领略到查尔斯·里克特夫妇正在消逝的蜜月期：

不再被执着的欲望天使所包围，
我们能否找到一处平静的空间，
用以观看世界和交谈？
因为他们拍打的翅膀曾经如此迅速且高远，
难道放弃这种飞行，
就能妨碍愉快的散步？
也许还有光亮，
就像远处雨过天晴的闪电。
过去了，所有曾经的闷热，
均已变得新鲜、清澈。
即使那些刺眼的翅膀，
又将把我们团团围困，
大家是否最终找回自己，

继续静坐在一起交谈？

在步入婚姻殿堂的最初几年里，里克特不仅踌躇满志、意气风发，还承担着如何定义震级的艰巨任务。然而，随着职业生涯中这一关键时刻的结束，他再次将无限、不受控制的疯狂精力投入写作中。甚至在1937年，除了诗歌之外，他还精心炮制出一份似乎有关哲学问题的手稿。当然，内容与过往研究生院的日记随笔一脉相承，大多涉及一些严肃话题，只不过缺乏立意高度，仅仅天马行空地乱谈。但在里克特脑海中，这些话题显然占有特别重要的地位，不仅涉及"新物理"的哲学意义，更指向一位内向学者必须迎接的挑战，以及来自社会、伦理与生活的方方面面。

然而不久之后，查尔斯的精力显然又转移到了其他地方，而且似乎并非本职工作。我们在上一章已经认识了金这位年轻女子，而里克特很可能与她有过最认真的爱情碰撞。另外，某些指向与玛格丽特的早期关系或情感依恋线索也浮出水面。与上述状态相呼应的是里克特的日记。其中显示，在1939—1940年间，他没写过什么诗，直到1944年才恢复到以前的多产水平；不过在30年代末，里克特确实写了一两首情诗，这也许是对金第一次悸动的结果；当然，还有可能源自对玛格丽特持久激情之启发。

1938年的无题诗表明了比他第一次坠入爱河更多的东西：

在闪亮的屏幕背后跳舞，
将生命与半虚伪隔绝；
看到并完全了解，
没有苦恼，没有防备；

全身心的欢欣鼓舞，
并无一处体面的保留；
你的嘴唇、你的胸膛、你的脚趾都在发声，
纯粹大胆的喜悦充满活力；

抛开所有规则，把它们放倒，
仿佛上述只为一种配饰——
这些都是你的恶习，亲爱的，
而我却要遗憾地说，如此属于我的挚爱。

与科研论文类似，传记小说中的间接推论同样缺乏通盘考虑。然而，当人们阅读这些诗句时，很难想象它们与一段令人目眩的恋情开头有关。当里克特被男女感情冲昏头脑时，写作量可能大大减少，但恰恰是在如此短篇的爱情诗歌中，他找到了最清晰优雅的表达方式。

显然，里克特与金的恋情始于1940年左右。他不仅与后者保持通信往来，同时也和梅维斯维系着亲密关系，这些直到1945年才结束。如果写作内容确实随查尔斯爱情生活的减少而削弱，那么到了40年代中期，这两段情感似乎已经走到尽头。此时，他不仅全面恢复了诗歌创作，还将大部分精力转向小说《桥上的房子》。从本质上讲，这个故事是一部长篇肥皂剧，描述一小撮朋友和恋人的生活琐事。当然，剧情的重点是后者。先是约翰与当时已经嫁给詹姆斯的威妮弗蕾德发生关系；接下来，玛蒂尔达这个年轻的自由灵魂，又成为约翰的第二位爱情对象。阅读这个故事，人们仿佛揭开我们地震专家的生平面纱：约翰扮演里克特，威妮弗蕾德也许就是莉莲，而玛蒂尔达则可以替换成金。甚至大家开始怀疑，里克特从写作中找到了宣泄方式，以虚构形式保留自己最愿意记住的那部分生活内容，从而慰藉感情的逝去；或者说，旁观者希望他能够找到某种情感寄托。然而，该写作项目在其他方面一无是处，几乎没有形成连贯性的叙事逻辑。

即便有过创作小说的激情，然而到了1951年，这种激情宣泄显然以失败告终，因为此刻的查尔斯再次将自己的注意力游离至科幻文学。一部新小说《泽姆岛上的亡命之徒》发展成快要杀青的手稿，打字完毕后，里克特将其寄给斯蒂尔-史密斯出版社的编辑约翰·坎贝尔。在一封亲笔回信中，后者写道："您的手稿内容并不完整，情节太过复杂，无法展开细节。"并补充说："更好的素材来自对一个相对简单主题的深耕细作，而不是您所写的小说这样，虽然想法很多，但叙事逻辑却非常松散。"

如果用一句话来概括里克特毕生的大部分著作，"想法很多，逻辑松散"或许就是答案。他的文字，从20多岁的日记与诗歌，到后来的小说及叙事诗，都是在山山水水中艰难徘徊。什么都想解决，却什么都不做，很少得出答案，甚至连问题的关键也不清晰。

就是这样一个人提出过家喻户晓的里氏震级。如果没有专注力，无法进行高强度复杂计算，缺乏敏锐科学观察，以上成就不可能实现。但另一方面，尽管如此功劳足以印证其扎实的学科素养，然而在艺术表达方面，这些功夫却派不上用场。对此，我们不可求全责备。

具有讽刺意味的是，当设法扼制自己如火山爆发式的宣泄欲，并致力于创作短小精悍的文学作品时，里克特的艺术表现力达到过最佳状态；与此同时，他又明显体会到一种强烈的挫折感，因为自己的语言表达能力被钝化了。对里克特来说，写作是他的一处珍贵的情绪出口，是对受专业纪律严格支配的职业生活之重要平衡。当写作能量有广阔发挥空间时，这位学者快乐至极，似乎从未意识到，伟大的艺术需要用自由和约束来平衡。当然，即使在最好的情况下，里克特的诗歌也不可能触及伟大艺术之水平，但其短诗水准或多或少还说得过去，达到了自己更多叙事诗无法接近的高度。

在50年代中后期，查尔斯·里克特的文字量再次下降。问题似乎出在创作精力方面，一心不可二用，忙于科研便无法顾及生活情感。在这几年内，他致力于职业生涯的第二个伟大贡献——撰写大部头的《初等地震学》。在许多人眼中，这本书才是其个人的最高成就，并且是第一项成就。查尔斯的继子于1957年去世，而3年后去世的古登堡想必此刻也垂垂老矣，如此外界因素很可能进一步影响了查尔斯的艺术表达欲。

晚年的里克特，重新开始写短诗，特别是在60年代末和70年代初。在这一时期，他的诗作再次显示出长篇文字中极度缺乏的专注力和清晰思路。如下，凄美情感又一次从笨拙表达方式的阴霾中浮现：

读歌德有感（1969年）

太多了

如今的干扰太多了；

诗歌的声音，

消失在喧哗、轰鸣与摇动中，

砰的一声！

等待吧；

傍晚就要来临，

当树上的鸟儿安静下来，

当所有的山尖，

都进入了梦乡。

没有软弱（1970 年）

最终必须马上出发；可以告诉你在哪儿，但不能说出为何。

粗犷的柏树和雪松，从天空探出头来，

直插云霄的枝头，有你需要的答案，

而我正在卷起毯子，把食物放入包中，

绑好沉重的行囊，搭在自己的肩背，

行走于日出时分的曲折坡道。

对城市的依恋超过我应有的时长；

当下的自己，必须到山林中游荡。

亲吻和握手，苹果和玫瑰，一无是处。

野松是我的需要；树皮厚重且粗糙，

即使山坡上的花，也将有所隐藏，

底部的坚硬，花瓣的无常。

1970 年，里克特写下一首直击灵魂之作，听起来好像是生命暮年的独白。事实上，尽管此刻莉莲的健康状况正在恶化，但至少这位学者本人，还有 15 年的好时光。

结局（1970 年）

不，我不会忘恩负义。

有些生活相当美好，有些却异常糟糕。

为何要与凡人的宿命争辩？

这里并没有太多恨怨。

恐惧始终存在，因为它们来自黑暗，

在惊吓和仇恨的旋风中；

我从未长大成人。

够了，我活下来，并且就在这里。

有人羡慕我，但他们

永远不知道那对于我是多么微不足道。

心中理所当然的东西——

远比他们想象的要少。

我静静地走下

这最后的长梯，没有太多犹豫，

不惧怕期待中的温柔抚摸，

因为这就是自己的结局。

人们不必担心查尔斯·里克特会放弃科学研究而致力于艺术创作，从而错过真正的使命。在最好的情况下，其诗歌中会偶尔出现令人落泪的情感画面。但前提条件是，为了达到这样的效果，查尔斯就必须在文字田地里深耕细作，因为这片土壤一地鸡毛。他或许有诗人的灵魂，只是缺乏诗人的语言表达能力。然而，如果把闲暇时间用来培养短诗技巧，人们便能不费吹灰之力地想象出，科学与艺术表达的幸福结合正是查尔斯一生所深切渴望的。

从某种程度上讲，在短诗中，里克特至少实现了如此渴望之情，这是一种奇特的、暴露灵魂的表达。我们必须注意，不要过度解读查尔斯的作品。显然，其想象力可以自由支配，他自己也承认倾向于幻想和浪漫化。然而读他的诗，很难不看到他直抒胸臆并对自己的心魔进行反思。

比如"诗歌的声音/消失在喧哗、轰鸣与摇动中";也一定会有"花瓣的无常"这种表达坚韧内心的语句;当然,还将流露出对自然和孤独的衷情,类似"粗犷的柏树和雪松,从天空中探出头来/直插云霄的枝头,那里有你需要的答案"。

作为一个初出茅庐的 26 岁年轻人,里克特试图寻找人生方向,也似乎知道自己应当从何说起。为此,他写道:"我想,现在已经发现问题的关键,理性地说,我的主要艺术困难在于应该如何做有效的文字表达,而非找不到什么东西进行表达。"如此窘境困扰着他的一生。更具讽刺意味的是,在担心自己失去声音的时候,他恰恰找到了自己最好的表现形式。

所以,人们自然会对其晚年的动荡情感颇为好奇:一位 60 余岁的老男人,虽然不是风流倜傥的身体标本,但已经取得过事业上的成功与名声,如此之辈能否再次坠入爱河?从他的粉丝邮件来看,老年查尔斯对异性并非完全没有吸引力,而那些年所写的一些诗似乎又提供了无可争议的答案。

致朱莉娅

女人么,男人会说,都是一样的,
她们似乎像夏天的花朵各不相同,
只绽放在阳光普照的地方,
一旦进入黑暗的房间,花朵的差异就将消失。
我不知道其中多少为真、多少为假,
因为我不谙异性之道。
只有几个人爱我,但她们之爱,
昼夜不分。

我只认识阳光下的你，
但从你的坦率中可以猜到很多；
当来到你黑暗的房间，
或许会遇到特殊爱抚。
然而如果你愿意，我应感到惊奇，
因为自己从未有那么好的运气。

至少可以说，这是一篇有趣的文字。对于女性读者而言，一想到前四句，她们便顿觉尴尬不安，甚至有些难为情，因为这些文字代表了大多数男性眼中的女人形象。抛开这一点，我们就会注意到如下隐含的忏悔："只有几个"显然不等于"一个"。但大家知道这一点，所以继续往下看，女性读者很高兴听到他会排斥世俗观念，当然，如果确实如此，那么，黑暗中女性形象就都是相同的。我们的欣慰很快就变成好奇：这位吸引里克特注意力的朱莉娅到底是谁？"朱莉娅"是其真名吗？另一个问题接踵而至：查尔斯的诗意在满足自己眼球，抑或朱莉娅的明眸？如果是前者，结尾语句则体现出一种凄美的渴望感；如果是后一种情况，这些文字的意义就将大相径庭。

另一首写于1964年12月8日的诗，读起来就是一个更加明确无误的求偶之举。

为何犹豫不决，为何要让我问。
迟早你一定会听到什么？
仅仅说"不"就算是伟大任务吗？
抑或你在忍耐另一种恐惧？
来吧，让我们共同落泪，

为可能发生的事情；

但不要放弃所有当下快乐，

而仅仅接受命运所赐的恩惠。

我现在需要一个轻松之地，

去承受你那拒绝的温柔冲击；

你我心如明镜

是什么促使我满怀希望地尝试，

如果你能说"是"

我将比你开心。

翻开 1966 年 11 月 24 日《致朱莉娅》这一页，当我们看到下面第二首同日之诗作时，疑惑才会越来越多：

现在是给你的，我已经写了很多，

为朱莉娅、尼莉莎，也为其他许多人。

哪里有爱，哪里可以触碰，

我就会在哪里书写；文字能够重复，

感情能够覆盖，线条能够涂抹。

划掉了——因为爱是新的，却又相同。

古老的图案、古老的设计，

围绕着另一个名字组合出新鲜生命。

我们并不陌生，我们只是老友，

这似乎为无价之宝、新铸之物。

如果发出熟悉的黄金光泽，

那只因没有珐琅、没有涂抹。

请原谅我；当我不再如此缓慢，
或许我们早就拥有了宝藏。

由此看来，他对朱莉娅的渴望不求回报，也许最终也没有表达出来。以邀请方式把前面《致朱莉娅》这样的诗送给异性，这将是一次大胆之举，但上述文字为谁而言？哪位才是"老友"？在 40 年婚姻之后，能否重新发现对莉莲的浪漫爱情？抑或某位老友再次进入查尔斯的生活，且扮演的角色异于妻子早年在他心目中的形象？这首诗会不会为玛格丽特而写？虽然里克特年轻时的浪漫文字将掀起惊涛骇浪，但与他高度神秘的灵魂诗句表达相比，那些情书就只能算作公开读物。

另一个疑问产生：尼莉莎是谁？里克特在 60 年代中期给她写过大量诗文，却几乎没有留下任何怀疑的余地："尼莉莎！向我敞开胸怀/在爱你过程中找到了现实"。她真实存在，这一点毋庸置疑。在一本打印出来的诗集中，人们发现了几张小纸条，是铅笔写下的诗句评论，并签有同一个名字，但不是这位女性的真名，从 1966 年 11 月 19 日的以下文字中也可以明显看出这一点：

我需要一个爱称，你签署的那种
很好的名字，听起来不错，我给过你全部
如果丢掉芳名，我便失去了爱。
我们需要一个前所未有的昵称。
接下来如何？像诗人般的莱斯比亚——不，
不是萨福，也不再有那苦涩的恋情！
最亲爱的，我不想让你如此；
我想要一个对男性有兴趣的女性，

是劳拉，是朱丽叶，还是赫洛伊斯①——
你应该选择哪种可爱幻象？
亲爱的，如果愿意，你就是但丁的初恋，
感谢赐予我的祝福，
亲爱的尼莉莎，尼莉莎就是芳名；
这是我们留给未来名誉的遗产。

正如上一章所讨论的那样，该诗前半部分往往会让读者不知所云："不再有那苦涩的恋情"？这是一个有趣的问题，里克特在此是指哪种苦涩情感？除了其本身知晓答案外，人们很难想出其他解释方法。现在我们把注意力转移到与这首诗更直接相关的后半部分，莎士比亚爱好者会认出尼莉莎是《威尼斯商人》中鲍西亚的侍女，但仍不清楚这给我们提供了什么线索，如果有的话，也许此名还有其他意义。至少在艾丽西亚联谊会最早的时候，新成员站在霍巴特·格拉西面前，接受来自希腊神话的"营名"。尼莉莎的确是一个希腊名字，意思是"海仙女"；然而朱莉娅却是一位拉丁裔。无论如何，里克特笔下的尼莉莎似乎本身就是位诗人，也许还是个写作老师。

因此，我们现在有了朱莉娅和尼莉莎，或许还有他人以及里克特的老友。不难想象，其中一个或多位可能来自格拉西：毫无疑问，直到20世纪60年代，查尔斯还与该组织中几个人保持着联系，并且他早年异性朋友中至少有一位是格拉西成员。耐人寻味的是，1965年6月14日，有位名叫露丝的女士寄来一封俏皮的信件，里面调侃道：地震专家以

---

① 劳拉（Laura）是意大利文艺复兴早期诗人彼特拉克的梦中情人，他为劳拉写了375首形式整齐、音韵优美的十四行诗。朱丽叶（Juliet）是法国作家雨果的情人。赫洛伊斯（Heloise）是中世纪法国著名哲学家皮埃尔·亚伯拉德（Peter Abelard）一生挚爱的女学生。

"我所有的爱"结束了最后一封信,他必定对其他女性没兴趣了。可以想象,6月调侃信的交往大概会在半年后发展成为一段恋情,当然,这仅仅是一种可能性,而非确定性答案。不过,如果说查尔斯·里克特生命中其他女性有什么共同点,那就是她们都是作家。

一首日期为1966年12月15日的诗令人愿意相信,晚年的查尔斯重新燃起爱情火焰,但对象却不是莉莲。

山上的日子

我被唤醒,

随着第一声鸟语,在最早的黎明,

注目山峰接受阳光的照射。

我的爱人,整天都在想你。

我不生火,

却迅速离开自己的地方,走在小路上

沿着河边慢行。

你的脚步细腻而有力。

眼见瀑布,

喷出急流,切断路途

给我带来了小麻烦。

以便让我欢喜地亲吻你的嘴唇。

中午的热浪,

曲折的上坡抓住了我,

从阴影躲避到阴影，

以便让我崇拜你圆润的乳房。

上游的湖水，

流进散落树木的草地，

有紫色的龙胆条纹；

那是我的帽子。

我的爱人，我在你心中永远安息。

乍一看，这似乎不是写给近 40 年结发妻子的。当然，里克特自己也承认，他对莉莲的感觉不是身体上的浪漫之爱，而妻子对他的感觉可能也并非深情。

而两年前的另一首诗，日期为 1964 年 11 月 1 日，更强烈地指向一个新人。

秋天

没有水、土或空气；没有火甚至余烬，

给疲惫灵魂一处栖息之地，

以便在熄灭的炭火上断续呼吸，

错过怀念的温暖光芒。

年复一年，十月让我心寒，十一月

带来真正的霜冻；后来的热腾酒碗

将会给予我些许欢乐，而最近的追求

则是再过几个岁末。

如果没有你，我将难以释怀，

亦无信心等待春天的到来。
你是我的春天，是青鸟的翅膀，
你温柔的手指，平静且无比灵巧，
编制出一幅挂毯，上面的每样东西
都有理由与位置；你用自己的双手
围绕我俩画圈，从此再无别离。

1966年即将结束时，里克特又写了一首诗，日期为1966年12月30/31日：

独自一人，在除夕之夜！我没有心情
为迎接来年而庆祝
带着小小遗憾，但不急于求成；
带着合理希望，也没有太多恐惧。
陪伴会更受欢迎，而不是
欢聚一堂；手与手触碰，而非手与杯子的握紧。
在一处安静之地，有一个温和的壁炉，
没有熊熊燃烧的原木，没有奄奄一息的余烬。
经过漫长窘境，方才领悟
岁月如此静好，或许非常糟糕，某时皆有可能。
即便中年的我最好，其中亦有缺憾
以祈祷开始，以誓言完毕。
默默等待岁末结束，
确信我有一个朋友。

在这里，人们又领悟到一种令人不安的模糊感。查尔斯和莉莲有许多个圣诞节是分开过的，看来 1966 年就是其中之一。然而，这首诗是里克特特意写给他非常想念的缺席之妻吗？或者是写给近年来重新进入自己生活的那位"老朋友"？以上文字表达出一个年长者对安静陪伴的向往：在世外桃源有一把温柔心火，那里"没有熊熊燃烧的原木"，更"没有奄奄一息的余烬"。

然后是一首日期为 1966 年 10 月 10 日，但在 1967 年元旦重写的诗：

在泡沫里咆哮多年

越过我的堤坝，开凿出一条通道，

我视你为遗弃的家园，

得知你比我想象的更亲切；

就像打开了生锈之锁

我在那里囤积着毫无价值的纪念品，

盒子里放置着褪色的紫罗兰

土块中发现过钻石。

知道你爱我，知道你聪明且善良；

我谦卑地感激与跪拜；

但年轻却限制了想象，

怎料你已为我扭转过世界。

如今，在经历过多年动荡后，

我应当欢喜，还是你愿意流泪？

如果让科学家阅读这一系列令人瞠目结舌的感人诗篇，并试图破译其中的奥秘，那么，他们只能举起双手投降：数据不足，无法得出任何结论。然而在这里，历史小说家却可以愉快地利用艺术渲染手段来充实细节：我们不仅会明白这位老朋友是谁，而且会知道她有一头乌黑的卷发、一个羞涩的微笑和迷人的淡褐色眼睛。与此同时，那些传记作者则被留在夹缝中，并被迫承认：虽然我们可能永远不会对这些诗所提出的问题得出真正答案，但确实有足够暗示来指向一些可能的、并不确定的解释。

人到中年，查尔斯把婚姻的生米煮成了熟饭。这位 49 岁的学者曾表示，希望自己能真正爱上莉莲，当然，他也确实对妻子曾经一往情深。里克特意识到，通过与后者共同渡过的艰难岁月，已经开始对她动了真感情。从各方面来看，莉莲对丈夫也百般依恋，即使并非爱得死去活来。在 20 世纪 40 年代初，里克特还有过其他秘而不宣的情感世界，其中至少有一次是认真的，即便到了人生暮年也是如此。至于跟玛格丽特之关系，即便她同时也是这位学者最明确的异性知己，但仍然是查尔斯·里克特情感大谜团中最大的一个。

晚年的查尔斯和莉莲继续分开度过他们的大部分假期。后者的结肠炎以及前者对自由的持久需求，使莉莲无法参加丈夫的山间徒步旅行活动。与此同时，里克特强烈的恋家倾向也令自己不能陪同妻子于世界各角落的异国之旅。然而，如此境况难道不是所谓的"小别胜新婚"吗？

在这位地震专家单独的夏季徒步旅行期间，两人之间的信件不断，显示出十分强烈且真挚的离别之情。1964 年夏，莉莲诅咒自己身体状况欠佳而无法同丈夫一起欣赏山林风景，于是那个夏天，在给后者相关信件里，如"照顾好自己"这样的温柔落款比比皆是。查尔斯保存着妻子于 1965 年送给他的生日贺卡，其正面写着："我可能不是一个天使！"而内页则有"但即使化成魔鬼也会爱上你！生日快乐！"在此必须诚实地补充一句，莉莲于卡片上的亲笔签名却异常简单："致查尔斯，来自莉莲"。然而到了 1965 年，在后者去法国和非洲长期旅行期间，这对夫妇却互相挂念，几乎每天都有信件往来。查尔斯在其中一封信中告诉莉莲，如果她不继续前往廷巴克图，自己会更高兴，并补充说："毕竟，我确实很重视你。"两周后，当妻子完成非洲之行并返回法国后，这位地震专家兴奋地写道："当看到你信上的法国邮票时，我竟然从未如此欢欣鼓舞过。"

让我们用里克特自己的语言来形容以上情绪：

知道你爱我，知道你聪明且善良；
我谦卑地感激与跪拜；
但年轻却限制了想象，
怎料你已为我扭转过世界。

很难从其他方面来解读如此诗句，这是一种迟来的赞赏、忏悔的表达，就算不是爱，也肯定是一种巨大的温暖、感情和持久的情谊。但是，如此心境是针对妻子还是针对被重新点燃的昔日爱人，人们也许永远无法确定。总体而言，查尔斯的诗句暗示这不是非此即彼的问题，现有证据亦表明，尽管生活中还有其他非常认真的红颜知己，但他对莉莲的依恋却很持久。

毫无疑问，在莉莲去世后的几个月里，他写的一系列诗歌中都闪耀着爱和心碎的光芒。据里克特说，莉莲的健康状况已经糟糕了好几年，直到 1972 年秋才完全诊断出淋巴癌。根据这位学者描述，妻子在 20 世纪 60 年代末逐渐感到身体不适，并于 1970 年 7 月切除过体内肿瘤；她很可能患上了肠癌这种结肠炎患者容易导致的后果。查尔斯说，医生确定该肿瘤是恶性的，但他们没有向莉莲传达如此信息。在接下来的日子里，她从最初的手术中恢复过来，又回到原来的生活。当然，里克特亦如此，他于 1970 年 8 月 18 日离开家，去约塞米蒂国家公园徒步旅行，并于 9 月 3 日返回。然而，莉莲的身体每况愈下，1972 年年底，莉莲脖子上出现了肿块，必须进行手术，且被诊断为淋巴瘤，她在医院待了 10 天，于 10 月 25 日回到家中。到了此刻，可怕的未来变得清晰起来：虽然手术后的状态足以回家，莉莲的健康状况却急转直下，不得不在 11 月 5 日最后一次返回医院。1972 年 11 月 6 日下午 5 时 30 分，就在理查德·尼克松以压倒性优势战胜乔治·麦戈文的前一天，莉莲·布兰德·里克特离开了这个世界。

在一本 60 年代末至 70 年代初的诗歌笔记中，里克特插入了一页简单内容。

《之后的诗作》1972 年 12 月——

随后的几首诗既短小又令人心痛。

自深深处（1972 年 12 月 6 日）
黑暗，
突然落下；
暮色太短。
星星也无助；我思念
太阳。

我躺着
试图思考，

却被暴风雨般的梦境困扰

依旧无法接受所知道的一切

但接受只是必须。

新的一天

曙光的确会出现

但存在另一种光。我知道

失去的就是失去；希望在哪里，

难道只有收获？

和平（1972年12月9日）

从来没有，

根本就不会

再次听到那种声音，

再次看到那张脸，

再也无法触碰那双手。

相信吧

谁都可以，

相信还有更多，

没有什么是真正的结束，

而一旦曾经活过。

最糟糕的是

剩下的，失去的

不是欢乐和希望

虽曾经拥有，却未能成行

却不可名状。

毫无疑问，这些诗句表达出最深的悲痛之情。里克特还给莉莲的朋友们写过令人揪心的信，告知他们妻子的离世。其中只有一封是给加州理工学院圈子里熟人的，出人意料的是，这个人恰恰就是赫莎·古登堡。鉴于可能意识到地震实验室一些人会认为他们夫妻的结合有些奇怪，甚至太过与众不同，于是他写道："我们不觉得自己过于依赖对方，虽然莉莲是一个非常独立的人，但我对亡妻的感受比能告诉大家的更多……断裂的联系，沉默的房间。"即使这些话中闪耀着一种麻木和心痛的感觉，人们却不得不怀疑收信人应如何体会这些辞令。如果说莉莲的人生是对传统女性的挑衅，如果说她的抱负和独立性已经按照当时的社会规则得到了升华，那么大家就会怀疑，这些关于她离世的文字只能点燃余烬。

然而仅仅几个星期后，里克特就写下了两首一组的对诗，标题相互照应，打印在同一页上，重新点燃了所有问题。

对某人的疑问

我的爱

无法决定

她将要或她不会。

因此，她把确定性

给我。

激情

像号角一样吹响

从塔楼下落的声音

唤起骨骼中的军队

唤起血液里的灵魂。

一只灰蛾,

一只蝴蝶。

飞落于白天或黑夜,

不顾任何荆棘,

前来享受盛宴。

对另一个人的告别

我亲爱的,

你不会在乎。

你常常说

这一切将意味着

毫无意义。

如此简短,

还剩下什么;

要有一点光

要熠熠生辉,有点黑暗,

然后便是遗憾。

残存的东西

可能是个阴影,

你我必须离开,

把我们破旧的爱带去

在和平中安息。

《对另一个人的告别》只能是写给莉莲的，与其说是在告别，不如说是继这组诗的第一首后，学者在试图请求原谅。然而，里克特之问题是向谁提出的？人们怀疑，这一定为其在60年代中期的一位异性朋友，即他所说的尼莉莎或朱莉娅，也可能是那个老朋友。耐人寻味的是，在里克特于莉莲去世前后几年的日记中，人们发现了一些几乎无法辨认的随笔内容。比如"午餐，J"（1972年12月2日）、"J"（1973年1月10日）；以及更晚的"午餐，J，12:30"（1978年10月24日）、"J回来了"（1979年5月8日）。在莉莲去世后的几年内，查尔斯生活中似乎还存在着一个"J"。他"询问另一个人"的日期是1972年12月26日，而那年的日期簿上则写着"定于12月28日的午餐，J"。但她是谁，以及这位异性与里克特年轻时有怎样的深交，就算一切属实，我们也只能依靠想象去还原真实场景。即使能够明显推断出J就是代表朱莉娅，也与事件的时间顺序以及里克特在诗中所写内容相矛盾。然而无论如何，几乎可以肯定的是，在莉莲去世前数载，甚至很可能包括去世当年，里克特的生活中还有其他女人。

毫无疑问，正如我们所看到的，仅就浪漫问题而言，里克特的信件和诗歌表现出一种健康的开放态度，字里行间流露着对多位异性不加掩饰、毫无保留的情感，并且几乎是在同一时期内。1966年的一首诗或许涉及生活中的至少两个女人，其中表达出的愿望更与社会习俗大相径庭。

家庭

这是我的希望：

过一种门窗敞开的生活，

没有任何秘密，无须封闭锁紧；

这是一只友好的狗

欢快地吠叫着有人来访,

摇着尾巴表示欢迎;

这是一只优雅的猫

愿意让人欣赏,

同意与人交谈

而最重要的则是,

知道我能从哪扇门走进

就像心跳一样轻快。

然而,传统就是传统,里克特非常了解这一点,因此,他将那些可以分享的信息呈现于人们面前,却把需要珍藏的内容保护得很好。大家能够理解其人生,认可他对女性的钟爱与欣赏,了解其就浪漫关系的非正统感受,但所有令女人或她们后代尴尬的细节都成为学者永恒记忆,我们只可猜测,无法证实。

有关查尔斯生命中的一位特殊女人,我们知道得更多,因为对于此类故事,大家已经掌握了开篇,也阅读过中间内容和结尾段落,显然,其女主角就是莉莲。里克特不仅尊重妻子,而且深深地爱着她,1973年2月所写的诗就是最好证明。

孤独

克罗科斯[①];

[①] 希腊神话中的人物。克罗科斯(Crocus)是众神之一赫耳墨斯的朋友,在被后者误杀后,三滴血从他头顶滴落于植物花茎上,从此,这种西红花茶植物便获得克罗科斯之名。

你把它们摆出来
在去年的初春。
它们又开花了，
而你却已经逝去。

猫儿
像从前那样躺着
满意地享受着椅子，
躺在你为它铺的垫子上，
还发出了呼噜声。

清晨
带来了阳光
跑着日常的比赛
于头顶上，
而我还能享受多久？

在字里行间，里克特的感情闪烁着清晰光芒，内心的痛苦却依旧没有抹去，显然，三个月的时间还无法冲淡灵魂的苦涩。

"我们不觉得过于依赖对方，莉莲是非常独立的人，然而，我对这种损失的感受比能说的还要多……"在这里，外界看到了一个有时很紧张、总是不按常理出牌的44年婚姻联盟。具有讽刺意味的是，这个联盟非传统却也比大家所理解的更强大。

"他们让我想起了对方"。查尔斯·里克特才华横溢，同时又具有标志性，不可能在任何一个女人身上遇到对手。莉莲·布兰德也不是普通妇女，在最后一次住院期间，当躺在病床上，只有几个亲戚来探望时，莉莲突然叮嘱丈夫："唱吧，哈里路亚，我是个流浪汉"。这是一首老歌，模仿基督教救世军的老调《愿主再次复兴我》，据说是由哈里·麦克林托克所写，作为世界产业工人同盟工会运动组歌的一部分。里克特简单地回答"好的"，然后便在家人注视下开始哼唱起来，在场之人无不惊讶和感动。他们后来猜测，对莉莲和查尔斯而言，这首歌一定具有特殊意义。由于大胆激进的产业工人哲学，以及他们对歌曲和诗句的嗜好，基督教救世军的老调必将对夫妻二人产生巨大吸引力。人们还能联想到，如果没有别的原因，他们一定就是 1933 年重要的牛奶协会大罢工[①]最感兴趣的旁观者，因为这次罢工潮发生在距离里克特家位于洛杉矶宅邸不到 5 英里处。许多年后，当莉莲临终时，查尔斯用诗句向她做最后告白，而当时的他，一如既往地只关心什么是正确的，别人对他的要求有哪些，丝毫不理会别人在怎么想。

具有讽刺意味的是，当阅读完里克特最肉麻的文字，包括那些写给其他女性的诗篇后，我们对莉莲·里克特在丈夫非凡人生中所扮演的许多角色有了新的认识。尽管他们结婚 44 年来经历过种种磨难，包括丈夫的彷徨，也许还有妻子的困惑，但最终，莉莲还是成为查尔斯苦苦寻觅的另一半、那个能够分享其生活的异性、那个让人心碎的女人。

[①] 这是指美国经济大萧条期间的"倒牛奶事件"，从而引发了 1933 年 2—11 月康斯威星州相关产业者的罢工潮。

14

阿斯伯格综合征

1944 年　　　　　　　　　　　　　查尔斯·里克特　《海洋》

海浪冲击着大脑，

汹涌波涛是我的一部分，

潮水在血管中涌动，

不亚于最广阔的海洋。

对查尔斯·弗朗西斯·里克特这个人物肖像的描绘开始于前面几章，虽不致给人一种洪水猛兽的感觉，然而其非凡才华却始终与复杂个性交织在一起，足以令其肖像完全有别于普通名人速写。即使他致力于地震观测中出现的一些重大目标，即使做出了不朽贡献，包括但不限于著名的里氏震级，但其头脑却依旧不知疲倦地思考着其他问题。毫无疑问，这些难点与思考所需的激情不断消耗着身心，然而在里克特驾驭下，自己的体能、智慧和激情却相当匹配。许多人喜欢通过散文形式来实现自我表达，却很少有人能够借助诗歌、哲学与科幻小说等各种载体倾诉心声；大家喜欢反思艺术和科学本质，但鲜见有人会花费数年时间来解决这些问题，无论是通过头脑风暴还是付诸于杂志版面；大家都乐于听从所选职业的热情召唤，然而有谁会执着到在自家客厅里安装一台地震仪。

作为旁观者，我们必须在某些时候为里克特的专业追求添加一个脚注：如今，互联网能够为我们所有人，包括科学家提供即时通信和数据访问；而在此前的岁月里，客厅中的地震仪却给里克特提供了一处通往南加州地下世界的门户，这恰恰是绝大多数人原本无法获得的。借助地震仪采集的数据及其对地震波百科全书式的专业水平，里克特便可以在下班后立刻回应媒体质询。在同事们眼中，里克特是一位百事通，在扫视一条或几条地震波后，他就能够迅速对震级与震中位置做出估计。虽然通过日积月累，很多地震学家也对各种地震图形非常熟悉，但鲜有人能与里克特媲美，因为后者对地球脉搏的了解已经达到炉火纯青的程度。人们还注意到，在1965年退休后，查尔斯的好朋友雨果·贝尼奥夫也曾在自己家中安装了一台地震仪。然而，贝尼奥夫和里克特之间的区别在于：后者安装在书房里，而前者则把仪器放在客厅中，而且就放在落地摆钟的旁边。

下面转入正题。至少在那些不熟悉他本人的地震学家眼中，里克特的个性一直都充满了矛盾。许多年轻人想知道他为何如此古怪,即使以科学家的标准来说也是如此。至于里克特喜欢自我包装,更像一位宣传狂人的观点,则源自那些曾经广为流传的信息片段:他涉猎诗歌,并且是狂热的天然主义者,而当时的学术礼仪却并不倾向于接纳这类开放的波西米亚诗人。人们还了解到:里克特非常热衷在记者面前炫耀自己,甚至于每当地震发生后,他总喜欢把实验室的办公电话放在腿上,盼望

图14.1 查尔斯·里克特与安装在他家客厅的地震仪(照片由加州理工学院档案馆提供,经许可转载)

着立刻将相关信息经自己之口在第一时间出现于头版头条。然而，更具实质意义的主流观点却是：在提出震级标准的过程中，贝诺·古登堡发挥过重要作用，但后来的震级规则却仅冠以里克特的名字。

阅读更多关于这位学者的故事，特别是他自己写的文字后，人们便会发现，不可避免地被引向一个问题。该话茬儿一经提出就几乎不言自明：或许，里克特的愚蠢和弱点仅仅是一个深刻的肌体问题，即，神经生物学障碍的结果？读者很可能已经得出以上结论，因为里克特的怪癖个性会在某特定方向上发出明显暗示：自己患上了阿斯伯格综合征。该病以维也纳儿科医生汉斯·阿斯伯格博士命名。在其 1944 年发表的一篇论文中首次描述了这种病情，尽管人们认为阿斯伯格综合征与自闭症有关，但后者却是一种更为严重的精神障碍，且被确认的时间要早很多。

这篇题为《儿童所表现的孤独症精神症状》的原文是用德文写成的，1991 年才由乌塔·弗里斯博士翻译成英文。通常，阿斯伯格综合征被认为是自闭症谱系的一部分，为具有类似特质的几种所谓广泛性发育障碍中的一种。自闭症则是该谱系的极端成员：一种毁灭性的神经生物学损伤，往往使个体无法融入社会并发挥作用；虽然患者不一定存在严重的智力损伤，但也经常如此。用《阿斯伯格综合征在线信息（OASIS）工具指南》[①]（简称《工具指南》）的作者帕特里夏·罗曼诺夫斯基·巴什和芭芭拉·柯比的话说，自闭症儿童表现出对感官刺激的异常反应，他们似乎对其别人缺乏兴趣，异常循规蹈矩，他们的生活永远千篇一律，并且对特定物体或物体一部分的非常执着。此处值得一提的是：OASIS 代表阿斯伯格综合征的在线支持信息，这是一个获奖网站，《工具指南》正是诞生于该网站。在 20 世纪 80 年代的电影《雨人》中，患有自闭症

[①] OASIS 是 Online Asperger Syndrome Information and Support（阿斯伯格综合征在线信息）的缩写。

的白痴学者成为明星，但这种情况在现实生活中却极为罕见，尽管阿斯伯格综合征患者有时的确对某类信息具备出色的记忆力。为使自闭症患者过上更加有意义的生活，通常需要对其进行强化行为治疗，并且越早越好，然而许多人却从未做到。

有时，人们将阿斯伯格综合征描述成"有点儿自闭"。虽然患有该病症的儿童一般不像自闭症那样有明显的功能性障碍，但毫无疑问，他们很小的时候就表现出典型的与众不同。在儿童时期，此类人群会给父母、阿姨和老师带来巨大挫折感。阿斯伯格综合征患儿很可能在学校面临严重困难，并被认为难以沟通，而且几乎没有亲密玩伴。卢克·杰克逊在一本书的标题中很好地总结了这一点，令人惊讶的是，他在13岁的时候就写出《我很特别，这其实很酷！》[①]，这本书主要是为患有阿斯伯格综合征的青少年撰写。杰克逊告诉他的读者："在阅读此书时，那些曾被称为怪胎、呆子、奇才或书虫之人，请您举手。"

阿斯伯格综合征是如何产生的，这基本上是个未知数。它往往带有家族性，其表明，在遗传蓝海深处发现了故障。然而，一些研究已经得出令人困惑的结论，也即，近几十年来，阿斯伯格综合征的发病率明显上升，意味着环境因素在其中起到了重要作用。

1998年，发表于《柳叶刀》[②]的研究成果得出令人不安和引人注目的结论：刚刚过去的10多年来，自闭症的增加也许可以归因于现代工业化国家几乎所有儿童都接种过的麻疹-腮腺炎-风疹疫苗。如果此疫苗可能导致自闭症，那么，很可能也会诱发阿斯伯格综合征。这一发现立刻

---

① 本书是一个阿斯伯格综合征少年的自白，其中文译本已由华夏出版社于2023年3月出版。
② 《柳叶刀》（The Lancet）为顶尖的临床和公共卫生期刊，由托马斯·威克利（Thomas Wakley）创办于1823年，由爱思唯尔（Elsevier）公司每周出版发行，在全球所有全科及内科学杂志中排名第一。

引起大众媒体广泛关注，于是，一些家长开始重新考虑，是否应当给儿童进行常规疫苗接种。整个医学界对《柳叶刀》的研究普遍表示反对，他们指出：该成果存在推理错误，且相关研究规模有限，甚至研究人员还可能涉及利益冲突。2004年，以上论文13位作者中的10人发表过某种程度的撤稿声明，并承认，自己的研究并没有确定疫苗和自闭症之间是否存在偶然联系，而只是提出这种可能性。科学家们指出了可能出现明显联系的其他若干原因：首先，接种疫苗的普遍年龄为15～24个月，这恰好与自闭症症状通常让父母去看医生的年龄相吻合。此外，在曾经的制造疫苗过程中，人们很可能使用过汞，从而导致汞中毒，而相应的症状恰恰类似于自闭症。当认识到汞对健康的巨大危害性后，尽管其于环境中的存在程度依旧令许多专家担忧，但疫苗中汞的使用却早已被叫停了。

2005年出现了一个与汞相关的、耐人寻味且令人恐惧的转折。雷蒙德·帕尔默博士及其同事将自闭症发病率与得克萨斯州254个县的空气和水中汞含量进行了比较，得出结论如下：环境中的汞含量越高，自闭症的水平也越高。刊登于《健康与地方》① 杂志上的这项研究发现，每向环境中释放1000磅汞，自闭症的发病率就会增加61%。同时，论文作者也告诫大家，不要过度解读该结果，因为这还需要相当多的数据加以证明。然而长期以来，科学家们一直在怀疑环境中的某些成分或许正在发生变化，从而导致自闭症和阿斯伯格综合征患者的增加，显然，汞含量超标就符合该条件。近几十年来，环境中的汞含量一直稳步上升，而且在其他许多方面，汞都是一种已知的危害健康最大杀手。

某些人推测出阿斯伯格综合征发病率增加的另一个可能原因：简而

---

① 《健康与地方》（Health and Place）为一本双月刊的同行评审公共卫生期刊，涵盖地理位置与健康之间的关系。创刊于1995年，主编单位是英国爱丁堡大学，由爱思唯尔出版发行。

言之，传宗接代的模式。通常，患有该病的人倾向于从事刻板的书呆子专业，比如工程、计算机、科学及数学。与今天相比，当这些领域几乎完全由男性主导时，男性书呆子则更不可能和同类型的女性相遇、结婚且生子。现在，女性已经进入以前由男性主导的教育或其他工作场所，同类人便会有更多机会相遇并产生后代，于是，其古怪基因就将被放大而非稀释。当然，这是一个有趣且听起来很有道理的想法，却相当难以证明。

当无法找到以上"繁殖模式"成因的严格判断方法时；或者，在帕尔默所得结论被其他大规模研究证实前，人们只能用带病基因来解释自闭症和阿斯伯格综合征的发病机理。而且，即使汞或其他环境污染物确实有助于诸如此类综合征的发展，毫无疑问，遗传学也发挥着强有力的作用。

至于说自闭症或阿斯伯格综合征儿童的大脑到底出现了什么问题，目前大家也不完全清楚，科学家只是有一些线索罢了。2003年的一项研究发现：在6～14个月期间，自闭症儿童的头部生长异常迅速；从3岁开始，严重自闭症的头部和大脑都明显比正常儿童大。密歇根大学研究人员凯瑟琳·洛德认为，问题可能源自脑神经的不完善修剪，即，在发展新出的神经连接时，儿童的大脑未能清除生物碎片。在2005年《新闻周刊》对作家克劳迪娅·卡尔布采访中，洛德说：在正常儿童的大脑中，小树枝脱落，留下真正强壮的树枝，但自闭症或阿斯伯格儿童的大脑也许不是这样；换言之，自闭症儿童大概"无法透过树木看到森林"。显然，上述解释并不如这位研究人员自诩的那么形象。

虽然阿斯伯格的病因和神经生物学原理尚不清楚，但其症状已被证实。对于任何与此类患者生活在一起或接近他们的人来说，这些症状联合起来形成一个清晰轮廓，足以让我们能够详细考虑其主要症状以及其他提示性迹象，也包括一些与该综合征同时存在的伴生情况。以下有关此病症的轮廓要点均遵循《工具指南》，并扩充了一些其他来源的额外信息。当然，在如下小节中，虽然任何有关阿斯伯格病的遗传诊断都是推测性的，但在此，显然无须赘述这些结论是如何基于可用数据得出的。

男性更常见

不言而喻，查尔斯·里克特是男性这一点本身无须进一步商榷，然而，阿斯伯格综合征在男性中的发病率却值得思考。在接受此综合征诊断评估的个人中，男性与女性的比例接近 10∶1，这是一个巨大的不平衡。然而，正如著名心理学家托尼·阿特伍德博士所讨论的那样，许多专家认为该数字应当为 4∶1。这意味着，当阿斯伯格综合征发生在小女孩身上时，很可能没有被识别出来。阿特伍德对此提出了多种可能性解释，例如，通常女孩更善言辞，语言攻击性较弱，因此，与男孩相比，女性患儿更不易表现出异常的破坏性攻击行为。然而，人们注意到，"女孩通常更善于言辞"这个随意观察结论却暗示我们，或许此处还存在另一种有趣的可能性。鉴于男女之间的先天差异，人们不禁要问，此病的特征是否仅在女孩身上表现得不那么严重。因为男孩的语言和人际交往能力往往都会弱于同龄女孩，以至社交能力受损的小女孩可能比小男孩表现得更正常，但相对于小男孩的标准而言，前者却有着类似程度的神经损伤症状。如果大家认为上述说法欠妥，还可以同相关幼儿园老师深入探讨。

阿特伍德进一步指出，小女孩往往比她们的男性同龄人更善良、更宽容。在这里，阿特伍德会发现，自己的观点可能有别于大多数小学老师，因为后者知道，即使到了三四年级，小女孩之间也可能很不友好，甚至有时还会相互动粗。在小说《猫眼》①中谈到这个问题时，作家玛格

---

① 这部典型的女性文学作品告诉我们：人与人之间最舒服的距离从来都不是假装亲密。作者出生于 1939 年 11 月 18 日，是当之无愧的加拿大文学女王，曾获得过多项世界文学大奖。

丽特·阿特伍德描述得很精彩："小女孩只有在成人面前才可爱、乖巧。对彼此而言，她们并不可爱，仅仅是普通人罢了。"从八九岁开始，女孩们就通过组建小团体和参与其他类型的游戏，成为社会动物。也许可以这样说：平均而言，小女孩比小男孩更不喜欢粗野之物，比如前者喜欢猫而后者却更爱狗。如果以上性格特点与女孩更强的社交技能力结合在一起，便可能导致女性阿氏患儿比男孩更容易被同龄人接受。正如阿特伍德所指出的那样，一位该病症男孩往往会喜欢女孩的陪伴而非其他男孩；此外，患病男女之间的另一个区别在于，女孩的特殊兴趣往往集中在不太反社会的方向，比如，她们或许热衷于骑马、文学而非电子学或计算机。

查尔斯·里克特表现出许多男孩应有的阿斯伯格典型症状。鉴于出生得太早，无法与电脑一起成长，注意力便转向星空，然后又是数学和科学领域。于是，人们开始怀疑，如果晚出生 50 年，里克特或许就会成为一个世界级的计算机怪人。事实上，当加州理工学院的一位教授投资数千美元购买了第一批台式计算机时，里克特就赶快抓住时机，刻苦钻研，并为此投入大量精力。或许我们还能继续猜测，如果那个年代就用上现代文字处理器，查尔斯的写作成果又将会是个什么样子。当然，无论在任何情况下，阿斯伯格综合征患者都只是极个别男性，因此，大多数人无须焦虑。下面将进一步考虑该病症的更多诊断特征和行为。

艰难的社会关系

毫无疑问，从幼年开始，里克特的生活就是如此，艰难的家庭环境无疑造成他极端程度的社会孤立。在其所有著述中，我们均未发现里克特儿时的伙伴，甚至也没见过后来青年时代的朋友。显然，小孩是天生的社会动物，即使在困难环境下，他们也能轻易找到同龄人的亲情和友谊，儿童对社会交往及男女间求爱行为的理解就如同呼吸一样自然。然而，根据里克特1945年的说法，他在1909年进入正规学校后，才首次与其他儿童有所接触，并在生活中第一次遇到真正的麻烦。而此前，他很大程度上一直都是独行侠，只生活于自己的圈子里，并且相当满足，甚至十分快乐，而不是非常孤独。

通常情况下，即便我们将社会化的幼儿放到一种陌生语言环境中，只要经过一段适应期，他们仍然会继续茁壮成长。赫莎·古登堡回忆说，来到加州的头几个月，她9岁的儿子相当不开心。由于担心跟不上与他同年级的英语课进度，学校将其安排到了一年级，于是，亚瑟·古登堡只好身处一间陌生的教室，与比自己年龄小很多的孩子待在一起，以至于经常放学回家后流泪，但他还是很快学会了英语，并在两个月后回到他应在年级的同学身边。据说，亚瑟的妹妹在6周内从未说过一句英语，即使她与邻居家的同学及伙伴混在一起玩耍时，但6周后的某一天，她竟突然开口了。并且短短两年内，在从德国重返美国加州后，两个孩子都没有表现出留恋母国之意。类似的例子比比皆是，而且均为日常生活中司空见惯的故事：在加州四年级教室里，一位来自中国的孩子完全不会说英语；被父母塞进意大利学校的美国小子只懂几句意大利语；来自战乱国家的年轻难民子女不经意发现，自己居然正身处一个全新世界。儿童是具有巨大学习能力的社会性动物，他们一定能在自己被种植的地方开花结果，并且往往会以惊人的速度和轻松的方式。

相比之下，根据里克特的明确叙述，只有在格拉西联谊会的天然主义者中，他才第一次找到真正意义上的友谊，而那时的他，已经35岁了。显然，他这位地震专家似乎是在一群志同道合的偶像派对中找到自己的友谊。对于患有阿斯伯格综合征的人来说，社会交往是巨大、永无止境的挑战：除当事人之外，似乎其他人都知道存在一种秘密社交规则，能够为正常人际关系铺平道路，并且掌握这套规则易如反掌。《操场上的火星人：理解阿斯伯格综合征学童》一书的作者克莱尔·塞恩斯伯里认为，阿氏儿童就像火星人，生活在一个无法与之沟通的地球人世界里，至少这些孩子的内心感受如此。患儿或许会在无意识状态下欺负其他人；当然，自己也可能成为施虐者的目标。而施虐者显然知道这些患儿会对挑衅做出不恰当反应。毫不奇怪，随着年龄增长，阿斯伯格综合征患者会因缺乏人际沟通而越来越躁动不安，当最终发现自己身处"火星人"中时，反而会感到比较自如。借助努力与心智不断成熟，他们还能学到许多并非天生的技能，对此，里克特在1945年写道："有些男人很幸运，他们天生下来就很会生活，然而对大多数人来说，比如我自己，生活则是一门后天艺术，我的生活常识主要是从女性那里学到的。"

里克特的生活中终于出现了一群志同道合的偶像派对，虽然看起来非常异类，但人数却开始慢慢增加：格拉西联谊会成员、自己的核心家庭、妻子一家人、继子、他和莉莲多年来参加过的读书俱乐部成员、生命中的其他女性。然而，即便到了晚年，里克特给人的印象却仅仅是个单纯的怪物。1937年，他和莉莲等人骑骡子游览了大峡谷，对于这次经历，里克特给两位陌生骡友留下了深刻印象。格拉迪斯·布罗德森写道："在晚餐时，我们注意到查尔斯的行为举止非常奇特。说话时，从不看你，只是坐在那里，脸上挂着笑容，大概表明，他在开一些你不知道的玩笑。"当然，布罗德森似乎不仅是位令人愉快的散文家，也是敏锐的观察者，她继续写道："查尔斯·里克特如此缓慢和笨拙，我们不知道哪家公司会雇用他，也许里克特只能以抓蝴蝶为生。大家一致认为，他像个蜗牛，以至其谋生手段都是个谜。当然，很感谢查尔斯一路给我们带来的很多欢笑，或许这位小甜心也有一个美丽的灵魂。哦，'小甜心'这个昵称就是莉莲对她丈夫爱的表白。"显然，以上这段话也表明：布罗德森还并不知道这位地震专家曾经患有阿斯伯格综合征。

一些最亲密的同事开始了解并欣赏里克特古怪外表下的灵魂。在后者的追悼会上，克拉伦斯·艾伦宣读了一封信，其中，弗兰克·普雷斯将里克特描述为"他所遇到的最不寻常的同事，尽管有许多外在的人际交往尴尬，但天生优雅与善良人性却显而易见"。在这次仪式上，埃里克·林德沃尔转述了自己收到律师来信时的惊讶，而在与律师交往过程中，里克特的身份则是一位地震学方面的顾问专家。尽管在林德沃尔的印象中，这位律师从来就不喜欢里克特，但信的内容却充满感激之情："很高兴查尔斯能够为我们出庭作证，其热情与幽默感给人留下深刻印象，他是一位很受欢迎之人，对于这位学者的陨落，我们和你一样感到怅然若失。"

里克特显然也很喜欢自己在女性心中的地位。虽然其文字中的红颜知己为数不多，但这几位分明深深地关心着他。无论在晚年或儿时，人际关系对里克特受损的社交技能都是个巨大挑战，所以，如果说其生命中还有其他女性，这些异性一定会令人印象深刻。当然，仅就查尔斯与她们之间所建立起来的友谊而言，大家更倾向于关注如此情感的多少与程度，毕竟这些恰恰就是里克特女人缘的真实写照。

对光线和声音的敏感性

对于阿斯伯格综合征患者的情绪而言，日常生活的方方面面都可能是一种无休止的干扰。除了社交困难外，此类患者往往因巨大噪声而心烦意乱，或对某些特定类型的响动高度敏感，并且无论其音量大小。例如，对大多数人来说，咆哮的气动吹叶机可能只是一个小麻烦，却会让阿氏患者恨不得从自己皮肤里爬出来。某些特殊灯光也会带来苦恼，高亮度白炽频闪灯、能眨眼的光源或者荧光灯都有可能成为患者之噩梦。

正如利亚娜·维利在《故作正常：与阿斯伯格综合征和平共处》①中所写的那样："刺耳声音和明亮灯光夹杂在一起，足以使我的感官超负荷运转，头痛欲裂、肠胃翻滚、脉搏颤抖、心跳不已，直至找到一处安全出口。"同样的亮光也困扰着里克特，按照外甥布鲁斯·沃尔波特的说法，里克特曾经拒绝继续接受电视采访，除非他们能够把灯光调暗一些；虽然被告知："这是电视转播，我们必须要有灯光"，但里克特却强调道，要么把灯光关了，要么他就一走了之；无奈，记者只好同意将灯光熄灭；接下来，里克特在一片黑暗中继续接受采访，但只见其声，未见其人。令查尔斯抓狂的还有噪声，在1954年的一篇日记中，他写道："我当然无法在噪声面前写诗，甚至读诗，更无法抵御嘈杂的音乐，无论出自我家或邻居的收音机。"

如果说利亚娜·维利在水下找到慰藉，那么，里克特则在山中找到了自己的避难所。他会在此花上几周时间独自徒步旅行，有时选择洛杉矶北部的圣加布里埃尔山，更多的是在内华达山脉。荒野为里克特提供了逃离一切的机会，不仅包括烦人的光线和噪声，还有纷繁复杂的社交网络，这些都是里克特一生的困扰。

从1926年开始，里克特就不怎么写诗了，下面是其间为数不多的一首：

亲爱的山，不要这么快就把我赶走；
我是来寻求帮助的。在遥远的街道上，
生活在每天的挫折和责备中。
永远不知山里的东西有多甜，

---

① 本书讲述了作者自己的成长道路，告诉人们她是如何从一个与众不同的孩童成长为大学教师、作家、妻子以及三个孩子母亲的。作者出生于1959年，患有阿斯伯格综合征。

这里的世界宽广、宁静且高远，

阳光下的爱抚多么纯净。

离别喧嚣的城镇，我甚至更喜欢迷雾，

并祝福那些伤害过脚的石头。

显然，噪声和亮光是日常生活的一部分，为他提供每天的瘀伤和非难。根据里克特1945年的描述：在青春早期，加利福尼亚的崎岖山脉甚至变成自己的情感之锚。

在为1973年《田野与溪流》①杂志撰写《背包旅行，不老的艺术》这篇文章过程中，作者凯特·霍利迪与里克特相处过一段时间，并对后者留下深刻印象。她写道："在与他交谈后，人们会得出如下印象，即使已经72岁高龄，世界仍然非常需要他。无论在实验室或地震突袭时，大家都因他丰富的专业知识而不再恐惧；在保障公共和私人建筑安全的不懈努力过程中，这些建筑将因他而经受住地震洗礼，无数生命将因他而得到拯救。"她继续道："里克特喜欢闲游，与其说这是一种身体需求，倒不如说是精神安慰，满足重新评估自我人性与自然哲学的需要，使身心与自然再次结合于古老、简单的和谐之中。"崇山峻岭为里克特提供了喘息机会，让他远离周围环境及社会喧嚣，而这些吵闹景象不仅在眼前晃动，也在耳畔叫嚣，不但是具体可感知的，也是潜移默化的。

对某种特殊兴趣的极端关注

这一点几乎无须详细说明，然而问题的关键是：对某种爱好或职业兴趣的投入何时会越过界限，从而成为一种压倒性的专注，或许，这才

---

① 一本当下的美国在线杂志，专注于狩猎、钓鱼和其他户外活动。创刊于1895年，2015年前为纸媒，2020年后成为在线出版物。

图 14.2　照片与《田野与溪流》上的文章《背包旅行，不老的艺术》一起发表，1973 年。（照片由《田野与溪流》提供，经许可转载）

是阿斯伯格综合征的主要标志之一。按照《工具指南》上的观点，沉浸于特殊嗜好可能会以牺牲其他更具社会意义的兴趣为代价，但这显然只是一个程度问题，取决于特殊兴趣是平衡生活的一部分，还是变成一种生活负担。所有与阿氏儿童相处过的人都知道，他们做任何事情都不会半途而废。并且，对于那些成年患者而言，大家会执着于自己的独到才能，而不仅仅纸上谈兵。在交流本人的小众爱好时，患者的谈吐表现往往是单方面、杂乱无章的，更像是一场独白，而非对话。有时，阿斯伯格综合征儿童会被描述成"小教授"。

里克特从未长篇大论自己的童年岁月，尽管确实谈到过儿时对天文学的迷恋，并且这种热情足以让其进行冗长、详细和有实用价值的业余观测。而成年后，一旦他把注意力转向某件事情，便会以飓风般的强度投入全部精力。查尔斯的激情通常无法集中于单一兴趣，这是其一生中最不幸或至少是最复杂的一面。他极度渴望艺术表达，即使感到不能自拔于科学追求，即使自己的天赋和嗜好已经不可阻挡地投入探索自然。而令问题进一步复杂化的原因则是：他不仅拥有艺术与科学这两种截然不同的激情，还需要调和他所认为的两者之间的矛盾。对于心智平衡的人来说，白天做研究，周末写诗或在蓝草乡村乐队①里弹班卓琴才是正确选择，然而鉴于查尔斯独特的大脑回路，其艺术与科学激情无法得到恰当平衡，以至于年轻时会因碌碌无为而把自己撕成碎片，到了夜晚和周末，又能创作出一沓又一沓诗歌手稿，更擅长撰写或与他人合作完成大量论文，并且这些成果均属相关领域的开创性贡献。

查尔斯·里克特对地震学的极度关注带有偶然性，因为该专业方向并非自己年轻时的梦想，仅仅是成年之后的一次偶遇。根据前同事詹姆斯·惠特科姆的说法，查尔斯特能够记住许多科学家的出生年月，这对他来说只是一个简单技巧，因为他会把相关学者的出生年份与大震联系在一起，而如此灾难的引爆日期将令其永生难忘。再次引用《工具指南》中的话：" 对于阿斯伯格综合征患儿来说，'行走的百科全书'通常是对他们信息积累量和深度的准确描述。"在1985年里克特去世之际，时任地震实验室主任的唐·安德森告诉大家，"查尔斯热爱地震，是一位行走的地震数据百科全书"。

---

① 蓝草音乐（Bluegrass Music）是美国乡村音乐的一个分支，以比尔·门罗（Bill Monroe）的乐队蓝草男孩（Bluegrass Boys）来命名。1945年，班卓琴奇才厄尔·斯夸格（Earl Scruggs）的加入，成为蓝草音乐发展史的关键期。

僵硬、迂腐、片面的言谈举止

这种特质是极端特殊兴趣倾向的一个构成部分。查尔斯·里克特可能一开始并不情愿成为地震学家，但最终涉足的领域却变成激情目标。虽然我们无从了解里克特童年的言谈举止，然而其晚年的谈话方式，特别是关于地震的话题，却很能说明问题。

在20世纪50年代哥伦比亚广播公司的采访中，里克特支支吾吾的声音从未传递出真正的权威感，但当谈论具体科学问题时，他的话语却显得铿锵有力。尽管晚年曾被多次邀请为一些杰出团体做演讲，然而，查尔斯很有自知之明，早就意识到自己是个糟糕的老师和演说家。当然，如果能够再主动一点，这种在人前高谈阔论的机会还将更多，但性格决定了他会尽量避免参加学术研讨，以至于其参会次数远远少于周围多数同事。虽然里克特不喜欢在大众面前说话，却非常热衷于个人谈话节目，并且知无不言、言无不尽，特别是对那些打电话或来访提问的记者，他的热情简直叫人窒息。或许，里克特会让当今的记者们大失所望，因为现代新闻报道强调短平快，而这位学者的声音却同朗朗上口有着天壤之别。但是，正如哥伦比亚广播公司采访内容所表明的那样，早年的记者可以进行深入采访，询问一些长篇大论的话题，甚至被采访者不受人待见的迂腐答案也能堂而皇之地顺利播出。同事们认为，里克特接受采访的流程过于哗众取宠，其实却不然，因为面对大众时，查尔斯本人就是采访的看点与本钱。

正如凯特·霍利迪在1971年史密森尼学会①一篇期刊文章中总结的

---

① 史密森尼学会（Smithsonian Institution）为美国一系列博物馆和研究机构的联合组织，也是唯一由美国政府资助、半官方性质的博物馆机构。最初由英国科学家詹姆斯·史密森（James Smithson）遗赠捐款，根据美国国会法令于1846年创建于首都华盛顿。

那样："里克特的言谈内容非常简单，几乎漫无边际。然而，只要开始涉及自己的专业领域，其话语就变得如此无懈可击，十分具备权威性，听众立刻就会感觉到这位专家满腹经纶，而他所做的只不过是在那庞大知识边缘轻轻咬了一口。"

在 1979 年接受安·沙伊德采访过程中，里克特那些迂腐、片面的语言偏好表现得淋漓尽致。当访谈内容转向私人问题，比如关于他妻子时，这位学者的答案竟然如此之简短，话题转换亦非常之快，以至于大家认为，被采访者似乎感觉到某种不适，于是才转移了话题。或许，在与之打交道的记者眼中，里克特是迄今为止最啰嗦的一位，特别对于一些纯技术性问题，比如"你认为新的数据来源会有助于地震预测工作吗？""是否每个断层都有自己的地震模式？"，他的回答往往都长篇累牍。

明显缺乏同理心

"明显缺乏同理心"是阿氏患者有别于正常人的一个显著特质，即使异常敏感的个体，也会意识到自己身上的这个毛病。这种情绪既是阿斯伯格综合征的一个方面，也是该病症的综合体现。鉴于此类患者的意识和其能够被理解的行为间经常存在脱节现象，从而导致病人普遍缺乏同理心。

例如，面对记者安·沙伊德有关地震学早期发展阶段中的女性作用问题，里克特之回答冷若冰霜，毫无感情可言。如此简明扼要的答案将给人一种印象：这位学者根本不屑于考虑该问题，更不用说真正关注了。然而，妇女在社会不断变化中的作用恰恰是其年轻时希望努力解决的重要问题之一；几乎可以肯定的是，即便到了晚年，上述问题也持续影响着里克特的思想。以上便是意识与行为脱节的鲜活实例，也是明显缺乏同情心的表现：一个事实上非常关心某事之人，很可能因语言表达困难而给人以毫不关心之印象。对于里克特而言，这种困难与其说是语言表达，倒不如说是口头传递更为准确。虽然不具备其所渴望的诗歌天赋，但他显然善于通过书面语表达内心想法，而且使用起来比口语更容易。

在同事们眼中，里克特的许多行为很可能就是一种缺乏同理心的表现。他本人也承认，自己非常反感拖延症，并一直在与这种顽疾做斗争。当然，他暗指学术界的拖延症，比如迟迟不能提交论文或评语，抑或未及时履行委员会职责等行为。如果一遇见困难，编辑或委员会主席就撂挑子、尸位素餐、不理不睬，以致本人工作也要被暂时搁置，那么，里克特真的就会恼羞成怒，甚至诅咒相关负责人麻木不仁。

对此，我们可以再次引用查尔斯·里克特一位长期同事的话来说明这一点。当里克特去世后，罗伯特·夏普观察到：这位学者对住在那些不抗震的老旧建筑中的人非常同情。显然，里克特有着强烈的邻里意识，也愿意帮助周围的人，然而很可惜，在表达这些情感时，他却不太擅长。

社交用语障碍

从某种意义上说，语言障碍是阿氏患者在人际交往方面的一个大麻烦，也是具体的特定问题。毕竟，语言沟通是所有社交关系的纽带，大多数人都能以自然、平和的方式与对方交流，但那些阿斯伯格综合征患者却往往会在口语方面出现障碍。这类人群无法掌握语言的细微差别和象征性意义，即便他们了解每个单词的意思、每个句子的结构，然而，当单词偏离字面或特定含意时，病人就会感到困惑。正如《工具指南》中所讨论的那样，当阿氏患儿父母告诉他们应当开始"准备上学"时，孩子们就会沮丧地发现，自己并未立即意识到这四个字的引申含义：穿衣服、吃早餐、收集物品等。

人们可能会想，一个阿斯伯格综合征患者怎么能写出哪怕是丝毫可圈可点的诗句，因为利用语言的象征性恰为诗歌表达之基石。虽然在里克特的诗中，象征性文字的使用并不太成功，但其某些上佳作品却是一种字面上的灵魂宣泄，即使没有丰富的意象性，仍然蕴藏着深刻内含。在1936年9月9日一封信的草稿中，里克特为我们提供了文字表达的另一种意境。就算无法判断这封信是写给谁的，或者是否已经被寄出，但似乎是对其个人兴趣和感情的摸索性表达。我们隐约意识到收信人是位女性，从时间线上看，很可能是"金"，因为在后续的1941年，里克特的确给这位女士写过信，而在此前的几年中，两人显然有过一段正式的情感故事。当然，也不能排除收信人是玛格丽特的可能性。

如果不知道这封信是写给谁的，就很难对其进行解读，虽然信中的下面一段话与收信人无关，却能够告诉我们一些关于这位地震专家的精神状态："我发现自己和一些事实撞了个满怀，这些东西我已经非常熟悉，只不过是另一个侧面罢了。换言之，一个词语既能用来定义、表达或传递某种概念，也可以暗示或唤起情感，并作为间接表达的符号和象征。前者是语汇的理性作用，后者是其诗情画意。显然，两者有着明显区别。我还不习惯于第二种表达方式，即文字的象征功能，特别是在表达个人情感时。我觉得，自己有点迟钝，之前就应当意识到这是对某些场景的诠释。在如此条件下，我们之间相互理解的途径远远超出了语言表达所能代表的含义。"

在这里，里克特比较准确地描述了阿斯伯格综合征的主要标志之一：在社会环境中无法理解语言的比喻用法，例如，各种象征性表述及其细微差别。对于阿氏患者而言，里克特与众不同之处在于，他不仅对象征性语言在艺术表达中的作用有着清醒意识，对其在人际交往中的作用也有一些令人困惑的理解。

另外，里克特还表现出其他典型的、同语言有关的阿氏综合征特点。比如，此类病人只看字面意思，不理解或排斥语言的幽默内含。里克特非常符合以上条件，以至于成为学界传奇，因为他无法接受别人的笑话，特别是自嘲。然而，查尔斯并非缺乏幽默感，我们甚至可以在《初等地震学》一书中找到某些诙谐之处。例如，在第 28 页的一处脚注中，里克特讲述了这样的故事：他发现，当地军队哨所每天中午都会用珠宝店橱窗里的时钟来报时，而珠宝商却向天文学家解释说，他是根据中午发射炮弹的时刻来核准橱窗时钟的。

然而，正如大家所看到的那样，如果同事们敢于嘲笑学者在公众场合戴着两条领带，并以此为乐，里克特便会怒不可遏。在其 1970 年退休聚会上，发生了一件特别有趣的小插曲。作为贺礼，同事肯特·克拉克于早些时候创作了一首名曰《里克特震级》的小调。于是，朋友们便开始在聚会派对上唱起了这首歌：

里克特震级的一两下，一个寒酸的小颤抖，
里克特震级的一两下，一个恶心的小抽搐……

伴随震级的上升，曲调与歌词也出现了明显变化：

很快有一天，我们担心的断层多到无法招架，
滑坡、错动、撕裂、倾覆，一切灾难扑面而来，
地震的颠簸就像闪电般，会把全部夷为平地。
当混凝土建筑躺倒时，地质学家会说，据测定，
它是里氏八、九级，足以震撼萨摩亚国的男男女女，
它是里氏八、九级，足以像喀拉喀托火山那样裂开。

然而，据知情人后来回忆，里克特的莫名愤怒却与小调中的震级同

THE RICHTER SCALE

Charley Richter made a scale for calibrating earthquakes
Gives a true and lucid reading every time the earth shakes
Increments are exponential, numbers 0 to nine
When the first shock hit the seismo everything worked fine, it measured

One two on the Richter scale, a shabby little shiver
One two on the Richter scale, a queasy little quiver
Waves brushed the seismograph as if a fly had flicked her
One two on the Richter scale, it hardly woke up Richter

Nineteen hundred thirty three and Long Beach rocked and rumbled
School house walls and crockery and oil derricks tumbled
Hollywood got hit but good, it even shook the stars
Shattered glass and spilled martinis on a hundred bars, it measured

Six three on the Richter scale, it rattled tile and plaster
Six three on the Richter scale, a rattling disaster
Waves bounced the seismograph as if a cue had clicked her
Six three on the Richter scale, it almost rattled Richter

Came the turn of County Kern, the mountains lurched and trembled
Bakersfield, which jerked and reeled, was almost disassembled
Arvin town was battered down in rubble and debris
Spasms racked the women's prison at Tehachapi, it measured

Seven eight on the Richter scale, it fractured rails and melons
Seven eight on the Richter scale, it fractured female felons
Waves smacked the seismograph, a casualty inflicter
Seven eight on the Richter scale, it almost fractured Richter

Came a cataclysmic quake at Anchorage Alaska
Seisms ran from Ketchikan to Omaha Nebraska
Polar bears were saying prayers, the tidal wave was grand
Planted boats in California way up on the sand, it measured

Eight five on the Richter scale, it loosened kelp and corals
Eight five on the Richter scale, it loosened faith and morals
Waves bashed the seismograph as if a mule had kicked her
Eight five on the Richter scale, it failed to loosen Richter

Someday pretty soon we fear our many faults will fail us
Slide and slip and rip and dip and all at once assail us
Seismic jolts like lightning bolts will flatten us that day
When the concrete settles down geologists will say, it measured

Eight nine on the Richter scale, it rocked 'em in Samoa
Eight nine on the Richter scale, it cracked like Krakatoa
Waves crunched the seismograph, just like a boa constrictor
Eight nine on the Richter scale, it really racked up
One two on the Richter scale, three four on the Richter scale
Five six on the Richter scale, seven eight on the Richter scale
Eight nine on the Richter scale (CRASH)
It really racked up Richter

K. Clark

图14.3 歌曲《里克特震级》的歌词，由同事肯特·克拉克创作，1970年在里克特的退休聚会上表演（加州理工学院地震学实验室提供，经许可转载）

时上升，尤其是当歌曲被唱到第二遍时。几周后，这位学者将自己的上述不悦之情告诉了朋友罗伯特·夏普，后者试图安抚他，但里克特却大发雷霆道："那是我的科学，不是一个玩笑。"

加州理工学院地质系有一个悠久的年终聚会传统，届时，教师、学生和工作人员将聚在一起吃喝玩乐，主要是以小品形式互相取笑，这个名曰"齐尔布劳"[①]的聚会一直持续到今天，是一次学术组织的放松机会。当然，这也意味着，学术圈的日常工作几乎都不那么友好，却往往十分紧张、繁忙。在60年代初的组织聚会中，一场短剧的主角是位地震学家，他摘下那条沾满污渍的领带，用斑点之间的距离来确定地震等级。那天，观众中没有人怀疑究竟谁会受到伤害，因为参加齐尔布劳聚会，除了相互开玩笑，大家受到的只有尊重和爱护。然而，这样的欢笑却并非里克特所喜欢的。《洛杉矶时报》讣告援引一位加州理工学院教授的话："查理曾经参加过几次齐尔布劳聚会活动，最后，他走过来对我说道，'坦率地说，我不能接受这种齐尔布劳式的相互取笑活动'，于是，他便再也没有亲临这类聚会了。"

容易被误解的动机与行为

正如前面章节所说明的那样，阿氏患者的举止行为很容易被人误解。一个人可能看起来没有幽默感，但事实上，他却只是努力在欣赏某些特定类型的幽默；一个人可能看起来无药可救，甚至很幼稚，但事实上，他却正在勇敢地应对日常生活中的巨大压力。

根据里克特于退休聚会事件后的说法，理工学院本应是一处严肃场合，却总是引入太多喜剧内容。然而，有两份文件显示，查尔斯仅仅开

[①] 如今的齐尔布劳（Zilchbrau）是加州理工学院地质与行星科学部门的一个传统年度聚会，庆祝学年结束和暑假的到来，通常由二年级研究生组织。

不起玩笑的脾气秉性却并不像看起来那样。在给夏普的信中，这位学者表示，对那首震级歌造成的闹剧气氛感到沮丧。他接着说："我本来想告诉大家一些严肃的、精心准备的，出自德高望重的老一辈之肺腑之言，会令年轻工作人员和学生受益。然而随后，当打算用适度幽默的语言开场白时，自己所说出的每句话却都成为大家的笑柄，以至于我几乎听不到自己在说些什么，所以就放弃了后面的发言。"

一份足足两页的打字文稿表明：显然，里克特当时打算发表演讲。内容已经过深思熟虑，且意味深长，包括丁尼生的一首诗以及对战争的思考，在现代人听起来，这些内容令人沮丧地真实。他写道：

最近，有人一再让我感到震惊，他们坚持认为，我们经历过这两次灾难，因此，对于目前正在发生冲突的双方而言，我们更应同情当局支持的一方。我觉得自己已经学到了比上述陈词滥调更好的东西，现在听到同样的论点很痛苦，这些观念被用来为两次伟大战争进行辩护，并且半真半假，可能还掺杂同样的欺骗。

年轻人自然会注意到其中一些情况，他们既不安又愤怒，因为知道自己被愚弄了，尽管还无法得到真相。在此，有些人忽视了所有谎言并非一方所为，大量所谓革命者说出过令人发指的谎言。

尽管世界上有史以来的信息服务业正最大限度地得到发展，但我认为，没有哪位普通公民能够真正获取事实，从而对我们当下的国家和社会问题做出正确判断。

虽然我不喜欢斯皮罗·阿格纽副总统说过的许多话，但其关于新闻媒体的言论却颇有道理，值得认真考虑。我的上述观点出自多年以来的个人经验，体现出一种如何看待新闻报道的方式。

随后，他又继续谈到一些更加尖锐的问题，其中还映射出长期以来困扰地震实验室的辩论主题，即，是否应该将地震观测范围扩展至全球而非仅仅局限于加州。

正如里克特在给夏普信中所说的那样，自己不认为退休是个快乐时刻。他写道："变老和被闲置于架子之上并不好玩，事实上，这简直就是地狱。"在整个职业生涯中，查尔斯在同事眼中始终都是非常注重隐私之人。他曾计划：值此令人难忘的退休聚会之际，能够通过与学生及年轻同事分享自己内心深处的一些想法，来纪念这个吉祥如意的时刻。虽然在他看来，甚至如此场合也并不都是快乐的。然而意想不到的是，他发现，所有来宾均陶醉于吃喝玩乐，仿佛并无心情去倾听自己的心声。

退休宴会后，一代又一代地震学家反复讲述着同样的故事，描绘出同事们脑海中的里克特形象：对地震充满热情与兴趣，简直到了着魔的地步，但开不起玩笑和不能自嘲也同样出名。在这些画面中，似乎大家已经公平地给予了里克特应有的评价，然而，只有1970年的退休派对是个例外：在后面附录中，读者可以找到里克特计划在退休宴会上分享给大家的演讲全文，这篇稿子在加州理工学院档案馆的盒子里静静躺了30年，却依然没有褪色。我们可以想象，如果退休聚会上的演说能够如约而至，便注定会令周围同事惊讶无比，因为直到彼时彼刻，大家都未曾瞥见过查尔斯内心深处那颇具哲理的一面。像里克特这样的人，一举一动很容易被人误解，因为对阿氏患者来说，真实世界与自己的精神世界同样充满了迷思。

在漫长职业生涯中，里克特确实难以捉摸，直到正式退休那一天。埃米尔·奥卡尔是地震所70年代末的学生，他认为：学者晚年非常糊涂，甚至于无法清晰地思考问题；这个人很少说话，而且正如奥卡尔某天发现的那样，他进来取邮件，却并不拆封，只是有气无力地把它们堆在办公室的角落。在奥卡尔看来，肆虐的阿尔茨海默病已对学者头脑造成巨大伤害。的确，到了古稀之年，里克特已经远离日常工作，而这正是其为之奋斗的全部。但他所写的那些信以及 80 年代初接受采访的内容，却揭示出另一番场景，给人留下深刻印象，因为画面中的查尔斯，行为正常、思维缜密且记忆力惊人。在 1981 年 2 月一封信的结尾，他谈到自己对接受访谈的看法："多年来，我对人生阅历丰富的记者非常尊重，并真诚希望采访能够达到预期效果；但这个行业中一些不那么光彩之人也会令大家讨厌，而且，我似乎已经发现了他们。在此可以引用伟大英国作家塞缪尔·约翰生之言，准确地说，以下这段话出自詹姆斯·鲍斯威尔于 1784 年完成的《约翰生传》①：约翰生与一位顽固绅士争论了一段时间，而这位对手的说话方式却非常令人费解，在碰巧听到后者说'先生，我不明白您的意思'时，约翰生答道'好吧，虽然我已经为你找到了论据，却没有义务向你寻求谅解'。"虽然这封信的打字员和打字机一样，都显得十分老化，但文字拼写和标点符号的使用却几乎完美。

凯伦·麦克纳利是最后一位与里克特密切合作过的地震实验室同事，她肯定地告诉我们，查尔斯没有患上老年痴呆症。在麦克纳利于实验室工作的这些年，里克特头脑清晰、思维敏锐、智力出众，而且颇具幽默感，至少如此状态维系到了 1982 年，因为在此后，这位女士便结束实验室工作，进入加州大学圣克鲁兹分校担任教职。即使于 1984 年，当里克特被迫住进疗养院，遭受心脏病及痛苦的带状疱疹折磨时，虽然已经变得非常沉默寡言，但凯伦前来探望时，他像换了个人似的，活泼、健谈且头脑清醒，同样印象也留给前来问候的克拉伦斯·艾伦，特别是查尔斯的正常思维。然而，艾伦也注意到，这位德高望重的老同事脾气变差，

---

① 约翰生，英国 18 世纪著名诗人、散文家、词典编撰家及小说家。《约翰生传》的作者是本书主人公的好友和门生。

不但爱发牢骚、擅长找碴，而且喋喋不休。

笨拙的运动能力

这里，我们必须了解到一些特征，虽然可能不是关键的诊断症状，却代表《工具指南》中所说的其他迹象："大多数患有此病的人都有某种程度的运动技能缺陷，无论精细化的，还是大肌肉运动；另外，许多人都会在书写方面表现出很大困难"。毋庸置疑，查尔斯·里克特恰恰符合这个条件，只要看一眼他的日记，就可以从笔迹中发现以上证据，因为他基本上不会把字写端正，或者说，至少缺乏成年人应有的书法水平。显然，他体态笨拙，协调性差，根据其本人的说法，这导致自己在斯坦福大学的化学成绩不佳，以至必须转入其他专业方向，因地震学不涉及将有危险化学品倒入那些易碎的烧杯中，故而成为其二次首选。

至于书写水平，论文便是很好的案例，当非常努力地爬格子时，里克特的文字及书法会达到比较熟练的程度，可以说，虽差强人意，但也马马虎虎。然而，当不屑于投入过多精力时，例如，他徒步旅行时写在小笔记本上的随笔和其他文章，潦草的笔迹简直胜过医生处方，人们甚至惊叹于他是如何读懂自己这些笔迹的。显然，查尔斯的确能够看明白上面的涂鸦文字，因为一回到家，他很快就打印出了许多有关旅行见闻的内容。

缺乏组织协调能力

这里，再次引用《工具指南》中的内容：此类患者的身体执行功能受到损害，无法正确按照大脑构思的计划和步骤去完成手头任务。读完这段话及书中的相关文字后，人们不禁要问，如果里克特有机会亲自浏览这些描述，他将如何回应，或许大彻大悟，产生某种自我认知感，而这正是长期以来令其坐卧不安之处。查尔斯确实很了解自己，足以勾勒一幅几乎教科书般的个人症状画像，并把缺乏组织能力描述为强烈的拖延倾向。"肯定有十几篇研究论文，我曾在某个时候为其收集过素材，却因这样或那样的工作而被迫推迟，直到今天，一些文章依旧悬而未决，无法定稿"，以上是他在1949年写给莫里亚蒂医生那封信的内容，作为讨论自己严重拖延症的一部分，除非他能够养成按部就班的做事习惯，就像对待必须完成的日常实验工作那样，否则这些论文将永远停留于他的脑海中。

里克特承认，在其他方面，自己有限的组织能力不利于工作计划："我注意到，就像这个学术委员会计划那样，我倾向于推迟的活动，却恰恰是那些有助于个人威望和声誉之事。"虽然他也谈到过一些其他话题，比如，对失败的恐惧，但接下来，又再次转到拖延症问题上，涉及日常生活的方方面面，其中就包括准备个人所得税表格和支付账单等必需的烦心事。他写道："年轻时，我曾经一两天都不刮胡子，即使现在，在洗澡、护理牙齿、清洁衣物等方面，自己也非常马马虎虎"。显然，如此生活小节对于改善社交困难并无大益，更何况他对周围环境也不太上心，甚至于在凯特·霍利迪看来，学者卧室杂乱得就像青少年的"狗窝"。

在提及里克特患有阿斯伯格综合征时，一位同事开始质疑，有如此心理障碍之人能否写出《初等地震学》这样的著作。把如此巨著拼凑起来所需的组织能力的确会让某位科学家付出沉重代价，因为这位专家连简短论文都难以拼凑。但令人心喜的是，似乎里克特能够驾驭著书立传之马，并为创作属于自己的经典教材耗尽了精力。以致在20世纪50年代末以后的信件中，他时常会提到神经紧张等健康或心理问题。到了五六十年代中期，查尔斯的科学成就越来越稀少，甚至连写诗或情书的心境都荡然无存，而1957年继子的去世可能进一步加剧了这一时期的情感斗争。

缺乏注意力

作为缺乏统筹能力的一部分，密歇根大学凯伦·威廉姆斯总结的注意力缺失问题如下：患有阿氏综合征的儿童经常脱离目标，被内心刺激所干扰，并且非常无序，难以维持对课堂活动的专注力。通常情况下，他们不是注意力无法集中，而是注意力奇怪。此类患者无法弄清楚什么东西是相关的，以致精力集中在不相关的刺激物上。她进一步观察到，此类患儿倾向于退回到复杂的内心世界，其方式比典型的白日梦强烈得多，在集体环境中也不容易进入学习状态。

患有阿氏综合征的人，甚至可能在更大程度上同时伴随自闭症，会过度关注某些方面而无法自拔，却不缺乏专注力。大多数病人心里都装有一个强大的过滤器，他们透过此装置来感知外面的世界，这些过滤器阻挡了其他压倒性信息，并能屏蔽刺激的冲击。患有自闭症或阿斯伯格综合征的人发现自己对任何细节都很在意，而且完全被感官的过载信息所淹没。

在此，人们也许终于找到里克特大量雄心勃勃但无望且没有重点的文字关键。在他的多次写作尝试中，里克特将所有阿氏特征与超高智慧和无限精力结合起来。阿氏注意力不集中的毛病与其多种兴趣相结合，导致里克特虽拥有300马力（1马力＝0.735千瓦）的发动机和一台变速器，但后者却在齿轮间疯狂打滑。在智力层面上，他急切渴望解决基本问题，不仅包括科学，还涉及哲学、艺术或其他专业，并愿意通过诗歌和散文达到艺术顶峰。然而，由于先天构成的不足，还未开始探索人类已知的宏伟森林，却发现自己无可奈何地陷入灌木丛中。

似乎，同样问题也困扰着查尔斯的研究工作。其学术论文要么是在高度组织化的负责人催促下完成的，要么是专注于自己简短且有限的调查成果，而且这些内容可以在短时间内完成并被写出。但如果一开始就进行更复杂、涉及面更广的研究，那么，往往就会因无法取得进展而萎靡不振。从某种意义上讲，里克特不起眼且高度专业的研究项目相当于偶尔创作出来的诗歌，而后者最显著的特点便是短小精悍，并且能在小范围内取得成功，而他那些自认为大气磅礴的作品却将惨遭失败。这听起来很像凯伦·威廉姆斯的想法：不是注意力不集中，而是关注的焦点有些匪夷所思。在其写作和研究中，里克特努力寻找并保持适当程度的注意力，他会让自己的大脑进入适当的"齿轮挡位"，并在那里保持相当长一段时间。

无法适应转换、常规变化和意外

阿斯伯格综合征的这个特征可能直接源于注意力缺失。在处理海量信息时，由于患者应接不暇，所以大脑会有选择地对待所见、所听和所感的每个细节，如此一来，熟悉的环境便是舒适的环境，以至任何该环境内的东西都被认定是舒适的，而新环境或常规变化却成为一种泛滥的感官输入，即便在大多数人看来，这些东西并不意味着新环境中必须面对的新知识。在神经系统末端，自闭症患者会采取极端行为，如摇晃身体、用头撞壁或无病呻吟，试图将难以忍受的过量刺激拒之门外。

在考虑里克特人生经历时，我们又发现了某种强烈特征。正如前面章节所表明的那样，其处理生活变迁的能力非常糟糕，通常都会将这种变化的可能范围降至最低程度。里克特是世界级宅男，早年离开洛杉矶的尝试最终以精神崩溃告终，而洛杉矶就是其唯一的童年乐园。即使来到受保护的大学校园，生活亦变得不堪重负。在谈到大学时代时，利亚娜·维利写道："当完成大学前六年学业时，自己差点就被打倒，因失败而一瘸一拐，并深陷绝望，因为我还不知道，为什么那些别人看来似乎很容易之事，对我来说却不可能实现"，她补充说，"但我没有完全倒下，在慢慢陷入困惑时，在压倒骆驼的最后一根稻草下落前，自己恰好拜访了校园里的一位辅导员，他给出一些好建议。"然而，里克特却没有如此幸运，在20世纪20年代，阿斯伯格综合征还没有被作为一种公认疾病。人生中第一个重大转变使其陷入维利所描述的那种压倒性困惑和焦虑。查尔斯被击垮了，他回到家中，一心想在此度过余生。即便36岁再次搬家，帕萨迪纳的新址却离洛杉矶非常近，而迁徙的原因仅仅因为妻子和姐姐互相指责。

当然，里克特并非终生宅男，后来也有过三次海外经历，他先后于1949年和1970年到过新西兰，并在1959—1960学年，作为富布赖特学者赴日本东京交流学习。在加州理工学院《工程与科学》杂志1961年的一篇文章中，他描述了在陌生环境中的生活经历，并认为，自己一定可以非常出色地适应周围的一切；为此，里克特开始学习语言，虽然口语水平一般，却具备足够强的书面表达能力，从而克服了完全绝望的失落感。在目睹日本举行的反美示威活动后，里克特得出如下结论：大多数示威人为自由主义者，并非激进分子，显然，他们希望与美国建立友好关系。

里克特在日本成功留了下来，如此经历似乎掩盖了其本质上的恋家倾向，却说明了前面关于阿氏综合征的一个观点：随着年龄增长和心志成熟，个别患者可以发展出一些非天生技能。对里克特来说，令人困惑的复杂日本书面语言或许能够减少他的不适程度，并将烦恼的社交问题降低成更加舒适的智力挑战。上述社交问题表现为以陌生人身份在陌生土地上与他人沟通的能力，而智力挑战则是指学习一种大多数西方人都无法理解的日文。

显然，其他转变更难面对，特别是那些影响个人生活的东西。他承认,多年以来,自己的婚姻并不幸福,并且有些移情别恋。"有一段时间,可能而且非常可能,我并不真正关心莉莲,但主要由于来自世俗的力量,以及不愿意做出努力来打破这种局面,所以才选择继续同莉莲维持下去"。

也许,最引人注目的是学者对地震学所表达出的情感。首次进入该领域20年,并提出享誉世界的里氏震级15年后,在致莫里亚蒂医生的信中,查尔斯写道:"30多年后,仍然没有全心全意地爱上自己所从事的职业,我丝毫没有放弃儿时梦想,希望通过文字来表达背后真正缺乏的力量,虽不能取得实质性人生跃迁,却可以用更基本的东西来弥补公开职业的不足。"

不管他是什么人,或者希望成为什么人,这位学者已经成为非常有天赋的观测科学家。地震观测是一门应用科学,其中的问题无法以数学方程或确定性实验完全解决。相反,地震学涉及如何处理大量复杂数据,强调在混沌中寻找答案,查尔斯显然在这方面表现出色。同事罗伯特·夏普说:"通过瞅一眼地震图,里克特就能马上确定出震级大小,并看出震源在更大比例地震图中的位置。"同样,当把注意力集中在自己身上时,这位地震专家的观察能力就非常敏锐。在此,致莫里亚蒂医生的信令人印象深刻,突显出查尔斯自我意识极强:尽管希望从事更多"基础性"工作,却没有为实现该愿望所需的意志力。因此,根据他本人的说法,即使自己深切渴望改变生活轨迹,也缺乏必要手段来贯彻执行。这样一来,里克特就只能在一个明显有限的转弯半径内度过人生。

普遍焦虑,脾气暴躁

正如巴什和柯比讨论过,以及里克特本人用诗句所描述的那样,对于阿氏患者来说,生活是对感官无休止的攻击。由于所有社会互动和几乎每次任务都充满危险，此类病人面临的生活压力将比大多数社交正常、心理健康者高得多。因此，病患人群可能带有普遍焦虑情绪，面对微小挑衅时，比大多数人更不能随波逐流。

焦虑是里克特许多文章的隐性主题，并且没有比研究生院的日记更明显了，其中字里行间流露出对一切事物之苦恼。同时，暴脾气也是其复杂性格的另一面，在地震学界，也包括加州理工学院同事们眼中，查尔斯都不是"好惹的"。同事弗朗西斯·莱纳说："他或许是一种应激动物，真的会因某些事情而怒发冲冠。但在内心深处，里克特却并没有一点就燃的火种，甚至每当动怒之后，都会感到非常懊恼，并试图补偿。"

在退休后，同事埃里克·林德沃尔与里克特一起开展过咨询业务，他赞同莱纳的看法。林德沃尔回忆起加州理工学院的故事：在某次教工会议上，里克特对一些人情世故恼怒不已，于是便冲出房间，并狠狠地摔了一下门，以致玻璃都被震碎。会议室里几秒钟的死寂后，这位学者走回来告诉他的同事："我对自己所说的话没有抱歉之意，但对那扇门感到抱歉。"在另一次聚会中，他大发雷霆，跺着脚走出房间，匆忙中抓错了古登堡的帽子，于是，又瞬间扭过头，把帽子狠狠摔在桌子上，可怜的帽顶被打出一个小洞；里克特当时没有说什么，但几天后，一顶漂亮的盒装新帽子便出现在古登堡桌子上。

抽搐症

在所谓的抽搐症中，最典型的是图雷特综合征①。这是一种以运动抽

---

① 1825年，法国医生让·马克·加斯帕德·伊塔德（Jean Marc Gaspard Itard）首次报告了该病例。1884年，另一位法国著名内科医生让-马丁·夏科特（Jean-Martin Charcot）指派实习生乔治·吉勒·德拉·图雷特（Georges Gilles de la Tourette）研究相关病例；次年，后者发表了一篇研究综述，认为该症状应属一种新的临床类别，随即，夏科特便以"图雷特综合征"为其命名。

搐、不自主运动或发声为特征的神经系统疾病。此病症状范围很广，最坏的情况是严重破坏个人的社会交往能力，温和些的情况是简单但重复性动作，比如眨眼或清嗓。与阿斯伯格综合征类似，抽搐症发生在男孩身上的频率远高于女孩。该病被认为是独立于阿氏综合征的一类神经系统问题，两者并不总会相伴发生。其他神经系统疾病也可能出现在阿斯伯格综合征患者身上：如果大家认为，阿氏人群的大脑功能在某种程度上异常，那么，另类脑回路接线问题亦可存在，包括强迫症、癫痫、注意力缺陷的多动症、双相情感障碍等。显然，里克特并未受到所有此类疾病困扰；然而几乎可以肯定的是，这位学者伴有抽搐症。那些熟人描述过里克特面部明显抽搐的样子，虽然并非持续性的，却经常出现不断眨眼的情况。如此障碍只会令这位阿斯伯格综合征患者已经困难的社交互动变得更加复杂。

阿斯伯格综合征概览

对于不幸患有阿斯伯格综合征的儿童来说，生活既不友好也不容易，其行为举止常常令父母非常沮丧。大概世界上没人愿意倾听他们在说些什么，也不关心患儿看护者或同伴的想法及感受。病人行为似乎是故意、顽固甚至伤害性的。此类小朋友会给监护人留下一个正在变成不良少年的深刻印象，只不过没有真正实现罢了。如果缺乏正确诊断，患病的孩子便会被贴上多动症标签，或被认为有对抗性障碍。在没有任何诊断的情况下，例如早期，或在缺乏手段寻求专业帮助的家庭，兄弟姐妹只当患儿是个讨厌的混蛋。人们不禁要问：当发现自己对一个根本不听话、不守规矩的孩子束手无策时，有多少未被诊断的阿氏儿童曾经受到过好心父母的不待见。

因为性格极度内向，所以，里克特不像自闭症患者那样具有较强的破坏或对抗性心理。仅就一个倾向于生活在自己头脑中的人而言,有限社交技能远没有那么令人烦恼,而内省倾向则可能是阿氏女孩无法得到正确诊断的原因之一。

然而,即使里克特小时候没有给长者留下不良少年的印象,成年后的行为举止却显然被周围人严重地反复误解。他不擅自嘲,至少不会因某类笑话而高兴,却不像有些人猜想的那样,说明其缺乏幽默感,于是,那些熟人便开始欣赏查尔斯枯燥无味的智慧。同时,里克特没有能力完成异常复杂的项目,却不像赫莎·古登堡所臆想的那样,代表着懒惰或缺乏意志力。从各方面来看,贝诺·古登堡对任何事情都有着超乎寻常的洞察力,包括组织技能。虽然里克特也很聪明,却不像古登堡的头脑那样,既精于逻辑,又善于感性。处于后者位置的人,几乎无一例外地无法理解前者的情况。

类似地,里克特与他人漫不经心的互动过程显然是缺乏自信的表现,却并非敌意的结果,仅仅会令人不悦罢了。简而言之,他很难与人打交道。戴维·约翰逊观察到:里克特要么喜欢你,要么不喜欢你,而且对那些与其无法相处之人非常冷淡。从阿氏综合征角度来看,大家怀疑,对里克特来说,有些人不是特别讨厌,而是非常陌生,例如,某种类型的学生会让其感到十分困惑,特别是当他们比典型的内向科学家更自信、更有社交能力时。当然,满是学生的教室也令其心烦意乱,于是,他便以直接对着黑板授课而闻名,从不转身面向学生。

动物则是另一回事,是一种比人更安全的情感目标。里克特家很少没有猫:先是"臭鼬",正如其偶尔聘用的宠物保姆介绍的那样,臭鼬这家伙疯狂于奶酪;然后是猫咪"地震"以及"禅定",最后又是"奥利弗"。在1965年致莉莲的一封信中,里克特写道:"似乎猫咪很高兴;我们最近有一点争执,因为星期六买来的猫粮里有太多白色猪油成分,即使换成进口的澳大利亚品牌,即使我觉得猫粮里的肉味道还不错,这家伙好像也不高兴。所以今天晚上,我主要的工作就是为猫咪分出一些比较清素的口粮。"他接着说:"假设没有他们,我应该会更加孤独,更不快乐;显然,猫是可爱的伴侣。"如果人们可以把其小说手稿《桥上的房子》当作自传来读的话,里克特可能更喜欢狗而不是猫。作为小说角色的他,另一个自我恰恰就是狗友。在晚年,当莉莲去世后,虽然里克特确实有一只名叫"杰克"的狗,但在与之相处很长时间的凯特·霍利迪看来,这位学者不仅是语言学家、忠实的业余植物学家,也是一个爱猫人士,并且才思敏捷、说话诙谐。另外,她还写道:"除了妻子,查尔斯最大的奉献就是孝敬他家的猫,厚毛宠物显然把他看成伟大的傀儡,要求无休止地抚摸、抓挠、刷洗以及其他形式的关注。里克特不仅顺从,还在浴室里放满各种动物的彩色照片,并将猫科陶瓷玩偶塞满房子的犄角旮旯。"长期担任地震所技术员的鲍勃·泰勒也回忆说,里克特带来猫粮,用以喂养那些在克雷斯格实验室周围山上安家的半野生家伙。

然而,里克特对人类的友谊并非毫无兴趣。在30多岁时,积极陶醉于自己的第一次伟大冒险,因为他的这些真正亲密朋友是于天然主义情况下结识的。1945年,查尔斯坦率地写道,他愿意付出自己的一切,以便从别人那里得到更多。正如我们所看到的那样,这位学者对女性绝对不是没有兴趣,无论作为年轻人或长者,他显然非常渴望异性身体和情感,并为得到生命中为数不多亲密女性的赏识而欣喜若狂。记得学者曾经说过一句话:"只有少数人爱过我,但她们更喜欢作为学者而非男性的我",此言虽无与伦比的笨拙,却基本上是溢美之词。

里克特的爱情生活比大多数人更复杂,于是,那种将亲情扭曲成感情的极个别行为也许就更好理解了。另外,对于阿斯伯格综合征个体而言,不和谐的性生活也会时常出现。再次引用《工具指南》中的话:缺乏社交技能会使患有该病的青少年和成年人处于危险之中，因为他们可能不理解别人的意图，也不能清楚表达自己的想法。此外，诗歌不仅为里克特提供了一个重要创作渠道，而且意味着与其他人联系之媒介。他将自己的诗歌与其他作家或女性分享，并袒露灵魂，能够同这些人相识，恰恰就是查尔斯作家生活的一部分，其中几位朋友甚至成为学者日后的恋人。至于和玛格丽特的可能关系，即便人类有严格世俗伦理来避免此类情况，但我们仍可以得出如下看法：里克特之思维构成似乎与常人有很大不同，虽不致影响生活所有方面，也必将波及家长里短，至少有一点是真的，这位学者的生活在很大程度上有别于社会习俗。

当然，阿氏综合征的死后诊断仍然是推测性的，大量直接和间接证据都无法证实。另外，如此诊断也不会改变这样一个事实，即，按照大众标准，里克特是怪人或极客，因为对他来说，社交活动是令人烦恼的异类。然而，如果我们能够接受上述事实，便会得到一个框架，在其中，明显消极、有时令人愤怒、沮丧的性格特征以截然不同的方式出现。里克特终生都在受最顽固、最阴险、最根深蒂固的恶魔蹂躏，由于大脑接线不规范，发现自己是地球上的火星人，一直试图与这些难以理解的地球生物沟通，掌握他们语言的微妙之处。学者努力维持心目中的模范生活：一种轻松自信的生活，一种令人舒适的社会交往，并且完全能够用适当组织手段去处理日常工作。他努力将自己的无穷精力和惊人智力集中于富有成效的方向，而不是让精神恶魔带偏自己。虽然在这场战斗的最后，他取得过令人钦佩的成功，但绝非轻而易举，当然也并非始终如一，因此，其巨大的职业成就便更加夺目，而个人苦难也越发让人同情。

15

它又来了

1971年　　　　　　　　　　　　　　查尔斯·里克特　《它又来了》

　　当走到办公室门口，我就看到墨水笔开始在桌子上打转，仿佛地震正在摇晃大楼。

任何地震学家的研究和生活都会被职业生涯中的相关灾难深刻影响。在查尔斯的故事里，有一对道具非常重要，这是两只用于固定图书的抗震书挡。阅读是其一生挚爱，书挡不仅能够约束桌子上的纸本，也可以规划职业生涯。里克特的大部分学术内容被以下两个事件所加持：1933年长滩地震以及1971年的圣费尔南多或称西尔玛地震。具有讽刺意味的是，这两次并非其职业生涯中袭击南加州的最大地震，而该殊荣则属于1952年7月21日黎明前突袭洛杉矶北部的7.5级地震，这场所谓的克恩县地震造成5000万美元财产损失，并夺走12条生命，且以加州中部蒂哈查皮社区的破坏和生命损失最为严重，以至内华达州里诺市以及旧金山高楼大厦上层的一些人，都会感到地面或建筑物在脚下摇晃。洛杉矶的抖动强烈到足以造成人身伤害和小范围停电。据说，这次地震给里克特生活带来直接影响：由于意识到度假计划被破坏，他骂了足足半分钟。该地震也将产生重大的长期影响，为此，查尔斯再次拿起便携式地震仪前往现场，记录其间的多次余震。

长滩地震后发生过大量余震，其中一次大到足以造成额外破坏。克恩县的余震序列更是让人咋舌，一次6.4级的余震在主震后约30分钟发生，两天后又出现了6.1级的颤抖。在此必须强调，切勿忽视余震，那并非百米冲刺后的喘息，事实上，它们依旧是地震。一个6.4级的地震，就所有意图和目的而言，最明显的是其所产生的巨幅摇晃程度，无论主震或余震都将如此，所以，余震不仅有些难以控制，更可怕的是，它们还会致命。

幸运的是，克恩县主震和两次早期大型余震都集中在加州中南部人口稀少地区。如果灾难发生在更加城市化的区域，财产和生命损失就会非常严重。8月22日，一次相对温和的余震确实出现在离人口中心较近之地，5.8级的灾难位于贝克斯菲尔德镇附近。这次温和摆动造成两人死亡及1000万美元财产损失，主要波及市中心的砖瓦建筑。

7.5级主震本身就是个预兆事件：在加州，如此震级平均每几十年才发生一次。得益于便携式地震仪而非仅仅依赖永久性台网的数据，里克特及其同事能够精确厘清余震位置。作为规律，余震位置会照亮主震期间活动的断层范围，在本次灾害中，相关源头直指白狼断层。在其范围内，地震没有彻底破坏地表，却留下参差不齐的面层断裂，还包括一些地方跨断层的大幅地面移位。如此运动直接切断蒂哈查皮山口铁路线上的隧道，使其停运了三个星期。

如果1952年的灾难发生在南加州相对偏远的村落，那么，它对地震学家的影响反而更大，远远超出大洛杉矶地区多数人的想象。类似故事几乎正好于40年后再次上演，1992年7.3级的兰德斯地震撕裂了更加偏远的沙漠蛮荒，对于众多南加州居民来说，这次灾难几乎无关紧要，然而在地震学家看来，兰德斯地震改变了学术走向。

由于多种原因，兰德斯成为地震学家的分水岭，让大家有史以来首次意识到，大震之后不仅会有余震，还将导致一些更小级别的灾难，专家戏称其为"远程触发地震"。从某种程度上讲，这些诱发晃动类似余震，因为它们是由更大主震所引起的，却发生在距离主震遥远之地。20世纪90年代的研究提供了令人信服的证据，其中表明：当大震来袭时，穿越地壳的波浪会导致远震。自1992年以来，如何识别远程触发地震便成为该学科重要范式转变的一部分，尽管专家们曾将大多数灾难视为随机和不连续的，但1992年改变了一切，人们已经认识到，其中一些地震存在互动关系。

1994年，就诱发地震做过开创性研究的专家琼·冈伯格写道："以前，任何经验都不会促使我们预见性地考察远程触发地震，因为当时没有人愿意探索未知领域。"然而事实证明，这位专家说法有误：1955年5

月，里克特打印出一份笔记，虽然始终未曾发表，但上面赫然写着："反向效应——大震所引发的小震很可能出现在紧邻余震范围内，但基本上会以弹性波方式传播，并会在较远之地触发灾难。"他接着写道："如果被触发的地震足够大，其自身又会成为触发器，从而起到接力作用，导致后继更大灾难。"综上所述，里克特不仅早就意识到其他地震学家于1992年首次观察到的远程诱发地震，而且就成因做出过正确解释。大家不禁要问，是哪些地震序列促使其有如此见解，答案或许就是克恩县地震本身，因为它发生在蒂哈查皮山口附近，大约5小时后，100英里外的河滨市郊便出现了小规模灾难。人们还想知道，如果里克特掌握大量数据，便可能发现更多东西，而遗憾的是，这些数据却属于后辈，只供用于研究后来的灾害比如兰德斯地震。但无论如何，克恩县地震并没有像40年后兰德斯那样引发科学界兴奋。假设查尔斯当年拿到优质数据，或者有足够资金一探究竟，并发表自己的观察结果及想法，或许就将改变地震学家的观念和职业生涯轨迹。然而他没有做到，也正因如此，加之克恩地震发生在一个相对偏远的地区，所以，里克特人生中最大的地震并没有成为职业生涯中最重要的成就来源。

查尔斯·里克特未能亲眼目睹兰德斯灾难及其带来的学术革命，因为此事发生7年前他已去世，享年85岁。然而，在漫长职业生涯的结尾，洛杉矶大都会地区长达数十年的地震静默终于被打断了，这便是1971年2月9日上午袭击圣费尔南多山谷北部的灾难。诚然，在1933—1971年数十年间，洛杉矶地区也确实发生过几次地震，但均不足以造成明显破坏。通常，学者们把圣费尔南多地震称为西尔玛地震，而后者则是圣费尔南多山谷内距离震中最近的一个小镇。

时间来到1971年，里克特已经从加州理工学院退休，但仍然活跃于学术界，而且家中客厅里那台地震仪依旧时刻待命，仿佛已经感知到当年灾难的发生。最初的晃动足够强烈，时间也足够长，好像在告诉他，这可能是一场大地震的开始。然而，用里克特的话说：30秒后，可以感觉到的震动和地震图上记录到的波形并未剧烈起来，所以很明显，摆在我们面前的是中等规模晃动，也许是一次局地灾难。对于经历过地震愤怒的人而言，"中等规模"这个词可能听起来很奇怪，因为在当年2月的那个早晨，任何圣费尔南多山谷周围的过客都不可能视其为中等规模。然而，如果单从最初的震动状况和数据记录来看，里克特必将断定这次地震相对温和，震级应为后来估计的6.6～6.7级，而非7.5或更高级别的大震。如今，人们很想知道，在那最初的30秒内，查尔斯是否感知到了地震的降临，是否意识到传说中的大震终将袭击圣安德烈斯断层。

然而，对于像西尔玛和圣费尔南多这样的社区居民来说，灾难已经降临，造成5亿美元财产损失，并夺走了65条生命。此次地震以戏剧性方式突显出加州建筑法规的变化无常：尽管《菲尔德法案》会保证公立学校的房屋结构安全，但该州医院建筑却没有通过类似条例。大多数死亡事件发生在西尔玛附近退伍军人管理局医院老旧但建造良好的场所内。其中两栋年代较久的房子坍塌了，造成40余人当场死亡。位于西尔玛相对较新的橄榄景社区医院则损失殆尽。地震发生的时间再一次证明了偶然性：天灾出现于黎明时分，大多数当地居民正在家中熟睡。加州的房屋一般为木质结构，几十年来，一直按照规范建造，其中就包括抗震设计要求，因此地震发生时，家里通常会比工作单位或在高速公路上更安全。

在帕萨迪纳，多数人明显感觉摇晃得很厉害，但对建造良好的单户住宅来说，却不会造成什么损害，因此，里克特也就安然无恙，然而他明白，如此强震会对实验室运作和周围同事的生活产生不小影响。于是，这位专家穿好衣服，准备去实验室看一看，当然，也无需慌里慌张，因为自退休后，他就已经不再关注那里的日常活动了，更何况查尔斯也知

图 15.1　1971 年圣费尔南多地震造成的单户住宅损坏（照片由国家地球物理资料中心提供）

道，实验室的其他工作人员完全比自己更胜任分析原始数据。另外，莉莲的身体也从 1971 年秋天开始恶化，这是与结肠炎长期斗争的后果，也可能是最终夺走她生命的癌症晚期开始。人们不禁要问，在当年，在这位退休老学者心中，妻子与地震孰重孰轻？

里克特匆匆吃过早餐，在家里接了几通电话，其间，他向媒体表明自己的立场："目前，发表观点意义不大，我还无法提供任何细节，也不愿意估计本次地震强度，因为一旦提供不准确信息，很有可能造成更大混乱。"通过电视和广播报道，查尔斯了解到，位于伯班克的美国全国广播公司主演播室已经断电，他们正在用停车场里的便携式设备进行广播。大约在地震发生后一个半小时的 7:30，查尔斯动身前往实验室。至于为何过了 90 分钟才动身，就只能解释为当年地震学界的惯例：每当大震出现于自家周围时，多数学者都会选择在赶往实验室前，在家中停留较长一段时间，然后再着正服奔赴灾难现场。

尽管退休后仍然参与地震学研究，但到了1971年，里克特基本上已经退居二线，从围绕自己的学术争辩中解脱出来。科学家和技术人员团队也会逐渐离开实验室，因为他们需要去荒郊野外部署大量便携式地震仪，当然，其精度和复杂程度远超里克特时代。所以，当这位学者到达实验室时，精确的震中和震源位置已经跃然纸上。

里克特通过媒体了解到范诺曼大坝几乎溃坝。由于早先曾担任过洛杉矶水电局顾问，知晓有关大坝安全问题，所以他说服水电局，在地震发生前降低了库容。事实上，大坝受损严重，主体结构遭遇相当大破坏，用克拉伦斯·艾伦的话说，只差一点就未能幸免于难，大坝主体勉强支撑住了，而部分原因恰恰就是水位降低了。在库容进一步下降至安全界限前，下游居民被疏散了两三天，因为据以前的学生约翰·加德纳回忆，水电局担心大余震会导致受损大坝发生灾难性事故。虽然平均而言，最大的余震震级大约比主震小一个量级，然而就像几乎所有灾害那样，地球并不受平均法则约束。于是，对于那些生活在大坝下面的人来说，幸运便是自己的唯一筹码，好在这些筹码还没有过期，在1971年，预计的6级左右余震从未发生。

当时和现在一样，地震立刻引发当地新闻媒体巨大反响，记者们很快就挤满实验室大厅。而只有1994年北岭地震后，同样场景在更大范围内上演时，加州理工学院才建立了一个设备齐全的媒体中心来应对如此场合，当然，这还要得益于时代明镜基金会的资助。1971年，地震实验室与新闻媒体互动的主要特点只有两个字——"混乱"。根据查尔斯后来的说法，自己之所以主动找记者攀谈，就是想减轻实验室职员在发布信息和评论方面的压力。显然，这时他已对自己积极寻求媒体关注的说法十分敏感。

图 15.2　1971 年圣费尔南多地震对范诺曼大坝造成的破坏（照片由国家地球物理资料中心提供）

正如大家都能意料到的那样，媒体过分关注产生了一些不良后果，令科学家们急不可耐地向记者提供尽可能好的信息，然后再于必要时发布最新数据。最初的震级估算值并非出自帕萨迪纳实验室，而是由加州大学伯克利分校以及华盛顿特区国家地震中心的地震学家分析后确定。像圣费尔南多这样的大地震，其地震波强到足以抵达世界各地，那些专门用来记录大型远震的地震仪必然能够捕捉到如此信号。即便在 1971 年，上述仪器的数据记录已经可以被例行用于准确估算震级，并得出圣费尔南多地震的初步估计值为 6.5 级。当然，加州理工学院实验室的工作人员更相信自家结果，因此，也向媒体和公众发布了震级估算值。而此刻的帕萨迪纳实验室，工作重点仍然围绕确定余震的精确位置，因为该位置信息对指导便携式地震仪部署至关重要。事实上，早年结果显示，主震断裂以西的圣费尔南多山谷下便有一条余震带，从而导致便携式地震仪的现场作业需要重新定向，这样一来，直到第二天，地震实验室工作人员才根据修订后的当地数据计算出震级。显然，更好的数据一定有助于完善之前的成果，几经周折后，他们给出的答案高于初步数值，并最终将首选震级估值定在 6.7。

考虑到当时在快速确定震级方面存在局限性，初步的 6.5 级数值已经令人钦佩地接近了标准答案。然而，最初的报告值还是随后被二次修改，正如里克特所言，这也导致了所谓"里氏震级破碎的神话"。与此同时，在其发表有关里氏震级开创性文章近 40 年后，许多人仍然错误地认为震级仅是一种机械装置。

退休后，里克特仍然以顾问和其他各种身份活跃于学界，并长期出现在公众面前，扮演的角色自然是地震专家，但显然，这位学者基本上不再积极参与具体研究项目了。换言之，1971 年圣费尔南多地震后，查尔斯俨然变成德高望重的学术达人、顾问及发言人。事实上，这次地震直接导致他在退休后发挥出更大作用，并促成埃里克·林德沃尔主动接近自己，进而携手成立一家名为林德沃尔-里克特的联合公司。20 世纪 20 年代，埃里克的父亲于加州理工学院获得博士学位，尽管他当时并不认识里克特；1971 年，儿子埃里克获得了斯坦福大学地质学硕士学位。

在接下来的 10 年中，这家联合公司为许多重要客户提供咨询，也包括政府机构。1971 年地震后，里克特立即以个人身份担任顾问，特别是与洛杉矶水电局等机构合作，因为他在退休前就曾为这些机构做过咨询。圣费尔南多地震后第二天，水电局主动登门拜访查尔斯，以确定在范诺曼大坝受损状况下，下游居民应该保持多长时间的疏散状态。对此，他提醒官员，必须当心无处不在的破坏性余震，因为余震虽小，却很可能冲击已经支离破碎的大坝。

里克特给水电局的建议却不幸被新闻媒体所发掘，一些广播公司报道说，查尔斯·里克特自信地预测，下一次同主震一样大小的冲击即将到来。正如学者后来所言："在每次灾难事件的机会中，记者和广播员们都会使用某种手段来进一步混淆视听，接下来，地震学家便会陷入尴尬境地，无一例外地将被问及本地发生大震的可能性。"里克特进一步指出，这是一个合理问题：1971年的地震是否推迟或加速了科学家的好奇心，因为他们很想知道，到底哪一天，洛杉矶北部圣安德烈亚斯断层上还将发生大震？对此，他指出："正确的答案是我们也不知；另外，据我猜测，即便6.5级地震也不会对稳定积累的地壳应变产生太大影响，大断裂的出现时机之所以不能够被准确预测，因为地壳有自己的主意。"

如果里克特职业生涯晚结束几十年，他就会亲眼目睹如今的学科发展场景，其间，地震学家能够以相当长篇幅来回答此类问题。虽然科学家仍然不能肯定一切，但现在的他们，却可以计算出像圣费尔南多这样的地震影响性，比如，对邻近的圣安德烈斯断层有多大波及。而里克特在1971年的猜测却是高度合理的：一次6.5级地震不会对像圣安德烈斯那样的断层产生明显影响，因为其距离圣费尔南多过于遥远。

然而，最近的一些相关学术研究却表明，所谓的地震周期或许应有不同理解：即，地壳应变会向大断层或主断裂积累，然后便是一次应变释放过程，从而产生出地震。正如里克特曾经敏锐推测的那样：如果说中度地震是尾巴，那么大震就是狗，只有狗摇尾巴，而尾巴不会摇动狗。换言之，任何地区的最大地震都可称作基本事件或驱动事件，它们控制着其他一切灾难的发展历程，而不会颠倒过来，但是狗到底如何摇动尾巴呢？在20世纪最后几年，地球物理学家杰弗里·金、戴维·鲍曼和查尔斯·萨米斯提出了一个关于狗与尾巴的新观点。在他们的地震周期模型中，伴随主要断层向大震方向发展，地壳中的应变能不断积累，于是，在未来可发生大震的附近，该应变就将造成零星的中等程度灾难。

事实上，里克特也预见到上述想法。1933年长滩地震后，他给加州理工学院院长罗伯特·密立根写过一封信，其中就概述了对将来可能发生地震的担忧："有一种乐观理论认为，作为安全减压阀，轻微的破坏性冲击有助于减小甚至防止应变积累，否则，上述应变就必须通过大震缓解。虽然，相反的观点承认安全阀具备某种缓解作用，但其重要性不大，低破坏性冲击应被视为信号，旨在缓和主应变所附带的地表微应变，因此，这是危险增加的警告，而非安全保证。"里克特接着讨论了与此观点有关的历史证据，并指出，在1890年和1906年之间，在随后一年的大震造访地中，5~6次地震都以温和规模收场。

1999年，在里克特致密立根的信寄出66年后，地球物理学家罗斯·斯坦在《自然》杂志上发表过一篇论文，详细讨论到旧金山湾区1906年震灾前后几十年的地壳运动情况。虽然其分析证实并扩展了里克特之基本观察，但人们还是对后者留下深刻印象，并惊叹于他能够在如此早的时间就预见到此事。查尔斯的直觉深度反映出地震科学的一个持久现实：最重要的创意往往直接来自新数据，这些结果将会照亮迄今未被认知的现象。在20世纪大部分时间里，没有哪位科学家比里克特更接近数据，或者可以说，更有能力揭开数据的秘密。

金及其同事的模型为一种观察现象提供了物理解释，而这种现象告诉我们：在未来的大地震周围地区，中等强度的冲击似乎会越发频繁。实际上，老天爷压抑了"狗"的巨大能量，令其无法通过立即摇晃全身来精神抖擞，所以才会摇摆"尾巴"。那么，站在如此角度来看，类似圣费尔南多这样的天灾并不会加速未来大地震的发生频率，反倒可能是大震即将发生的预兆。然而，如此推断不能建立在单一中震基础上，而必须根据某地区在几年到几十年内的中震模式进行推演。

目前，学者们对地震周期的理解充其量比较粗浅，以致许多受人尊敬的科学家对"狗与尾巴"的比喻有着不同看法。然而，该领域的最新发展确实为地震预测提供了基础，并且明显比1971年里克特唯一可用的讨论结果——"对于未来是否地震，我们还不知道"更加深思熟虑，尽管在最后的分析中，底线仍然是相同的。

里克特指出：某些特定问题十分含糊不清，甚至为扭曲事实提供了机会，比如，"这次地震将会加速还是推迟未来大地震的到来时间？"因为人们很容易把对大震的持续不确定预期和对余震的立即及相对确定预期混淆起来。如今，尽管该领域已经有了长足发展，然而，其上述观点无论在当下或1971年都同样正确。

对查尔斯而言，摆脱地震实验室的日常运作是有利的，而圣费尔南多地震又为他本人提供了一个良机，使其能够再次审视媒体对大地震的反应逻辑。圣费尔南多地震发生当天，他于上午晚些时候回到家里，并且正好赶上阿波罗14号飞船发射的电视直播。于是，学者写道："在换了几个频道后，我发现有多家电视台正在就地震进行全面报道。"里克特认为，一些地方台的报道很有价值、信息量非常大，甚至还播放了水库和受影响最严重地区的直升机拍摄镜头。另外，可以理解的是，他对一位不知名广播员提出异议，因为后者正在采访某预言家。显然，电视台试图以此来活跃节目气氛，而这位专家的噱头就是曾预言过另一场灾难性地震。对于如此明显的一场闹剧，竟然有人会认真看待，甚至该主持人随后都表示出惊讶。看到这里，查尔斯怒不可遏地指出："即便是打碟的唱片骑师，也应该知道，此刻恰逢灾难时期，而非适当的玩笑场合。"

鉴于为地震学家提供关键数据的条件少之又少，所以对该学科来说，每次大震都是难能可贵的研究机会。里克特明白，即使相对温和的圣费尔南多灾难，也会给专家们带来很多关于大洛杉矶地区断层和地震危险性的新知识。他曾写到过该地区其他断层发生大震的可能性，里面就包括他本人去世两年后，即1987年发生的5.9级惠蒂尔破坏性地震。在文章中，这位学者也提及了雷蒙德断层，该断层以东西方向横切圣加布里埃尔山谷，穿过圣马力诺市，就在地震实验室以南不足2英里处。与埃里克·林德沃尔的观点一致，洛杉矶水电局前工程师勒·瓦尔·隆德也十分钦佩里克特的顾问工作，特别是有关水电局下辖数十座大坝的抗震性能评估项目。在隆德眼中，里克特和蔼可亲，深受员工喜爱。

人们不禁要问，在圣费尔南多地震发生后，学者脑海中究竟闪过什么念头，要知道，这可是其一生中大洛杉矶地区最大的地震灾难。或许有些遗憾，因为激动人心的时刻没有他的身影；也许是某种程度的解脱，因为他当时的注意力集中到了其他地方，比如家庭，因为妻子的健康状况正在持续恶化。无论如何，这次地震是里克特漫长职业生涯的最后一环，给了他在闪光灯下的最后一刻，也赐予其进入老年学术政治家角色的机会。作为地震大使，查尔斯有责任充当学界与媒体公众间的联络人，回答群众关切的问题，向官员们提供建议，并尽可能消除有关地震的各种臆断。

在1971年地震发生后的几天至数周内，查尔斯·里克特便成为南加州居民中的公众人物。当年，电视机已经开始普及，这位学者便搭上了顺风车，里克特不仅成为家喻户晓的名字，而且在某种程度上变成了电视明星。地震有效地将其带入更加重要的顾问角色，他将继续以此服务大众10年。当作家迪格比·迪尔为自己1974年的畅销书《超级对话》开始采访名人时，查尔斯·里克特竟然毫无悬念地成为目标，而获此殊荣更多的却要来自传统媒体明星，比如琼·贝兹、格洛丽亚·斯泰纳姆、休伊·牛顿、西奥多·盖泽尔、诺曼·利尔和休·海夫纳。如果说1933年长滩地震巩固了其对南加州市民的承诺，那么，1971年圣费尔南多地震则进一步加深了市民对查尔斯·里克特的喜爱。

16

预测不可知

查尔斯·里克特

只有傻瓜和江湖术士才会预测地震何时到来。

因对放射性做出开创研究而获得1908年诺贝尔化学奖的欧内斯特·卢瑟福有句名言:"除了物理,别的自然科学只不过是在集邮。"虽然,这种评价听起来像是对其他学科的冒犯,但大多数专家却依旧表示赞赏。人们期望现代科学能够超越对现象的简单观察和描述,比如集邮,而去努力探索类似于物理学这样的自然本源。如果有一块魔法试金石可以评判现代科学的真伪,那便是我们的理论是否不仅提供对过去事件的描述,而且会奠定预测未来的基础。

然而,今天和20世纪70年代一样,预测仍然是地震学家沮丧的根源。不能准确预测地震,令人类无法减轻灾难。例如,2004年圣诞节之后的那一天,全世界都在惊恐与悲伤中度过,因为苏门答腊岛附近的印度洋强烈地震引起了大海啸,造成数十万人死亡,也改变了许多岛屿和海岸线的形状。尽管在地震研究上耗费过大量资金,尽管最近在学术方面有所突破,但人们时常怀疑:如果地震学家无法预测灾难,那么,他们还有何德何能?显然,上述指责并非毫无道理。

然而,地震学的预测能力并非那么糟糕。例如,我们可以相当肯定地估计,在某断层上发生地震时,地面将如何晃动。相关话题可以追溯到1944年古登堡和里克特之研究成果,甚至在1939年,石本与饭田这两位学者便发表过有关论文。于是,根据上述理论,大家还能非常准确地预测在特定时间段内,平均有多少次不同强度的地震将袭击某特定地区。但不幸的是,地震预测本身仍然难以捉摸,似乎总潜伏于下一个阴暗角落,却几乎无法触手可及。"预测"一词带有非常具体的含义,公众与科学界的普遍解释为:有效预测是指在可用的狭窄窗口内,确定未来地震精确时间、地点和震级的过程。然而事实上,这个定义并不像看起来那样确切。骗子和傻瓜的把戏之一就是对"可用的狭窄窗口"这一短语进行自由裁度,虽然,如此任意发挥貌似微不足道,却会让某些不可行或无用的预测方法在不经意间看起来很成功，其中的玄机将在本章后面提到。

科学家无法预测地震这个事实，使公众产生出可以理解的负面情绪。在自然界里，站在晴朗的天空下，大地震突如其来，没有任何警告，不知道还有什么比这更可怕。当然，最糟糕的场景就是在一个漆黑的夜晚。人类安居乐业与脚下大地的稳定性不可避免地交织在一起，正如一些大家耳熟能详的短语：坚如磐石、地动山摇、脚踏实地。显然，此刻的我们，正在用地壳稳定或躁动来形容自己的精神状态。当大地不再坚如磐石，反而开始灾难性地咆哮，人类的稳定和安全感就必将从根本上受到挑战。显然，地震的不可预测性也恰恰是其致命的本源之一，如果没有预见它们何时到来，你就无法避开。

对预测这件事，地震学家并非不感兴趣。恰恰相反，他们的相关研究工作一直在继续着，只不过有时显得悄无声息，因为他们正在寻觅那尊可感知来世的神秘"圣杯"①。当然，我们应该注意到，预测不是所有地震学家最关心的问题，他们的许多研究目标依旧集中在地球结构上。近年来，学者们提出过许多预测方法，据此，即使无法准确指出未来地震的日期，至少也有了一种途径，或许可以提前了解到几个月或几年内的可能大震时间。然而，这种努力充满了风险，因为任何预测都会引起媒体关注，从而令某些利益集团感到沮丧。地震与经济学不同，后者预测的正确与否似乎五五开，但人们希望地震学家能够消除不可知因素，并倾向于对任何新近地震预测成果采用零容忍标准，大家期望准确估计，不想得到赝品。

多年以来，美国地震预测研究的受欢迎或可接受程度一直在消退。1979年，里克特同加州理工学院的档案人员进行过多次攀谈，这为其提供了机会，让他能够掌握半个世纪以来的地震预测动向，上述谈话内容

---

① 在最后的晚餐中，耶稣曾用一个杯子来盛放他的血，原本普通的杯子因耶稣之血加持，从而成为"圣杯"。

也代表着 20 世纪后半叶美国相关研究的整个脉络。时间来到 1980 年，在地震学界，预测课题已不受欢迎，除了帕克菲尔德预测实验①外，20 世纪最后几十年中似乎再没有什么像样的成果。正如里克特所言，1964 年阿拉斯加地震是一桩 9.2 级的巨大事件，让人们打开了潘多拉盒子，里面满满装着"对地震预测的巨大呼声"。他补充道："然而，我必须遗憾地指出，这些声音是由我的一些同事在加州理工学院发出的，他们的教唆与帮助令预测的调门儿越来越高。"

里克特的部分评论剑指"棕榈谷隆起事件"，而该事件曾于 20 世纪 70 年代引发过一场公众和科学界风暴。正如不久将会讨论的那样，这场风波始于美国地质调查局聘用的科学家，其有缺陷的研究成果恰恰成为导火索。不过，为说明问题，我们有必要首先考虑一下加州早年的地震预测风波，其中的角色相当复杂，而且与后来的事件有所不同。在 20 年代中期，知名地质学家贝利·威利斯对南加州未来的地震危险性发表过某些声明，不仅危言耸听，而且富有戏剧性，从而带来了一场学术风暴。他断言：同 1906 年大地震类似，未来的巨大冲击迟早都会袭击南加州，且提前发生的概率更大。到了 20 年代中期，威利斯已由美国地质调查局的一个早期项目中退出，也从斯坦福大学的教授岗位上退了下来。正如罗伯特·希尔在他那本通俗易懂的《南加州地质学和洛杉矶地震》一书中描述的那样，威利斯的预言基于海岸和大地测量局 1924 年公布的早期三角测量数据。据称，其分析表明，圣安德烈斯的两侧断层一直在以每 30 年 24 英尺的惊人速度互相错动。由于断层本身是被锁定的，实际上不能顺利滑动，该结果意味着，近年来，圣安德烈斯南部持续储存着巨大应变能。事实上，如今的数据却显示，即便圣安德烈斯断层南部的应

---

① 1857 年以来，美国加州帕克菲尔德镇以 22 年一次的平均间隔经历过 6 次中等地震，最近一次 6 级地震发生于 1966 年，基于此，学者们仿佛找到了地震预测的影子。

变正在增加，但速度大约仅为每30年3英尺。

对于威利斯这位地质学家而非地震学家来说，其上述暗示似乎意义重大，提醒人们该断层正在朝着大地震的方向发展，而且可能很快发生。威利斯把自己的预言打印出来，并在纽约的火灾承保人委员会和国家承保人委员会面前进行演讲。作为直接后果，洛杉矶的房价比以前飙升了100%～2 200%。据希尔估计：以美元计算，这次地震保险费率提高造成的损失可能超过加州所有历史地震的总损失，抑或相当于数百年来可能发生地震损失的许多倍。虽然在威利斯的预言中，有关希尔的如下文字显得过于夸张，但没有人能够质疑威利斯演讲带来的不幸后果。正如海岸和大地测量局代理局长至少在1927年就知道的那样，他赖以预测的结果有严重缺陷。

罗伯特·希尔的书是一个有趣的里程碑，其中首次描述了大洛杉矶都市区如今公认的许多断层，但接着把所有断层都视为不活跃断层，主要是过去地质年代的东西。具体到英格尔伍德断层，他写道：不能说有什么大的威胁。然而仅仅5年后，1933年的长滩地震就发生在这个断层上。希尔拥有杰出的科学背景，但其著作出版后，一些同事怀疑，他把自己的灵魂出卖给了洛杉矶商会，而后者则迫不及待地将该书当成圣经。

然而，在那几年中，伤害已经酿成。希尔写道："虽然这些可怕预测出自一位受人尊敬的科学人士，但于我看来，在此事件中，其言行对科学信誉造成严重破坏，使得该地区人民心目中的科学灯塔暗淡无光。"在后来的棕榈谷隆起事件中，不同参与者、各类演员和机构纷纷扮演反派角色，但这两件事却显示出惊人的相似之处。在威利斯惨败后的几十年间，还有其他更小的预测风波，包括一个可能再次由威利斯助长的危机。

1933年3月13日，斯坦福大学国际新闻社的一篇报道称，于前些年，在纽约的一次保险公司总裁会议上，威利斯博士预测，最近将要发生地震。该文直接引用博士的话："当时我说，地震可能会在3年、7年或10年内发生"。虽然人们永远无法确定，报纸上的每篇文章是否都能准确反映科学家本人的言论或立场，但相关内容给人的印象却是，威利斯并没有花大力气来消除这样一种观念，也即，他自己的预测在1933年地震中得到了证实。当然，在此必须指出，其预测不仅基于完全错误的数据，而且也是针对完全不同的断层。

这里有查尔斯职业生涯早期的一封信，落款日期为1933年3月20日，字里行间暗示出对威利斯的无比惊讶，因为后者的言论过于危言耸听，且表现出对实验室同僚贬损之意，认为他们在杞人忧天。这封信是1933年长滩地震后里克特写给罗伯特·密立根的，其中部分内容我们已在前一章中讨论过。信中概述了里克特的担忧，即，该地区"可能在任何时候都会受到地震影响，能量高达长滩的1 000倍"。他继续为这一结论辩护，考虑到以前在加利福尼亚和内华达州发生的大地震，特别是他认为："轻微的破坏性冲击应被视为信号，旨在缓和主应变所附带的轻微地表应变，因此，这是危险增加的警告，而非安全保证。"

里克特也承认："当然，任何关于南加州大震危险性已被推迟的积极结论均毫无根据，出现这种概率的可能性非常小；与之相反，极有可能降临的情况却是，危险就在眼前。"

虽然，上述危言耸听的观点是经过反复推敲的，然而，将其推销于同事和兜售给官员、媒体之间还是存在天壤之别。人们可以理解科学家如何迈出前一步，却对迈出后一步的同事感到愤怒。事实上，里克特自己的同事哈里·伍德就采取过后一种做法，在长滩地震发生后向媒体发表了一些不中听的声明。不过，就地震预测而言，智慧往往随着年龄的增长而产生。依照过往经验或现有理论，年轻人的观察角度变化飞快，往往会得出令人恐惧的结论，然而更多情况下，如此结论都将被证明毫无根据，对此，年长的地震学家则显得更加明智。

尽管如此，在20世纪70年代，伴随里克特自己的职业生涯缓缓落幕，美国地震预测计划却在很大程度上悄然兴起。而长期以来，中国在地震研究方面投入重金，1975年海城地震预测取得过看似惊人的成功，使得人们能够从地震发生时倒塌的房屋中及时疏散，从而挽救了数千条生命，而当年的海城总人口也不过百万。但正如里克特所指出的那样："他们是幸运的，因为震前迹象比平时要明确得多"。这句话意味着：在1975年2月4日7.4级主震前的几个月里，海城地区被一连串能量越来越大的小规模前震所惊醒。当然，有些人更愿意相信动物可以感知即将发生的地震，他们会告诉你所谓的事实：在大震来临之际，许多动物包括鱼类和爬行动物都有不寻常行为。然而，怀疑如此论调的人也会指出：如果前震的能量序列足够大，那么，它本身就肯定能够发出警报，对此，无论动物或人，都完全可以感知到。

在公众脑海里，动物能感知即将发生地震的想法仍然是个持续的神话。任何一次大地震后，有些人总是相信他们的狗、猫或玫瑰头鹦哥会告诉自己地震的到来。而问题却是，无论哪一天，总有些猫会无缘无故地做出怪异行为，因为这就是猫的本能。当地震发生时，到处都会流传有关动物预知灾难的神话，臆断它们可以感觉到人类无法察觉的初波，甚至有时会在更强大的横波到来前几秒做出反应。

如此神话持续存在的原因之一在于，相信动物可能感知即将到来的地震并非完全荒谬。例如，某些动物会探测磁场的存在，而导致大震的地壳前期活动恰恰就可能产生电磁信号。然而，我们不能从震后的任何流言蜚语中得出动物行为同地震关联的结论。为证明两者之间是否存在必然联系，人们必须对该问题进行更加深入、系统的研究。事实上，在60年代中期，地震实验室几位年轻聪明的科学家就开始做这件事。有的学生会关注装满电鳗的水箱，监测它们的信号和地震活动；也有学生建立过评估系统，他们根据箱子里大量蟑螂脚接触地板传感器的频率来测量其行动轨迹，并将这些数据与地震活动进行比较。然而，无论这些实验，还是科学家多年来所做的任何其他测试，都没有发现小动物的滑稽行为与地壳动荡之间有任何关联。而另一方面，很明显，某些动物对振动信号非常敏感，所以能对周围人没有留意到的前震做出反应。

当上述灾难发生于地球另一端时，美国和其他地方的地震学家感受到一股乐观情绪，他们认为，地壳可见的物理变化或许预示着即将出现大震。美国及俄罗斯地震学家的一些研究成果似乎显示，在大地震之前，震源周围的岩石性质会有所变化，从而能够改变P波与S波的速度比。岩石样本的波速实验研究为以上观点提供了理论基础：如果将岩层置于越来越大的压力之下，以至类似大震来临之前的状态，那么，岩石内部便会出现微小裂缝，从而导致体积略有增加，如此过程能对刚好通过的地震波波速产生影响，鉴于P波和S波的速度将受到不同影响，所以，两者之间的比例大小就会发生改变。

20世纪70年代，基于地震波速度变化的预测方法开始受到重视，该学术热点恰好与另一个在地震预测研究史上更加声名狼藉的发展趋势不谋而合，当然，后者就是指棕榈谷隆起事件。在此，让我们把注意力重新放回棕榈谷，并将为此引入更多背景资料。当1964年地震发生时，美国政府的地震监测计划正在由海岸与大地测量局主持。在1979年的一次采访中，里克特评论道："随后，地质调查局突然来了兴趣，启动过一些项目，最终，成功地以某种复杂手段把海岸与大地测量局挤出地震监测领域。"对于如此变故，查尔斯的看法体现在其对美国地质调查局老一辈地质学家的评论中：地质局的老专家们突然觉得自己有资格参与地震学研究，并可以对其中某些敏感话题做出非常神圣的断言。当然，在许多情况下，这些议题会造成大量不必要的公共开支。他还谴责美国地质调查局，认为后者的政策不但公布过晚，并且那些最初公开的文件或研究报告也未经同行严格审查，至少没有充分讨论过。

里克特对美国地质调查局地质学家的蔑视主要针对鲍勃·卡塞尔及其同事。70 年代初，卡塞尔分析过一些旧的测量数据，并据此得出结论，在 1975 年前的数年间，洛杉矶以北的大片沙漠地表上升了 10 英寸，这便是随后臭名昭著的棕榈谷隆起原型。准确地说，该事件是一个问题的答案，而问题则出自乔治·亚历山大在 1976 年《大众科学》杂志中的文章内容："什么东西在某些地方有 10 英寸高，覆盖 4 500 多平方英里（1 平方英里 ≈ 2.59 平方公里），并且让外行和专业人士都感到担忧？"显然，令人困惑的原因不难理解：地壳诡异的大幅翘曲发生在紧邻圣安德烈斯断层一域，而该断层上次的大震日期为 1857 年。或许，如此巨大的新隆起便是某种预兆，让科学家关注了几十年，也是下一次大地震即将发生的信号。

卡塞尔耐人寻味的棕榈谷隆起答案立刻引发了一场大风暴，专家学者们不约而同地想要一探究竟。1976 年，福特总统批准了 200 万美元的地震预测研究预算，重点就放在棕榈谷隆起事件上。一年后的分析显示，该隆起范围已经增长至 32 400 平方英里，最大高度为 12 英寸。然而，新结果既令人困惑，又耐人寻味，因为进一步的分析和实地调查表明，实际上，某些地块的所谓隆起却正在逐渐下降。

接下来，隆起部分开始出现裂缝。地球物理学家罗伯特·赖林格、拉里·布朗和比尔·斯特兰奇指出一些可能影响卡塞尔结论的错误之处。加州大学洛杉矶分校的另两位地震学家戴维·杰克逊教授和博士后李旭培更加深入地研究了隆起原因，在检查相关原始数据后他们发现，有证据表明，判定隆起的水准仪数据有误，很可能已经被系统性"污染"，而这种错误在早期水准测量中并不罕见。如今，科学家能够利用全球定位系统精确测量地表相对位置，但传统方法很难将此位置精确到几厘米内。随后，杰克逊和李旭培又讨论了两种可能的误差来源：一是没有考虑调查中所使用的金属棒长度与温度有关，该误差虽属轻微，但为系统性的；二是测量路线问题，鉴于测点的海拔明显不同，低至海平面，高至3 000英尺，以至测量线沿途的空气温度发生了系统变化，从而产生一种被称作折射的光能弯曲。在70年代中叶，科学家已经很清楚存在折射误差，但在以上特殊情况下，他们对该误差的严重性始料未及，因为大多数测平线作业都是在相对平坦地面及温和气候条件下进行的，而在莫哈韦沙漠最南端和圣加布里埃尔山脉之间，他们却遇到了巨大的海拔和温度变化。

1979年美国地球物理学会的年会成为一场"隆起之战"。李旭培和戴维·杰克逊详细提出了"尺杆校准"误差的观点，并讨论了折射可能带来的额外偏差，对此，地质调查局的科学家们用他们自己的理论反唇相讥。在这场辩论中，作为局外人的地球物理学家南希·金没有任何预设立场，据她回忆：自己只想确定，激烈讨论是否会演变成双方阵营的拳脚相加，虽然并未出现如此场景，然而，他们脑海中的想法却反映出其相互敌意程度已经远远超出了科学话语权标准。

在1979年的会议上，美国地质调查局的科学家不仅说话嗓门大，思想战线也非常统一，然而，地球物理学家罗斯·斯坦后来却打破了这个局面。尽管其在1981年发表过一篇文章，认为测量误差不能解释所观察到的隆起现象，但随后却详细研究了尺杆校准误差理论，并承认，如此观点是前提。而当论文发表时，棕榈谷地表隆起量已减少到之前的一半。再者，另一位学者罗伯特·赖林格发现，实际上，部分明显隆起现象由以下事实造成：鉴于隆起点高程是相对于萨古斯一个固定参考点计算的，但萨古斯本身的高程却由于地下水抽取而逐年下降，如能就此进行修正，隆起现象便会完全消失。接下来，斯坦做了一个现场实验，专门用来厘清上述误差之影响。

在棕榈谷隆起事件阴魂不散的那些年间，紧张的学术气氛持续高涨。在美国地质调查局的邮箱里，罗斯曾两次发现装有猫狗排泄物的纸袋；戴维·杰克逊也告诉媒体："虽然没人给我寄什么污秽之物，但有些家伙却指责我满嘴废话。"

1981年，迪克·科尔在《科学》杂志上撰写了一篇题为《棕榈谷隆起的疑点正在被认真对待》的文章。而到了80年代中期，该事件就像一阵风那样烟消云散，因为通过对数据做仔细分析，人们几乎完全削平了原始的高程数据，而当所有错误被纠正后，剩下的数据则显示出一个有限区域内非常微小的隆起现象，或许仅为1952年克恩县地震及1971年圣费尔南多地震的残余影响。根据塞思·斯坦的说法，年轻同事杰拉德·鲍登最终成为"救世主"，他用剩下的隆起数据做了一些有益的科学研究，也救赎了所有人，那些大喊大叫的声音和猫狗排泄物的记忆逐渐淡出人们视线。于是，斯坦开始以一种平和心态回顾自己的经历，甚至还有些窃喜，十分赞赏该事件带给他的教训。对此，这位学者有言："我们几乎总是在追逐非常遥远的发现，因为这些发现往往都位于我们测量能力的边缘，所以，大家必须将科学推论的脆弱性始终铭记在心。"

棕榈谷隆起现象并没有在一夜之间从公众和科学界的关注中消失，但到80年代中期，即使是其最狂热的支持者也抛弃了这一说法。然而木已成舟，对于地震预测项目的倡导者而言，20世纪80年代中期是令人振奋的日子：1976年，当时的加州理工学院研究员及地震学家詹姆斯·惠特科姆公开预测，1977年4月前，大洛杉矶地区或北部将发生5.5~

6.5 级地震。由于认识到此结论的不成熟性，惠特科姆本人很谨慎地提到，自己仅仅是"假设检验"而非"预测"，然而公众却并不认可这种区别。虽然，惠特科姆的假设基础涉及地震波速变化理论，而非棕榈谷隆起本身，但不幸的是，明显观察到的变化区域同肉眼可见隆起叠加在一起，令地震预测变得更加扑朔迷离。惠特科姆及其假设立刻引起可以理解的社会轰动：1976 年 5 月，《人物》杂志刊登了一篇 3 页文章，详细描述了如此预测。用乔治·亚历山大的话说，"长期以来，地震预测被视为地震家族的怪叔叔，但过去几年，却成为每个人最喜欢的侄子。"

这个"侄子"从未完全达到预期效果。惠特科姆料想的地震没有发生，棕榈谷也瘪了下去，变得默默无闻。于是，预测业务在地震学界严重失宠，这个学术家族开始认为"叔叔"不光奇怪无比，而且非常可疑。尽管如此，思想动荡时代留下的遗产终究不是完全负面的。1977 年，美国启动了国家地震减灾计划（NEHRP），对旨在减少地震灾害的研究投入有了显著增加。虽然绝非以地震预测为卖点，更不是基于棕榈谷隆事件，但预测工作仍是该计划的关键因素。几十年后，减灾计划继续资助此类研究的大部分内容，受益者既包括美国地质调查局，也涵盖其他政府机构以及学术界的科学家。该计划硕果累累，不但让人们更加深刻理解了 1811—1812 年北美中部大陆的新马德里地震序列，而且构建出一套重大地震"实时"播报系统。如今，这一系统不仅面向科学家，也对公众和应急管理人员开放，在大震发生后的几分钟内，所有人都将借此掌握高度复杂的相关数据。

然而在 70 年代，减灾计划并未像专家希望的那样给地震预测铺平道路。戴维·杰克逊、斯特兰奇、罗斯·斯坦等人曾令轰动一时的棕榈谷黯然失色，而岩石波速结果最终也被否定。诚然，此处并非存在任何欺诈行为，而是源于困扰相关研究的限制条件：通常，地震学家无法进行可重复实验，从而让别人能够验证他们的结果。例如，当科学家估算地震波在地壳内的传播速度时，他们总会依靠地震所产生的波，当然也可使用人工爆破法，但这种方式非常昂贵，且无法探测地壳深处。如此一来，欲研究波速如何随时间变化，学者们就必须分析来自不断变化的一系列地震数据，这恰恰就是问题的症结所在。70年代研究出的波速变化都非常小，而后来的经验却表明，波速变化完全可以解释为：不同类型地震探测到了地壳略微不同的岩层。

解决地震不可重复这一难题的途径是借助于爆破，无论采石场爆破或核试验，均可作为重复地震①的波源，并且相关研究表明，无论天然地震或人工爆破，相应的波速基本相同。在观察重复地震基础之上，后辈专家们又构思出一些更聪明的方法。事实证明，沿着断层的某些特殊区域，小震会像钟表那样反复降临，一次又一次描绘出大致相近的地震图谱。从概念上讲，重复地震被认为是体量小且应变能高的断层块产物，这些断层又被更大的断层块所包围，通过科学家熟知的蠕动过程，上述岩块会逐渐缓慢移动。在固有强度被克服之前，那些卡在其中的小断层块将保持一定时间，然后会被肢解。从理论上讲，重复地震与早期爆破有着异曲同工之妙，却否定了早期地震研究中某些不切实际的幻想。换言之，原本希望出成果的研究途径走到了重复地震的尽头。

于是，地震预测再一次回到原点。

虽然里克特职业生涯结束得太早，未能见证重复地震的发现，但大家更愿意相信，作为细致入微的观察者，他一定会欣赏如此探索。事实上，人们不得不怀疑，如果重复地震在南加州遍地开花，查尔斯是否会成为该研究领域的先驱人物。遗憾的是，这种现象却并未在那里出现。

---

① 重复地震又称定常地震，是指某地区多次发生的地震，其中的地震放大器、时间间隔和幅度相似，通常归因于扭曲的地质构造或地下水的动力效果。

重复地震只能发生于具备如下条件的地质构造上：断层可以稳定蠕动而非仅仅在地震中移动，例如，东湾地区海沃德断层的一部分，以及霍利斯特附近的圣安德烈斯断层中段。事实证明，南加州明显缺乏蠕动断层，因此，也就不会出现重复地震。

尽管里克特只是抓住了地震预测故事中涉及波速变化的章节开头，但在那些早期热衷于此的业余爱好者行列中，无论怎样大浪淘沙，查尔斯总是其中一员。在介绍数百位潜在预测者工作内容时，他写道："大概每年，他们中总会有人得到新闻媒体的无端关注，而且套路相同，声称自己预测了过去几个月或几年的地震；虽然总在叫嚣最近的成功，却从不列举无数失败的例子。当然，对未来地震的最新预测，他们往往只字不提。"据里克特估计，如此地震预测的外行模式还将持续下去，"这些人之所以敢声称实现了目标，是因为找遍了预测时段内的几乎所有地震，无论大小或发生在何处，却有意忽略不符合要求的大震"。

有趣的是，里克特并不讨厌如此外行预测者，甚至对他们长期以来吹捧的地震预测潜力保持包容态度。例如，在1958年的一封信中，他提到了大气团运动影响地震的可能性；尽管也指出，该相关性并无任何其他佐证。这位学者写道："有一个明显趋势，当夏季结束，也就是第一场大雨即将到来之际，南加州的小震数量就会略有增加，我通常把这种现象归因于气团南移，而非实际的降雨。"虽然以上说法仍未得到证实，但在诱发地震方面，大气压的巨大变化或许能够发挥作用，至少这一点没有超出我们的想象范围。地球上，大气层平均压力差不多等于14.5 Psi，又可定义为1 bar①，最极端的天气状况能够带来0.1 bar的压力变化，相当常规的压力锋面可导致压力增加或减少1%～10% bar。大概正如里克

---

① 大气压的换算单位：1 bar（巴）＝14.5 Psi（磅/平方英寸）＝100 kPa（千帕）＝0.1 MPa（兆帕）。

特推测的那样，根据最近的地震学研究，即便如此小的变化也足以影响地震；换言之，地震可能与某些天气模式相关的概念并非空穴来风。与众多业余预测者不同，这位学者认为，任何诸如此类的相关性，如果真的存在，就算还未得到证实，最多也可能是微弱的，在预测方面几乎没有实际用途。

对当下的专家来说，里克特关于地震预测的肺腑之言具有不可思议的真实性和预见性，而预测把戏却依旧反复上演。最近出现了一支研究团队，其中不乏博士之流，他们开发过一种基于网络的服务项目，主打地震预测，并象征性地按月收费。这些人吹嘘，自己之前的预测成功率令人印象深刻；当然，在此是不可能列出失败案例的。仔细检查该团队之最新预测数据，人们便会发现，他们会就多种地震因素中"有用的狭窄窗口"部分进行自由发挥，其中的窍门如前所述。例如，经团队预测，2.5级或更大地震会在某星期发生于加州及墨西哥边境附近。而事实上，如此事件大概率可能发生，因为在一个时间段内，该地区的小震发生率已经非常高了。更糟糕的是，如果想要指定某地数百公里范围内发生"正确级别"的地震，那么，这些可能的预测者就会将自己打出的"正确"幌子做得非常大，换言之，如果某数等于1，我也可以说它大于等于1。因此，他们完全可以预测加州和墨西哥边境附近发生2.5级或更大的地震，显然，这是一个非常可能发生的事件，比如，棕榈泉附近发生的6级地震就大于2.5级，这样一来，上述预测便无比成功。在科学技术术语中，如此把戏就是我们所谓的"桶里打鱼"。

就算成熟的科学家，有时也会自由发挥，声称根据研究做出了成功预测，而这些研究却仅仅基于地震发生的短期或长期模式，然后再对可能发震地区进行量化处理，却无法给出任何具体时间或震级窗口。用天气预报的术语来说，上述工作虽然并非桶里打鱼，但类似于根据对中西部可能出现龙卷风的评估，声称预测了堪萨斯州中部的某场龙卷风。里克特对此异常愤怒。

在未发表的1976年笔记中，查尔斯说出了心里话，可以说直言不讳，以至于不得不在开头加上了免责条款："这是一份个人声明，绝非官方口径，不应归咎于加州理工学院或其任何工作人员。"

人们无法完全分辨学者笔记第二至最后一段是在针对业余爱好者还是科学预测工作，或许是前者，但不能肯定："少数预测者精神不正常，虽然其中大多数人并非如此，至少在临床或法律意义上讲，因为他们并不危险，也没有带着炸弹或枪支到处跑。这些人的病症是夸张的自我加上不完善或无效的认知，所以，他们未能吸收自我批评这条基本科学规则。他们希望得到关注，然而，如此愿望却扭曲了对事实的看法，有时甚至导致彻头彻尾的撒谎。"

读完上述内容，人们开始理解，为何学者非要添加上自己的免责声明。

当然，里克特最严厉的话语很可能是在针对外行预测者，而非专业同事。在笔记结尾，我们确实找到了一些比较温和的意见："偶尔在其他领域，拥有良好声誉的专业人士也会对地震发生和预测的错误言论负责，即使优秀的地质学家也有可能陷入错误之中。"

近几十年来，主流学界的地震预测研究历史告诉我们：虽然大家都对某种初步结论抱有希望，因为其代表着一种信号，能够呈现地球上曾经发生过的一次或多次大震之前的场景，但这些信号却经不起仔细推敲，或者在某地区发生下一次大地震之前未能再次露头儿。当断层上的大震迫在眉睫时，其附近必将发生巨大变化，这似乎不言而喻，人们进一步推断，如此变化应该是可测的，因为在震前，地下岩石的属性或许会有所变化，而那些不断出现的小震，其发震模式亦将与从前不同。

在地震实验室创建之初，后一种想法一直萦绕在哈里·伍德脑海中：当其试图白手起家规划监测项目时，他的部分动力恰恰源于如此信念，也即，研究小震位置能给未来的大震震源定位提供线索。在致罗伯特·夏普的"密信"中，里克特详细介绍了实验室运作情况，并写道："作为大震愤怒来袭的标志，原本希望小震会沿活动断层聚集，也许频率会增加，然而太糟糕了，它们未能如期而至。粗略地讲，小断层上的小震在地图上到处都有，并且任何时候都可能发生，但大震却往往只集中于大断层上。"在1965年的一篇开创性论文中，上述观察结论得到学界广泛认可，而里克特的长期合作伙伴克拉伦斯·艾伦正是该论文的主要作者。

地震学家一般会同意艾伦与里克特的观点：小震的持续降临似乎没有给将来大震何时发生提供任何线索。对此，学者们只能提出两种可能的例外情况：首先，有些大震前会爆发较小的前震，通常是在主震的几天内。然而，我们始终都不可能将前震与普通小震区分开来，这意味着，只有在主震发生后，大家才知道如此小震便是前震。第二个有待商榷的例外已在前几章讨论过，即，在大震来袭前的几年或几十年里，某地区会经常发生中等规模灾难，且比常年明显频繁。此观察结果令地震学家认为，有朝一日，可能实现中期预测，从而确定出在未来一段时期内发生大震的地区。

在里克特去世后的几十年中，地震学领域有了许多重要进展，其中最值得关注的是对地震之间的相互作用有了更好的理解，不仅涉及主震和余震，也包括一个大震可以影响另一次地震的时间。如前所述，虽然我们已经掌握了地震的周期性理论，或者说，至少某些人愿意相信存在周期性，然而，短期预测依旧是块难啃的骨头。

努力仍在继续。2004年初，由弗拉基米尔·基里斯·波洛克领导的加州大学洛杉矶分校科学家小组预测，在本年度前9个月内，南加州沙漠地区将发生大地震，此言一出，立刻引起媒体极大关注。他们的预测基于双重模式，其中的影响因素既包括之前的加州地震，也涵盖其他地方的某些大震。该模式的第一部分内容为地震学家所熟知：在大主震前的几年里，中度灾难的次数将会增加。然而与此同时，波洛克团队也发现了一个新的前兆模式：对于某地震系列而言，如果其在时间上紧密间隔，在空间上伸展开来，便可能形成一个所谓的"地震链"。该链或遭遇多次 3～4 级冲击，并会延伸几百公里。目前，人们还不清楚是什么导致了地震链的形成，但基里斯·波洛克提出过几个假想，包括能够导致特定断层削弱的地球深处活动过程，例如，因为流体迁移。

在 2003 年日本大地震以及同年 12 月加州中部发生的 6.4 级圣西门地震之前，波洛克研究团队就给出了自己的预测。地震学家不禁要问：难道他们发现了什么？也许这是第一次，一群严肃的地震学家不但提出预测方法，而且抛出了具体的预测对象，显然，其预测并非无稽之谈。在 2004 年 4 月美国地震学会年会上，当波洛克提出预测内容时，听众中的许多科学家均有疑虑，但在这次时长超过平日 4 倍的演讲中，大家却非常愿意洗耳恭听。2004 年来去匆匆，灾难随时降临的阴影让生活在南加州沙漠中的人们感到恐慌，但该地区当年却没有发生过任何一次中等破坏的地震。虽然预测结果脱靶，但这次失败未令如此手段失去信誉，科学家明白，只有通过一系列多年预测，才可评判其是否有效。当然，截至 2006 年年中，依据十几次预测数据，该法所得结论看起来并不乐观。

最近的其他研究集中在所谓的慢地震[①]和一种敏感型地震颤上，这两种类型的地震都是在地壳过渡区域内被探测到的，在可以产生地震的断层之下，却处于更深的可塑层上面。沿着下沉的海洋板块和上覆的大陆

---

① 这是一种特殊类型的地震，其作用时间将持续数小时甚至数月，其间，断层将会缓慢且温和地发生滑动，以释放地下能量。

板块之间的界面，在一些俯冲区内，人们已经观察到慢地震现象。而位于帕克菲尔德附近的圣安德烈斯断层中下方，岩层正在发出呻吟，也就是所谓的震颤。于是，地震学界再一次热闹起来，即使没有异常兴奋，至少也让大家浮想联翩：这些来自地球深处的"呻吟"能否提供推动力，并最终导致上方高度受压的断层在地震中断裂？

地震科学最令人困惑的是，我们不知道自己一无所知。正如里克特本人在1980年接受哈里·斯帕尔采访时所言："没有什么比一个活跃科学领域的发展更不可预测的了。"明智的是，他甚至不愿意猜测未来有价值预测的可能性。埃里克·林德沃尔强调，里克特从来没有反对过地震预测本身，而是基于自己的专业知识，对地震学家能否开发出可靠预测方法保持极大的怀疑态度。

目前的情况与里克特职业生涯最后几年别无二致，地震学家几乎没有理由相信即将出现某种可靠的短期预测方法，不幸的是，这对劝阻那些永远站在我们中间的"傻瓜和江湖术士"没有什么用。里克特的许多意见过于尖锐，甚至大多数人都不敢说出口，如今听来却受益匪浅，并且大家可能也希望沿着他指明的方向继续做下去。但是科学往往会以奇怪甚至偶然的方式向前发展。现在能预测地震吗？是否有可能实现预测？不能，虽然如此答案在今天和1978年一样正确，但我们敢肯定地说永远无法预测吗？里克特在几十年前给出的答案和今天地震学家能给出的一样好，对此，尚未可知。这种不确定性把大家困在了查尔斯几十年前所处的境地：被迫利用诚信来抵制虚假的希望，无论希望多么强烈。

17

评估地震灾害

1976年　　　　　　　　　　　　　查尔斯·里克特　《备忘录》

　　预测地震的想法令人浮想联翩，吸引公众、新闻媒体和官员们过度关注。至于如何减少地震对生命财产的威胁这一直接目标，最佳途径就是拆除那些老旧的危险建筑。

在目睹了1925年圣巴巴拉地震和1933年长滩地震灾害现场后，几乎所有地震学家都对同行尼古拉斯·安布拉西斯①的名言感同身受，因为后者简洁地总结道：地震不杀人，建筑杀人。正如南加州早期两次地震所证明的那样，即使在今天，世界上仍存在大量本不严重的中度地震，却因设计或建造不良的建筑物变成刽子手。

在木材稀缺或价格昂贵的地区，实现能够抵御地震的建筑尤其具有挑战性。在世界许多国家的老旧城市中，人们普遍发现，无筋砖石结构几乎没有能力反抗地动山摇，甚至是相对较小的地震。因此，当2003年12月26日伊朗巴姆市发生6.6级地震时，这座古城的砌体结构分崩离析，造成2.6万多居民死亡。而就在4天前的22日，美国加州中部城市帕索罗伯斯附近也发生了一次同等规模的里氏6.4级灾难，震中并不在该市正下方，而是位于偏远丘陵地区。毫无疑问，远震导致的损失比城市下面的摇晃要小很多，然而，帕索罗伯斯及其邻近城镇还是经历住了严峻考验。显然，同样震动却令巴姆这样的城市出现了毁灭性场景，但对具备抗震意识的加州小镇而言，其破坏性就不值一提。帕索罗伯斯市中心的一些老式砖石建筑倒塌，仅造成两人死亡，这个数字不及巴姆死亡人数的零头。

在帕索罗伯斯及周边地区，烟囱倒下，酒桶翻滚，厨房和杂货店的通道被毁坏。但绝大多数房屋和其他构筑物经受住了袭击，最坏的情况也只限于轻微损坏。这是由于，近几十年来，加州的商业和公共建筑都会严格按照抗震规范建造。住宅和小型公寓楼不仅没有越规范雷池半步，而且均为清一色的木结构。对于加州居民来说，木材是一种经济实用的

---

① 尼古拉斯·安布拉西斯（Nicolas Ambraseys，1929—2012），希腊著名地震工程学家。先后毕业于雅典国立技术大学（学士，1952）和伦敦帝国理工学院（博士，1958），是欧洲地震工程学会创始人之一。

建筑材料，唾手可得，至于优秀的抗震性能，或许只是一种意料之外的老天恩典。通常，即使没有经过特殊设计，施工良好的普通木结构房屋也能较好地抵御大地摇晃。当然，在某些情况下，木结构房屋也可能容易受到损害，比如，当其建有高高的护脚墙时。在老旧社区，这种护脚墙是泥瓦匠人的普遍做法，却极不利于抗震，因为在地震作用下，整个木结构可能被晃离地基。对此，人们往往通过将主体结构用螺栓固定于基础之上来加以解决。

在丰富的建筑木材资源和几十年来严格建筑法规的夹持下，加州地震问题已大大减少。虽然这里的地震发生率可能很高，却仅代表着科学家所谓的地震危险性大，然而，对于鲜活生命来说，更重要的是地震风险，即建筑结构和生命线工程面临地震打击时的脆弱性。在加州，通过地震学家、工程师、政府官员和相关人士的不懈努力，上述风险已经在很大程度上得到改善，特别是与世界上其他准备不充分的地区比较，如此成效还是相当显著的。

然而，大体改善并不意味着完美无缺，正如里克特于20世纪30年代作为一名年轻科学家所认识到的那样，地震与抗震应当成为加州的永恒话题。对此，查尔斯的同事罗伯特·夏普评论道："对居住在简陋结构中的人们，里克特同情心爆棚。因为他理解，大家都是群居动物，地震带来的危险必将伤害所有人，里克特只是无法用言语表达这种感受。"

任何地震学家都无法避免深刻的挫折感，因为他们深知大自然的危险性。并意识到，虽然在很大程度上合理设计与施工能够解决地震问题，却无法完全避免生命财产的损失。然而不变的抗震模式一次又一次地上演：几乎每次加州大地震都会摧毁更多老旧房屋以及大量相对较新的建筑。而谁又会想到，后者的设计竟然比最初想象的更容易遭受地震洗礼。里克特在1971年震后写道："显然，整体破坏状况具有熟悉的特征。在圣费尔南多的主要街道上，砖石建筑呈现出与1933年、1940年或1952年相匹配的外观，正如1952年贝克斯菲尔德的震后场景，许多三、四层砖混结构被砍成一层或两层。"

虽然加州有世界上最严格的建筑法规，但它们只适用于新建筑，当然，老旧公立学校建筑除外，因为《费尔德法案》对此有着明确规定。针对那些如今被认为容易受到地震破坏的结构而言，从来没有任何一条州法律来强制要求改造加固。当然，也有一些加州城市已经意识到必须彻底改善某些老旧的商业建筑结构，并为此出台了相关条例。即使没有立法，房主有时也会主动采取措施来保护自己的最大资产，例如，在墙体上加装胶合板支撑，或将老房子用螺栓固定于地基上。

商业建筑往往则是另一个故事版本。改造这类建筑可能非常昂贵，甚至比从一开始就进行抗震设计还要费钱。对于像帕萨迪纳这样的社区，现存的老式砖砌商业建筑鳞次栉比，如此建筑空间往往分租给了那些没有可观收入的小企业，比如古董店、咖啡店、瑜伽俱乐部等。然而根据规定，建筑物所有者必须承担抗震加固费用，并且不能在改造后提高租金。显然，这不是一个经济、可行的建议。

更糟糕的是，根据目前的游戏规则，商业建筑改造往往不是一个有利可图的倡议。当加州商业地产所有者意识到建筑物抗震性能差时，他们通常有两个选择：要么支付昂贵的加固费用，要么什么都不做。前者需要大量资金支出，却没有直接好处；如果选择后者，就要等着看上帝如何掷色子：他老人家或许保持安静，以至附近没有大地震；当然，也可以产生足够大、足够近的地震，从而造成严重破坏。在震区的典型商业建筑所有权期限内，让老天爷始终保持安静几乎是不可能的。因此在很多情况下，"什么都不做，希望得到最好结果"的方式对业主更有利。此外，如果业主选择什么都不做，即便其希望落空了，政府也会出手帮助。

这就是核心问题的严酷现实：作为社会整体，我们已经构建出一个系统。在其中，建筑抗震性能优良不一定符合商业地产所有者之利益诉求。根据目前的法律，如果房主不对在役的、高度脆弱的建筑结构进行改造，就不会承担任何责任。此外，这些人还坚信，如果发生破坏性地震，救灾工作便会随之而来。200多年前，亚当·斯密解释了自由市场社会的理性自我利益如何催生经济整体繁荣，然而这位学者也明白，自由市场经济无法直接为公共利益服务。在当代的多震国家里，仅仅"理性自我利益"这一信念就导致了具有讽刺意味和悲剧性建筑物的继续存在，而这些庞然大物在某一天很可能会杀死人。

对于新建商业楼宇，即便履行抗震措施会增加一笔额外费用，但有时仅占工程造价的百分之几，甚至比买地毯的费用还低。然而，对在役建筑进行加固的费用则要高得多，这也许就是应当进行抗震设计而非先设计后抗震的理由。虽然改造成本可能令人望而却步，但重大灾难后再开展城市重建，则成本更加惊人，且无法挽救逝去的生命。

因此，就地震安全性而言，个别业主的理性利己主义和整个社会的集体自我利益之间存在根本性脱节。虽然美国政府已经制定了一套错综复杂的联邦救灾政策，并且各州或地方性建筑法规及抗震条例也层出不穷，但脆弱的建筑依旧脆弱。因为对业主来说，抓住经济机会更为有利，即使掷色子输了，他们也不会真的输，输的是整个社会。

在查尔斯的一大堆论述中，我们没有看到对上述问题的任何反馈。这位学者只是从一个纯粹的科学角度来看待矛盾，其观点显然完全不务实。他片面强调抗震安全，固执地认为旧建筑是一种威胁，应该加固或及时拆除，并强烈反对摩天大楼这种不必要的风险。然而在工程领域，许多人嘲笑里克特的观点，觉得他十分天真。根据埃里克·林德沃尔的说法：到了晚年，查尔斯变得务实了，他确实承认，如果设计得当，高楼也许就是安全的。如同几十年前那样，今天的地震学家依旧感到困惑：首先，社会利益与个人利益之间的矛盾已经有了解决方案；其次，从集体和社会的角度来看，这个方案是可取的。然而，即便地震学家们认为是双赢的办法，却无人问津。

针对地震预测这个热门话题，里克特所持的批评态度溢于言表，且毫不动摇。他绝非缺乏兴趣，而是了解到：在寻求预测之路上，科学家的研究范式太过低劣，并且在毫无意义的努力中耗费了大量资金。事实上，预测地震分散了人们对有效减灾的注意力。

正如前几章所讨论的那样，查尔斯本人及其职业生涯基本上都是以加州为中心。虽然我们仍然会跟随其思路，继续讨论加州特有的地震灾害问题，但必须注意到，这位学者对美国其他地区以及世界的地震灾害也很了解。《初等地震学》一书中有篇幅很长的一章是关于加州地震的，而另一章则在讨论新西兰的同样问题，并且篇幅也不短。仅就地震而言，后者是全世界与加州最接近的类似地区之一，另一个则是土耳其。里克特对新西兰的游学，使他有机会花几周时间参观该国壮观的断层。

查尔斯的职业生涯过早结束了几年，未能见证美国地震灾害研究中更重要的发展一环。1984年，加州理工学院的两位前同事托马斯·希顿和金森博雄发表过一篇题为《与美国西北部板块俯冲有关的潜在地震》的论文。其中考察了卡斯卡迪亚俯冲带，在此区域内，沿俄勒冈州和华盛顿州海岸，大洋板块潜入北美大陆下方。卡斯卡迪亚大体上类似于沿印度洋东部边缘的俯冲带，而后者则造成2004年12月26日的破坏性地震及海啸。在20世纪80年代中期前，科学家们一直在争论卡斯卡迪亚地区是否会产生大地震，或者它是否属于世界上少数几个大洋地壳逐渐下沉的俯冲区，从而不会突发大地震。

希顿及金森博雄认为：区别于其他一些温和地区，卡斯卡迪亚与发生过大地震的区域有着更多共同点。短短几年后，地质学家布莱恩·阿特沃特发现了第一个地质证据，即在不远的过去，这里的海岸曾经发生过大震和海啸。在随后20年间，科学家们不仅确定了卡斯卡迪亚最后一次大地震的确切日期和具体时间，即公元1700年1月26日、当地时间晚上9点，而且发现了历史大震平均每500年一次的证据。显然，如果以上结论成立，那么，卡斯卡迪亚的上一次地震距今只有区区300多年。但我们不应沾沾自喜，因为地质记录显示，地震并不像时钟一样准时重复发生，而是忽长忽短，或许800年后再震，或许200年内必有一次。

在里克特的职业生涯中，他非常关注加州那些老旧且脆弱的建筑，因为这正是家乡地震灾害的直接写照。如果里克特还健在，能够继续见证并思考太平洋西北地区的震害，那么，其怜悯之心将不仅限于老家破败的房子。虽然加州老屋的抗震性能的确极差，但与该国其他地区相比，这个问题就显得微不足道，更不用说世界上其他地区。因为那里可能发生地震，甚至是大震，但相关建筑法规却远远落后于加州，特别是在抗震构造措施方面。

里克特的时代和现在一样，大家时常感叹：既然加州的人居条件并非得天独厚，为何还会如此拥挤。该问题有一个答案，甚至是明智之解：地球上没有永远保证风平浪静的世外桃源，如果要想生活在会出现地震的星球上，最好选择一处有抗震意识的地方。

尽管对抗震减灾情有独钟，但里克特就不同灾害的相对风险亦心中有数。在这些问题上，人类可能相当不理性，例如，对飞机坠毁的恐惧远远超过车毁人亡的风险。平均每年，会有超过4万名美国人因汽车事故而丧生。我们之所以接受这种风险，部分原因是认为这一点可控。换言之，如果小心驾驶，车毁人亡的情况就不会发生在自己身上。然而，一旦反复推敲，该数字便会惊人：在 80 年的一生中，320 万人将死于车祸，相当于美国人口的 1%。换句话说，美国人平均有 1% 的概率会死于车祸。相比之下，有史以来所有因地震死亡的美国人也不过仅有区区数千罢了。

显然，里克特能够理解相对风险的概念。他曾说："我不知道为什么加利福尼亚或其他地方的人对地震如此担心；要知道，与交通事故相比，地震风险是如此之低。"他对作家迪格比·迪尔说的最后一句话是："假设可以选择，我任何时候都会比地震更担心高速公路。"尽管那些听到这类意见的人可能认为他是在开玩笑，但里克特的确并非如此。当然，其他国家的情况将会有所不同：在伊朗、印度和土耳其的很多城市，大地震造成惊人的伤亡数字，但这些国家的建筑法规和房屋抗震性能却严重不足，无法应对地震灾害。在美国某些地区，即使中等规模的地震也会造成严重伤亡。想象一下，如果你愿意，波士顿市中心就有可能发生 6.5 级地震，尽管这样的灾难不太可能降临。但在 2004 年年底前，大多数地震学家都会说，沿印度洋东部边缘发生 9.0 级地震也不太可能，然而令人遗憾的是，后一次天灾却降临了。作为社会整体，我们为即将发生的事情做准备，但有时，自以为不可能的事情也会发生。

在很长一段时间内，加州的建筑法规和工程标准都很严格。即便人们希望，在里克特领导下，上述规章制度能够进一步改善，但这位学者心里非常清楚，也许提升的空间一点儿都不大。当然，从某种程度上讲，他的个人满足感是强烈的，因为在地震之乡的加州，如今的安全主要凭借第一代南加州地震学家的开拓性成就，而查尔斯·里克特正是他们中的一员。

18

危险的核时代

1970年　　　　　　　　　　　　　　　　　　　　　　　　查尔斯·里克特

　　作为一名学生，我对物理和生物科学的诱人前景非常感兴趣。借助这些学科的进步，似乎就在不远的将来，太空探索、解密原子结构、物质化学组成的理论解释、核能释放以及如今称之为分子生物学的发展都将势如破竹。

在20世纪后半叶，地震学家们发现，他们的专业知识正在被用于核时代的两个关键性公共政策问题——禁止核试验条约的检查以及核电站安全性评估。显然，前者是全球地震研究的福音。伴随政策制定者逐渐高知化，监测全美与其他国家核试验的最佳方式就是记录上述过程所产生的地震波，能够覆盖全球的监测网络不仅成为科学家之优先事项，也是政治家的头等要务。世界标准地震台网①诞生于20世纪60年代初，资金来源并非美国国家科学基金会，而是一家国防部研究部门，即高级研究规划局。

另一方面，有关核电站安全问题的研究更多停留在地区而非全球层面上。在开发核反应堆之前，学校和医院等建筑结构才是工程师和应急管理人员特别关注的重点设施。然而，当科学家开始分裂原子核时，他们立刻意识到，相关基础设施的抗震要求必须大幅提升。核管理委员会（NRC）不得不考虑地震可能对反应堆造成的损害，显然，这将导致放射性元素的灾难性释放。在上述背景下，一场社会舆论大战骤然升温，导火索是加州目前正在运行的两家商业发电厂：一处位于该州中部海岸圣路易斯奥比斯波附近的魔鬼谷，另一座建于洛杉矶和圣迭戈之间的圣奥诺弗雷海岸。鉴于这两座电厂均在科学家和市民强烈反对下建成，于是，大家便将质疑焦点集中在选址问题上，即，在活跃地质板块边界的中心地带建造核设施是否明智。虽然地震学界无可争议地表明，加州沿海走廊的地震风险远低于该州主要断层带，但问题的关键是，那仅仅是过去

---

① 世界标准地震台网（World-Wide Standardized Seismograph Network，WWSSN），属于冷战时期的附属产物，而最著名且广泛应用的地震监测网络则是指"全球地震监测网"（GSN）。GSN由美国地震学研究机构联合会、美国国家科学基金会、美国地质勘探局初创，法国、日本、英国、墨西哥、加拿大、意大利共同参与建立。1983年，中国地震局与美国地质调查局开始规划建设中国数字地震台网（CDSN），1986年陆续建成9个站点；目前，CDSN已经成为GSN的一个重要组成部分。

的结论，现在仍然如此吗？即便风险低，又能低多少？毫无疑问，活跃断层始终沿着加州海岸及近海边界地带。所以，在群众眼中，毋庸置疑，整个加州都是震区。

然而，当设计和建造魔鬼谷和圣奥诺弗雷核电站时，工程技术人员必定已经意识到了地震的危险性。2003年12月22日，6.4级的圣西门地震发生在距离魔鬼谷电厂仅50公里的地方。虽然核反应堆经历了相当严重的摇晃，却毫发无损地安然度过当时的地震洗礼，因为该结构的设计能力足够承受附近霍斯格里断层7.2级地震的更大灾难。

事实上，加州核电站的故事，尤其是它们的地震安全程度，可以追溯到20世纪70年代，主要内容就是围绕特殊地质环境下的抗震斗争。对于一家谋求核电许可证的公司而言，当厂址周围的地质条件稳定时，地震危险性不值一提；反之，就会非常麻烦。在过去那个年代，为了修建核电站，纽约爱迪生联合电气公司等多家企业开始聘请顾问，用以考察评估当地的地震活动性，即便这些地方的相关震害并非显著存在。因为根据核管理委员会的政策，电力公司有责任评估地震灾害，包括确定拟建工厂是否靠近他们所定义的活动断层。显然，这里有关"活动"的完整定义异常复杂，否则，也就不必聘用一个庞大的顾问团了。从本质上讲，核管会标准旨在确定那些在不久将来有可能发生较大且浅表性地震的断层。如果建设场地附近不存在活动断层，那么，该厂址将被划入地震灾害温和区域。在此基础之上，电厂设计能力还必须能够抵御同一区域内历史上曾经发生过的最大地震。

于是，20世纪70年代的爱迪生联合公司便将目光投向位于纽约威彻斯特县哈德孙河畔的印第安角。尽管这里当年人口相对稀少，却因距离纽约市仅25英里而引起广泛关注，不仅包括老百姓，也有环保团体和政府官员。在核管理委员会的建厂许可听证会上，州政府针对两个与地

18　危险的核时代　　377

图 18.1　印第安角核电站（照片由拉蒙特-多尔蒂地球观测站提供）

震有关的具体问题提出异议：一是由爱迪生联合公司顾问团绘制的地震带；二是他们在估计地震重现期时采用的计算公式。对于评价该地区历史上中等规模地震的重现概率而言，这些公式至关重要。此外，当地环保组织还对如下判断提出不同意见，即，电力公司的顾问们认为，拉马波断层附近不存在核管会准则下的活动断层。

听证会立刻引起地震学家们的注意。这些人大多来自附近，因为与威斯特彻斯特县隔河相望的哥伦比亚大学正好设立有拉蒙特-多尔蒂地球观测站，其中又以地球物理学家林恩·赛克斯的声望最高。1975 年诞生过一篇具有里程碑意义的论文，首次将地震学成果纳入新的板块构造学说，而赛克斯正是该文的共同作者。此刻，他辨别着来自听证会的不同声音。虽然自己并未附带任何议程，但林恩很快就意识到，这是一场极不公平的较量。爱迪生联合电气公司为听证会带来 500 万美元的法律资金，纽约州也提供了约 100 万美元的相关费用；与此同时，当地环保组织却只有区区 4 000 美元预算。赛克斯顿感事态严重，他必须站出来说话，以确保所有地震灾害问题得到认真讨论。

在加州理工学院工程地震学家米哈伊洛·特里弗纳茨协助下，赛克斯用自己的大量专业知识来厘清电力公司顾问们最初考虑过的诸多问题，而特里弗纳茨则将注意力集中在后者对地面运动的预测上。这个环节很专业，甚至有点神秘，但非常关键，并且严重依赖在没有地震仪的条件下如何解释曾经的烈度数据。对于电力公司提出的所谓烈度关系式，哈伊洛进行了彻底否定，甚至连听证会现场的纽约州律师都咆哮道："我再也不想看到这种关系式了。"鉴于爱迪生联合电气公司对几乎无可辩驳的科学论据大肆歪曲，赛克斯只好带着对核管会的不信任离开听证会，并决定认真考察拉马波断层问题。

在如今的地震灾害评估中，有关北美东部地区的活动断层识别问题，仍是最令人困惑的挑战之一。调查地震与断层的地震学家有句俗话："有断层无地震，有地震无断层。"世界就是如此奇妙，这片土地上已确定的断层似乎并不产生地震，而不知在何年何月，那些从前没有明确断层的地方却突然冒出大震。上述明显悖论的解释如下：像北美东部这样的地区，包含大量地质断层，虽无一处非常活跃，但潜在活跃的比比皆是。任何特定断层都可能保持数万年的安静，甚至更久。在加利福尼亚，也许躁动于过去 1 万年或 3.5 万年的断层就叫活跃断层，然而到了其他地区，这个定义可能没那么有效。然而，鉴于核管理委员会给出的条件，听证会的质疑如下：根据委员会的指导方针，拉马波断层是否依旧活跃？

拉马波是一条东北走向断层系的一部分，从纽约州东南部一直延伸到宾夕法尼亚州东部，甚至可能更远。在加利福尼亚，通过挖掘河床沉积物，地质学家向大家证明：在最近的地质年代中，像圣安德烈斯这样的断层必定产生过大震。然而沿着拉马波断层，却并未发现哪条河床可以明确告诉人们，在过去3.5万年内，此处是否发生过大地震。因此，不可能从地质证据中看出该断层在以往几万年内出现过破坏性地震。但是，根据核管理委员会的指导方针，如果断层以符合活动断层预期的速度产生了小规模地震，则仍可被视为具有活跃性的。这一标准依赖于人们熟知的古登堡-里克特地震烈度分布规律，比如，当某断层在50年内产生过10次5级地震，那么，每500年一次的6级地震就大概率可预期。

赛克斯在证词中指出，在1976年之前的几十年里，地震仪曾记录过一些零星的小规模地震，虽然震中位置与拉马波断层并不完全一致，但这些小震大体上都分布于断层整体走向上。此外，他还讨论了几次历史早期袭击该地区的较大震动，例如1737年和1884年摧残纽约大都市地区的5级中震。赛克斯在证人席上花了整整一周时间，面对爱迪生联合电气公司法律团队激烈质询，赛克斯感觉自己的辛劳没有得到任何形式补偿。

当赛克斯的证词结束后，爱迪生联合电气公司的律师搬出里克特于1976年7月20—21日的论据。里克特认为，拉马波不能被判定为活动断层，因为其不足以产生导致地面断裂的超6级大震。在指出缺乏公认的、能够判定活动断层的直接地质证据后，他的大部分证词和随后的交叉质询都集中在如何解释地震学证据上。里克特认为，没有人能够确切地知道历史上的地震曾经发生在哪里；而且据他所知，厂址周围的最近一次中震降临在1884年，且现有信息均指向远离拉马波断层位置。接下来，里克特又列举出一些近年发生过的小震数据，且断言，这些结果充其量能够表明，震中似乎聚集在断层附近，却并不意味着断层本身足够活跃。

　　里克特进而提出一个更普遍的关键问题：根据核管理委员会的指导方针，现有地震学结果能否支持断层为"高度活跃"这一结论？因为依照该指南，要想凭借地震学而非地质学证据去判断一个断层是活跃的，那么，其所记录到的地震活动必须达到一定水平，查尔斯将此水平描述成"宏观地震"① 这个如今并不常用的术语。他不同意赛克斯先前对此术语的定义，即，烈度大于3级的地震。对于后者之观点，里克特回应说："这不仅是一种可疑的说法，甚至都不符合语法规则，因为它将某个抽象概念与具体术语强扭在一起。比如'幸福就是一只温暖的小狗'，如此表达简直就是个段子"。在听证会上，这番话立刻引来一阵笑声，正如里克特对1886年南卡罗来纳州查尔斯顿附近大地震的评论那样。"我的律师朋友"，里克特回答道："我想，自己已经明白您的意思了，如果您能够转移立场，重新考虑一下新马德里地震，或许会给您带来一个更加满意的答案。"

　　里克特之答复立刻赢得听证会委员们的赞赏，因为他抓住了质询环节的主线，即，不应过分强调某次地震是否可以被视为"主要地震"，这基本上与厂址选择不相关；换言之，其没有解决断层是否应该被视为"宏观地震"推手的核心问题。对此，听证会主席回答道："里克特博士，也许你应该坐在上面而不是下面，因为这正是我们的结论。"

　　当被问及根据核管理委员会准则，美国毗连区域的哪些地方将会发生宏观地震时，查尔斯给出了一个简短清单：落基山脉以西区域、密西西比河谷中部、大部分于加拿大境内的圣劳伦斯航道，以及可能但绝非

---

① 原文为"macro-seismic"，意在表示一种宏观而非细节或具体数字层面上的地震大小。目前，该术语仍有使用场景，比如，欧洲地震烈度表（European Macroseismic Scale，EMS）就可直译为"欧洲宏观地震烈度表"，这是世界上首个同时供工程师和地震学家使用的地震烈度表。

肯定的查尔斯顿地界。对此，赛克斯催促律师进一步向里克特施压：显然，在美国中东部其他地区曾发生过具有破坏性的大震，所以也可能再次发生。根据赛克斯回忆，对直接挑战像里克特这样有名望的科学家，律师一方面表现出犹豫不决，另一方面又开始怀疑其就东部地震的专业知识程度，以致反诘道："难道您不只是一位加州地震专家吗？"言下之意，加州位于美国西部，而这里却是美国东部。接下来，这位律师又暗示里克特可能"对当地的小震及其发震模式抱有偏见"。对此，里克特表示，自己更欣赏律师的表述方式而非用词，接着建议道："您这句话反过来说就可能是正确的，我并非在开玩笑，但每个人都倾向于稍微高估自己所在地区的地震，如此态度有点类似于评价自己的家庭或宠物狗。"

今天，大多数地震学家都会同意，那些具有潜在破坏性的、超过6级的地震，其震源并不限于里克特所列举的区域。回到听证会上的具体问题，如果依照核管理委员会的指导方针，则拉马波断层便是活跃的，但时间却证明了里克特说法的正确性。赛克斯的论点主要基于一种理论，出自其拉蒙特同事之口，即：大西洋沿岸正在缓慢向东滑移，从而远离大陆其他部分，这种滑动被认为会在某些巨大断层上发生，里面就包括拉马波断层。然而科学家后来了解到，上述解释仅仅源于一些没有正确接线的地震仪数据。

当相关分析涉及更多准确数据后，便出现了不同观点。大西洋沿岸地区并没有滑移；相反，类似北美中东部其他疆界那样，沿海地区正在遭受板块构造力量的广泛挤压或压缩，而且相当温和；此外，挤压方向决定拉马波断层极不可能活跃。也许，地质学家无法断言哪个断层更加活跃，但如果断层方向偏移，不能对当前活跃的地震力方向做出反应，就可以说该断层不可能移动。这就类似于，如果人们把桌子上的书直接往下推，它就不会向旁边移动。

回顾过去，赛克斯对自己和特里弗纳茨在巨大压力下取得的成就表示满意。他认为，这种压力来自双方实力的严重不对等。然而这是第一次电力公司被告知，与其关系融洽的承包商所取得的拙劣成果不会无人质疑。虽然，爱迪生联合电气公司赢得直接战斗成果：正如顾问团最初建议的那样，印第安角核反应堆的设计可以承受5.25级地震，但赛克斯和特里弗纳茨坚信，自己对更大的"战争"做出了持久性贡献。接下来，当太平洋天然气与电力公司有意在加州建造核电站时，他们聘请了学术及个人声誉均无可挑剔的地质学家劳埃德·克鲁夫，希望由其掌舵公司的地震风险管理部门。仅就魔鬼谷和圣奥诺弗雷核电站设计标准而言，即便理性科学家可能会有不同看法，但没人敢站出来对这些标准品头论足，因为它们并非粗制滥造的成果。

无论爱迪生联合电气公司顾问是否在印第安角项目中敷衍了事，也没有地震学家能读到里克特的证词并质疑其敏锐性。即使已届76岁高龄，即使整个职业生涯都仅以加州为中心，里克特这位地震学家依旧能够以独特洞察力和清晰思路答复上述关切，论述焦点始终集中于法律问题上。就算听证会上的几次偏离主题，也是为了提供一种哲学思辨，对此，他说："我们经常要面对那些善意之人，他们会说，'好吧，我们一定要有绝对把握，这必须是绝对安全的'。显然，大型项目没有绝对安全，毋庸置疑，所有人都会时常面临威胁，其风险程度远远大于核电站的项目审批流程。"

在震害评估及预测相关地震的问题上，查尔斯几乎准确无误地站在了正义这一边，并再次厘清了眼前的棘手问题——根据核管理委员会的指导方针，拉马波是否应该被视为活跃断层？他进而意识到，目前真正的困难可能如下：对某地区而言，如果曾经的大震可能发生在以前平静了好几万年的断层上，那么，这个"活跃断层"的概念是否已经不合时宜。赛克斯在拉蒙特度过了职业生涯的大部分时间,因此,他对该重要问题的理解或许超过里克特,但此时此刻,后者的个人魅力再次以兆瓦级强度闪现出来。面对排山倒海的问题,里克特不仅有着敏锐的科学洞察力,回答方式亦极为精确。

我们不禁联想到一个有趣的话题,里克特是否也把本人的政治主张带到了听证会上。扫视学者证词后,赛克斯发现,自己很想知道这位同行之动机:那个年代的科学家或许不相信艾森豪威尔所谓"原子能促进和平"的倡议。大家认为,这只是一个借口,用以减轻对广岛、长崎挥之不去的道德愧疚。这位总统的原话出自1953年的一次演讲,其间,他试图将发展核能描绘成人类的理想未来,而非当时大众所担心的那样,成为人类最终灭亡的媒介。虽然,赛克斯对查尔斯政治动机的猜测仅仅停留在脑海中,然而到了70年代,里克特有了在东京生活的经历,在此期间,他对日本文化、人民和语言均抱有浓厚兴趣。很难想象,在那种情况下,还有哪些人不会对原子弹爆炸产生某种程度的遗憾。对于像里克特这样具有理想主义的人来说,从遗憾到内疚可能只是一个微不足道的自然步骤。

毫无疑问,在证人席上的里克特确实带来一些偏见。这位终生的科幻小说迷真正接受了清洁、核动力的未来愿景。作为见证洛杉矶最糟糕烟雾时代的加利福尼亚人,他当然熟悉以化石燃料为代价的电力现状危险性。作为听证会上的一个小插曲,他提及自己早年的原子物理学背景,并指出如下观点:"发展原子能是人类历史的伟大进步之一,完全可以与原始人对火的发现和利用相提并论。因此,在前进过程中,应该允许有意识地承担一些风险。"当亲自撰写但从未发表过的1970年退休演讲稿时,里克特描述过自己年轻时对开拓新兴科学领域的狂热追求,其中就包括令人向往的"核能释放"。到了晚年,虽然核武器的出现令他本人颇感遗憾,却对核电的最终前景非常乐观。

当下的地球,正处于一个化石燃料的时代,但显然好景不长,伴随该纪元不可避免的结束,以及对能源需求的与日俱增,核电再次向人们招手。美国第一代核电站最初的40年许可证即将陆续到期,相关企业正在谋求着延长许可20年。如果说,想到第一代核电站马上就要迎来半个世纪的生日,人们不禁有些疑惑;那么,当考虑尤卡山核废料储存僵局时,我们的头脑就会更加迷茫。显然,这些放射性乏燃料棒并没有一个可靠的家。在无永久性废物储存地的情况下,核电站被迫在现场保管燃料棒,通常是在水冷池中。这原本就是个短期解决途径,以致电厂很快便发现:他们的池子已经填满,甚至超出了原本的设计容量。于是,在没有其他解决方案的情况下,核管理委员会只好允许运营商继续将这些池子里的燃料棒数量增加到4倍之多。

一些德高望重的科学家对储存池的安全性提出质疑。他们指出:如果水被意外排空,很可能会发生毁灭性火灾。特别令人担忧的是,核燃料棒密度越来越大,一旦冷却水外溢,密集堆放的不稳定核棒就将过热,并烧毁保护性锆包层,从而引发潜在的失控风险。这反过来又会释放出更多放射性物质,特别是铯137的释放规模,将远大于1986年的切尔诺贝利或1979年的三里岛事故。一项由核管理委员会委托的研究成果估算过潜在损失:导致54 000~143 000名癌症患者死亡,土地和其他经济损失在1 170亿~5 560亿美元之间。近年来,对恐怖袭击这类人为灾难的担忧已经超过之前的自然灾害,或者至少大大加强了上述烦恼;显然,核电的风险并不亚于恐袭。

可替代的本地储存解决方案要么利用"干箱";要么回归到被称为开放式货架的老旧方法,即,把核燃料棒储存于水下一处类似巨大鸡蛋箱的货架上。于此,即便燃料棒周围的水突然干涸,其包层也在一定程度上会被空气冷却。而干箱解决方案则意味着核棒放置于钢筋混凝土结构内的铸铁箱中，德国人便选择了如此途径，因为他们的地下水池已经过于饱和。许多专家意识到，在处理美国乏燃料问题上，核管理委员会始终进展缓慢。美国国家科学院曾委托有关部门进行相关研究，并于2005年4月公布了初步结论，旨在减小水下储存密度，并提倡安装备用喷淋系统。科学院院长布鲁斯·阿尔伯茨将此事描述为一个"关键性国家安全问题"。

查尔斯·里克特亲眼见证了几近灾难的三里岛事故，也听到1978年尤卡山项目的开工锣声。作为核电支持者，他很可能会接受后者作为核废料问题的最终解决方案。查尔斯大概没想到，对尤卡山项目的调查和辩论将要持续数十年，从而令废物积累远远超出最初预期。科幻小说中昨天的闪亮未来已经被残酷的现实和可疑的明天所取缔。里克特如何看待这一切，我们永远无法知道。在核电大戏中，虽然其所扮演的角色微不足道，但如果必须出场，他一定责无旁贷。有些对印第安角听证会知之甚少的地震学家认为，这并非查尔斯·里克特之高光时刻，因为恰是于此，才暴露出其对加州老家以外的地震缺乏专业知识。然而事实上，人们很难指出，在里克特那两天的证词中，有哪句话经不起时间考验。与此同时，当回顾印第安角项目时，赛克斯颇感沮丧，因为该电厂最终还是没有落脚于能够承受更大地震之处。然而，他也表达出某种程度的满意，地震学界已经尽了自己的责任，确保核电站不会被未来地震击垮。作为地球公民，我们只能希望核电事业有一个美好的未来，相信里克特对此的乐观态度可以经得起时间考验。

19

超新星

1964年 | 5月29日　　　　　　　　　　　　　查尔斯·里克特
《致罗伯特·夏普的信》

　　看来，我的宣传卖点和研究所里的大多数人差不多，与那些真正拥有重要科学成就之学者处于同一水平。如此对比让我感到脸红，我相信，周围许多同事一定很伤心，因为他们认为，我是一个追求宣传、好出风头之流。

在夜晚的天空，一道靓丽光芒在熟悉的星星中间短暂闪耀，这是一种被称为超新星的天文现象。以上壮观事件是宇宙中最具能量的爆炸之一，它们如此明亮，以至于在天文学家有必要了解其奥秘之前，该现象就已经存在了数千年。超新星代表着查尔斯十几岁时在加州南部观测到的某类变星。然而，如此奇观在地球夜空中却极为罕见，银河系平均每个世纪只会发生一次；当然，它们也存在于其他星系中，但距离地球非常遥远。

所以，几乎可以肯定的是，年轻的里克特从未亲眼目睹过超新星。在当年洛杉矶偏远地区的黑夜中，这个男孩独自站立于田野间，虽然已经感觉到头顶滑过的超新星，却从未想象过，有朝一日自己就将成为它。从宇宙尺度来看，每个生命都会在仅仅眨眼之间闪耀光芒。令里克特与众不同的是，如此光芒不仅强烈，而且最辉煌的时间也特别短暂。这位学者生来就有着超群的智力天赋，当然，同样惊人的情感与神经系统问题也伴其一生，虽然后者的严重程度可能并不大。在生命前30年，他大部分时间都在试图了解本我，并在这个通常让自己感到困惑与迷失的世界里找到了位置。

里克特这颗明星在地球上大放异彩，尤其是在20世纪三四十年代的科研殿堂中。同事们眼中的这个男人，已经完全克服了年轻时令人悲催的情绪不稳定症状，尽管依旧如此特立独行，尽管有着与众不同的隐私。事实上，他的心魔从未消失过，甚至没有退缩到地表之下；随着年龄增长，这些情绪上的牛鬼蛇神再次占据上风，可能为其带来亚健康问题，进而影响其身体的方方面面，特别是体能与智力。

在某些研究领域，特别是数学专业，学者们往往非常年轻就崭露头角，因为对于如此高度抽象的专业来说，突破前辈极限就意味着需要年轻的神经弹性。然而，地球科学领域则不同：此处无需纯粹的抽象，却需要有能力消化极其复杂的数据和物理系统，进而厘清基本规律。45岁的里克特，取得过很多成就，并具备惊人的生产力、创造力，达到许多地球科学家在该领域梦寐以求的高度。当然，他也意识到，如果没有贝诺·古登堡这样一位严厉监工，自己就无法顺利完成项目。为了地震实验室的日常运作，里克特必须持续不断地从事极其乏味的常规分析工作。在此过程中，虽然对震级的发展功高至伟，但根据他自己的说法，生活许多方面却变得越来越迟钝、越来越拖沓。

其注意力慢慢游离到别的女人身上，并为此写过堆积如山的诗歌，未公开的其他体裁文字也密密麻麻。但所有这些都因缺乏看点而显得无足轻重，甚至在以地震学老政客角色进入公众视线后亦如此。当然，地震明星的角色恰恰投其所好，也得到社会认可与顶礼膜拜。更加讽刺的是，里克特越老越红，竟然发现自己正在接受女性的热烈关注。

里克特的文字是无可争议的论据，表明晚年的他，曾与女记者有染，并尴尬地在心理甚至身体上坠入过爱河。正如这段时间的诗歌中所表达的那样，如此关系使其精神振奋，特别值得回味。在下面一首无标题作品中，人们仿佛看到了他年轻时思考过的问题：内向灵魂与外向型快乐人格之间的对决。当然，以上两种情绪均出自里克特之本我感觉：

不算好人，也不值钱，
只能依靠说话和喧哗谋生。
许多人像青铜器一样发声，
许多人像小男孩那样聒噪。

宁愿选择安静的盗贼或无赖，
因为他们用拳头与武力开路，
鄙视那些既不聪明也不勇敢之人，

因为叫喊是其唯一途径。

怜悯他们后来的逝去,
奔走于咆哮生活之外,
面壁于灰暗无光的星星,
才知道寂静无边的空间。

显然,天生外向、喜欢喧闹的人很可能反对上述说法。他们不认为,只有内向者才具备真正的勇敢和智慧。

那些年创作的其他诗歌也揭示出类似主题,尤其是对死亡的日益关注。在写于1965年1月21日的另一首无标题诗中,我们不仅发现了里克特对死亡的敏锐意识,也找到其对体能下降的担忧:

为何现在结束?难道已无需留恋?
哪里有源源不断的人流,
哪里就有逝去不久的词语和感情,
写在希望中,却被痛苦涂抹。
手稿上沾满了陈旧的污渍,
在喜悦或恐惧中抹去,
不知为何划掉或更正文字,
无法唤起鬼魂,让它再次改变。
没有什么比一个人的自我更奇怪,
当时间流逝,当斗转星移,
当陆地上升起海洋;

书架上又多了一本七印之书①，

在铁栅栏的金色屏幕后面，

那些密文令人无法理解。

在一封1964年的信中，里克特向刚刚退休的前同事雨果·贝尼奥夫表达过类似忧郁情绪，其中的文字传递出老友间无以言表的温暖亲情，他写道："每隔一段时间，自己就会不由自主地拿出1929年的会议照片端详一番，我总是非常震惊，因为照片里的大家看上去只是一帮顽皮的孩子"。他接着说："越长大，就越欣赏哈里·伍德。毕竟，没有他，我们就不可能相聚在这里。我知道你一定会说，难道伍德都是对的吗？的确，当他出错时，整个宇宙都会停下来等待他，然而，其往往非常正确。哈里最有灵感的一句话是'生命仅是一具躯壳'。"

接下来，信的内容就变成自传体，夹杂着对过往故事的追忆："你还记得哈里的防盗警报器偶尔被意外触发吗？我们一共有四个地震台，每个地震台的测量室里都配备有四个很大的地震波记录抽屉……"，信的风格没有变化，继续的内容仍是历史：

我一直认为，你所做的最好事情之一就是在哈里老板"威逼利诱"下开发出了一台真正精确的传动装置，即使后来花费数年时间才说服他。我们正在丢弃数据，原因就是仍然在利用那些乱七八糟的厨房时钟来标定地震记录。如果没记错的话，恰恰是弗雷德·亨森笨拙的时钟证明了我的上述观点。

说到传动装置，安放在地震学实验室里最强大的装置之一就出自贝

---

① 《七印之书》（The Book with Seven Seals）是奥地利作曲家弗朗茨·施密特的德语清唱剧，主题取自《圣约翰启示录》。数字"七"对应着上帝的七个灵魂，以及神圣秩序的七重性质。

诺·古登堡之手。我怀疑，如果没有贝诺的推动，自己能否取得如今的成就。显然，哈里的动作太慢了。不管是否曾经抑郁或停滞不前，由于古登堡的到来，我们终于又可以开始起飞了。当然，你设计建造的可变磁阻地震仪也功不可没。

然后，里克特开始转向忏悔与告白："许多事情如同过眼云烟，后来，大约到了1947年，自己好像刚从一场持续漫长的噩梦中醒来，会经常想起10年前的项目和一些发表过的东西，它们就仿佛出现在昨天。"

告白到此为止。他继续回忆起1952年的克恩县地震，并指出："我们非常需要另外一次地震来证明已经取得的成果，当然，不一定要那么大规模。你现在就不能做点什么来加快反应吗？说什么大震早该发生了，

图19.1　查尔斯·里克特（中）、莉莲·里克特（右）和维奥莱特·泰勒（左）在他1970年的退休聚会上（照片由加州理工学院地震学实验室提供，经许可转载）

这到底是些什么陈词滥调！我已经厌倦了被人引用上述不实之词。"如同开头那样，信的结尾显得十分友好，查尔斯写道："我们会想念你的，祝你在接下来的日子里一切顺利。"

里克特于1970年从加州理工学院退休。在那年6月30日的一页信中，他写道：自己还将继续工作，直到退休的最后一周，然后便会离开学校，前往一处曾经并永远的避难所。显然，他是在指山区里的某个世外桃源，因为那里就是他的救赎之地。另外，查尔斯还提到了退休前的最后一个项目，并表示：当遇到困难时，他乐于为相关人员提供建议或检查个别测量结果。里克特强调"伟大的男人都会如此慷慨！"他继续道：那周晚些时候，他将为被雇来接管实验室的詹姆斯·布龙和其他工作人员准备一份备忘录，里面会详细描述和解释实验室的日常工作。下面的最后几段内容似乎是后来加上去的：

如果明天下午不能到这里，我会尽量晚上去看看。

无论如何，我预计星期二上午在此。

今天是7月1日，我正式退休离职了。

信的署名是"打猎愉快！查尔斯·弗朗西斯·里克特"。

正如我们所了解的那样，在地震实验室为其隆重准备的退休聚会上，这位学者的行为举止成为后辈同事的谈资，甚至是地震学界一个声名狼藉的传说。读完里克特后来寄给同事罗伯特·夏普的信后，人们开始怀疑：或许聚会那天根本不需要太多的东西就能让他动怒。令人惋惜的是：地震实验室是查尔斯所知道的唯一职业家园，他在此经营了40多年，虽然终于迎来了一场正式告别，但告别方式显然是其所不情愿的；并且多年以来，他一直在抵制加州理工学院和妻子对其退休的敦促。虽然，年

图 19.2　查尔斯·里克特在他 1970 年的退休聚会上（照片由加州理工学院地震学实验室提供，经许可转载）

轻时没有主动选择地震学作为毕生职业，但最终还是怀着踌躇满志的心态拥抱了它，并在极不情愿的状态下离开。

在退休前后的一大堆信中，里克特提到他计划用新发现的空闲时间来完成项目和写文章，这个承诺至少有一部分已经得到兑现。在 60 年代的最后几年内，他写过一些论文，包括一项评估加州中部海岸断层地震潜力的研究，还有一篇成果发表在顶级的《科学》杂志中，内容涉及世界多地的地震震源和活动断层图之间的关系。当时，许多具有开创性的板块构造学论文脱颖而出，里克特曾是其中一篇的审稿人，这篇文章的题目为《地震学和新的全球构造学》，作者是布莱恩·伊萨克、杰克·奥利弗和林恩·赛克斯。板块构造学理论并非基于地震数据发展起来的，正如标题所示，这篇论文首次将地震学结果纳入新范式。在那个年代，不是每位顶尖科学家都急于接受新思潮，其中也包括哈罗德·杰弗里斯，而如果不是因为贝诺·古登堡"插足"，哈罗德很可能就会成为里克特的亲密合作者。然而，里克特对这篇论文给予了非常积极的评论，并就全世界地震带和断层性质等要点问题提出详细的建设性意见，评阅书长达6页。

虽然这位学者提交了自己的详细评论，人们却看不到其中正面的总体评价；随后，作为对此在刊论文的正式评论性文章，里克特的六页文字与原作者的答复一并刊登于《地球物理研究》杂志上。但不幸的是，同事们把这些评论臆想成负面批评。显然，大家误解了他的观点。他们没有意识到，里克特也同样承认并赞扬该文具有开创性贡献。毫无疑问，如此误解恰恰源于里克特在日常工作中给人留下的印象，因为他一贯都不平易近人。

尽管里克特在退休后的许多年里仍然活跃于地震学舞台上，然而，当18个月后圣费尔南多地震时，他已经远离了实验室的日常事务，整体健康状况和精力水平也日益下降。在1969年3月致同事的信中，他写道："年轻时积累下来的疲劳让我到了晚年苦不堪言。"这样的描述也出现在其他时期的文字中，包括退休前后。1961年，在写给日本同事的信中，查尔斯提到："自己身体不好，却也没有真正生病；依旧能够定期到实验室，并取得了一点成就，当然，都是些小小不言的常规工作。虽说如此，还是终日不断地感到疲劳，尽管医生似乎没有发现什么毛病。"在涉及学术专业的信函中，即便查尔斯很少提到个人问题，但早于1955年，他就曾在信中写道：自己能从严重的神经问题中恢复过来。显然，对于这位年事已高且受人尊敬的长者而言，里克特的健康状况已经开始走下坡路了。

而且，这不仅仅是他的看法。早在50年代中期，同事兼系主任的罗伯特·夏普就指出：古登堡老了，而且有心脏病；里克特的情况也好不到哪里去；另外，就算是贝尼奥夫，都称不上健康。在信中，这位主任继续表示担忧，非常害怕加州理工学院地震学专业的好日子可能会在瞬间消失，或者已经开始难以维系了。因此，该部门应该考虑引进年轻人才，他们最终的选择就是弗兰克·普雷斯。

夏普和里克特两人的回忆再次表明，后者大概正处于糖尿病前期，抑或患有甲状腺功能减退症。通常，这两种情况均与体能和神经敏感程度下降有关；而低胆固醇水平也会对情绪及大脑整体的潜在功能产生有害影响。人们甚至怀疑，这些情况将导致某种恶性疾病比如阿尔茨海默病。但正如我们看到的那样，上述诊断将被一些证据所掩盖，即，70多岁的里克特仍然拥有一个并未衰老的大脑，至少健康程度不差。虽然在1969年后，除了写给《科学》杂志的一封短信外，他没有发表过任何论文，但1979年接受安·希德采访时，他思维清晰，并对过往事件记忆犹新，另外，七八十年代的各种信函也都暗示出这位学者依旧宝刀不老。凯伦·麦克纳利从1976年作为博士后来到地震实验室，直到1982年离开，始终与里克特共事，她对后者之洞察力和敏锐性颇为赞赏。在查尔斯的追悼会上，凯伦描述了逝者的晚年窘境：虽然思维依旧迅速，身体却跟不上了，有时必须在谈话中途暂停一下，然后重新组织内容。他告诉凯伦，变老是一个该死的麻烦。

现为加州理工学院南加州地震台网首席地震学家的凯特·赫顿，于1977年来到实验室。她和半个世纪前的里克特一样，借助儿时对星空的热情转入地球科学领域。赫顿先是获得天文学博士学位，并在戈达德太空中心担任博士后，最终才回到地球科学研究领域。到了70年代末，里克特已不再定期来实验室，却仍然是世界各地和家乡本土的常客，条件是那里发生了有新闻价值的大地震，包括1979年的帝谷地震、1980年猛犸湖附近的一系列地震和余震，甚至1978年圣巴巴拉近海一次相对温和的 5.5 级地震。而此刻,赫顿已经开始成为地震学实验室最引人注目的科学家,并完全融入南加州的生活节奏,以至于成为当地妇孺皆知的女性。在 1997 年的电影《活火熔城》① 中,那位女地震学家被大众认可为另一个赫顿,她却对自己在影片中的"角色"表达出沮丧之情,因为其中的死亡方式实在令人恐慌。在这些年间,里克特没有接受过任何采访;相反,他的主要工作却是"四处打探",检查地震图和学习,似乎只是为了满足自我。凯特·赫顿回忆道:查尔斯似乎很高兴在大震后回到工作岗位,甚至经常向旁边的同事索萨吹口哨。

图 19.3 凯特·赫顿(照片由加州理工学院地震学实验室提供,经许可转载)

---

① 该片于 1997 年 4 月 25 日在美国上映,讲述了大地震使深藏在洛杉矶地下深处的火山喷发,救援总指挥麦克与地质学家埃米博士在有限时间内将岩浆引入大海,从而避免了洛杉矶毁于一旦的故事。

和麦克纳利一样，赫顿对里克特的印象也很深刻。虽然从来无法深入了解这位学者，但据她描述：有一天，查尔斯溜达到她的办公室，显然是因为他发现赫顿在实验室有一定的学术权威，于是才放下身段，主动跑到办公室里同其攀谈，或许是想对她交代些什么话，内容涉及地震台网运营问题，也包括里克特本人对原有地震台的想法。作为刚刚博士后出站的年轻科学家，赫顿惊奇地发现：面对眼前这位闻名世界的查尔斯·里克特，自己竟然成了他的女粉丝。与维奥莱特·泰勒和贝蒂·肖等巾帼英雄类似，赫顿从未感到她是一位对里克特来说很重要的女性地震学家，即使在当年的确属于稀有品种。而赫顿本人也有过与新闻媒体打交道的经历，这令她更加钦佩里克特。显然，在同公众交流过程中，后者一定非常善于运用人们能够理解的语言，并且驾轻就熟。

然而到了 80 岁时，里克特的宇宙开始塌陷，去实验室次数越来越少，山间长途跋涉也被离家更近的短途步行所取代。里克特从来都不是社交达人。在生命的任何时刻，他与周围邻居始终保持着距离，好像有意不引起别人注意。但对于住在他家几栋房子后面的劳伦斯·富沙而言，当回忆起这位著名邻居时，脸上却充满喜悦之情。他描述了 1971 年圣费尔南多地震后的一天，里克特夫妇罕见地邀请邻居过来喝咖啡、吃饼干，并看看自家客厅里仍在忠实运行的地震仪所记录的图形。另外，富沙还高兴地记得，这位大名人乐于帮助继子学校的科学项目。莉莲去世后，里克特确实与周围人变得更加融洽——他开始在晚上四处游荡，敲门聊天。富沙告诉我们：查尔斯大概很沮丧，似乎他们夫妇之间的关系比较微妙，但他同莉莲的结合却一直在维系着。也许从某些方面来讲，这是一类基于利害关系的婚姻，最终却远远超出了大家的臆想。

对于里克特生命最后十几年的信息而言，同事凯伦·麦克纳利和商业伙伴埃里克·林德沃尔非常熟悉。在 70—80 年代初，里克特一直活跃在地震领域。怀着公开的钦佩与深情，林德沃尔回忆起他的这位前同事及朋友，并形容自己与里克特的交往是一次"伟大的学习经历"。另外，埃里克还亲眼目睹并向我们分享了这位"心不在焉教授"的故事：有一次，为了一个需要系黑色领带的场合，查尔斯穿戴整齐，却忘记了领带；而有关其怪脾气的轶闻趣事也仿佛历历在目。

当然，在林德沃尔脑海中，查尔斯·里克特的主要印象都是正面的。并且，对于那些早年最亲密的同事而言，从开始有些了解，到慢慢有些喜欢，里克特已经与大家共度了 40 年。这是一位具有非凡科学洞察力和奉献精神之人，也是从不吝惜言辞的长者。作为顾问，里克特的业绩表现在审查各类工程报告并为地震危险性做出评估，其中涉及最多的就是水电项目。况且，里克特只是个科学家，而非外交官，必须回答摆在面前的具体问题。当托伦斯市[①]议会询问关于当地石油钻探可能诱发地震时[②]，里克特回答道：这种钻探作业仅限于地壳最上层，不可能影响到地震活动。有位议员进而追问："那么，可能发生以上情况的概率会是多少？"闻听此言，里克特片刻没有反应过来；然后，场面就变成漫长与安静的等待，足足过了一两分钟；最终，在越来越尴尬的嘘声中，里克特回应说："你刚刚说到了我的痛点，然而，如果告诉你一个准确数字，恐怕接下来你就会更加无所适从。"大家对这句话感到莫名其妙，于是，几秒钟沉默后，理事会主席只好有气无力地问道："各位，还有什么问题要请里克特博士回答吗？"

林德沃尔进一步回忆道：事实上，以上提及的概率数字是一个预测问题。对此，里克特始终持怀疑态度，不相信地震预测是可行的；但身

[①] 托伦斯（Torrance），美国加州洛杉矶县西南部的一个城市。
[②] 由于水库蓄水、油田开采等活动而引发的地震称为诱发地震。在中国，最典型的此类灾害就是 1962 年的新丰江水库地震。

边同事却热情高涨，极力希望通过预测来推销他们的各类研究项目。正如第 16 章所述，大家的努力终于得到回报。1977 年，美国政府颁布了国家地震减灾计划，却意在支持大量与预测无关的有用项目，即便也会研究解决一些预测问题。

在 1991 年录制的口述历史节目中，克拉伦斯·艾伦描述了许多顶级科学家在 70 年代感受到的不切实际的盲目乐观，即，地震预测可能很快成为现实。艾伦继续补充道："如今回想起来，我们不得不说，当时，希望在 10 年内对地震进行有意义的短期预测是天真的，太令人失望了。"在回首往事时，像埃里克·林德沃尔或艾伦这样务实的科学家，可以保持一定程度的平静，因为追求地震预测的初衷是好的，并非为了捞取项目经费而挂出来的幌子，而是某些合理研究的基础，且有希望成为学科发展的助推剂。正如艾伦在 2002 年一次采访中所说的那样："当年的兴奋点在于地震预测，但我认为，业内人士都希望对未来地震的发生概率有更好的定量解释，而不仅仅是短期预测"。在回顾历史时，脚踏实地的科学家也会意识到，地震预测有助于开启一个有价值的研究方向；当然，除了挽救生命及商业利益外，该方向的学术意义并不容易被政治家或公众所理解。对于查尔斯·里克特来说，身体里似乎没有务实的骨头，自认为：对预测的希望从一开始就显得很天真，并且明显被误导了，何况地震预测的目标永远无法证明其手段的正确性。据传，在此问题上，里克特不屈不挠的观点造成某种隔阂，令其与最亲密的加州理工学院同事之间产生不睦。甚至连艾伦也对这位同事及长期战友持反对意见。因为后者会经常暗讽，预测不仅是骗子的当前生意，还是一棵永远的摇钱树。对此，艾伦评价道："我不认为查理的声明有助于现实未来愿景。"

在职业生涯末期，里克特对来自国防部的项目感到不安和遗憾，因为这些合同支持力度有限，显示出军方对地震实验室的研究内容不那么感兴趣。自从1961年世界标准地震观测台网成立以来，美国国防部不遗余力地为相关研究提供了雄厚资金，其中大部分集中在核试验诱发的地震波上。于是，不少专家便开始申请国防项目基金，在多数情况下，上述资助能够解决一些有价值的科学问题。对此，里克特再次表现出人际沟通能力的缺失，而这种品质却让周围同事在日益复杂的学术氛围中闯出了一片新天地。在查尔斯眼中，只存在黑白分明的世界。有意义的、以国防事业为导向的研究不存在灰色地带，也不应该存在，而学术部门更非国防部开设的商店。

于是，人们不禁要问，还有什么其他只可意会、不可言传的学术默契被打破了？在如今的地震所里，人们会发现贝尼奥夫会议室和古登堡图书馆，却没有一个房间或一处设施冠以里克特这位科学家的名字，即便在其去世后，他依旧是那里最耀眼的明星，至少对公众如此。站在地震学家的视角，特别是在加州理工学院，当然也包括其他地方，大家心目中仍然有一个持久共识：作为科学家，贝诺的学术遗产更加庞大。仿佛这句话只说对了一半，其余部分却不言而喻：里克特在公共领域获得了更大名声，因为他特别喜欢哗众取宠，而公众又对科学问题缺乏了解，只会盲目崇拜。作为对自己和地震均有敏锐观察力之人，里克特似乎知道其于1964年致罗伯特·夏普信中所说的话是何意："我相信，周围许多同事一定很伤心，因为他们认为，我是一个追求宣传、好出风头之流。"

事实上，长期以来，学界存在着一种脱节现象：许多在公共舞台上取得莫须有声望的科学家，却在自己的学术圈内不受人待见，至少远远没有那么受人尊敬，如果不是遭到直接诋毁的话。对于科学家来说，有时，其生活目标会围绕着一些晦涩难懂的概念性焦点，从而定义出特定时代内某特定领域的边界；或许，在大多数科学家眼中，对于向边界外的公众传播科学声音这件事，仅仅被看作小人物的一次正当任务罢了。类似于卡尔·萨根、史蒂芬·杰伊·古尔德以及里克特这样的角色，虽然公众形象良好，同事口碑却平平。显然，媒体名声与学界尊重之间的时常脱节是有道理的：特别会说话的科学家并不意味着必定能够得到公众的敬仰。里克特并不是非常有魅力之人，如果其生活轨迹与当下的电视内容有更多重叠，人们大概率会怀疑，他能否取得同样的名声。然而，查尔斯以其独特方式表明，自己不仅有语言沟通天赋，也是比较有成就的科学家。

将里克特描述成一个在自己家乡没有荣誉感的先知并不完全恰当；然而，如果说其专业荣誉与学术界之外的声望不相称，也是公平的。同行们从未将里克特选入国家科学院；许多人仍然指出，百科全书式的教材《初等地震学》而非里氏震级才是里克特的最重要贡献；一些专家甚至说，实际上，里克特只不过是贝诺·古登堡的助手而已。对此说法，埃里克·林德沃尔等学者表示遗憾，因为他们曾有机会充分了解里克特之才能，也充分认可这位专家贡献的深度和广度。

里克特曾经说过，地震学领域欠哈里·伍德一个巨大人情，这应是一种无偿的感激之情。具有讽刺意味的是，人们或许要问，地震学是否也欠下了另一笔债，其持有者便是那位最著名的震级创始人里克特。如果撇开里克特之公众声望不谈，那么，剩下的就是他在观测地震学方面的先驱性贡献，也包括其著作，因为那本《地震百科全书》丝毫不亚于同行们的学术成就。当涉及地震灾害评估及预测等诚信问题时，他表现出坚定不移、毫不妥协的学术风范。在制定震级标准过程中，查尔斯完成了当时最需要解决的任务，而且工作出色，因为他使地震学变成一门严格的定量科学，并为学科发展奠定了必要基础。

此外，里克特在1935年发表的具有里程碑意义的论文和后来的成果均显示，他预见到了一些关键问题的发展脉络，而这些动向在几年甚至几十年内都未被学界所认知。其中就包括在大震发生前几十年内中等局部地震增加的可能性，以及远程诱发地震的存在。毫无疑问，他没有像长期合作伙伴贝诺·古登堡那样，以不懈努力推动了整个地震学的发展，但里克特却有其他天赋。像他这样的科学家，没有回答下一个紧迫问题，也没有回答随后的问题，却有能力了解同行们尚未提出的问题，虽然只是有时，答案却是正确的。即便没有写出一些在他看来难度不大的文章，也包括那些很容易成为里程碑式的章节，但其论文的"被引用指数"却超过古登堡，而该标准恰恰是衡量科学成就的晴雨表。与此同时，不可否认的是，古登堡那些被引用次数最多的文字，都是与里克特合作的结果。

当然，贝诺是一位更有成就的科学家。地震学家莱昂·诺波夫于1961年在加州理工学院待了一年，随后来到加州大学洛杉矶分校。他把里克特描述成"地震事实的收集者"，一位比古登堡或雨果·贝尼奥夫少有见地的科学家。而后者则是地震科学领域的崇高人物，尽管其在这个故事中的作用不大。

贝诺对地震科学做出过许多开创性贡献，查尔斯·里克特却成名了。虽然没有一个简单答案可以解释这个悖论，但显而易见的部分解释却一目了然：公众之所以认识里克特，是因为他能够主动与媒体沟通。1933年长滩地震后，该地区居民 H. L. 巴洛淘到一本长达 40 页的报纸文章剪贴簿，并最终以手稿形式收藏于亨廷顿图书馆。在其中相对较少涉及科学观点的文章里，人们看到以下三个名字：斯坦福大学著名地质学家贝利·威利斯、地震实验室主任哈里·伍德以及查尔斯·里克特；而那些加州理工学院的早期教员，如古登堡和约翰·布瓦尔达却找不到踪影。与此同时，1933年的威利斯已经70多岁了，后在1949年亡故；而当年的伍德应该只有50多岁，正受困于严重健康问题，虽去世于1958年，但更早的时候就已淡出公众视线。以上情况使得里克特在33岁生日前便默认成为加州理工学院的主要地震代言人，而令人唏嘘的是，"科学家"

的这个头衔却多年后才落到查尔斯肩上。更值得一提的是，地震代言人的角色陪伴了里克特数十年。当巴里·凯勒在60年代中期作为本科生来到加州理工学院时，竟然只知道一个学院教授的名字，显然，此人便是查尔斯·里克特。作为在加州长大的少年，凯勒注定不会不看报纸，而里克特这个名字也必将不会不出现在地震过后的报纸重要版面上。

里克特去世后，《帕萨迪纳星报》的编辑旺达·塔克写过一篇文章，回忆起她视为"朴实朋友"的这个人。塔克感谢这位学者的耐心，因为他从来都不会由于听起来太忙而不接电话。这位编辑写道："请相信我，对于我们这些多年以来需要各种话题的新闻界人士而言，查尔斯·里克特真的非常特别。"显然，感激之情已在字里行间流露出来，"他喜欢并尊重报业人士，就像我们喜欢并尊重他一样"。塔克进一步用如下文字赞扬了查尔斯在谈话方面的才能："他善于使用普通记者和广大读者都能理解的语言。"

在与媒体沟通方面，里克特与周围许多甚至大多数同事形成鲜明对比。而后者对记者们的看法却有失偏颇，往往体现在诸如贝诺·古登堡1958年的评论中："毫不怀疑，当一个不熟悉地震专业的门外汉撰写评论甚至科普文章时，其中总会有一大把废话。"

除了向广大听众传播科学声音的天赋和兴趣之外，里克特人生的一个讽刺是，尽管地震专业令其获得了巨大成就及声誉，他本人却对该领域有着矛盾心理，因为这里并非理想之国，也不是他真正的选择。简而言之，里克特只不过是在正确时间出现在了正确的地方上。恰如前同事在1971年告诉凯特·霍利迪的那样，"种子在适当时间落在了适当的土地上"。在20世纪上半叶，地震学在很大程度上被专家们视为现象科学。也就是说，此领域更关注对地震现象的基本描述和量化方式，而非对地震物理学的真正理解。当学者们谈到现象时，他们脑海中的描述多于解释。虽然后者被科学家认为更重要，但即使到了今天，地震学领域仍然无一例外地紧随前者，特别强调对现象之陈述。鉴于地震过程巨大的复杂性，如果没有大量针对余震序列性质的描述、观测结果或统计数据，我们就不可能解决诸如"是什么原因导致了余震"等许多问题。更为根本的是，在针对地震规模进行统计的工具出现前，我们也无法描述余震的统计数据。里克特意识到，这些工具的发展并不等同于自己年轻时渴望做出的那种基础性贡献。然而，如果不了解现象，地震学就无法向前发展。正如地震学家詹姆斯·弗里曼·吉尔伯特在里克特去世后所写的那样：《初等地震学》一书其实并不那么初级，它是将地震学确立为一门定量科学的早期关键节点。安芸敬一则将里克特形容成"敏锐的观察者、文学家及优秀的语言学家"。

具有讽刺意味的是，仅就心智条件而言，里克特好像已经不可能有更好天赋来做出如此贡献。他不仅成为一部行走的地震百科全书，独特的认知构成更赋予其孜孜不倦的韧性，令他仅凭有限数据和原始计算工具就能提炼出扎实结果，而该结果恰恰是地震现象的正确凝练。如果考虑到其所具备的非凡的科学敏锐性，里克特成为杰出科学家仿佛便是水到渠成之事。

虽然里克特后来的科学贡献与早年不尽相同，但哪位科学家又何尝不是如此呢？鉴于有证据表明，这位学者终生都被身体以及神经生物学方面的窘境困扰，人们反而更加倾向于对他留下良好且深刻的印象。的确，能够在如此长时间里内做得如此优秀并非易事。1900年出生婴儿的预期寿命大约为48岁，该数字反映出，在抗生素发现之前，婴儿和儿童因传染病而导致的死亡率很高。里克特于1900年来到世界，并存活到成年，从1950年的精算角度来看，其预期寿命将增加至72岁左右。但事实上，无论按照任何标准，这位学者都战胜了精算赔率，甚至所有赔率。其长寿秘密应部分归功于相当活跃的职业生涯，但不可避免的是，他不可能永远击败赔率。

最终，时间开始追赶查尔斯。除了他自己讲述过的健康问题，70年代末的信件显示，这位专家的行为举止明显变怪，或者说，比以前更加匪夷所思了。1978年，他为当地一家八卦报纸写专栏，指出210号高速公路上一块至拉肯亚达①的里程牌拼写有问题，字母上方的波浪线错误地放在了第二个a而非n上。"也许这块牌子是由某个眼珠错位的毛头小子立在那儿的"，里克特讽刺道。于是，接下来，他便开始向多家报纸专栏和相关人士去信，内容五花八门。1980年，他给某家名曰"镇上狗屋"的经营者写过一封信，内容甜蜜却略显古怪，意在表达对后者的感谢之情，因为他们会时常照顾自己的爱犬杰克。当然，查尔斯的这些信件文字并不总是疯子的呓语。事实上，至少在1982年之前，他还保持着清醒的头脑，无论接受采访或通信往来。然而，其他类型的内容则变得天马行空，仿佛出自癫狂天才之手笔。显然，这些文字表明其正常行为能力正在不可避免地下滑。与此同时，日记的流水账痕迹也越来越明显，并且书写更加潦草。

然而，当私人光环逐渐黯淡时，其媒体形象却更加耀眼。任何类似1971年圣费尔南多那样规模大、破坏力强的地震灾难都会引发公众对相关学科的兴趣。于是，里克特发现，自己正在扮演一位德高望重的长老角色，频频向官员、新闻界和大众提供意见或建议。在这位专家70年代收到的数十封信函中，既有为画展郑重其事索要肖像的，也有大量粉丝的非正式要求，包括提供个人信息、共进晚餐，特别是签名。根据克拉伦斯·艾伦的说法，里克特确实很享受来自媒体和社会的关注，而与此同时，周围朋友的赞许或崇拜却少得可怜。

---

① 拉肯亚达-弗林楚奇（La Cañada Flintridge），美国加州洛杉矶县的一座城市，位于帕萨迪纳的西北部，美国国家航空航天局属下的喷气推进实验室就坐落在附近。

尽管一些同事对其在公众面前的名声感到不满，但里克特却并非德不配位，因为他获得的荣誉一点儿也不少。1976 年，查尔斯拿到地震学会奖章，这是美国最杰出研究型地震学家协会授予的最高荣誉。2004 年，为进一步表彰里克特，该组织还专门设立了查尔斯·弗朗西斯·里克特青年从业者奖①。在 80 岁生日那天，地震所发出的邀请函就像 20 世纪末美国地震学的名人录：不仅包括老朋友和实验室同事，如维奥莱特·泰勒和戴维·约翰逊以及一些鳏寡孤独者，而且有该领域最耀眼的年轻明星。只不过在此聚会上，再也没有人唱出那些曾经讨巧的生日歌。

1981 年初，《布雷默顿太阳报》的记者约翰·巴尔博追上里克特，为后者在《洛杉矶时报》和《圣加布里埃尔山谷论坛报》上发表的文章进行采访。而此时的这位专家，即将年满 81 岁，却依然坚持自己独立生活。巴尔博向读者描述了里克特位于阿尔塔迪纳的小别墅：屋里堆放着杂乱无章的图书、杂志和邮件；留在客厅的地震仪静静地躺在那里，只不过细细的笔尖早已静止不动。在生命最后几年里，里克特了解灾难的方式与普通人大体相当，同样依靠新闻媒体。但另一方面，就在离 81 岁生日还有几个月的时候，他却仍然是一部关于地震信息的行走百科全书，记忆力不亚于年轻人，完全可以转述半个世纪前的故事。根据其描述，1933 年 3 月 10 日傍晚 6 点左右，长滩地震发生后，他终于在凌晨时分回到家中；开门迎接他的莉莲倒是一脸平静，显然，对于这位加州女士，地震早就习以为常了；然而，家猫的表现却极不寻常，完全失去了平日的温顺，甚至会朝地板吐口水。

20 岁的里克特，待在化学实验室里不安全；50 岁时，使用野营炉子也不安全；到了 81 岁，却必须单独生活，亲自买菜，至少自己做饭。六

---

① 里克特青年从业者奖（Charles F. Richter Early-Career Award）每年颁发一次，奖金为 3 000 美元，获奖的时间条件为"取得相关学位后的 6 年时间内"。

七十年代初的日记表明，他对吃饭一点儿也不讲究，一日三餐，甚至早餐都在食堂度过。想必到了晚年，如此习惯仍然会继续下去。在1980年《洛杉矶时报》的一篇文章中，他的忠实伙伴"杰克"被巴尔博描述成"血统可疑但性格可爱，是基因混乱的结果"。然而确切地说，里克特并没有收养过这只杂种狗，而是有一天，杰克游荡到他家附近，接下来，两个生物便成了朋友。古稀之年的里克特雇用过一位保姆，每周来家一次，任务非常简单，就是尽量保持家里的日常秩序，或者说，让这位地震学者的家像一个真正的家。里克特告诉约翰·巴尔博，自己也会试图整理日常杂物，以便能够让保姆顺利打扫卫生。听到如此消息，埃里克·林德沃尔不屑地说："他肯定不会这么努力地去收拾东西。"

里克特继续经营着自己的情感田地。在晚年，这片沃土上出现了杰琳和比尔·休伊特的身影。两人多年与其同道，也是里克特所谓的"作家朋友"之一。杰琳从40年代起就参加了里克特夫妇的读书俱乐部；并于六七十年代初在帕萨迪纳城市学院英语系任教，担任文学杂志《排箫》[①]的教师顾问，有时还为该刊撰稿。前同事形容杰琳才华横溢，是一位卓有成就的诗人和教师。她的名字曾与克莱恩和休伊特共同出现在七八十年代的几本《西部名人录》中。杰琳于1998年去世。而休伊特则是一位优雅的女人，在凯伦·麦克纳利的眼中，休伊特对里克特关怀备至，甚至带着巨大的责任感。

正如当下情况一样，对于年事已高且健康状况不良的老年人来说，就算亲朋好友能在日常事务中提供帮助，驾驶员这种苦差事也会变成棘手问题。年轻的查尔斯就不是个好司机，到了晚年，与汽车有关的麻烦便开始严重起来，这种状况并非是指1957年发生于阿尔塔迪纳的雪佛兰

---

① 后更名为《内形》（Inscape），为帕萨迪纳城市学院校刊，"排箫"一词取自毕加索的名画，画中的排箫与该校徽标十分相似。

倒车事故。当时的他，仅仅撞坏了自家车道旁的桉树并使散热片凹陷，显然，上述情况是良性的，带来的麻烦仅涉及修车。但时间来到 1980 年 2 月，他给帕萨迪纳警察局长麦高恩写了封热情洋溢的信，对警官彬彬有礼、没有嘲笑自己表示感谢。事情是这样的：有一天，里克特担心自己的车被偷了，实际上，他却把车停在帕萨迪纳市中心，只不过一转眼就忘记了。更糟的状况出现于 1981 年年末，这回，他和汽车都倒霉了。

1981 年圣诞节后的某天，在喷气推进实验室附近的公路上，发生了一起严重交通事故，里克特和座驾冲出道路，掉进了水沟，学者迷迷糊糊地徒步徘徊了 6 小时，然后获救并被送往当地医院，在那里，他又足足待了两个星期。作为科学工作者和公众人物，该事件标志着里克特明星生活的结束。1982 年年初，查尔斯开始在家中接受日间护理，当然，如此关怀并非需要付费，因为其中的大部分工作会由长期共事的朋友们代劳，也包括送餐服务，大家会将一些可口饭菜送到他家里，甚至喂到他的嘴边。

1982 年秋天，他写信给当时的加州大学圣克鲁兹分校校长，对校方以自己名字命名新地震学实验室的建议表示感谢和接受。此事由凯伦·麦克纳利安排，而这位女士在离开加州理工学院后成为教授，并担任圣克鲁兹地震学实验室主任。在信中，里克特写道：两次住院后，自己的健康状况有所改善。他补充说："每个人都对我恢复的外表赞不绝口，虽然药物依旧正在限制自己的行动力，但我仍然能够在一位好朋友及商业伙伴陪同下出席这次活动。"事实上，他确实参加了 1983 年 3 月在埃里克·林德沃尔帮助下的捐赠仪式，并又一次与知名人士及学者们坐在一起，其中包括麦克纳利、加州理工学院的金森博雄、加州大学伯克利分校的布鲁斯·博尔特等，这是查尔斯人生中的最后一次大型公开活动。

在接近 80 岁时，里克特退出了公众舞台。随着健康状况下降，他一直待在家里，并需护工照料。在 84 岁生日之际，他和朋友们再次聚到一起，并收到几十张贺卡，来自各行各业。卡片见证了一个人的非凡经历，对里克特来说，人际关系从来就不是件容易事。在其一生中，他总是想方设法伸出援手，希望建立起各种联系，这是他从小渴望并在年轻时苦苦追寻的。那些熟悉查尔斯的人，有些来自格拉西联谊派对，有些源于他和莉莲参加了几十年的读书会，大家都很珍惜同学者的友谊。

据报道，1984年7月的一次心脏病发作使里克特住进了医院；到了8月，他被转入另一家疗养院。1984年8月21日的《洛杉矶时报》将里氏震级提出人的近况描述成"健康状况不佳，留给这位学者的时间已经不多了"。而事实上，他又多活了1年，但再未恢复至健康状态。1985年9月30日下午，查尔斯·里克特因充血性心力衰竭在帕萨迪纳的帕克梅里诺疗养中心去世，骨灰与莉莲的遗体被埋葬在阿尔塔迪纳山景墓园的同一墓穴中。在里克特去世后几年间，他一直是山景城的匿名居民，因为没有人会去费心替换掉莉莲墓碑上的原有标记。1996年，一位好心人捐献出新的标牌。于是，大家便聚到一起举行了一个仪式，其中有几位是里克特的前同事，其他十几人都是这位学者过往的朋友。在里克特夫妇墓地的左边，立着另一块令人心碎的墓碑，上面镌刻着：（小）雷金纳德·弗洛耶·桑德斯（1925—1957）。两块墓碑除距离很近之外，没有任何其他线索表明，这三个人在生前和死后都是联系在一起的。

在里克特夫妇墓地的右侧，一块碑文上写着"爱的记忆，玛格丽特·巴索特（1900—1991）"。虽然不清楚玛格丽特和莉莲是如何相识的，但在1920年，她们却同为洛杉矶一处寄宿屋中六人中的两个。如果在搬进这所房子时还没有相互认识，那么，作为仅有的两位年轻女性，当与四个年龄从23到51岁不等的男性住在一起时，两人也自然会亲近一些。事实上，她们不仅同在一个屋檐下，还成为闺蜜和一辈子的好友。显然，这三个凄美墓碑之间的联系并非里克特本人，而是莉莲：她埋在

图 19.4 莉莲和查尔斯·里克特共同墓地的墓碑。1996 年,这个标记取代了早期的标记,而原墓碑上面只列出了莉莲的名字(照片由作者提供)

唯一的儿子旁边,后来加入的是丈夫和成年后最要好的女性朋友,但里克特与莉莲却变成如此亲密氛围的中心。尽管这位专家姗姗来迟,却长眠于此,因为在公众眼中,查尔斯永远是这个温馨家庭的一部分。他们能够相聚在一起,就是对传统或道德规范的突破,甚至是对大众核心价值观的冲击,却又以自己的方式经受住了传统习俗的考验。

在 4 月的某天,我第一次来到山景墓园。南加州的明媚阳光照耀着缓缓起伏的绿色草坪,鸟儿于树上歌唱,松鼠在院子里窜来窜去,一对雄伟的红尾鹰翱翔于头顶。显然,这里是一片生机勃勃的孤独绿洲。喧闹、地震和轰鸣声终于沉寂下来,查尔斯·弗朗西斯·里克特现在安息了,没有在他深爱的山里,而是在山的门口。里克特已经成为南加州景观的一部分,无论从字面或者象征意义上来说,都非常合适。

对于地震学而言，1985年9月30日是有纪念意义的，因为这一天是里克特去世的日子；而当天，距离墨西哥格雷罗州发生的8.0级破坏性地震已经过去了两个星期。虽然这次灾难降临于该国西海岸，但大部分损失和近万的死亡人数却都集中在墨西哥城，震源位于大约360公里之外。惊人的生命损失几乎完全源于不良的建筑设计与施工，特别是那些高层建筑。鉴于城市脚下古老的河床地质构造，地震放大效果对高层建筑尤为显著。

在最后的日子，里克特通过病房电视机目睹了这场灾难。虽然这位学者并不总能记住病房环境，但对周围的人来说，他似乎意识到了发生在南方几千英里外的此事。人们无法想象，其脑海中到底经历过什么。当灾难发生时，几乎每个地震学家都会感到愤懑和一种无形的压力，通过电视机，全世界都能看到如此情绪。今天的专家一定会明白里克特在半个世纪前的心声：地震造成了巨大损失，而这种代价原本不需要付出。地震学家将生命献给一门会直接影响社会现实的学科；对地震有更好的了解，就会对自然有更好的认知，从而减少灾害。

对于普通大众来说，里克特的不朽与以他名字命名的震级有很大关系。然而，这位学者的遗产远比贡献深刻且持久，尽管那些成果在当时可能很重要。用同事托马斯·汉克斯的话说，"我意识到，在查尔斯及其同事之前就有地震学和地震学家，甚至还有地震！但个人以为，活跃于二三十年代的一小群专家应该得到赞扬，他们把地震学作为一门真正的科学放到了地图上"。在此过程中，这群专家引领学科发展，反过来又直接催生出加州一系列最辉煌的抗震减灾成就。从非常现实的意义上说，今天的加州欠下了对里克特及其同事们的感激之情。因为他们坚持不懈地努力了解灾害本身，并将其理解到的东西传达给公众和政策制定者，而非仅仅散布耸人听闻的消息。在善于同媒体进行长期沟通方面，里克特几乎没有同行。如果由于神经紊乱，他才成为这样一个行走的百科全书，那么，我们不禁要问，假设查尔斯的大脑是按照标准蓝图设计的，我们又会变成什么样子。

当故事接近尾声时，有一个问题仍然难以回答：里克特在多大程度上渴望并寻求得到公众和媒体的关注和赞许，这种炫耀又在多大程度上源于其对传授地震知识的持久渴望？或许，他会在生命最后阶段享受到如此赞许，但并不意味着会主动寻求。换言之，查尔斯是否正在以牺牲他人利益为代价。就此问题，我们可以考虑其本人的说法："我能够准确无误地表明，实际上，自己没有犯下'哗众取宠'的毛病。"当劳伦斯·富沙转述一位邻居之言时，也许就能得出类似结论。在大震后，这位邻居会不遗余力地同周围人沟通，显然，前者就是指里克特本人。用埃里克·林德沃尔的话说，"他更喜欢教育大家如何看待地震"。从气质和神经学角度来看，在传统课堂或大众面前，里克特都不是令人舒心的演讲者；然而，每当脚踏实地谈论中意的话题时，他就会进入状态：以迂腐、片面但极具教育意义的对话形式全面回叙，因为这正是阿斯伯格综合征的一个重要标志。同记者交谈，可以为查尔斯提供唯一舒适的情绪宣泄出口，以实现他所渴望的教学目标。

同时，大家必须承认：一个人哀叹被媒体关注的可怕负担，并不意味着会放弃一切自我宣传的机会。但所有客观证据表明，情况并非如此。显然，学者确实喜欢教育别人，不仅向科学家同行，更包括普通大众。他善于卖弄自己那些百科全书式的学问，因为对公众来说，地震科学极具实用性。另一个事实摆在面前：里克特生前曾多次被问及古登堡对震级最初发展的贡献，而他的回答从未改变。查尔斯不仅没有实用主义的骨头，而且在五英尺八英寸半（1.74米）的身体里，似乎也没有一根政客之筋。当有人提问时，他就如实回答，并尽其所能。这些答案始终未变，几十年如一日，既无政治家的精明回答方式，也缺乏外交官的艺术性应对才能。这位专家把功劳归于自己，不多也不少。

里克特的学术遗产经久不衰。在观测地震学方面，他与朋友们，特别是伍德、古登堡和贝尼奥夫已经建立起优秀传统，并将一直延续下去。在当下，里克特的一些前同事仍就职于地震学实验室，年轻专家也源源不断地加入其中，虽然他们中的大多数人从未见过这位学者，但都在沿袭着他的脚步。如今，里克特及其同事建立起来的台网已经有了长足发展，并由加州理工学院和美国地质调查局共同管理。那里继续勾画出最先进的地震图谱，推动着最先进的地震科学。甚至在实验室成为理工学院一部分之前，南加州观测台网就是顶级的研究资源。当密立根引进著名专家贝诺·古登堡，以便充分利用此新生数据时，查尔斯便清楚认识到了它的价值。

里克特的智慧遗产还体现在拓展了重要的地震监测日常业务方面，特别是地震目录。对于相关研究和灾害评估等众多目标来说，一致且准确的长期目录绝对必要，但获取难度也高得令人咋舌。地震仪直到19世纪末才出现，早期的仪器构造简单、数量稀少，除了世界上最大的几次地震外，这些仪器并不能提供一致的信息。在二三十年代，活跃于加州理工学院和其他少数机构的部分专家，创造出了现代网络地震学概念。在开发可靠、便携、适合现场使用的仪器方面，伍德·安德森和贝尼奥夫发挥过关键作用。虽然里克特不是机械天才，无法研制设备，却具有过人的洞察力，善于计算，对数据的详尽分析能力更不在话下。如此天赋令其成为南加州地震监测和编目工作的基石，即便在当下，这笔遗产仍然具有活力。南加州地震目录可追溯至1932年，也就是里克特开始为估算地震规模提出相关标准的元年。无论放在世界上任何角落，该目录至今仍是最长和最好的档案之一。

或许，里克特之光环业已消逝；而且事实上，它以最大强度闪耀的时间也非常短暂；从很大程度上讲，令其出名的成就仅限于区区10年之内。但是，宛如超新星那样，这次爆炸的光芒还将继续，并在更遥远的天空中闪耀。有时，地震学家会意识到一种挫折感，他们甚至想不到如何解释里氏震级，也说不清该标准如今为何已经过时。显然，一定有比他们更懊恼的专家，在这些人脑海中，既然没有那么认可查尔斯·里克特，为什么还要让里氏震级这个名词进入大众视线。

然而不可否认，最初的开创性成就归根结底还应归属里克特。虽然我们很容易指责里克特对此贡献的所有权和自豪感，但根据现有的客观证据，这种感觉是恰当的。有学者指出，查尔斯的成果基础是和达清夫的早期工作，然而，科学界有例外吗？因为所有学术贡献均建立于他人早期研究基础之上。里克特受益于同事哈里·伍德和贝诺·古登堡的建议，但几乎所有科学家也都"站在了巨人肩膀上"。古登堡对后来的震级发展具有重要贡献，但几乎所有好的研究都是在别人基础上扩展而来的。一位亲密同事进一步指出，在后来各种震级标准的发展过程中，或多或少都有里克特之身影。至于对不同震级标准的混淆，当媒体和公众相继因此犯错时，地震学家可能会感到沮丧，但这一点恰恰被那些专家们忽略掉了。换言之，虽然地震标准越来越科学，相比里氏震级却过于抽象，使大家难免混淆。与此同时，所有后来更好的震级表示方法都能直接追溯到里克特那里，只是不再以其命名罢了。我们对震级如此熟悉：标志性的八级大震，轻而易举的三级冲击。以至于公众很容易忘记这些数字之所以具有意义，恰恰因为里克特首先赋予了它们价值。在地震学中，震级一词的内涵不仅源于里克特根据同僚的建议，更出自其对星空的毕生激情。我的故事讲完了，里氏震级就是查尔斯·里克特的震级，这是一种地震标准，也是一位非凡学者的标杆。

附录

附录 A
迟到的告别

> 我今天的主要观点如下：人们通常都会得到自己所期望的东西，却很难以期望的方式得到。
>
> 查尔斯·里克特
> 1970 年

在度过漫长且富有传奇色彩的职业生涯后，里克特就再也没有机会发表几句令人印象深刻的个人见解了。或许，伤心的退休派对就是其最后讲台。对他来说，退休聚餐是个馊主意，但令自己不悦的却是活动的细节安排，因为如此场景恰为其整个职业生涯中所竭力避免的。参加当天聚会的都曾长期就职于地震实验室，对这位老人非常了解，大家一致觉得，查尔斯的派对发言将会是重磅炸弹。一个很少与同事分享人生感悟的学者，其口中的哲学声明想必一定深思熟虑、海阔天空。

现在回想起来，里克特希望表达的主要观点显得非常有预见性："人们通常都会得到自己所期望的东西，却很难以期望的方式得到。"里克特没有机会与派对上年轻人分享自己的智慧，但在日记随笔中得到了与世界分享的机会。可敬的是，他对社会现实和战争冲突有一些见地，无论当下或者 1970 年，这些想法都真知灼见。因此，从某种角度上讲，即便在现代社会，查尔斯想要发言的内容依旧值得分享，如此见地并不会因为比计划时间晚了几十年才被拿出来而显得不那么及时。然而，在那个吉祥场合，演说戛然而止。他似乎还有更多的话要说，但究竟是什么，我们永远不会知道。

1970 年 5 月 22 日

你们中最了解我的人大概都会明白，这个场合不是我选择的。此时此刻，我宁愿钻进地洞里，把眼前的一切抛到脑后。虽然很感谢大家之好意，但无论你们如何糖衣炮弹，我品尝到的味道还是没那么可口。

如此情况让我想起了爱尔兰人的守灵仪式①，但在那种场合下，亲爱的故人大概不会参与进来，如果非要参加，就会带来民俗和传奇故事中常见的灵异场景。

既然不能和你们一起欢庆，我就想在这里说几句心里话。

今天的主要观点如下：通常人们会得到自己期望的东西，但很少以期望的方式得到。这句话听起来可能非常晦涩，所以，为了更清楚地说明问题，让我们回到上一代，以便引用阿尔弗雷德·丁尼生的如下诗句：

因为沉浸在未来，在人眼所及的范围，

所以看到世间远景和一切即将出现的奇迹：

那里的天空充满投机和带魔法帆的大商船，

紫色黄昏的领航员，扛着昂贵包袱降落；

听见云霄里的呼喊，天空飘过可怕的雨露，

声音来自中央蓝色战场上拼杀的各国海军航空队，

遥远的南风呼啸于整个世界，暖洋洋的，

伴随人民的号角在雷雨中跌宕起伏——

直到战鼓不再跳动，旌旗已被收起，

所有喧嚣埋藏于文明的议会、世界的联邦。

如今，人们不禁要问，为什么丁尼生认为以上场景非常美妙。显然，

---

① 在葬礼前，爱尔兰人会举办一个守灵仪式（wake），逝者家人和朋友们聚在一起，轮流讲述他们和逝者的故事。在守灵仪式上，没有人流泪，大家反而很高兴，喝酒、唱歌、与人交谈，这些看似不恰当活动，实际都是对逝者的缅怀，也是逝者最后一次派对。

一切便利的空中运输、精彩的空战,即便联合国都已经成为现实,但令我们最欢欣鼓舞的却并非如此。

虽然像大多数人那样,自己过往经历有着同样的调子,却是一首与众不同的歌。作为学生,我对物理学和生物科学非常感兴趣。在当年,上述专业的诱人前景似乎马上到来,比如太空探索、解密原子结构、合理诠释化学反应、核能释放以及发展我们如今所称的分子生物学。

所有这些事情都发生了,但和预期不同,而且是在与我们希望大相径庭的社会环境中。

赫伯特·乔治·威尔斯充满希望的著作给我留下深刻印象,这位小说家有着健全的科学背景,我可以理解其各种想法。他对即将到来的核能时代愿景清晰。虽然,威尔斯满怀酸楚和失望离我们远去,然而却自信地写道,其所预言的社会进步可能需要几个世纪。

也许不必多言,就在当下,我们必须尽一切手段来创造体面的世界。目前的主要障碍来自无知、贪婪、军国主义、民族主义,以及源于毁灭的神经冲动,或源于自卑感和带有复仇欲的暴力。

我自认为有点儿幽默感,但多年来,这种感觉已经形成盲点。我再也不能嘲笑无知或愚蠢了,这些是公众的主要敌人,取笑它们是危险的。

经历两次世界大战后,人类社会曾爆发出巨大希望,但希望越大,失望也就越大。那些对一战没有印象之人,你们可以从威尔斯的《世界史纲》中找到答案。

最近,再次被一些人的言行所震惊。他们坚持认为,对于经历过这两场战争灾难的人来说,应该因此怀有同情心,并理解目前地区冲突中的美国盟友。我觉得,自己很有发言权。现在听到用来为这两次大战辩护的同样论点,以及随之而来的半真半假故事,还有那些类似的谎言,真的颇感痛苦。

年轻人自然注意到其中的很多情况。于是,开始意识到不安和愤怒,因为他们知道自己被欺骗了,尽管还无法获得真相。然而,大家忽视了一个事实:所有欺骗并非一方所为,很多革命者也贡献出令人发指的谎言。

尽管有史以来,全球信息服务业已经得到长足发展。但个人认为,没有哪位普通公民真正了解史实,从而能够对当下的国家和社会问题做出正确判断。

虽然不喜欢斯皮罗·阿格纽副总统的陈词滥调,但其对新闻媒体的评论却颇有道理,也是应该的。在谈及新闻处理方式时,我的看法源于多年以来的个人经验。

关于未来,也想说上几句。尽管目前世界前景黯淡,但希望加州理工学院的未来是美好的,即使并不喜欢正在发生的某些变化,却渴求能在学院多待一段时间,并愿意忍受不可避免的上述变化。

学院选择在非常激进的时刻将自己扩大为一所大学,并很有可能将更多名人或机遇带入校园。然而,上述"新鲜血液"却在其他地方被证明具有破坏性。但愿这次活动能够告诉大家,承担如此风险是正确的。

我确实希望不要有太多胆怯,比如,放弃旧的学院徽标。因为它显示出了拿着火炬的年轻人,或者放弃伴随徽标的价值格言——真理使人自由①。大家不禁要问,这是否意味着,对此话所代表的伟大人物之信心有所下降。

我希望地震学实验室能够继续发展,并解决加州地震中出现的直接问题。然而令人遗憾的是,几位对此感兴趣的朋友已经离开了这里。要知道,这些教职员工或学生都非常优秀。

记得许多年前,当自己把大部分时间投入与古登堡共同研究地震波与地球内部构造时,有人反复向我强调了一句工程师评语:"哦,原来那些家伙对地震本身并不感兴趣"。从工程角度来看,这话听起来很有道理,我将其作为激励,让自己更接近眼前的事实。

多年来,为远离地震预测这个学术领域,我参与了一场失败的斗争。在自己看来,新闻界和公众对地震预报的执念就仿佛猪进了饲料槽,看见什么咬什么;与此同时,其他研究方向却被大大忽视或歪曲。并且,科研资助倾向于那些有意忘记如下事实的人:为了公共安全,我们不需要预测,因为地震风险几乎可以通过适当的建筑结构和监管加以消除。

---

① 引自 1611 年《钦定版圣经》中的诗句:"And ye shall know the truth and the truth shall make you free"。被许多美国大学用作校训,并刻在美国中央情报局原总部大楼的石头上。

附录 B
中英文索引

120	阿尔伯特·爱因斯坦	Einstein, Albert
418	阿尔弗雷德·丁尼生	Tennyson, Alfred
169	阿尔弗雷德·魏格纳	Wegener, Alfred
200, 212, 216, 218, 241, 408, 409, 411	阿尔塔迪纳（加利福尼亚州）	Altadena
447	阿伦德尔出版社	Arundel Books
217	阿罗约塞科（加利福尼亚州洛杉矶县的一条季节性河流）	Arroyo Seco
435	阿奇·约翰斯顿	Johnston, Arch C.
291, 293, 295-307, 309-311, 313, 315, 317, 319-323, 325, 327, 414, 440, 441	阿斯伯格综合征	Asperger's Syndrome
295, 440	《阿斯伯格综合征在线信息工具指南》	OASIS guide
20, 44, 46, 317, 397	阿尔茨海默病	Alzheimer's
303, 324, 338, 342, 362, 368, 399, 401, 403, 409, 410, 414, 445	埃里克·林德沃尔	Lindvall, Eric
6, 135, 316, 434, 445	埃米尔·奥卡尔	Okal, Emile
119	埃米尔·维切特	Wiechert, Emil
200	艾伯特·恩格尔	Engel, Albert
435	艾拉·斯普拉格·鲍恩	Bowen, Ira Sprague
219-222, 275	艾丽西亚联谊会	Fraternity Elysia
223, 439	艾伦·斯图尔特	Stuart, Allen
209	艾玛·吉什	Gish, Emma
48, 435	爱德华·苏亚雷斯	Suarez, Edward
376, 378, 379, 382	爱迪生联合电气公司	Con, Edison
78-80, 436	安德鲁·劳森	Lawson, Andrew
184	安·弗里曼	Freeman, Ann
54, 77, 133, 166, 309, 436-441	安·沙伊德	Scheid, Ann
173, 191, 406, 437	安芸敬一	Aki, Keiiti（Kei）
16	奥利弗·伯恩斯克	Burrnesker, Olive G.
405, 445	巴里·凯勒	Keller, Barry
404, 443	巴洛	Barlow, H. L
16, 29	巴特勒县（俄亥俄州）	Butler, Ohio
295, 440	芭芭拉·柯比	Kirby, Barbara L.
169	芭芭拉·麦克林托克	McClintock Barbara
332, 441	白狼断层	White Wolf fault

54	保罗·爱泼斯坦	Epstein, Paul
441	保罗·波登	Bodin, Paul
442	保罗·理查兹	Richards, Paul G.
184	保罗·罗伯茨	Roberts, Paul
91,106,209,327,442,444,445	鲍勃·泰勒	Taylor, Bob
55,56	鲍里斯·波多尔斯基	Podolsy, Boris
102	贝蒂·佩奇	Peach Betty
90,101-103,129,186,192,228,256,399,445	贝蒂·肖	Shor, Elizabeth（Betty）
444	贝克曼大楼	Beckman Hall
331,367	贝克斯菲尔德（加利福尼亚州）	Bakersfield
347,404	贝利·威利斯	Willis, Bailey
8,82,90,111,113-119,121,123,125,127,129,131,133,134,135,166,169,173,179,202,295,326,390,396,403,404,405,415,416,436,437	贝诺·古登堡	Gutenberg, Beno
200	比尔博·巴金斯	Baggins, Bilbo
106	比尔·吉勒	Gile, Bob
352	比尔·斯特兰奇	Strange, Bill
409	比尔·休伊特	Hewitt, Bill
166,434,437	彼得·埃尔农	Hernon, Peter
439	彼得·班克斯	Banks, Peter A.
223,224	彼得·麦康威尔	McConville, Peter
156	彼得·尼古拉斯·卡斯帕尔·埃根	Egen, Peter Nikolaus Caspar
439	彼得·普菲斯特尔	Pfisterer, Peter
76	波因特阿里纳（加利福尼亚州）	Point Arena
441,442	《博物学》	Natural History
370,442	布莱恩·阿特沃特	Atwater, Brian
220,439	布莱恩·福伊	Foy, Brian
395,443	布莱恩·伊萨克	Isacks, Bryan
189	布朗温·弗莱尔	Fryer, Bronwyn
408	《布雷默顿太阳报》（现称《基沙普（Kitsap）太阳报》）	Bremerton Sun
434	布里格姆·纳林斯	Narins, Brigham
188,410	布鲁斯·博尔特	Bolt, Bruce
56,207,212,214,225,227,233,246,304,446	布鲁斯·沃波特	Walport, Bruce
18	查尔斯·奥托·里克特	Richter, Charles Otto
15	查尔斯·弗朗西斯·金辛格	Kinsinger, Charles Frances
8,10,12,52,68,70,86,112,204,258,293,394,408,412,436-440,443	查尔斯·弗朗西斯·里克特	Richter, Charles Frances
339	查尔斯·萨米斯	Sammis, Charles
342,442	《超级对话》	Super Talk

22,135,138,146,174,187,193,268,312, 319,369,403,406,435,438,439,441,442		《初等地震学》	Elementary Seismology
339,441		戴维·鲍曼	Bowman, David
104		戴维·哈克里德	Harkrider, David
352-355,443,447		戴维·杰克逊	Jackson, David
192,447		戴维·帕尔曼	Perlman, David
436,437,443		戴维·瓦隆	Valone, David
174,438		戴维·沃尔德	Wald, David
441,445		戴维·希尔	Hill, David
442		戴维·辛普森	Simpson, David W.
98,109,110,200,201,326,408		戴维·约翰逊	Johnson, David
156,157,437		丹尼尔·德雷克	Drake, Daniel
439		丹尼尔·普雷斯科特	Prescott, Daniel H.
94,436		《当地球震动时》	When the Earth Quakes
221		道恩·霍普·诺尔	Noel, Dawn Hope
136		道格拉斯·威恩斯	Wiens, Douglas
195,445		邓大量	Teng, Ta-Liang (Leon)
342,371,442		迪格比·迪尔	Diehl, Digby
354		迪克·科尔	Kerr, Dick
107		迪·佩奇	Page, Dee
94		《地球动力学》	Geodynamics
435,437,438,441-443		《地球物理学研究杂志》	Journal of Geophysical Research
332,333		蒂哈查皮山口	Tehachapi Pass
18,207,210,227-229,446		多萝西·克劳斯	Crouse, Dorothy
15,153		俄亥俄州汉密尔顿	Hamilton, Ohio
123,124,345,436,438,442		饭田	Iida
207		范奈斯(加利福尼亚州)	Van Nuys
336-338		范诺曼大坝	Van Norman Dam
147,148,334		《菲尔德法案》	Field Act
100		菲利丝·坎杰洛西	Cangelosi, Phyllis
230,435,439		弗吉尼亚·伍尔夫	Woolf, Virginia
221		弗吉尼亚·尤根斯	Jurgens, Virginia
360,442		弗拉基米尔·基里斯·波洛克	Keilis-Borok, Vladimir
26,27,132		弗兰克·里德	Reed, Frank
97,102,127,129,131,165,212, 303,397,437,438,445		弗兰克·普雷斯	Press, Frank
155		弗朗索瓦·福勒	Forel, Francois
98,99,105,324		弗朗西斯·莱纳	Lehner, Francis
392		弗雷德·亨森	Henson, Fred
114		弗雷泽公园(加利福尼亚州)	Frazier Park
94		弗洛伦斯·罗伯逊	Robertson, Florence

221，224，447	弗洛·尼尔森	Nilson，Flo
436	盖伊·罗兰德·麦克莱伦	Mcclellan，Guy Rolander
375	高级研究规划局	Advanced Research Project Agency（ARPA）
114	戈尔曼（加利福尼亚州）	Gorman
180，187，308，438，440	哥伦比亚广播公司	CBS
236，239，240，302，439，440	格拉迪斯·布罗德森	Broderson，Gladys
221，222	格拉西诉州政府	Glassey v. State
169	格雷戈尔·孟德尔	Mendel，Gregor
245，439	格伦达·哈德森	Hudson，Glenda A.
4，434	格罗夫·卡尔·吉尔伯特	Gilbert，Karl Grove
342	格洛丽亚·斯泰纳姆	Steinem，Gloria
100，101，103，256	格特鲁德·基利恩	Killeen，Gertrude
435，439	哈尔韦斯特出版社	Harvest Books
72，79，81，84	哈里·奥斯卡·伍德	Wood，Harry Oscar
69	哈里·贝特曼	Bateman，Harry
78，113	哈里·菲尔丁·里德	Reid，Harry Fielding
440	哈里·哈里森	Harrison，Henry
289，440	哈里·麦克林托克	McClintok，Harry
438	哈里·麦克默特里	McMurtrie，Harry.
165，362，442	哈里·斯帕尔	Spall，Henry
113，115，396	哈罗德·杰弗里斯	Jeffreys，Harold
45	哈蒙德街（洛杉矶市）	Hammond
434	海拉·卡斯（医学博士）	Cass，Hyla，M. D.
16	海伦·肯纳尔	Kennel，Helen
295，440	汉斯·阿斯伯格（医生）	Asperger，Dr. Hans
159，161，416，438	和达清夫	Wadati，Kiyoo（K. Wadachi）
21，333，433，439	河滨市（加利福尼亚州）	Riverside，CA.
375，376，378-382，384，385，443，447	核管理委员会	Nuclear Regulatory Commission（NRC）
419	赫伯特·乔治·威尔斯	Wells，Herbert George
228，229，284，301，326，436，437，439，440	赫莎·古登堡	Gutenberg，Hertha
439	亨格瑞-曼德斯出版社	Hungry Minds
404，435，443，444	亨廷顿图书馆	Huntington Library
186	红杉国家公园	Sequoia National Park
28	惠勒	Wheeler
21	霍巴特大道公立学校	Hobart Boulevard School
220，221，224，275，439	霍巴特·格拉西	Glassey，Hobart
24	霍华德·莱斯利·亨特	Hunt，Howard Leslie
142，376	霍斯格里断层	Hosgri fault
18	霍文-欧文斯-伦奇勒公司	Hoover-Owens-Rentschler Company

435	吉恩·齐默尔	Zimmer, Gene.
17	吉格县（俄亥俄州）	Geague, Ohio
434	吉姆·布朗特	Blount, Jim
79, 80, 93, 113, 133, 166, 167, 210, 337, 410	加州大学伯克利分校	University of California, Berkeley
257, 317, 410	加州大学圣克鲁兹分校	University of California, Santa Cruz
156, 157	贾里德·布鲁克斯	Brooks, Jared
245	《简·奥斯汀小说中的兄妹情与不伦之恋》	Sibling Love and Incest in Jane Austen's Fiction
143	《简的遭遇》（话剧）	What Happened to Jane
214, 215, 217, 439	《建筑论坛》	Architectural Forum
339, 441	杰弗里·金	King, Geoffrey C.
443	杰克·奥利弗	Oliver, Jack
354, 441	杰拉德·鲍登	Bawden, Gerald
435, 437, 446	杰里·霍夫	Hough, Jerry F.
17, 443	杰琳·休伊特	Hewitt, Jerene
108, 172, 173, 195, 196, 198, 369, 370, 410, 436-438, 444	金森博雄	Kanamori, Hiroo
18	金斯利路（洛杉矶市）	Kingsley, Los Angeles
21, 185	《惊异传奇》	Amazing Stories
428	《精神病学和神经疾病档案》	Archiv für Pyschiatrie und Nervenkankheiten
192, 435	《旧金山纪事报》	San Francisco Chronicle
43, 44	《矩阵》	The Matrix
157	卡尔尼克	Kárník
402	卡尔·萨根	Sagan, Carl
441	卡斯尔	Castle, R. O.
369, 370	卡斯卡迪亚	Cascadia
188, 256, 257, 317, 397, 399, 409, 410, 445	凯伦·麦克纳利	McNally, Karen
320, 321, 441	凯伦·威廉姆斯	Williams, Karen
298	凯瑟琳·洛德	Lord, Catherine
104, 397, 398, 444	凯特·赫顿	Hutton, Kate
305, 308, 319, 327, 405, 438, 440	凯特·霍利迪	Holliday, Kate
234, 446	凯西·哈格（婚前姓沃尔波特）	Haag, Kathy
84, 104, 107, 131, 132, 168, 193, 194, 196, 199, 215, 303, 317, 336, 360, 401, 407, 436-438, 441, 443, 444	克拉伦斯·艾伦	Allen, Clarence
302, 441	克莱尔·塞恩斯伯里	Sainsbury, Clare
77, 435	克莱伦斯·达顿（上尉）	Dutton, Captain Clarence E.
298, 440	克劳迪娅·卡尔布	Kalb, Claudia
82, 83, 87, 88, 90-92, 94, 98, 100, 102, 103, 106, 108-110, 166, 217, 327	克雷斯格实验室	Kresge Lab

312, 313	肯特·克拉克	Clark, Kent
407	拉肯亚达（加利福尼亚州）	La Cañada
352, 442	拉里·布朗	Brown, Larry
377-379, 381	拉马波断层	Ramapo fault
377	拉蒙特-多尔蒂地球观测站	Lamont-Doherty Geological Observatory
219	拉图纳峡谷（加利福尼亚州）	La Tuna Canyon
119, 126, 198, 404, 436	莱昂·诺波夫	Knopoff, Leon
114	赖特伍德（加利福尼亚州）	Wrightwood
382	劳埃德·克鲁夫	Cluff, Lloyd
208, 210, 211, 213, 214, 233, 446	劳里·沃尔波特	Walport, Laurie
399, 414, 446	劳伦斯·富沙	Fusha, Lawrence
342	勒·瓦尔·隆德	Lund Le Val
56, 211, 212, 411	雷金纳德·弗洛耶·桑德斯	Saunders, Reginald Floyer
342	雷蒙德断层	Raymond fault
297	雷蒙德·帕尔默博士	Palmer, Dr. Raymond
75	雷伊斯角（加利福尼亚州）	Point Reyes
16, 29, 37	莉莲·安娜·里克特	Richter, Lillian Anna
57, 207, 226, 282	莉莲·布兰德·里克特	Richter, Lillian Brand
209	莉莲·吉什	Gish, Lillian
231-233, 439	莉莲·桑德斯	Saunders, Lilian
448	李·斯瑞	Slice, Lee
352, 353, 442	李旭培	Lee, Wook Bae
122, 437	理查德·奥尔德姆	Oldham, Richard
214, 215	理查德·约瑟夫·诺伊特拉	Neutra, Richard Joseph
94	《理论地震学导论》	Introduction to Theoretical Seismology
93	利克天文台	Lick Observatory
32	利他林（处方药）	Ritalin
304, 321, 441	利亚娜·维利	Willey, Liane
338	林德沃尔-里克特联合公司	Lindvall Richter and Associates
377, 396, 443, 445	林恩·赛克斯	Sykes, Lynn
296, 440	卢克·杰克逊	Jackson, Luke
219, 221, 223	卢拉·格拉西	Glassey, Lura
435, 437	伦纳德·西伯	Seeber, Leonard
53	罗伯特·安德鲁斯·密立根	Millikan Robert A.
196, 445	罗伯特·盖勒	Geller, Robert
203, 438	罗伯特·考夫曼	Kaufman, Robert
352, 353, 442	罗伯特·赖林格	Reilinger, Robert
442	罗伯特·纳多	Nadeau, Robert M.
347, 348, 441	罗伯特·希尔	Hill, Robert T.

125, 134, 192, 310, 314, 323, 360, 366, 388, 394, 396, 402, 437, 442	罗伯特·夏普	Sharp, Robert
434, 435, 447	罗杰·比勒姆	Bilham, Roger
60	罗斯·摩尔医生	Moore, Dr. Ross
340, 353, 355, 441, 442, 447	罗斯·斯坦	Stein, Ross
155-157	罗西-福勒烈度表	Rossi-Forel scale
23	洛尔坎俱乐部	Lorquin Club
437	洛克斯-华莱士印社	Looker and Wallace
215	（洛杉矶）山脚高速公路	Foothill Freeway
49, 58, 106, 113, 165, 166, 202, 226, 314, 408, 409, 411, 437-440, 443	《洛杉矶时报》	Los Angeles Times
336, 338, 342	洛杉矶水电局	Department of Water and Power（DWP）
221	《洛杉矶先驱快报》	Los Angeles Herald-Express
439, 440, 447	马克·斯托里	Storey, Mark
114, 116	马林半岛第六届太平洋科学大会	Marin Peninsula Sixth Pacific Science Congress
299, 440	玛格丽特·阿特伍德	Atwood, Margaret
209, 235, 411	玛格丽特·巴索特	Barsot, Marguerite
15, 35-37, 39-41, 43, 45, 47, 49, 434	玛格丽特·罗丝·里克特	Richter, Margaret Rose
245, 250	玛格丽特·墨菲	Murphy Margaret
49	玛丽·安·伊文思	Evans, Mary Ann
234, 446	玛丽·怀特	White, Mary
435	玛丽莲·赖特	Light, Marilyn
130, 436, 437, 439, 440	玛丽·特拉尔	Terrall, Mary
157	麦德维捷夫	Medvedev
443	迈克尔·福雷斯特	Forrest, Michael R.
77, 434, 435, 437	迈伦·富勒	Fuller, Myron
410	麦高恩	McGowan
254, 255, 266	梅维斯	Mavis
21	美国变星观测者协会	American Association of Variable Star Observers（AAVSO）
94, 192	美国地球物理联盟	American Geophysical Union
74, 126, 159, 256, 361	美国地震学会	Seismological Society of America
74, 125, 153, 436-438, 441-443	《美国地震学会公报》	Bulletin of the Seismological Society of America
77, 106, 347, 351-355, 375, 415, 435, 442	美国地质调查局	United States Geological Survey（USGS）
222	美国公民自由联盟	American Civil Liberties Union（ACLU）
355, 401	美国国家地震减灾计划	National Earthquake Hazard Reduction Program（NEHRP）
173	美国国家地震信息中心	National Earthquake Information Center（NEIC）

78	美国海岸与大地测量局	United States Coast and Geodetic Survey（USCGS）
222	美国日光浴协会	American Sunbathing Association（ASA）
91	米尔德里德·贝尼奥夫	Benioff, Mildred
378	米哈伊洛·特里弗纳茨	Trifunac, Mihailo
155	米凯拉·德·罗西	Rossi, Michele de
28	米娅·哈姆	Hamm, Mia
159	《密尔沃基日报》	Milwaukee Journal
79, 435, 436	《密立根的学校：加州理工学院校史》	Millikan's School; A History of the California Institute of Technology
376, 382	魔鬼谷核电厂	Diablo Canyon nuclear power plant
44, 48, 58, 241, 245, 248, 249, 319, 323	莫里亚蒂医生	Moriarty, Dr.
195, 198, 445	纳菲·托克瑟兹	Toksöz, Nafi
443	纳西缅托（加利福尼亚州）	Nacimiento
18, 42	南布朗森大道（洛杉矶市）	South Bronson Avenue, Los Angeles
22, 23, 108, 191	南加州大学	University of Southern California
191, 443	南加州地震中心	Southern California Earthquake Center
347, 441	《南加州地质学和洛杉矶地震》	Southern California Geology and Los Angeles Earthquakes
353, 447	南希·金	King, Nancy
365	尼古拉斯·安布拉塞斯	Ambraseys, Nicolas
255, 273-275, 286	尼莉莎	Nerissa
146	纽波特-英格尔伍德断层	Newport-Inglewood fault
53	诺曼-布里奇物理实验室	Norman Bridge Laboratory of Physics
342	诺曼·利尔	Lear, Norman
16	欧弗佩克（俄亥俄州）	Overpeck, Ohio
345	欧内斯特·卢瑟福	Rutherford, Ernest
347, 362	帕克菲尔德	Parkfield
409, 443, 447	帕萨迪纳城市学院	Pasadena City College
226, 405, 439, 443	《帕萨迪纳星报》	Pasadena Star News
365	帕索罗伯斯（加利福尼亚州）	Paso Robles
295	帕特里夏·罗曼诺夫斯基·巴什	Bashe, Patricia Romanowski
409, 443	《排箫》	The Pipes of Pan
99	徘徊者地震仪	Ranger seismometer
220	潘太及斯剧院	Pantages Theater
113, 115, 166, 167	佩里·拜尔利	Byerly, Perry
184, 407, 410	喷气推进实验室	Jet Propulsion Laboratory
55	普林斯顿高等研究所	Institute for Advanced Study at Princeton
314	齐尔布劳	Zilchbrau
186	奇劳野营地（加利福尼亚州）	Chilao Campground
440	乔·格莱泽	Glazer, Joe
435	乔纳森·克里斯蒂	Christie, Jonathan

82	乔治·埃勒里·海耳	Hale, George Ellery
74	乔治·戴维森	Davidson, George
75	乔治·戈登	Gordon, George
90, 126, 445	乔治·肖	Shor, George
352, 355, 441	乔治·亚历山大	Alexander, George
73	切萨皮克(弗吉尼亚州)	Chesapeake
342	琼·贝兹	Baez, Joan
332, 441	琼·冈伯格	Gomberg, Joan
135, 136, 436	《全球地震活动性》	Seismicity of the Earth
443	让·诺特尔·威尔福德	Wilford, Jean Notle
354, 442	萨古斯(加利福尼亚州)	Saugus
216, 217	萨尼塔乡间庄园	Villa Zanita
439	塞克·肯德	Cinder, Cec
217	塞拉马德雷断层	Sierra Madre Fault
6, 135, 354, 434, 447	塞思·斯坦	Stein, Seth
384, 385	三里岛	Three-Mile Island
411, 412, 447	山景墓园	Mountain View cemetery
221	神秘橡树(南加州天然主义休养所)	Mystic Oaks
4, 75, 76, 78, 84, 113, 114, 173, 334, 339, 347, 352, 357, 362, 442	圣安德烈斯断层	San Andreas Fault
77	圣安东尼奥(得克萨斯州)	San Antonio
376, 382	圣奥诺弗雷核电厂	San Onofre nuclear power plant
76, 120, 139	圣贝纳迪诺(加利福尼亚州)	San Bernardino
93	圣何塞(加利福尼亚州)	San Jose
75, 76	圣胡安包蒂斯塔(加利福尼亚州)	San Juan Bautista
76, 114, 217, 304, 342, 353	圣加布里埃尔(加利福尼亚州)	San Gabriel
443	《圣加布里埃尔山谷论坛报》	San Gabriel Valley Tribune
74, 75, 257, 317, 410	圣克鲁兹(加利福尼亚州海滨城市)	Santa Cruz
74	圣莱安德罗(加利福尼亚州)	San Leandro
90, 93, 94, 116, 437, 444	圣路易斯大学	Saint Louis University
74	圣罗莎	Santa Rosa
38	《诗歌世界》	Poetry World
38	《诗人》	Poet, The
231, 233, 439, 447	《诗人宝库》(一本位于马里兰州的英语文学杂志)	Poet Lore
123, 124, 345, 436, 438, 442	石本	Ishimoto
403	史蒂芬·杰伊·古尔德	Gould, Steven Jay
53	史路普学院(加州理工学院的前身)	Throop Institute
448	使命街区瑜伽社团	Mission Street Yoga

375	世界标准地震台网	World-Wide Standardized Seismograph Network（WWSSN）
419	《世界史纲》	The Outline of History
157	施蓬霍伊尔	Sponheuer
186	水晶湖（加利福尼亚州）	Crystal Lake
261	斯蒂芬·埃德温·金	King, Stephen Edwin
156	斯基安塔雷利	Schiantarelli
315, 420	斯皮罗·阿格纽（曾任美国副总统）	Agnew, Spiro
441, 443	斯坦利·斯科特	Stanley Scott
256	苏珊·纽曼	Newman, Susan
19, 437, 448	苏珊·伊丽莎白·霍夫	Hough, Susan Elizabeth
172, 438	索恩·莱	Lay, Thorne
236	索尼娅·罗森伯格	Rosenberg, Sonia
113	《他们正在研究马林地下的颤抖与呻吟》	They Study Ma Earth's many Shivers and Moans
382	太平洋天然气与电力公司	Pacific Gas and Electric
104	唐纳德·安德森	Anderson, Donald
438	唐纳德·海恩伯格	Helmberger, Donald V.
95, 103, 105, 108	唐纳利实验室	Donnelley Lab
447	《田野与溪流》	Field and Stream
227, 281	廷巴克图（现名通布图，马里共和国的一个城市）	Timbuktu
334	退伍军人管理局医院	Veterans Administration Hospital
182	托马斯·艾略特	Eliot, T. S.
104, 141, 172, 413, 437	托马斯·汉克斯	Hanks, Thomas C.
107, 108, 445	托马斯·乔丹	Jordan, Thomas
200	托马斯·沃尔夫（美国作家）	Wolfe, Thomas
199, 200, 369, 442, 444	托马斯·希顿	Heaton, Thomas
299, 440	托尼·阿特伍德	Attwood, Tony
226, 233, 446	瓦伦·伯姆	Boehm, Warren
405, 443	旺达·塔克	Tucker, Wanda
18, 21	威尔希尔	Wilshire district
80-82, 113	威尔逊山天文台	Mount Wilson Observatory
16	威廉·弗雷德里克·金辛格	Kinsinger, Frederick William
74, 436	威廉·普雷斯科特	Prescott, William
377	威斯特彻斯特县	Westchester
174, 438	韦恩·撒切尔	Thatcher, Wayne
441	韦克菲尔德	Wakefield, A. J.
100, 101, 104, 105, 393, 399, 408	维奥莱特·泰勒	Taylor Violet (Vi)
185	《我的三个儿子》	My Three Sons
17	"我要啥？"（一款德国儿童游戏）	Was kann ich brauchen?
295, 440	乌塔·弗里斯（医生）	Frith, Dr. Uta

223，224，439，448	《无耻的浪漫》	Unashamed：A Romance
81，158，159，170，171	伍德-安德森地震仪	Wood-Anderson seismometer
342	西奥多·盖泽尔	Geisel，Theodor
435	西尔维娅·娜萨	Nasar，Sylvia
258，439，447	西蒙·温彻斯特	Winchester，Simon
49	希尔德加德·皮戈什	Pigorsch，Hildegarde
442	小原一成	Obara，Kazushige
435	肖特	Schott，I.
100，106，125，129，188，445	谢尔顿·亚历山大	Alexander，Shelton
21，185	《新奇故事》（现已更名为《新奇科幻》）	Astounding Stories
73	新斯科舍省（加拿大东南部）	Nova Scotia
184，185	《星际迷航》（电视剧）	Star Trek
342	休·海夫纳	Hefner，Hugh
342	休伊·牛顿	Newton Huey
27，30	学生陆军训练营	Student's Army Training Course（SATC）
120，121	雅典娜神庙俱乐部（加州理工学院）	Athenaeum，the
368	亚当·斯密	Smith，Adam
182，445	亚历山大·戈茨	Goetz，Alexander
434	亚历山德拉·威茨	Witze，Alexandra
53	亚瑟·阿莫斯·诺伊斯	Noyes Arthur A.
435	杨森	Youngson，R. M.
93	耶稣会	Jesuits
153	《一类重要的地震等级》	An instrumental earthquake magnitude scale
440	伊迪丝·福克	Fowke，Edith
216，226，241，439，447	伊莱恩·西蒙斯	Simmons，Elaine
435	《医疗失误》	Medical Blunders
43	医学博士威廉·麦卡斯特林	McCastline，Dr. William
21，185	《异世界》	Other Worlds
447	因克威尔文学管理机构	InkWell Management Literary Agency
377	印第安角核电厂	Indian Point nuclear power plant
192	应急准备局	Office of Emergency Preparedness
348	英格尔伍德断层	Inglewood fault
84，125	英格·莱曼	Lehmann，Inge
437	《用地图说明自然和统计学观点或辛辛那提和迈阿密县的图片》	Natural and Statistical View，or Picture of Cincinnati and the Miami County，illustrated by maps
435	尤金·施韦格	Schweig，Eugene S.
384，385	尤卡山	Yucca Mountain
448	瑜伽王国圣地	Yoga Kingdom sanctuary

80，91，95，98，108，115，126，140，191，201，202，293，392，404	雨果·贝尼奥夫	Benioff, Hugo
440	《源头》	The Source
435，437	约翰·阿姆布鲁斯特	Armbruster, John G.
80，92	约翰·安德森	Anderson, John
443	约翰·巴伯尔	Barbour, John
80，115	约翰·彼得·布瓦尔达	Buwalda, John Peter
189，195，198，336，445	约翰·加德纳	Gardner, John
125	约翰·利特	Lett, John
80	约翰·梅里安	Merriam, John
261	约翰·弥尔顿	Milton, John
317	詹姆斯·鲍斯威尔	Boswell, James
107，394，445	詹姆斯·布龙	Brune, James
406	詹姆斯·弗里曼·吉尔伯特	Gilbert, James Freeman
307，354	詹姆斯·惠特科姆	Whitcomb, James
113，436	詹姆斯·麦克文神父	Macelwane, Father James B.
90	詹姆斯·诺贝尔	Noble, James A
229	《真情浪漫》	True Romance
227，229，230	《真实》（一本美国早期男性杂志）	True
186	中央山谷（加利福尼亚州）	Central Valley
79，435，436，444	朱迪斯·古德斯坦	Goodstein, Judith
107	朱蒂	Judy
255，271-275，286	朱莉娅	Julia
275	朱丽叶	Juliet
157	朱塞佩·麦卡利	Mercalli, Giuseppe
441	《自闭症行为聚焦》	Focus on Autistic Behavior
347，348，351，352，354，447	棕榈谷隆起事件	Palmdale Bulge

附录 C
地震名录

[以时间、地点、书中页码为序；其中，未具体说明国家（或州）的地点均位于美国加利福尼亚州]

1727年，马萨诸塞州，纽伯里镇（Newbury）
1755年，马萨诸塞州，安角（Cape Ann）
1783年，意大利，卡拉布里亚（Calabria）
1811—1812年，美国中部地区新马德里县（New Madrid）
1857年，特洪堡（Fort Tejon）
1868年，海沃德断层（Hayward fault）
1886年，南卡罗来纳州，查尔斯顿（Charleston）
1906年，旧金山
1910年，河滨市（Riverside）
1920年，英格尔伍德（Inglewood）
1923年，日本，关东地区（Kanto）
1925年，圣巴巴拉市（Santa Barbara）
1927年，隆波克市（Lompoc）
1932年，尤里卡市（Eureka）
1932年，内华达市（Nevada）
1933年，长滩（Long Beach）
1940年，帝谷（Imperial Valley）
1952年，克恩县（Kern County）
1956年，墨西哥，下加利福尼亚州（Baja California）
1960年，智利
1964年，阿拉斯加，耶稣受难日大地震（Good Friday）
1971年，圣费尔南，西尔玛市（Sylmar, San Fernando）
1975年，中国，海城
1976年，中国，唐山
1979年，帝谷（Imperial Valley）
1980年，马默斯湖（Mammoth Lakes）
1985年，墨西哥，格雷罗州（Guerrero）
1987年，惠提尔市（Whittier）
1992年，兰德斯地区（Landers）
1994年，北岭地区（Northridge）
1999年，土耳其，伊兹米特市（Izmit）
2003年，圣西蒙地区（San Simeon）
2003年，伊朗，巴姆（Bam）
2004年，印尼，苏门答腊岛（Sumatra）
2005年，巴基斯坦，克什米尔地区（Kashmir）

参考文献

序言

里克特文献资料，7#档案盒，加州理工学院档案馆.①

1 问题的严重性

- 迈伦·富勒，《新马德里地震》，华盛顿特区：美国政府出版局，1912.
- 格罗夫·卡尔·吉尔伯特，"1906年加利福尼亚地震调查"，引自《1906年加州大地震》，旧金山：罗伯逊出版社，1907.
- 彼得·埃尔农，《8.4》，纽约：普特南森出版公司，1999.
- 苏珊·霍夫、罗杰·比勒姆，《震后：一座城市的弹性回跳》，纽约：牛津大学出版社，2005.
- 里克特文献资料，1#档案盒，加州理工学院档案馆.
- 塞思·斯坦、埃米尔·奥卡尔，"苏门答腊地震的速度与规模"，《自然》，434（2005）：581-582.

2 成长岁月

- 吉姆·布朗特、查尔斯·弗朗西斯博士，"里克特创造了一种测量地震强度的标准"，《新闻日报》，2000.2.2.
- http://en.wikipedia.org/wiki/Charles_Richter.
- http://ohiobio.org/Richter.htm.
- 里克特，《初等地震学》，旧金山：弗里曼出版社，1958.
- 里克特文献资料，1#-5#档案盒，加州理工学院档案馆.
- www.cartage.org.lb/en/themes/Biographies/MainBiographies/R/RichterC/1.html.
- 亚历山德拉·威茨，"美国地震学家查尔斯·里克特（1900—1985）"，引自《1900年至今的著名科学家》，编者：布里格姆·纳林斯，法明顿山（密歇根州）：盖尔出版集团，2001.

3 玛格丽特·罗丝·里克特

- 医学博士海拉·卡斯，"精神健康的营养疗法"，http://www.ghchealth.com/

---

① "参考文献"英文原版内容，在上海科学技术出版社网站（https://www.sstp.com.cn）"课件/配套资源"栏目给出，欢迎有阅读需要的读者浏览、下载。

nutrional-approaches-to-mental-health. html.
- 乔纳森·克里斯蒂,"没有并发症的糖尿病!" 1998. http://www.survivediabetes.com/hypt2. htm.
- 玛丽莲·赖特,《低血糖：最普遍和最容易被误诊的疾病之一》，纽约：麦格劳-希尔出版社，1999.
- 西尔维娅·娜萨,《美丽心灵：小约翰·福布斯·纳什传》，伦敦：费伯出版社，1994.
- 里克特文献资料, 1# 档案盒, 加州理工学院档案馆.
- 爱德华·苏亚雷斯, "健康成年女性特异性抑郁焦虑与低脂质及脂蛋白浓度的关系",《心身医学》, 61（1999）：273-279.
- 弗吉尼亚·伍尔夫,《一间自己的房间》, 圣迭戈：哈尔韦斯特出版社, 1989.
- R. M. 杨森、I. 肖特,《医疗失误》, 纽约：纽约大学出版社, 1996.
- 吉恩·齐默尔, "精神科药物：氯丙嗪", 1999. http://www.sntp.net/drugs/thorazine. htm.

4 驭马前行

- 爱因斯坦、波多尔斯基、罗森, "物理现实的量子力学描述是否完备?",《物理评论》, No. 47（1935）：777-780.
- 朱迪斯·古德斯坦,《密立根的学校：加州理工学院校史》, 纽约：诺顿出版社, 1991.
- 安·沙伊德对里克特的采访, 1979. 156pp., 加州理工学院档案馆.
- 里克特文献资料, 1#、3#、4# 档案盒, 加州理工学院档案馆.
- 里克特的博士论文《旋转电子的量子理论》, 加州理工学院, 1928.

5 地震探索

- 艾拉·斯普拉格·鲍恩的文献资料 45. 772#, 亨廷顿图书馆, 加利福尼亚, 帕萨迪纳.
- 克莱伦斯·达顿, "1886年8月31日的查尔斯顿地震", 引自《第九次年度报告（1887—1888）》, 华盛顿特区：美国地质调查局, 1889.
- 迈伦·富勒,《新马德里地震》, 华盛顿特区：美国政府出版局, 1912.
- 朱迪斯·古德斯坦,《密立根的学校：加州理工学院校史》, 纽约：诺顿出版社, 1991.
- 苏珊·霍夫、约翰·阿姆布鲁斯特、伦纳德·西伯、杰里·霍夫, "关于1811—1812年美国中部新马德里地震的修正麦卡利烈度与震级",《地球物理学研究杂志》, 105（2000）：23839-23864.
- 苏珊·霍夫、罗杰·比勒姆,《震后：一座城市的弹性回跳》, 纽约：牛津大学出版社, 2005.
- 阿奇·约翰斯顿、尤金·施韦格, "1811—1812年新马德里地震之谜",《地球和行星科学年度评论》, 24（1996）：339-384.

- 安德鲁·劳森，《加州地震调查委员会报告第一卷：1906 年 4 月 18 日的加州大地震》，华盛顿特区：华盛顿卡内基研究所，1908；重印于 1969 年。
- 盖伊·罗兰德·麦克莱伦，《黄金之州：落基山脉以西地区的历史》，费城：弗林特出版社；芝加哥：联合出版公司，1872。
- 威廉·普雷斯科特，"关于 1868 年加州地震报告的编写与总结情况"，《美国地震学会公报》，72（1982）：2389-2393。
- 沙伊德对里克特的采访，1979. 156pp.，加州理工学院档案馆。
- 哈里·伍德的文献资料，112# 档案盒，加州理工学院档案馆。

6 克雷斯格时代

- 克拉伦斯·艾伦，"致敬查尔斯·弗朗西斯·里克特"，《美国地震学会公报》，77，No. 6（1987）：2234-2237。
- 朱迪斯·古德斯坦，《密立根的学校：加州理工学院校史》，纽约：诺顿出版社，1991。
- 对话赫莎·古登堡，1981，口述历史项目，加州理工学院档案馆。
- 金森博雄对布赫尔奖的获奖感言，1996，http://www.agu.org/inside/awards/kanamori.html.
- 詹姆斯·麦克文神父，《耶稣会地震学协会 25 周年纪念册（1925—1950）》，圣路易斯：约翰-斯威夫特公司印刷，1950。
- 詹姆斯·麦克文神父，《当地球震动时》，密尔沃基：布鲁斯公司印刷，1947。
- 里克特文献资料，1#、23#、30# 档案盒，加州理工学院档案馆。

7 贝诺·古登堡

- 克拉伦斯·艾伦 1994 年接受戴维·瓦隆的采访，口述历史项目，加州理工学院档案馆。
- 朱迪斯·古德斯坦，《密立根的学校：加州理工学院校史》，纽约：诺顿出版社，1991。
- 古登堡、里克特，"加利福尼亚的地震频率"，《美国地震学会公报》，34，No. 4（1944）：185-188。
- 古登堡、里克特，《全球地震活动性》，普林斯顿（新泽西州）：普林斯顿大学出版社，1949。
- 赫莎·古登堡接受玛丽·特拉尔的采访，1980. 2. 6；13.，43pp.，加州理工学院档案馆。
- 安·沙伊德对里克特的采访，1979. 156pp.，加州理工学院档案馆。
- M. 石本、K. 饭田，"先进微震仪下的地震观察记录"，《东京大学地震研究所公报》，17（1939）：443-479。
- 莱昂·诺波夫，"贝诺·古登堡（1889.6.4—1960.1.25）"，美国国家科学院已故成员生平，http://www.nap.edu/readingroom/books/biomems/bgutenberg.html.
- 莱昂·诺波夫，"贝诺·古登堡（1889.6.4—1960.1.25）"，《德国地球物理学会学报》，4（1999）：2-15.
- 詹姆斯·麦克文的文章、剪贴簿和相册，圣路易斯大学档案馆.
- 罗伯特·密立根的文件资料，335# 档案盒，加州理工学院档案馆.
- 理查德·奥尔德姆，"地震揭示出的地震内部构造"，《皇家学会论文集》，1906.8，470.
- 采访弗兰克·普雷斯，1983，口述历史项目，加州理工学院档案馆.
- 里克特，《初等地震学》，旧金山：弗里曼出版社，1958.
- 安·沙伊德对里克特的采访，1979.156pp.，加州理工学院档案馆.
- 里克特，"一类重要的地震等级"，《美国地震学会公报》，25（1935）：1-32.
- 里克特文献资料，1#、23#、26# 档案盒，加州理工学院档案馆.
- 罗伯特·夏普论文集，"致敬贝诺·古登堡"，加州理工学院档案馆.
- 罗伯特·夏普的文献资料，6.34# 档案盒，加州理工学院档案馆.
- "他们正在研究马林地下的颤抖与呻吟"，《洛杉矶时报》头版，1929.10.3.

8 地震了！

- 托马斯·汉克斯，"加州隆波克地震（1927.11.4，$M=7.3$）及其余震"，《美国地震学会公报》，69（1979）：451-62.
- 里克特，《初等地震学》，旧金山：弗里曼出版社，1958.
- 里克特文献资料，1#、3# 档案盒，加州理工学院档案馆.

9 里氏震级

- 安芸敬一，"1964年6月16日新潟地震G波的产生与传播：第2部分 从G波频谱估算地震矩、能量释放和应力降"，《东京大学地震研究所公报》，44（1966）：73-88.
- 克拉伦斯·艾伦1994年接受戴维·瓦隆的采访，口述历史项目，加州理工学院档案馆.
- "悼念里氏震级的先驱查尔斯·弗朗西斯·里克特"，《洛杉矶时报》1985.9.30，1、18-19.
- 丹尼尔·德雷克，《用地图说明自然和统计学观点或辛辛那提和迈阿密县的图片》，辛辛那提：洛克斯-华莱士印社，1815.
- 迈伦·富勒，《新马德里地震》，华盛顿特区：美国政府出版局，1912.
- 古登堡、里克特，"加利福尼亚的地震频率"，《美国地震学会公报》，34，No. 4（1944）：185-188.
- 赫莎·古登堡接受玛丽·特拉尔的采访，1980.2.6；13.，43pp.，加州理工学院档案馆.
- 托马斯·汉克斯、金森博雄，"一种矩震级"，《地球物理学研究杂志》，84（1979）：2348-2350.
- 彼得·埃尔农，《8.4》，纽约：普特南森出版公司，1999.
- 苏珊·伊丽莎白·霍夫、约翰·阿姆布鲁斯特、伦纳德·西伯、杰里·霍夫，"关

- 于 1811—1812 年美国中部新马德里地震的修正麦卡利烈度与震级"，《地球物理学研究杂志》，105（2000）：23839 - 23864.
- 石本、饭田，"先进微震仪下的地震观察记录"，《东京大学地震研究所公报》，17（1939）：443 - 479.
- 索恩·莱、金森博雄，等，"2004 年 12 月 26 日苏门答腊-安达曼大地震"，《科学》，308（2005）：1127 - 1133.
- 医学博士哈里·麦克默特里，《路易斯维尔及其周边地区的素描》，书中包括大量杂项内容，比如地区植物志以及近 400 个属、600 个标本的目录，而这些植物均生长在该镇附近；另外，哈里还标明了它们的英文通用名、学术名称和俗名；路易斯维尔，1839.
- 采访弗兰克·普雷斯，1983，口述历史项目，加州理工学院档案馆.
- 里克特，《初等地震学》，旧金山：弗里曼出版社，1958.
- 里克特，"一类重要的地震等级"，《美国地震学会公报》，25（1935）：1 - 32.
- 安·沙伊德对里克特的采访，1979，156pp.，加州理工学院档案馆.
- 里克特文献资料，1#、23#、24#、25#、34# 档案盒，加州理工学院档案馆.
- 韦恩·撒切尔，"1906 年旧金山地震的应变积累和释放机制"，《地球物理学研究杂志》，80（1975）：4862 - 4872.
- 和达清夫，"浅源地震和深源地震"（第三篇论文），《地球物理杂志》4（1931）：231 - 285.
- 戴维·沃尔德、金森博雄、唐纳德·海恩伯格，"1906 年旧金山地震的震源研究"，《美国地震学会公报》，83（1993）：891 - 1019.

10 查理

- 克拉伦斯·艾伦，"致敬查尔斯·弗朗西斯·里克特"，《美国地震学会公报》，77，No. 6（1987）：2234 - 2237.
- "悼念里氏震级的先驱查尔斯·弗朗西斯·里克特"，《洛杉矶时报》，1985. 9. 30，1、18 - 19.
- 古登堡文献资料，3#、10# 档案盒，加州理工学院档案馆.
- 凯特·霍利迪，"背包旅行，不老的艺术"，《田野与溪流》，58 - 59，136.
- 罗伯特·考夫曼，"这真的是古登堡-里克特震级"（信件），《纽约时报》，1989. 11. 23.
- 里克特的追悼会（录音带），1985. 11. 14，加州理工学院档案馆.
- 里克特，《初等地震学》，旧金山：弗里曼出版社，1958.
- 安·沙伊德对里克特的采访，1979. 156pp.，加州理工学院档案馆.
- 里克特，"我们地震风险的是是非非"，《工程与科学》，1964. 1.
- 里克特文献资料，1#、2 - 3#、5 - 7#、8#、15#、23 - 24#、26#、27#、29# 档案盒，加州理工学院档案馆.
- 里克特、古登堡接受哥伦比亚广播公司的新闻采访录音（20 世纪 50 年代），加州理工学院档案馆.

- 地震学实验室成立 50 周年座谈会磁带录音,加州理工学院档案馆.

11 莉莲

- 莉莲·布兰德,"有趣的写作",《娱乐》,1949.2:499.
- 格拉迪斯·布罗德森,有关亚利桑那大峡谷的剪贴簿,1937.
- "悼念里氏震级的先驱查尔斯·弗朗西斯·里克特",《洛杉矶时报》,1985.9.30: 18-19.
- 克罗恩病和结肠炎基金会、彼得·班克斯、丹尼尔·普雷斯科特、彭妮·斯坦纳,《克罗恩病与溃疡性结肠炎实录》,纽约:亨格瑞-曼德斯出版社,1983.
- 塞克·肯德,《裸体主义思想》,加州河滨市:紫外线出版社,1998.
- 《艾丽西亚,裸体之谷》导演:布莱恩·福伊,1933.
- "著名天然主义者里克特之个人遗产在地震中丢失",《裸体与自然》,1994 年春季刊,6.
- "博爱的艾丽西亚",《裸体主义者》,1935.1,29.
- 霍巴特·格拉西,"极乐世界的建筑",《裸体主义者》,1934.11:19-20.
- 霍巴特·格拉西,"埃尔西诺的艾丽西亚",《裸体主义者》,1934.3:15,18-19.
- 霍巴特·格拉西,"与新闻界搞好关系",《裸体主义者》,1935.1:20-21.
- 赫莎·古登堡接受玛丽·特拉尔的采访内容,43pp.,1980.2.6/13,加州理工学院档案馆.
- "查尔斯·里克特博士的房子,帕萨迪纳,加利福尼亚,理查德·约瑟夫·诺伊特拉(建筑师)、彼得·普菲斯特尔(合作者)",《建筑论坛》,1937:214-215.
- 莉莲·里克特之讣告,《帕萨迪纳星报》,1972.11.6.
- 安·沙伊德对里克特的采访,1979.156pp.,加州理工学院档案馆.
- 里克特的文献资料,1#、2#、7#、8#、29# 档案盒,加州理工学院档案馆.
- 莉莲·桑德斯,"薄雾"(1925.12:629)、"月光"(1925.12:630)、"海的宝石"(1925.12:630)、"七点钟"(1926.9:431),《诗人宝库》.
- 伊莱恩·西蒙斯,"纪念里克特",《帕萨迪纳星报》,1985.10.7.
- 马克·斯托里,《自然影院:天然主义电影的历史》,威斯康星州,奥什科什:自然主义教育基金会,2003.
- 《阳光与健康》,1948.6:6.
- 《无耻的浪漫》,导演:艾伦·斯图尔特,1938.
- 弗吉尼亚·伍尔夫,《一间自己的房间》,圣迭戈:哈尔韦斯特出版社,1989.

12 里克特的异性朋友

- 格伦达·哈德森,《简·奥斯汀小说中的同胞之爱与乱伦》,伦敦:帕尔格雷夫-麦克米伦出版社,1999.
- 里克特文献资料,1#、2#、7#、25# 档案盒,加州理工学院档案馆.
- 西蒙·温彻斯特,《世界边缘的裂缝》,纽约:哈珀柯林斯出版集团,2005.

13 秋天的故事

- 伊迪丝·福克、乔·格莱泽，《工作与抗议之歌》，纽约：多佛出版社，1973.
- 哈里·哈里森，《加州诗人：244 位同代人文集》，纽约：哈里-哈里森出版社，1932.
- 哈里·麦克林托克，"哈利路亚！我是个流浪汉"，http://unionsong.com/u029.html.
- 里克特，《初等地震学》，旧金山：弗里曼出版社，1958.
- 里克特的文献资料，1#–4#、7#、8# 档案盒，加州理工学院档案馆.
- 马克·斯托里，《自然影院：天然主义电影的历史》，威斯康星奥什科什：自然主义教育基金会，2003.

14 阿斯伯格综合征

- 汉斯·阿斯伯格，"儿童期的自闭症精神病患者"，《精神病学和神经疾病档案》，117（1944）：76–136.
- 托尼·阿特伍德，《阿斯伯格综合征完全指南》，伦敦：杰西卡-金斯利出版社，1998.
- 托尼·阿特伍德，"患有阿斯伯格综合征的女孩的模式能力和发展"，《源头》，1999.9.
- 玛格丽特·阿特伍德，《猫眼》，纽约：双日出版社，1989.
- 帕特里夏·巴什、芭芭拉·柯比，《阿斯伯格综合征在线信息工具指南》，纽约：皇冠出版社，2001.
- 格拉迪斯·布罗德森，有关亚利桑那州大峡谷的剪贴簿，1937.
- "悼念里氏震级的先驱查尔斯·弗朗西斯·里克特"，《洛杉矶时报》，1985.9.30，1、18–19.
- 乌塔·弗里斯等，《自闭症和阿斯伯格综合征》，剑桥：剑桥大学出版社，1998.
- 赫莎·古登堡接受玛丽·特拉尔的采访，1980.2.6；13.，43pp.，加州理工学院档案馆.
- 凯特·霍利迪，"背包旅行，不老的艺术"，《田野与溪流》，58–59，136.
- 凯特·霍利迪，"地震人查尔斯·里克特"，《史密森尼学会期刊》，1971.2：69–72.
- 卢克·杰克逊，《我很特别，这其实很酷！》，伦敦：杰西卡-金斯利出版社，2002.
- 克劳迪娅·卡尔布，"自闭症何时开始"，《新闻周刊》，2005.2.28：45–53.
- 里克特的追悼会（录音带），1985.11.14，加州理工学院档案馆.
- 雷蒙德·帕尔默等，"环境汞释放、特殊教育率和自闭症障碍：得克萨斯州的生态学研究"，《健康与地方》，12（2006.6）：203–209.
- 里克特，《初等地震学》，旧金山：弗里曼出版社，1958.
- 安·沙伊德对里克特的采访，1979.156pp.，加州理工学院档案馆.
- 里克特文献资料，1#–5#、7#–9#、31#、34# 档案盒，加州理工学院档案馆.
- 里克特，"日本的地震学家"，《工程与科学》，1961.3：24–30.
- 里克特、古登堡接受哥伦比亚广播公司的新闻采访录音（20世纪50年代），加州理工学院档案馆.
- 克莱尔·塞恩斯伯里,《操场上的火星人:理解阿斯伯格综合征学童》(幸运鸭丛书), 2000.
- 鲍勃·泰勒, 等, "没有流行病学证据表明 MMR 疫苗和自闭症的因果关系",《柳叶刀》, No. 363 (2004): 747.
- 韦克菲尔德, 等, "儿童回肠淋巴结增生、非特异性结肠炎和退行性发育障碍",《柳叶刀》, No. 351 (1998): 637-641.
- 利亚娜·维利,《故作正常:与阿斯伯格综合征和平共处》, 伦敦: 杰西卡-金斯利出版社, 1999.
- 凯伦·威廉姆斯, "教师指南: 如何理解阿斯伯格综合征学生",《自闭症行为聚焦》, 10, No. 2 (1995.6).

15 它又来了

- 琼·冈伯格、保罗·波登, "内华达州小骷髅山 Ms=5.4 触发地震及其动态应变",《美国地震学会公报》, 84 (1994): 844-853.
- 戴维·希尔, 等, "加州兰德斯地震 (1992.6.28 M7.4) 远程触发的美国西部地震",《科学》, 260 (1993): 1617-1623.
- 杰弗里·金、戴维·鲍曼, "多次大震之间的区域性地震活动演变",《地球物理学研究杂志》, 108 (2003), doi:10.1029/201JB000783.
- 里克特, "它又来了",《博物学》, 1972.
- 安·沙伊德对里克特的采访, 1979. 156pp., 加州理工学院档案馆.
- 里克特的文献资料, 3#、7#、28# 档案盒, 加州理工学院档案馆.
- 罗斯·斯坦, "地震发生中的应力转移作用",《自然》, 402 (1999): 605-609.

16 预测不可知

- 乔治·亚历山大, "我们能预测即将发生的加州地震吗?"《大众科学》, 1976.11: 79-82.
- 克拉伦斯·艾伦, 等, "南加州地区地震活动与地质结构之间的关系",《美国地震学会公报》, 55 (1965): 753-797.
- 克拉伦斯·艾伦接受斯坦利·斯科特访谈, 2002., 119pp. 连线, 地震工程研究所的口述历史系列, 加州, 奥克兰市.
- 杰拉德·鲍登, 等, "加州克恩县白狼断层附近的水平应变大地测量 (1926—1993)",《地球物理学研究杂志》, 102 (1997): 4957-4967.
- R. O. 卡斯尔, 等, "南加州的地震隆起",《科学》, 192 (1976): 251-253.
- 古登堡、里克特, "加利福尼亚的地震频率",《美国地震学会公报》, 34, No. 4 (1944): 185-188.
- 罗伯特·希尔,《南加州地质学和洛杉矶地震》, 洛杉矶: 南加州科学院, 1928.
- "用他自己的话说, 就像电影中描述的那样, 一位年轻科学家预测了洛杉矶大地震",《人物》, 1976.5.17: 49-55.

- 国际新闻社新闻稿,斯坦福大学,1933.3.
- 石本、饭田,"先进微震仪下的地震观察记录",《东京大学地震研究所公报》,17 (1939):443-479.
- 戴维·杰克逊、李旭培,等,"南加州水准测量中的高程依赖性误差",引自《一个有关地震预测的国际评论》(编辑:戴维·辛普森、保罗·理查兹),华盛顿特区:美国地球物理学会,1981.
- 弗拉基米尔·基里斯·波洛克,等,"圣西蒙地震前6个月的预测记录:地震活动的前兆变化、地质构造与物理机制",《美国地震学会年会摘要》,加州棕榈泉,2004.
- R. A. 克尔,"正视棕榈谷隆起事件之疑虑",《科学》,214(1981):1331-1333.
- 罗伯特·纳多,等,"圣安德烈斯断层下的非火山地震",《科学》307(2005):389.
- 小原一成,"日本西南部与俯冲带相关的非火山成因深源地震",《科学》,296(2002):1679-1681.
- 罗伯特·赖林格、拉里·布朗,"美国水准点复测机制中新构造变形、近地表运动和系统误差对地震预测之影响",引自《一个有关地震预测的国际评论》(编辑:戴维·辛普森、保罗·理查兹),华盛顿特区:美国地球物理学会,1981.
- 里克特接受哈里·斯帕尔的采访,美国地质调查局,弗吉尼亚州,里斯顿,1980. http://neic.usgs.gov/neis/seismology/people/int_Richter.html.
- 里克特文献资料,23#、26#、28#、30# 档案盒,加州理工学院档案馆.
- 戴维·杰克逊、李旭培,等,"南加州大地水准测量中构造位移与坡度相关误差的鉴别",引自《一个有关地震预测的国际评论》(编辑:戴维·辛普森、保罗·理查兹),华盛顿特区:美国地球物理学会,1981.
- 罗斯·斯坦,等,"加州萨古斯-棕榈谷历史水准测量中折射误差的现场测试",《地球物理学研究杂志》,91(1986):9031-9044.

17 评估地震灾害

- 布莱恩·阿特沃特,等,"华盛顿州海岸全新世草地树木的突然可能震淹没现象",《地质学》,19(1991):706-709.
- 迪格比·迪尔,《超级对话》,加登城(纽约州):双日出版社,1974.
- 托马斯·希顿、金森博雄,"美国西北部与俯冲有关的地震潜力",《美国地震学会公报》,74, No. 3(1984):933-941.
- 里克特,《初等地震学》,旧金山:弗里曼出版社,1958.
- 里克特,"它又来了",《博物学》,1972.
- 里克特文献资料,3#、26# 档案盒,加州理工学院档案馆.
- 对罗伯特·夏普的访谈内容,1981,口述历史项目,加州理工学院档案馆.

18 危险的核时代

- 加快定性与处理美国能源部核武器基地废弃物委员会,《改进放射性废物定性与处理流程，以加速能源部的现场清理计划》，华盛顿特区：美国国家科学院出版社，2005.
- 核管理委员会听证会记录，1976.7.20-21.
- 里克特的文献资料，9# 档案盒，加州理工学院档案馆.

19 超新星

- 克拉伦斯·艾伦，"致敬查尔斯·弗朗西斯·里克特"，《美国地震学会公报》，77，No.6（1987）：2234-2237.
- 克拉伦斯·艾伦1994年接受戴维·瓦隆的采访，口述历史项目，加州理工学院档案馆.
- 克拉伦斯·艾伦接受斯坦利·斯科特访谈，2002，119pp. 连线，地震工程研究所的口述历史系列，加州，奥克兰市.
- 约翰·巴伯尔，"查尔斯·里克特"，《洛杉矶时报·家庭》，1980.5.11.
- 约翰·巴伯尔，"里氏震级的缔造者了解地球的脆弱性"，《圣加布里埃尔山谷论坛报》，1981.1.25：A10-A11.
- H. L. 巴洛，1933年长滩地震剪贴簿，亨廷顿图书馆：简报收集No.38，加州，帕萨迪纳.
- "生命垂危的震级提出者"，《洛杉矶时报》，1984.8.21.
- 迈克尔·福雷斯特，"查尔斯·里克特：第二部分"，《南加州地震中心学报》，Vol.4（1998）：26-29.
- 古登堡文献资料，3#、10# 档案盒，加州理工学院档案馆.
- 杰琳·休伊特，《排箫》，（帕萨迪纳城市学院），1972：22，42，72.
- 布莱恩·伊萨克、杰克·奥利弗、林恩·赛克斯，"地震学和新的全球构造学"，《地球物理学研究杂志》，73（1968）：5855-5899.
- 里克特的追悼会（录音带），1985.11.14，加州理工学院档案馆.
- 里克特对伊萨克等学者所撰写的"地震学和新的全球构造学"论文评述，《地球物理学研究杂志》74（1969）：2786-2788.
- 里克特，"聚焦的地震之光"，《科学》，194（1976）：259.
- 里克特文献资料，1#、2#、7#、9#、24#、26#、30#、33#、34# 档案盒，加州理工学院档案馆.
- 里克特，"加州纳西缅托断层的潜在地震活动性"，《美国地质学会公报》，80（1969）：1363-1370.
- 里克特的退休信，加州理工学院地震学实验室档案.
- 里克特，"横向分布的地震活动性及隐蔽结构"，《科学》，166（1969）：173-178.
- 旺达·塔克，"里克特：一位务实的朋友"，《帕萨迪纳星报》，1985.10.3.
- 让·诺特尔·威尔福德，"地震专家查尔斯·里克特去世"，《纽约时报》1985.10.1.

附录A 迟到的告别

- 里克特文献资料，9# 档案盒，加州理工学院档案馆.

致谢

有时，人们不知道从哪里开始致谢。然而，对于我来说却易如反掌：如果查尔斯·里克特没有下定决心把他的文章留给加州理工学院档案馆，这个故事就无从谈起。如今，这些资料正在由档案员朱迪斯·古德斯坦博士和她最能干的员工们共同打理，我将永远感谢他们，特别是邦妮·路德、谢利·埃尔文和凯文·诺克斯。当我第一次跌跌撞撞走进加州理工学院贝克曼大楼地下室的最深处，绕过拐角，并瞧见挂着"危险，激光辐射！"警告牌的大门时，我不知道会发生什么。令人意想不到的是，门后不仅储藏着信息宝库，还有一群出色之人，虽然这些文献以及更多有价值的往事尘封于此，但能够让他们委托保管，历史这面镜子也必将夺目。在此，还要感谢圣路易斯大学档案馆的约翰·怀德，他提供了一个温馨下午的交谈，对我帮助很大。感谢圣马力诺亨廷顿图书馆的工作人员，特别是罗曼·阿姆斯特朗和丹尼尔·刘易斯，很难想象会有比这家图书馆更热情好客的交流环境。另外，作为美国纳税人，我必须承认，在国会图书馆度过的几个小时让人倍感自豪，因为此处蕴藏着一笔思想财富。

里克特决定将其文件包括大量个人材料留给档案馆，意味着，他就是本书许多信息的绝对权威。然而，如果缺少了那些与学者或莉莲相识之人的回忆，缺少了与我慷慨分享往事的良师益友，故事便无法讲述。我的采访自然会从里克特的身边人开始，也就是那些留在加州理工学院的同事们，其中包括地震学家克拉伦斯·艾伦、金森博雄、唐·安德森、托马斯·希顿和凯特·赫顿，以及高级仪器专家戴夫·约翰逊、鲍勃·泰勒。在此应特别感谢约翰逊与艾伦，后者是里克特最亲密的长期伙伴之一。他们的耐心帮助以及对手稿的许多深思熟虑和建设性意见至关重要。克拉伦斯的贡献弥足珍贵，不仅对本传记修修补补，甚至对查尔斯本人的著作也付出过汗水。

沿着加州理工学院的走廊，致谢的线索自然将指向那些曾在地震实验室工作过的同事们。或许，他们后来又履职其他科研机构，但在里克特终身教职期间，这些人最为亲近。当然，也包括不少从前的学生，其中有谢尔顿·亚历山大、托马斯·乔丹、罗伯特·盖勒、汤姆·汉克斯、约翰·加德纳、戴维·希尔、巴里·凯勒、约翰·莱特、亚历山大·戈茨、哈穆特·斯佩茨勒、邓大量、埃米尔·奥卡尔、鲍勃·菲尼、纳菲·托克瑟兹以及贝蒂·肖。在 20 世纪 50 年代，贝蒂不仅是里克特的研究生乔治·肖之妻，也是他的带薪助手。令人略感惊讶的是，无论之前自己对里克特和地震所了解再多，我的每次采访都会为这位学者的肖像画增添新色彩和一些有趣的细节。显然，在鲜活讲述故事或介绍一个人时，看似不起眼的信息亦非常重要——如果忽略了托马斯·乔丹顺口之言，"里克特敲打王安电脑"的趣闻就会永远石沉大海，我们也就无从知晓后者如此痴迷素数。

鉴于遗憾地错过与维·泰勒交谈的机会，令我更加感激贝蒂·肖女士，因为她分享了自己独特的视角和经验。与其沟通过程中，我意识到一些人云亦云的普遍看法，尤其是关于莉莲·里克特的评价，在很大程度上受到世俗影响。显然，在当时那个年代，大学教授的妻子必须符合贤妻良母形象。如此模式的社会惯例往往被大众共识，然而，莉莲却以一种报复性方式打破了该模式。当开始琢磨本书细节时，这位女性的轮廓曲线仅仅来源于学者同事们眼中，显然十分有限。随着剧情深入，对我来说，她已经变成里克特晚年生活的写照，其形象也更加立体丰富，与此同时，莉莲的人生故事本身就很具备说服力。

查尔斯的以下老友也分享了他们的回忆：弗里曼·吉尔伯特、詹姆斯·布龙、弗兰克·普雷斯、莱昂·克诺普夫、鲍勃·泰勒、林恩·赛克斯以及埃里克·林德沃尔和凯伦·麦克纳利。写这本书的乐趣之一便是有机会认识一些从前不熟悉的同行，尽管我很高兴地将其中许多位当成自己的榜样。每当拿起手中这份科学家名单，我就倍感荣耀，因为从没想到，有朝一日，自己能够同如此之多的美国地震学名人促膝长谈。林德沃尔的回忆特别有助于充实里克特退休后的晚年形象；与麦克纳利的对话也很有启发性，她于1976年作为博士后来到地震所，是最后一位在学术环境中与查尔斯密切合作的专家。

另外，还要感谢地震实验室现任主任杰罗恩·特罗普以及维奥拉·卡特、伊丽莎·韦弗尔、罗斯玛丽·米勒，你们的协助让我少走了很多弯路。

虽然里克特的核心家族成员非常少，但我很幸运，终于找到了莉莲的外甥女多萝西·克劳斯和外甥布鲁斯·沃尔波特。如今，两人分别定居在俄勒冈州的奥克斯纳德和格兰茨帕斯。当然，这位学者的其他家族成员劳里·沃尔波特、玛丽·怀特和凯西·哈格也慷慨分享了他们的回忆。在同我交谈的所有亲朋好友中，只有以上三人了解查尔斯和莉莲的一辈子，也只有他们可以填补里克特夫妇个人生活中最令人困惑的空白。

一路走来，还遇到过几位好心人。他们的怀旧对我帮助很大，其中就包括里克特夫妇在萨尼塔老宅的邻居劳伦斯·富沙。毫无疑问，最有价值的两个邂逅朋友是瓦伦·伯姆和布莱恩·米德。前者出现于晴朗天空的某一天，作为当地历史协会的成员，他碰巧报名参加了我带队的地质断层旅游考察。正当自己为无法了解莉莲的写作生涯感到沮丧时，这位贵人从天而降。20世纪60年代初，在获得本科学位后，伯姆决定参加写作兴趣班，并最终选择了格伦代尔社区学院的晚间课程，而代课老师正是莉莲·布兰德。米德是从网上认识的，因为他回应了我在公告板上发布的问题，并以为，我可能对其刚刚在当地跳蚤市场上购买的奇妙剪贴簿感兴趣。令人难以置信的是，75年前，陌生人偶遇时的闲谈内容竟然被后人保存下来，并且还有人正在千方百计地寻找如此信息。当然，功夫不会白费，恰恰因为米德这样的朋友，才能让历史故事继续存在。

必须感谢另一类人，即便他们并不认识查尔斯·里克特，却依然成为故事旅程的一部分。首先是我的父亲杰里·霍夫，或许他老人家从未想过，女儿居然会为高一历史报告而去杜克大学图书馆阅读政治漫画原作，而这恰恰是老爸教导有方之成果。后来，他又在国会图书馆给我指点迷津。相信父亲十分高兴，因为我把其传授的知识用于追踪20世纪30年代天然主义杂志和一些比较正统的出版物。

两位同事克里夫·瑟伯与塞思·斯坦不仅帮忙审阅手稿、提出意见，还提醒本人，要注意那些容易被忽视的素材，如此善意远远超出应有范围，在此必须反复致谢。另外，要感谢罗斯·斯坦、戴维·杰克逊、南希·金和肯·哈德纳特，为转述棕榈谷隆起事件，他们付出了时间。也包括罗杰·比勒姆，他帮我在大学图书馆找到《诗人宝库》的旧刊，而这正是加州理工学院所缺少的。

伴随本书写作的深入，对相关问题的研究将自己引向许多有趣方向，沿此道路，我又结识了一些老师。《田野与溪流》杂志社的埃德娜·沙勒夫，格伦代尔社区学院的卡洛因·佩恩，帕萨迪纳城市学院的艾米·乌尔默及参考资料管理员，核管理委员会工作者，洛杉矶阿伦德尔出版社编辑及作者服务部的杰森·德杨，山景墓园的卡罗琳·纳什，奥林匹克球场的弗洛·尼尔森，帕萨迪纳历史博物馆的布拉德·麦克尼尔，前教师与房产经纪人、现作家和艺术家的伊莱恩·西蒙斯，以及《旧金山纪事报》的戴维·帕尔曼。显然，上述宝贵名单有助于研究查尔斯之个人生活。另外，向我提供意见和建议的其他朋友还包括艾伦·拉姆森、苏珊·雷曼、萨尔·托斯和凯文·基尔蒂。而马克·斯托里与塞克·辛德则慷慨分享了他们对南加州早期天然主义运动的看法。

当然，实际调查和写作只是书籍能够诞生的一小部分要因，更多条件来自人，那些曾经帮助过我的人。感谢西蒙·温彻斯特的建议与支持，或许他早就知道，我是完成本书的最佳人选。与此同时，我还想对他说：亲爱的西蒙，谢谢您的那些批注。此外，也要感谢西蒙把我介绍给了亚历克西斯·赫利，而后者则是我在因克威尔文学管理机构的经纪人，也是本书的忠实粉丝。对我来说，非常高兴有机会与志同道合者携手前行，因为他们保持着乐观合作精神，对读书写作感到兴奋。于是，能与亚历克西斯和普林斯顿大学出版社的优秀编辑英格丽·格纳利希合作，我倍感幸运。也许，后者会比本人更早料定，普林斯顿必将成为里克特与我的正确选择。

要在私人层面上感激很多人，他们是自己生活的一部分，是一群乐善好施者，他们让我学会了如何安静思考，以及怎样探索人性边界。其中包括帕齐、乔迪、康斯坦茨、使命街区瑜伽社团的其他朋友、加州理工学院健身俱乐部的南希和凯利、瑜伽王国圣地的瑙德、戴维、梅格与约翰。白天，自己要在研究岗位上疲于奔命，晚上回家才能投入写作。尤其是一个如此错综复杂的故事，需要大量时间与精力，如果没有芭芭拉·卡贝罗邀请我加入瑜伽课程，我便无法确定自己是否有如此旺盛的体能和专注力，因此，必须再次感谢这位邻居朋友在一个星期六发出的善意。

谢谢丈夫李·斯瑞的支持。虽然专注写作不需要太多旅行，却需要独守书房并花费大量时间。伴随本书故事的深入，我确信，李对地震学的兴趣也变得越来越大，至少已经将此学科作为一个有趣的调查研究领域而大加赞赏。具体来说，就是本人想看的《艾丽西亚》和《无耻的浪漫》两盘录像带寄到的那一天。还想感谢孩子们，莎拉、约书亚、保罗的支持和鼓励非常重要，虽然他们的真实目的或许只为获得更多自由，然而，看着孩子们逐渐长成有能力、有智慧、有理性的青少年，我的笔速都加快了。

最应感激之人却从未有机会见到，也因此不知如何表达谢意。我相信：本书主人公希望把自己的往事告诉大家，希望世界能够了解震级背后的那个人。当走进这个故事后，只想更多地了解里克特非凡的复杂生活。显然，我找到的每个答案都会带来更多问题，追逐的每条线索似乎都会把自己推向新的目标。当然，或许里克特有很多不愿公开分享的秘密，大家必须尊重这一点。最后想告诉读者的是，虽然这里没有找到每个问题的答案，但希望能够解开足够多的谜团。

苏珊·伊丽莎白·霍夫